高等学校金融学专业主要课程精品系列教材

公司理财

（第四版）

主编 陈雨露　　副主编 何青

高等教育出版社·北京

内容简介

本书是教育部"新世纪高等教育教学改革工程——21世纪中国金融学专业教育教学改革与发展战略研究"项目的研究成果,该项目为国家级教学成果二等奖获奖项目。

本次修订教材列入了南开大学"十四五"规划核心课程精品建设支持计划。本书在第三版的基础上作了较为全面的修订。全书共分六篇十六章。第一篇包括第一、二章,主要介绍现代公司制度及财务报表分析;第二篇包括第三、四、五、六、七章,主要介绍投资决策中的基础理论,如时间价值、净现值、资本成本、CAPM模型、APT模型等;第三篇包括第八、九、十章,主要介绍融资决策中公司融资渠道、资本结构理论、公司债务融资决策等;第四篇包括第十一、十二章,主要介绍股利决策中股利基本知识及影响股利的主要因素;第五篇包括第十三、十四章,主要介绍公司长期财务计划和营运资本管理两方面内容;第六篇包括第十五、十六章,主要从理论和实践两方面探讨公司理财的一个重要专题——兼并收购。配套思考与练习及即测即评习题,方便读者掌握知识。

本书可作为高等院校金融学类专业本科生的教材,也可作为金融学类专业研究生和MBA学生在公司理财方面的参考用书,以及在企业、银行、证券公司和管理咨询公司任职人员的学习用书。

图书在版编目(CIP)数据

公司理财 / 陈雨露主编;何青副主编. -- 4 版. --
北京 : 高等教育出版社,2025.3. -- ISBN 978-7-04
-064276-6

Ⅰ. F276.6

中国国家版本馆 CIP 数据核字第 2025DH1555 号

Gongsi Licai

策划编辑	付雅楠	责任编辑	付雅楠	封面设计	张　楠	版式设计	杜微言
责任绘图	裴一丹	责任校对	刁丽丽	责任印制	赵　佳		

出版发行	高等教育出版社	网　址	http://www.hep.edu.cn
社　址	北京市西城区德外大街 4 号		http://www.hep.com.cn
邮政编码	100120	网上订购	http://www.hepmall.com.cn
印　刷	北京中科印刷有限公司		http://www.hepmall.com
开　本	787 mm×1092 mm　1/16		http://www.hepmall.cn
印　张	19.5	版　次	2014 年 8 月第 1 版
字　数	480 千字		2025 年 3 月第 4 版
购书热线	010-58581118	印　次	2025 年 3 月第 1 次印刷
咨询电话	400-810-0598	定　价	52.00 元

总 前 言

新世纪金融学专业新增的 5 门主干课程教材,是教育部"新世纪高等教育教学改革工程——21 世纪中国金融学专业教育教学改革与发展战略研究"项目(项目编号为127201018)的主要研究成果,也是普通高等教育"十五"国家级规划教材。主持研究的单位是中央财经大学、厦门大学、复旦大学和中国人民大学。本项研究是教育部"面向 21 世纪金融学专业系列课程主要教学内容改革研究与实践"项目的继续。该项目由厦门大学张亦春教授主持,9 所重点院校参加,确定了货币银行学(现改为金融学)、金融市场学、国际金融学、中央银行学、商业银行经营学和保险学 6 门主干课程并编写了教材。该项目成果获得了国家级教学成果一等奖,同时项目研究的成功为本项目研究奠定了坚实的基础,提供了高的起点。

几年来,在教育部高教司的直接指导下,在项目主持人中央财经大学王广谦教授、厦门大学张亦春教授、复旦大学姜波克教授和中国人民大学陈雨露教授的共同主持下,本项目组投入了极大精力,召开了多次会议,全面考察分析了国内外知名大学金融学专业的发展方向和课程设置特点。2001 年 8 月,项目组在西宁召开了专家研讨会,我国顶尖级金融学家和金融教育家、具有金融学科博士学位授予权的高校和其他高校金融学科的带头人共 50 余人出席了会议。专家们对新世纪中国金融学专业的学科建设、课程设置和人才培养等问题进行了认真、深入的研讨,把本项目的研究提高到一个新的层次。专家们和项目组的研究成果已集中反映在《金融学科建设与发展战略研究》(高等教育出版社 2002 年 9 月版)一书中。在讨论课程建设问题时,专家们对上一项目确定的 6 门主干课程及编写的教材给予了较高的评价;同时,根据经济全球化迅速推进和中国经济正快速与世界经济接轨的新形势,认为应该在已定主干课程的基础上再增加几门新课程,一并作为新世纪金融学专业的主干课程。新增加的课程是:金融学、金融中介学、金融工程、投资学、公司理财。其中,金融学课程教材由黄达教授编写,由中国人民大学出版社出版,其余 4 门课程教材由高等教育出版社出版。

新增课程的教材编写由主持项目研究的 4 所高校共同承担。《金融中介学》由中央财经大学王广谦教授主持编写,《金融工程》由厦门大学郑振龙教授主持编写,《投资学》由复旦大学刘红忠教授主持编写,《公司理财》由中国人民大学陈雨露教授主持编写。教材初稿完成后,项目组于 2003 年 3 月邀请国内著名专家召开了教材审定会议。审定专家有:中国人民大学黄达教授、张杰教授,西南财经大学曾康霖教授、刘锡良教授,厦门大学张亦春教授,复旦大学姜波克教授,中央财经大学李健教授,南开大学马君潞教授,北京大学曹凤岐教授,清华大学宋逢明教授,上海财经大学戴国强教授,中南财经政法大学朱新蓉教授。教育部高等教育司刘凤泰副司长和杨志坚处长出席了会议,提出了指导性意见。在学术顾问黄达教授和召集人曾康霖教授的主持下,专家们对初稿进行了认真审阅,提出了具体的修改建议。会后,教材编写组根据专家审稿意见对教材初稿又进行了认真修改、完善,最后定稿。可以说,这套教材不仅反映了编写人员的研究成果,而且凝聚了审稿专家和所有参与本项目研究的全国同行专家的智慧,是集体智慧的结晶。

　　欢迎各高校使用这套教材,同时恳请各位专家、广大教师和读者朋友提出宝贵意见。

教育部"新世纪高等教育教学改革工程——21世纪中国金融学专业教育
教学改革与发展战略研究"项目组

2003 年 5 月

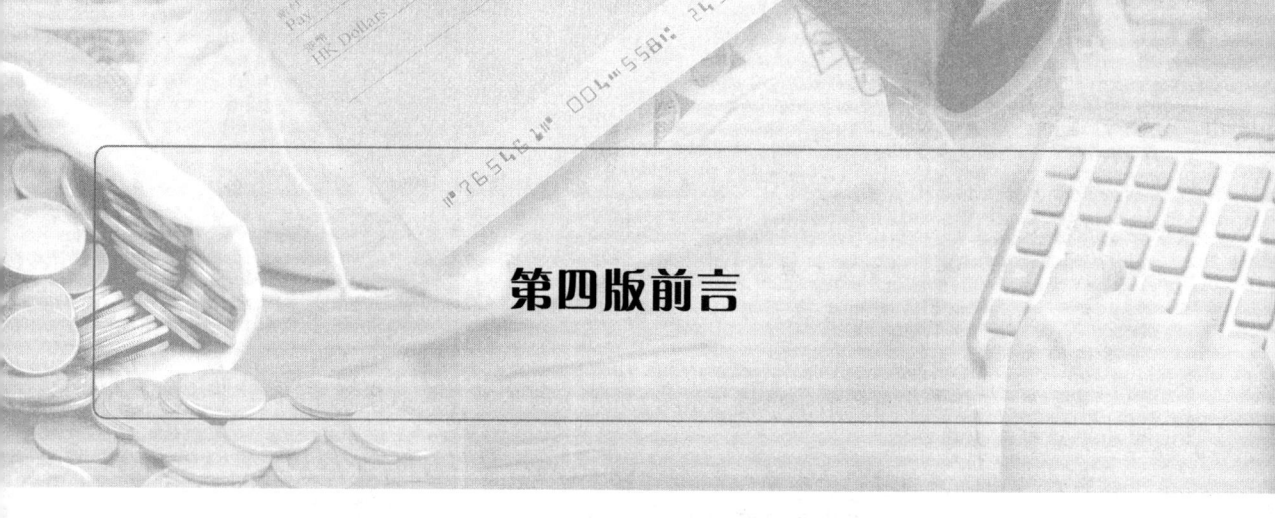

第四版前言

《公司理财》(第四版)距第三版出版整十年,广大读者对本书的认可给了我们巨大的鼓舞,也让我们感到沉甸甸的责任和使命,我们决定继续修订、完善本书。

习近平总书记在 2023 年 10 月召开的中央金融工作会议上指出,金融是国民经济的血脉,是国家核心竞争力的重要组成部分,要加快建设金融强国,全面加强金融监管,完善金融体制,优化金融服务,防范化解风险,坚定不移走中国特色金融发展之路,推动我国金融高质量发展,为以中国式现代化全面推进强国建设、民族复兴伟业提供有力支撑。金融强国应当基于强大的经济基础,具有领先世界的经济实力、科技实力和综合国力,同时具备一系列关键核心金融要素,即:拥有强大的货币、强大的中央银行、强大的金融机构、强大的国际金融中心、强大的金融监管、强大的金融人才队伍。

公司理财是现代金融学科体系的基础,更是微观金融的支柱之一,该领域的优秀教材不少,但国外教材占相当大的比例。国外教材对公司理财基本原理、经典理论和国外公司的理财政策环境、理财实践介绍比较完备,但对具有中国特色现代企业制度、政策环境、发展理念以及公司理财案例实践等体现得明显不充分,而事实上我国经济体量目前已经稳居世界第二,公司数量、规模和活动在世界范围都具有重要影响。依赖国外教材进行教学,很难让学生做到与时俱进、理论联系实践、"知中国、服务中国"。以习近平同志为核心的党中央高度重视教材工作,将"加强教材建设和管理"写入了党的二十大报告,好的教材对于"培养什么人、怎样培养人、为谁培养人"这一根本性问题具有深刻而广泛的影响。

在本次修订中,南开大学陈雨露教授和南开大学金融学院应用金融系主任何青教授,在保留第三版原有逻辑框架和结构的基础上,根据国内外公司理财理论和实践发展,在内容上进行了删改和补充,强化本土化,增加中国公司理财实践案例以及中国特色制度、政策和发展理念等内容的阐述。例如,在现代公司制度介绍中,我们增加了新修订的《公司法》关于"完善中国特色现代企业制度"的阐述;在公司治理相关章节中,增加了"加强党对国有企业领导"的阐述;在讲授财务意义公司和财务分析相关内容时,增加了"金融要服务实体经济""去杠杆""防范和化解重大经济金融风险"等主题的阐述;在讲授项目资本预算时,增加了"绿水青山就是金山银山"和可持续发展理念的阐述;等等。习近平总书记强调,中国特色金融发展之路既遵循现代金融发展的客观规律,更具有适合我国国情的鲜明特色,与西方金融模式有本质区别。我们把与中国国情密切相关的内生元素,与本书基本原理融为一体,一定会获得读者的广泛认同感。

此外,考虑到近十年来学生学习能力的巨大提升和高水平大学公司理财课程(本科)教学需要,本次修订还适度增加了教材的难度。主要修订内容如下:

第一章：根据新《公司法》修订了法律意义上的公司内容，增加了国家出资公司；重点拓展了财务意义上的公司；加入 ESG、社会责任和企业多元化目标；增加了第二类委托代理问题和我国上市公司治理新准则要求。

第二章：更新了财务报表格式及分析案例；梳理了比率之间的逻辑关系，增加了杜邦分析系统的内容。

第三章：改写了货币时间价值概念表述；删掉了利息率与贴现率章节，加入折现率的确定与必要报酬率概念。

第五章：重新编排和扩充本章内容；梳理 β 系数的计算过程，以更贴合实际。

第六章：重新编写了资本预算概述内容。

第七章：将回收期法、平均会计收率法、内部收益率法、资本配置条件下的资本预算分别拓展成节。

第八章：增加了金融市场与企业融资章节；增加了类别股相应内容及新法规对股权发行等规定；增加了债务工具类型和相应市场比较。

第十一章：更新了公司发放红利案例；增加了中国证监会关于上市公司分红指引相应内容。

第十三章：全新编写。

第十四章：全新编写。

第十五章：修改和增加了新《公司法》《证券法》《反垄断法》等对并购的要求。

第十六章：更新了并购案例及相关数据。

除了以上内容，还更正了上一版中的一些表述，梳理和更新了各章资料卡、本章小结、思考与练习以及即测即评。

此次修订我们参考了很多国内外优秀教材，特别感谢 2023 年 7 月来南开大学金融学院参加公司金融学术论坛的清华大学、中国人民大学、中央财经大学、南京大学、上海交通大学、上海财经大学、厦门大学、中山大学、武汉大学、中南财经政法大学等单位的 14 位长期从事公司理财科研教学的教授提出的宝贵意见和建议。当然，书中任何错漏和不足之处都是我们的过责，恳请读者批评指正，使本书得以不断完善。

编 者
2024 年 11 月

第三版前言

《公司理财(第二版)》自2008年出版以来,广大读者继续给予了充分的肯定,同时也提出了一些建设性的意见,这对我们不断改进和完善本教材是极大的鼓舞。在本次修订中,我和中国人民大学财政金融学院的向东副教授,本着与时俱进的原则,在保留原有逻辑框架和结构的基础上,根据国内外公司理财的理论和实践发展以及相关法律制度的变化,在内容上进行了删改和补充,同时加强本土化,增添了中国公司的实例。具体修订内容如下:

第1章:以有限合伙制私募股权投资基金的内容替换原资料卡。

第2章:增加上海凯宝药业股份公司2013年年报的实例,说明财务报表分析的各步骤;以"绿大地"财务造假案例替换原资料卡。

第3章:以新的债券实例更新原资料卡。

第4章:鉴于结论不再适用,删除第三节第四点。

第5章:以上海凯宝药业股份公司为例说明β系数的计算;更新了关于股权溢价的讨论。

第8章:根据最新修订的《公司法》相关内容,修改了股权投资部分;补充说明了我国公司可选择的债务融资工具;以2014年最新IPO的实例替换原资料卡;增加关于中国优先股的资料卡。

第9章:以行为金融学对有效市场假说的挑战替换原资料卡。

第11章:以三鹿集团破产清算案例替换原资料卡。

第12章:根据财政部、国家税务总局和证监会关于个人股息红利差别化征税的规定调整原相关内容,并以实例计算替换原资料卡;根据最新相关法规,重新汇总我国上市公司股利分配应遵循的规定;根据最新统计数字,重新总结我国股利分配特点;更新股利发放程序实例。

第13章:根据最新美国国税局相关规定,更新部分资料卡。

第16章:更新中国兼并收购统计数据并补充介绍近年兼并收购特点。

第17章:根据中国最新会计准则,重写收购的会计处理方法。

对一些专业用语采用了目前普遍认可的翻译,如盈余管理、股息率、优序融资等;对各章思考题与练习题进行了补充;此外,对正文和章后习题中陈旧的时间设定进行了更新。

面对不断变革的公司理财,在修订过程中,我们试图在强调基本原理的基础上,通过实例将理论和实际结合起来。尽管付出了努力,但书中可能依然存在不足之处。我们恳请读者继续提出宝贵的批评和建议,使本书日臻完善。

编　者

2014年6月

第二版前言

《公司理财》第一版于 2003 年 8 月正式出版。五年间,本书多次印刷,广大读者给予了积极的评价。由于国内外经济金融实践和法律制度在此期间发生了较大变化,我和中国人民大学财政金融学院的李涛副教授对本书进行了修订。

一、修订原则

在修订过程中,我们始终坚持以下三项原则:

1. 理论和实践要高度一致。对于第一版中与目前的理论发展和实践情况脱节的内容,我们进行了删减补充。

2. 全书逻辑结构要具有自洽性。我们对于第一版内容的调整延续了原书的逻辑框架和结构。

3. 补充材料和课后习题要使读者易学易懂。本书是作为教科书来供学生和其他对公司理财感兴趣的人士学习使用的,因此我们对于第一版内容中的补充材料和课后习题的修订都是为了方便读者学习和掌握有关知识。

二、修订内容

与第一版相比,此次修订有如下新的变化:

1. 根据《中华人民共和国公司法》2005 年第三次修订后的具体条款,修订版对第一章中的"公司制企业"、第八章中的"股权投资"、第十二章中的"股票回购"、第十六章中的"我国企业兼并收购的有关法律规定"等相关内容进行了调整和更新。

2. 根据新的《企业会计准则》,修订版对第二章中的财务报表部分进行了删减和补充。

3. 修订版对第三章、第七章、第八章中的部分资料卡进行了更新和补充。

4. 修订版对第九章中的"过滤法则检验"重新进行了释义。

5. 修订版对第十二章中的"股利发放程序"实例进行了更换,对我国上市公司股利发放特点的图表进行了精简。

6. 修订版对各章内容和思考与练习题中陈旧的时间设定进行了更新。

即便进行了以上修订,本书可能依然存在着不妥甚至错误之处,恳请读者批评指正。

陈雨露

2008 年 6 月

第一版前言

众所周知,在金融学的专业知识结构中,货币金融学、公司理财和投资学是最基础的三个组成部分,其他课程均为由此延伸的内容。公司理财是微观金融的支柱之一,它研究公司这一微观主体如何通过投资决策、融资决策和股利决策的最优化来实现公司价值最大化目标的过程。公司理财理论最基本的是回答三个基本问题:一是投资决策,即公司的稀缺资源应如何分配?二是融资决策,即如何为公司的投资筹集资金?三是股利决策,即这些投资产生的现金流量,应该有多少返还给所有者,有多少进行再投资?可以肯定一个价值不断上升的公司在上述三个方面必有出色的表现。

一、写作特点和潜在读者群

本书定名为"公司理财"而非"公司财务"或"公司金融",其一考虑到理财的概念在中国有深厚的历史感觉,深入人心;其二考虑到中国经济管理学科的发展背景,"财务"总是与会计学更为紧密;至于公司金融的说法,则被大多数人认为不太规范。不过,这些智者见智的考量基本并不会影响教学的基本框架和内容。

"Corporate Finance"在西方的金融学专业教育中,早就是一门成熟的课程。借鉴他们的框架和原理,结合中国的实际和自己的教学经验编写适合本土实际的教材,一直是国内诸位同仁的理想。本书在这一思想之下做了努力。

在我国,金融专业的学生要求在本科、硕士研究生和博士研究生三个层次的课程教学上拉开差距,这是合理的要求。然而,要求截然分明的三个层次的教材,确实一件难事。本书在编写过程中,课题组成员在层次的把握上进行了反复的讨论,最后将本科教材定位于公司理财最基本的框架、概念及原理,即公司财务决策的目标、公司的财务决策、融资决策和股利决策。对于随后要进行的研究生教材的编写,则侧重于五大专题的教学,也就是跨国公司财务、兼并与收购、期权定价理论在公司财务中的应用,以及风险管理、私人公司的公司理财等等。因此,这本教材是针对本科生的教材,同时适用于在职研究生和MBA学生在公司理财方面的启蒙书,以及在企业、银行、证券公司和管理咨询公司任职的人员学习之用。

二、内容结构安排

本书共分六篇十七章。第一篇导论,简单介绍了公司的概念、目标、运营和财务报表分析。第二篇投资决策,描述了在金融市场上评价投资机会的基础理论,较重要的如时间价值、净现值、资本结构、CAPM模型、APT模型等。第三篇融资决策首先介绍了公司的融资渠道,然后分析了有效市场理论,并着重讲解与公司融资密切相关的资本结构问题。第四篇股利决策,首先介绍股利的基本知识,然后讨论了影响股利的主要因素。第五篇财务计划,将公司财务计划分为长期计划和短期计划两种,分别用两章说明。第六篇主要探讨了公司理财的一个重要专题——兼并收购,这种探讨是从理论和实践两方面进行的。在理论方面,主要涉及协同效应、企业控制市场等问题;而在实践方面,从制定并购策略,选择目标企业、价值评估,到完成收购,直至收购后的整合的完整并购流程进行了介绍。

三、编写人员分工

本书是由来自中国人民大学、中央财经大学、复旦大学的教授共同努力的结果。具体分工如下:陈雨露、周炜撰写第1、2章;史建平、杜惠芬、关新红撰写第8~13章;周游、刘俊勇撰写第3、5章;向东撰写第4、6~7章;朱叶撰写第14~15章;类成曜撰写第16~17章。陈雨露、史建平、向东和周炜统稿全书。

论文初稿完成后,进入评审阶段。在黄达、曾康霖先生主持的三亚评审会议上,马君潞和姜波克两位教授受会议委托对本书提出了详尽的评审意见,其他委员也提出了宝贵的修改建议。在此对各位教授给予本书的肯定深致谢忱,对各位教授提供的深有价值的建议我们在随后的修改中已经悉数纳入修改补充的视野。

由于时间仓促,本书可能存在着不妥甚至错误之处,恳请读者批评指正。

编 者

2003 年 5 月

目 录

第 一 篇

第一章 现代公司制度 ……………………………………………………… 3

第一节 公司的概念 ……………………………………………………… 3

第二节 公司的目标 ……………………………………………………… 9

第三节 公司的运营 ……………………………………………………… 11

第四节 公司理财的内容 ………………………………………………… 17

本章小结 ………………………………………………………………… 19

思考与练习 ……………………………………………………………… 20

即测即评 ………………………………………………………………… 20

第二章 财务报表分析 …………………………………………………… 21

第一节 财务报表分析概述 ……………………………………………… 21

第二节 财务报表 ………………………………………………………… 24

第三节 比率分析 ………………………………………………………… 29

第四节 现金流量分析 …………………………………………………… 40

本章小结 ………………………………………………………………… 42

思考与练习 ……………………………………………………………… 42

即测即评 ………………………………………………………………… 44

第 二 篇

第三章 价值衡量 ………………………………………………………… 47

第一节 货币时间价值 …………………………………………………… 47

第二节 有价证券估价——债券估价 …………………………………… 58

第三节 有价证券估价——股票估价 …………………………………… 65

本章小结 ………………………………………………………………… 70

思考与练习 ……………………………………………………………… 70

即测即评 ………………………………………………………………… 71

第四章　风险衡量 ·· 72

　　第一节　风险的数学表达 ································ 72

　　第二节　投资组合的选择 ································ 76

　　第三节　风险与收益理论——资本资产定价模型 ·········· 79

　　第四节　风险与收益理论——套利定价理论 ············· 81

　　本章小结 ·· 84

　　思考与练习 ·· 84

　　即测即评 ·· 86

第五章　公司资本成本 ······································ 87

　　第一节　资本成本概念 ································ 87

　　第二节　债务资本成本 ································ 90

　　第三节　权益成本 ···································· 92

　　第四节　加权平均资本成本 ···························· 99

　　本章小结 ·· 101

　　思考与练习 ·· 101

　　即测即评 ·· 103

第六章　净现值法下的资本投资决策 ························ 104

　　第一节　资本预算概述 ······························ 104

　　第二节　项目现金流估算 ···························· 106

　　第三节　项目风险和折现率的选择 ···················· 111

　　第四节　净现值应用的其他问题 ······················ 114

　　本章小结 ·· 118

　　思考与练习 ·· 119

　　即测即评 ·· 121

第七章　其他资本预算法则 ································ 122

　　第一节　回收期法 ···································· 122

　　第二节　平均会计收益率法 ·························· 123

　　第三节　内部收益率法 ······························ 125

　　第四节　资本配置条件下的资本预算 ·················· 130

　　本章小结 ·· 134

　　思考与练习 ·· 134

　　即测即评 ·· 136

第　三　篇

第八章　企业的长期融资渠道 ……………………………………………… 139

　　第一节　金融市场与企业融资 ………………………………………… 139

　　第二节　股权融资 ……………………………………………………… 141

　　第三节　债务融资 ……………………………………………………… 145

　　第四节　股权和债务的比较 …………………………………………… 150

　　第五节　混合型证券 …………………………………………………… 151

　　本章小结 ………………………………………………………………… 154

　　思考与练习 ……………………………………………………………… 154

　　即测即评 ………………………………………………………………… 155

第九章　资本结构理论 …………………………………………………… 156

　　第一节　MM 定理——无公司所得税 ……………………………… 156

　　第二节　MM 定理——税负的影响 ………………………………… 161

　　第三节　MM 定理的意义 …………………………………………… 166

　　本章小结 ………………………………………………………………… 171

　　思考与练习 ……………………………………………………………… 172

　　即测即评 ………………………………………………………………… 173

第十章　决定债务水平的因素 …………………………………………… 174

　　第一节　债务增加的收益 ……………………………………………… 174

　　第二节　债务带来的成本 ……………………………………………… 178

　　第三节　对资本结构理论和实践的总结 ……………………………… 185

　　本章小结 ………………………………………………………………… 190

　　思考与练习 ……………………………………………………………… 191

　　即测即评 ………………………………………………………………… 192

第　四　篇

第十一章　股利的基本知识 ……………………………………………… 195

　　第一节　股利的基本概念 ……………………………………………… 195

　　第二节　股利发放的不同形式及特点 ………………………………… 197

　　本章小结 ………………………………………………………………… 203

　　思考与练习 ……………………………………………………………… 203

　　即测即评 ………………………………………………………………… 204

第十二章　决定股利政策的因素 ………………………………………… 205

　　第一节　MM 股利政策无效理论 …………………………………… 205

第二节　股利政策的信息效应 ……………………………………………… 207

第三节　股东构成理论 ……………………………………………………… 208

第四节　影响股利政策的因素 ……………………………………………… 210

本章小结 ……………………………………………………………………… 215

思考与练习 …………………………………………………………………… 215

即测即评 ……………………………………………………………………… 216

第 五 篇

第十三章　财务计划 …………………………………………………………… 219

第一节　财务计划概述 ……………………………………………………… 219

第二节　财务计划模型——销售百分比法 ………………………………… 221

第三节　融资与增长 ………………………………………………………… 226

本章小结 ……………………………………………………………………… 229

思考与练习 …………………………………………………………………… 229

即测即评 ……………………………………………………………………… 230

第十四章　营运资本管理 ……………………………………………………… 231

第一节　营运资本和流动性概述 …………………………………………… 231

第二节　营运资本投资与融资 ……………………………………………… 233

第三节　经营周期与现金周期 ……………………………………………… 238

第四节　现金周期与应收账款管理 ………………………………………… 241

本章小结 ……………………………………………………………………… 245

思考与练习 …………………………………………………………………… 246

即测即评 ……………………………………………………………………… 247

第 六 篇

第十五章　兼并收购理论 ……………………………………………………… 251

第一节　兼并收购的概念 …………………………………………………… 251

第二节　我国的企业并购 …………………………………………………… 255

第三节　并购协同效应的来源 ……………………………………………… 258

第四节　并购、代理成本和企业控制市场 ………………………………… 262

本章小结 ……………………………………………………………………… 267

思考与练习 …………………………………………………………………… 268

即测即评 ……………………………………………………………………… 268

第十六章　兼并收购实践 ……………………………………………………… 269

第一节　制定兼并收购战略 ………………………………………………… 269

第二节 甄选目标企业 …………………………………………………… 273

第三节 目标企业的价值评估 …………………………………………… 275

第四节 企业并购的实施 ………………………………………………… 281

第五节 并购后整合 ……………………………………………………… 287

本章小结 ………………………………………………………………… 289

思考与练习 ……………………………………………………………… 289

即测即评 ………………………………………………………………… 291

参考文献 ………………………………………………………………… 292

第一篇

第一章 现代公司制度

第一节 公司的概念

公司理财学可以说是一个舶来品，国外称其为"corporate finance"，而翻译到中国，就有了很多名字，如"公司财务""公司理财"和"公司金融"，但其实都是指同一学科，从这门学科的英文原名就可以看出，它研究的对象就是公司（corporation），考察公司如何进行实体资产投资决策，如何利用各种融资渠道获得资金来源，如何构造最优资本结构，如何确定股利分配政策，如何通过财务计划管理运营资本，如何通过兼并收购实现跨越式发展等问题。显然，对公司的理解应该成为学习和研究公司理财的起点。

但是，不同的学科、不同的人对于公司的理解是不同的。在经济学中，企业理论已经发展成为经济学的重要组成部分，契约理论、交易费用理论、系统论等不同的学派对公司提出了多种定义。在管理学中，也有区别于经济学理论的观点。而在实际的法律层面上，不同的国家又对公司的具体形式进行了不同的规范。其实，不同的观点往往源于不同的角度，并非只有一个正确答案。然而，公司理财学能够不断发展和完善，在很大程度上得益于其对公司理解的统一。

一、法律意义的公司

企业是社会经济生活的细胞，形式多样，情况复杂。从出资人的出资方式和责任形式分，一般将企业划分为三大类：个人所有制企业、合伙制企业和公司制企业。

（一）个人所有制企业

个人所有制企业是指一个自然人（或家庭）出资经营、归个人所有和控制、由个人承担经营风险和享有全部经营收益的企业。其优点是建立与解散程序简单、成本低，不缴纳企业所得税，一般只需缴纳个人所得税。其缺点也很突出，如规模较小，难以进行大规模的投融资活动；企业主对企业债务负有无限责任，在企业破产时，企业主要用个人资产偿还企业的债务；企业的存续缺乏可靠性，企业的寿命有限，依附于企业主个人的安危得失；等等。在我国，个体工商户通常被视为个人所有制企业，根据《中华人民共和国个人独资企业法》和相关规定，我国个体工商户与个人独资企业的投资主体和承担法律责任形式是相同的，但是在是否有固定的经营场所和合法的企业名称、是否可以委托其他人经营管理、是否可以设立分支机构和委派分支机构负责人等方面存在显著的区别。为优化我国市场主体结构，提高民营经济发展质量，2023 年我国政府部门出台政策，帮助和引导符合条件的传统个体工商户转型登记,升级为个人独资企业。虽然传统上个人所有制企业主要盛行于零售业、手工业、农业、林业、渔业、服务业等行业和家庭作坊,是古老且简单的企业形式,但是在现代经济社会中,个人所有制企业在提供就业机会、满足人民美好生活需要和促进全体人民共同富裕等方面,仍然发挥着重要的作用。

（二）合伙制企业

合伙制企业是指由各合伙人订立合伙协议,共同出资、共同经营、共享收益、共担风险的营利性组织。合伙制企业一般无法人资格,不缴纳企业所得税,由合伙人分别缴纳个人所得税。两个或两个以上合伙人可组成合伙制企业。合伙制企业分为两大类:普通合伙制和有限合伙制。在普通合伙制企业中,所有合伙人共同按一定比例提供资金和承担一定的工作,并且分享相应的利润或亏损,承担相应的债务。具体的合作模式由合伙人签署的协议来规定。在普通合伙制当中,所有合伙人都是普通合伙人,对企业的债务承担无限连带责任。我国《合伙企业法》规定:国有独资公司、国有企业、上市公司以及公益性的事业单位、社会团体不得成为普通合伙人。

有限合伙企业由普通合伙人和有限合伙人组成,普通合伙人对合伙企业债务承担无限连带责任,有限合伙人以其认缴的出资额为限对合伙企业债务承担责任。在有限合伙制下,通常要求至少有一人为普通合伙人,并且有限合伙人不参与企业管理。国外很多基金管理公司是以有限合伙制的形式存在的,我国很多私募股权投资基金和风险投资基金也采用有限合伙的形式。

（三）公司制企业

个人所有制企业和合伙制企业最主要的优势在于创办程序简便、费用低、不缴纳企业所得税,但设立之后面临三个明显的劣势:一是企业的非法人身份和投资人承担无限责任;二是企业的寿命有限,通常与投资人个人密切关联;三是产权转让困难。这三个问题导致该类型企业资金筹集困难,难以开展大规模的投资活动。因此,对于大多数大型企业组织来说,以个人所有制和合伙制存在是很难的,往往以公司制形式存在。在法律上,公司是一个独立的法人,可以以法人的身份开展融资、投资和经营活动,并享有一系列法律权利和义务,如签订合同、购买财产及起诉或被诉等。

在公司中,股东(或所有者)、董事会成员和公司的高层管理者对公司的经营和发展起着决定性作用。一般来说,股东拥有公司并控制公司发展方向;股东选举董事会成员;董事会任命高层管理人员。这样,便形成了公司制企业的一个重要特征:所有权与经营权分离的状态,也形成了公司制企业优于个人所有制和合伙制的几个主要特征:股东的股份可以转让给他人;股东的股份具有无限存续期;股东的责任仅限于其投入公司所有权的资金。这些特征使得公司更容易筹集资金。

在法律上,各国对公司进行了明确的界定,并以一系列条文来规范公司的产生、组织、管理、行为及注销等。公司是企业的一种形式。在不同的国家,具体的法律规定又各不相同。为了规范公司的组织和行为,保护公司、股东、职工和债权人的合法权益,完善中国特色现代企业制度,弘扬企业家精神,维护社会经济秩序,促进社会主义市场经济的发展,我国在1994年颁布了《中华人民共和国公司法》(以下简称《公司法》),分别于1999年、2004年、2005年、2013年、2018年和2023年进行了修订和修正。《公司法》将公司分为以下三种类型:

1. 有限责任公司

《公司法》规定,有限责任公司由 1 个以上 50 个以下股东出资设立①。成立有限责任公司必须依法办理审批手续。股东之间可以相互转让其全部出资或者部分出资。股东向股东以外的人转让其出资时,必须经过半数股东同意;不同意转让的股东应当购买该转让的出资,如果不购买该转让的出资,视为同意转让。经股东同意转让的出资在同等条件下,其他股东对该出资具有优先购买权。

有限责任公司的优点主要体现在:有限责任公司只有发起设立,没有募集设立,经办手续比较简单;有限责任公司的股东对公司债务承担有限责任,可以减少股东承担的风险,加大公司筹资机会;有限责任公司股东人数较少,易于股东之间协商沟通,股东可以直接参加公司的经营管理,有利于维护股东的权益。

有限责任公司也存在一些缺点:有限责任公司是靠发起设立的,不得向社会公开募集资金,受发起人资金规模的限制,有限责任公司规模一般不会很大;股东对公司债务承担有限责任,如果公司负债过重会影响债权人的利益。

2. 股份有限公司

股份有限公司的全部资产分为等额股份,股东仅以其所持股份为限对公司承担责任,公司以其全部资产对公司的债务承担责任。

股份有限公司的设立既可以采取发起设立也可以采取募集设立的方式。以发起设立方式设立股份有限公司的,发起人以书面认足公司章程规定发行的股份后,应即缴纳全部股款;以募集设立方式设立股份有限公司的,发起人认购的股份不得少于公司股份总数的35%,其余股份应当向社会公开募集。

根据《公司法》的规定,设立股份有限公司,应该有 1 人以上 200 人以下为发起人,其中应当有半数以上的发起人在中华人民共和国境内有住所。

股份有限公司的优点主要表现在:可以向社会公开募集资金,这有利于公司股本的扩大,增强公司的竞争力;股东持有的股份可以自由转让,股东的责任以其持有股份为限,股东的投资风险较小;股东依照所持股份,享有平等的权利,所有股东无论持股多少,都享有表决权、分红权和优先认购本公司新发行股票的权利;股东是公司的所有者,公司的经营管理权由股东委托董事会承担。所有权与经营权的分离是现代公司治理结构的一个重要组成部分,股份有限公司为公司的所有者和经营者实现所有权与经营权分离创造了条件。

3. 国家出资公司

国家出资公司,是指国家出资的国有独资公司、国有资本控股公司,包括国家出资的有限责任公司、股份有限公司。国家出资公司,由国务院或者地方人民政府分别代表国家依法履行出资人职责,享有出资人权益。国务院或者地方人民政府可以授权国有资产监督管理机构或者其他部门、机构代表本级人民政府对国家出资公司履行出资人职责。国家出资公司中中国共产党的组织,按照《中国共产党章程》的规定发挥领导作用,研究讨论公司重大经营管理事项,支持公司的组织机构依法行使职权。国有独资公司不设股东会,由履行出资人职责的机构行使股东会职权。履行出资人职责的机构可以授权公司董事会行使股东会的部分职权,但公司章程的制定和修改,公司的合并、分立、解散、申请破产,增加或者减少注册

---

① 　编者注:含本数,下同。

资本,分配利润,应当由履行出资人职责的机构决定。国有独资公司的董事会成员中,应当过半数为外部董事,并应当有公司职工代表。

📇 资料卡

有限合伙制私募股权投资基金

私募股权投资基金(Private Equity,PE),一般指通过非公开方式向特定对象募集资金,用以对非上市企业进行股权投资,在交易实施过程中通常附带了未来的退出机制,即通过上市、并购、重组、管理层回购等方式,出售所持股份获利。

2006 年 8 月修订的《中华人民共和国合伙企业法》(简称《合伙企业法》)增加了第三章"有限合伙企业",全国人民代表大会财政经济委员会在解释修订理由时指出,"这种组织形式主要适用于风险投资,由具有良好的投资意识的专业管理机构或个人作为普通合伙人,承担无限连带责任,行使合伙事务执行权,负责企业的经营管理;作为资金投入者的有限合伙人依据合伙协议享受合伙收益,对企业债务承担有限责任,不对外代表合伙企业,也不直接参与企业经营管理"。

此外,在企业层面,合伙制股权投资基金无须缴纳企业所得税,也不存在应纳所得税抵扣问题。根据《财政部、国家税务总局关于合伙企业合伙人所得税问题的通知》,合伙企业采取"先分后税"的原则,以每一个合伙人为纳税义务人,合伙企业合伙人是自然人的,缴纳个人所得税;合伙企业是法人和其他组织的,缴纳企业所得税。

有限合伙制以协议为基础,法律对其规定较公司制更为灵活,很多方面可以由合伙协议决定,这更容易满足特定投资者的不同需求。有限合伙人转让其合伙份额不会影响有限合伙企业的继续存在,这为风险投资提供了更为便捷的退出通道。

二、财务意义的公司

律师着重处理的是公司的组成、股东和债权人的关系等问题,但专业的金融/财务人员可能会从财务方面来考察公司。例如,一家制造类公司,要购买土地、建设厂房、购买设备以及招募技术工人,从财务角度来说,公司正在对固定资产、土地、人力资源进行投资。投资所需的部分资金由公司股东投入,不足的部分则从公司外部借入,便形成了公司的债务。而在产品销售之后,收回了资金,又开始考虑开发和经营新的产品。

在上述简单经营过程当中,公司的总经理会面临技术、资金、市场、社会关系和环境保护等一系列问题,但对于公司理财学来说,技术、销售、渠道、关系都是透明的,所有公司的经营活动,只是反映为资产、负债、所有者权益、收入、成本和现金流等指标。这就是公司理财学对公司的认识,也就是公司理财学研究公司的基础和出发点。

资产负债表、利润表和现金流量表是公司理财学认识公司的重要工具。有人将资产负债表比作特定时点上对企业财务状况的一张快照。更准确地说,资产负债表是特定时点上反映企业财务状况的拼到一起的两张照片,两张照片的拍摄角度不同,一张反映公司的资产,另一张反映负债和所有者权益,如图 1-1 所示。

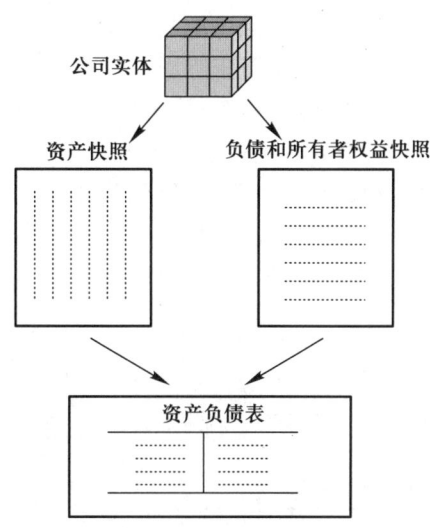

图 1-1　公司资产负债表的形成

　　资产负债表分为左右两部分,左边是资产,说明了企业拥有什么,有多少流动资产、长期和固定资产、无形资产。企业的资产规模、类型和结构通常与企业所处行业、商业模式和经营特点等密切相关。右边是负债和所有者权益,说明形成公司资产的资金来源,有多少钱是借来的(债务资本),多少钱是股东投入的(权益资本)。由于借来的钱到期需要偿还,股东投入的钱没有明确的到期日,对企业来说权益资本是比债务资本股本更稳定的、更可靠的(当然成本也更高)资金来源,债务资本与权益资本的比率(资本结构)对企业整体融资成本和财务风险具有重要影响。如何确定公司的资本结构,是公司理财学理论研究和实践中的一个核心命题。很多方面的人士都使用资产负债表,从中获得各自所需的信息。商业银行的信贷员希望了解企业的规模、资产流动性和营运资本,供货商希望发现应付账款的数额和付款期限,这些问题都可以从资产负债表中找到答案。但是,与企业经营相关的其他很多信息在资产负债表中是找不到的,如企业的技术水平、竞争能力和管理水平等。

　　利润表用于报告公司的盈利或亏损状况,是衡量企业在一个特定时期(如一年)内的经营成果的重要报表。如果说资产负债表像一张照片,反映的是企业"拍照"瞬间的财务状况,利润表则像一段视频,反映的是"摄录"期间企业的综合运营成果。从投入产出视角理解,资产负债表可以直观地理解为公司的"投入",利润表可以被视为公司的"产出"。显然,对一个正常经营的公司来说,在多数年份里应该有正的产出,即公司的利润应该是正的。

　　现金流量表反映了报告期内企业经营活动、投资活动和筹资活动对其现金及现金等价物所产生影响。现金流量表按照收付实现制原则编制,所反映的内容都是公司"真金白银"的现金流入和流出,没有利润表中存在的"应收而未收""应付而未付"事项,被认为是企业财务体系当中最为客观的数据,基本上反映了公司运营中的真实状况。现实中企业支付工资、缴交税款、支付利息、进行研发等任何一项活动都离不开现金,现金流对于企业而言,就好比血液对于人体,多数情况下公司以经营活动现金流为主(自我造血),当经营活动现金流不足时,通过筹资活动产生现金流(外部输血);当经营活动现金流充裕时,往往会通过投资活动来释放现金流(对外献血)。因此,现金流量表及现金流量的有关数据在公司理财中发挥着十分重要的作用。

从现金流视角观察,公司财务活动与金融市场的相互关系与作用如图1-2所示。图1-2中的箭头展示了公司从金融市场筹集现金用于组织生产经营活动,以及将生产经营活动产生的现金返还金融市场的过程。为了筹集资金,公司在金融市场向投资者发售债券和股票,导致现金从金融市场流向公司,公司管理层将这些现金用于公司的投资活动形成公司经营所需要的资产,公司通过经营活动获得的净现金,以税收的形式支付给政府,以留存收益方式将一部分用于再生产,以本金和利息方式支付给债权人,以红利的方式支付给股东。当支付给债权人和股东的现金大于从金融市场筹集的现金时,公司的价值就增加了,或者说实现了财务上的意义。

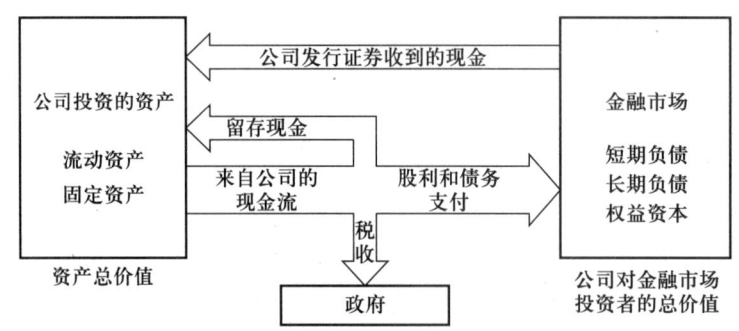

图 1-2　公司和金融市场之间的现金流

企业通过从金融市场融资和构建实体资产投资,将金融市场与实体经济紧密地联系起来。对于任何一个国家或社会来说,实体经济能否以合理的成本融到发展所需的资金,金融市场能否将稀缺的资源引导到实体经济上去而不是在金融系统内"空转"异常重要,它直接关乎社会经济发展和安全。我国党和政府历来高度重视这个问题,习近平总书记在党的二十大报告、全国金融工作会议、中央金融工作会议等重要文件和会议上反复强调,要坚持把金融服务实体经济作为根本宗旨。

> **📇 资料卡**
>
> ### 坚持把金融服务实体经济作为根本宗旨
>
> 　　做好金融工作要把握好以下重要原则:第一,回归本源,服从服务于经济社会发展。金融要把为实体经济服务作为出发点和落脚点,全面提升服务效率和水平,把更多金融资源配置到经济社会发展的重点领域和薄弱环节,更好满足人民群众和实体经济多样化的金融需求。第二,优化结构,完善金融市场、金融机构、金融产品体系。要坚持质量优先,引导金融业发展同经济社会发展相协调,促进融资便利化,降低实体经济成本,提高资源配置效率,保障风险可控。第三,强化监管,提高防范化解金融风险能力。要以强化金融监管为重点,以防范系统性金融风险为底线,加快相关法律法规建设,完善金融机构法人治理结构,加强宏观审慎管理制度建设,加强功能监管,更加重视行为监管。第四,市场导向,发挥市场在金融资源配置中的决定性作用。坚持社会主义市场经济改革方向,处理好政府和市场关系,完善市场约束机制,提高金融资源配置效率。加强和改善政府宏观调控,健全市场规则,强化纪律性。
>
> 　　金融是实体经济的血脉,为实体经济服务是金融的天职,是金融的宗旨,也是防范

金融风险的根本举措。要贯彻新发展理念,树立质量优先、效率至上的理念,更加注重供给侧的存量重组、增量优化、动能转换。要把发展直接融资放在重要位置,形成融资功能完备、基础制度扎实、市场监管有效、投资者合法权益得到有效保护的多层次资本市场体系。要改善间接融资结构,推动国有大银行战略转型,发展中小银行和民营金融机构。要促进保险业发挥长期稳健风险管理和保障的功能。要建设普惠金融体系,加强对小微企业、"三农"和偏远地区的金融服务,推进金融精准扶贫,鼓励发展绿色金融。要促进金融机构降低经营成本,清理规范中间业务环节,避免变相抬高实体经济融资成本。

　　资料来源:《习近平谈治国理政》第二卷,外文出版社 2017 年版,第 278-280 页。

三、现实世界中的公司

　　法律意义上的公司为企业活动提供了身份安排(独立法人),财务意义上的公司为企业活动提供了物质基础(金融资源),但活跃在我们日常生活和工业领域的各家公司,远比从法律层面和财务层面理解的公司要复杂得多,事实上,几乎每家公司都要同时在产品市场和金融市场运行,面临着来自产品市场的竞争和金融市场的压力,乃至国家博弈和地缘政治带来的困扰。法律的规定无法解决公司经营中面临的多种利益矛盾和冲突,公司理财的实际操作也要比理论探讨的问题细致得多。

　　对于公司运营中所面临的复杂的理财问题,虽然需要很多实际的经验和技巧,但公司理财理论的基础知识是不可或缺的。需要在此强调的是,本书所讨论的内容只是为读者提供了一个公司理财学的理论知识基础,任何实际工作中的应用都需要读者在对这些知识融会贯通之后,根据现实世界中公司所面临的具体情况才能进行。

第二节　公司的目标

　　公司的目标是一个理论界广泛思考和讨论的问题。作为服务于公司运营的重要学科,公司理财学致力于实现公司的目标。公司理财学将公司的目标作为自身的目标,围绕着公司目标制定相应的财务政策,开展相应的理财活动,例如预测与计划、重要投资和筹资决策、与销售等部门协调与控制、与金融市场打交道、进行风险管理等。

一、关于公司的目标的几种观点

　　关于公司的目标有很多种观点。在现实中,公司的目标是一种复杂的综合目标体系。制定单一目标,通常是为了理论研究的便利。目标理论主要有以下几种:

(一) 利润最大化

　　这是典型的传统公司目标理论。将利润最大化作为公司目标,是基于对公司作为营利性机构的考虑。利润是一项综合的指标,反映了企业综合运用各项资源的能力和经营管理状况,是评价公司绩效的重要指标。然而,利润最大化目标会在实际应用中遇到很多问题。

　　一是利润是会计体系的产物。会计体系本身对公司的经营状况有一定的扭曲,经此体系计算出来的利润指标必然无法准确地反映公司的经营状况。

二是利润容易被调整和操纵。作为会计处理的一个结果，利润这一指标十分容易被管理者通过一定的会计处理手段进行调整和操纵，从而满足投资人、资本市场等对其的要求。这种例子在市场经济的发展过程中屡见不鲜，如美国世界通信公司、安然公司以及我国的康美药业等①。

"康美药业"财务造假透视

三是短期行为。公司利润一般以年度数据作为主要考核依据，这容易使公司管理者为了满足当前的利润要求，而忽略或舍弃长远利益。

（二）收入最大化

收入最大化与公司规模的扩大有直接的联系。但公司规模的扩大并不意味着公司股东财富和公司利润的最大化。在公司实际的运营中，有些公司管理人员一味追求收入增长，采取激进的信用销售政策，导致应收账款和坏账剧增，现金流短缺，企业陷入经营困难；一些公司管理人员以牺牲股东财富和公司盈利能力为代价来扩大规模和权力。如果公司以收入最大化为目标，那么很可能会导致股东无法对经理行使控制权的后果。

（三）管理目标

管理目标，是指那些既能够反映公司长期发展和价值增长，又比价值最大化易于衡量的指标。市场份额最大化被认为是这样的管理目标。因为研究表明，长期较高的市场占有率意味着较高的价值，而这些管理目标又易于被观测和度量。近年来为了加强对国有资产的管理，提高国有企业经营效率和整体效益，我国国有资产管理委员会对中央企业先后设置了"一利四率""两利三率""两利四率"的管理和考核指标②。党的二十大以后，为加快构建新发展格局，着力推动高质量发展，又将管理和考核指标优化为"一利五率"要求：利润总额增速要高于全国 GDP 增速，资产负债率总体保持稳定，净资产收益率、研发经费投入强度、全员劳动生产率、营业现金比率 4 个指标进一步提升。

（四）社会福利目标

某些企业，特别是政府企业，被赋予重要的社会职责，社会福利最大化往往是其关注的对象。比较典型的例子有非营利性公司，如医院，其目标是以可以支付的成本来提供合理的医疗服务。在我国，曾长时间实行高度集中的计划经济模式，在计划经济体制内，企业是政府的附属物，追求社会利益目标；改革开放以后以及中国式现代化建设进程中，国有企业承担着重要的政治责任、经济责任、社会责任，这三大责任彼此关联，互为依托。国有企业是中国特色社会主义的重要物质基础和政治基础，是我们党直接掌握的治国理政的"大国重器"。③

（五）股东财富最大化

股东财富最大化有时也称为股东价值最大化、公司价值最大化或公司财富最大化。本质上这都是同一个概念。因为公司属于股东，公司财富最大化自然意味着股东财富最大化。有些研究将股东财富最大化与公司财富最大化区分开，认为两者是有差异的。这种观点的

---

① 其实，世界通信、安然、康美药业等企业的行为已经远远超过利润调整或盈余管理范畴，是纯粹的财务造假行为。其他一些公司调整利润指标的做法更为普遍。

② "一利四率"：国企效益、国有资本保值增值率、回报率、流动资产周转率和资产负债率"四升一降"；"两利三率"：净利润、利润总额、资产负债率、营收利润率、研发经费投入率；"两利四率"：净利润、利润总额增速要高于国民经济增速，营业收入利润率、研发投入强度、全员劳动生产率明显增长，资产负债率保持稳健可控。

③ 参见：刘青山.大企业有大责任，《国资报告》，2020（7）：64-73。

依据是债权人对公司财富有要求权。然而,要求权与所有权完全是两个概念。全部公司财富还是归股东所有,只不过公司有义务向债权人支付利息和偿还本金。

公司理财所要研究的各种财务决策,如投资、融资、股利等,都以使股东价值最大化为目标。这种明确的目标为公司理财理论提供了一条主线,围绕这条主线,发展出了许多模型和理论,可以说股东价值最大化目标是现代公司理财理论大厦的基石之一。

在实际的研究中,股东价值最大化往往表现为股票价格最大化。这是因为股票价格是相对客观的、具有良好观察性的指标。价格及有关数据为公司理财的研究提供了坚实的客观基础。

二、公司理财的目标函数

目标函数往往用某些函数或变量(如利润、规模、价值等)最大化或是某些函数或变量(如风险、成本)最小化来表示。

公司理财理论的成长可以归功于这个理论选择了一个单一的目标函数,并以目标函数为基础,发展了一系列模型。在传统的公司理财理论中,此目标函数与公司理论的目标是一致的,即股东财富最大化。如果没有目标函数,就谈不上决策的制定和选择。在单一目标体系下,任何公司理财决策,不论是投资、融资还是股利分配等,如果能提高股东财富,就被认为是"好"的决策,而降低公司价值的决策被认为是"差"的决策。目前,公司目标体系正日益变得多元,环境(Environmental)、社会(Social)和公司治理(Governance)(又称为 ESG)为公司理财学的发展增加了新内容。

第三节　公司的运营

公司目标的实现要依靠日复一日的公司运营。在公司运营中,实际的情况远比常人想象的复杂得多。

一、所有权与经营权的分离

所有权与经营权的分离是所有现代公司的基本特征。拥有公司财富的股东与实际掌管公司运营的管理者是两个不同的群体。这种分离所造成的实际上的股东与管理者的利益差异,是实现公司股东价值最大化目标的主要障碍。

股东为了实现自身财富的增加,通过设计合适的激励机制和监督管理者的行为,减少管理者背离股东利益的情况。但遗憾的是,这样做不但复杂,而且成本高昂。对于很多大型公司来说,分散的股权结构更使得股东会和董事会这两个对管理者监督的主要机构,面临被管理者控制的状态。

二、委托—代理理论

所有权与经营权的分离对公司运营的影响得到了有关学者的高度重视。委托—代理理论的提出是对所有权与经营权分离状况的一种学术研究。

委托—代理理论最初是由詹森和麦克林(M. C. Jensen 和 W. H. Meckling)提出的。他们在《金融经济学杂志》(Journal of Financial Economics)1976 年第 10 期上发表了《企业理论:

管理行为、代理成本和所有权结构》一文,提出了"代理关系"的重要概念并阐述了公司中的委托—代理关系问题。

代理理论主要涉及企业资源的提供者与资源的使用者之间的契约关系。按照代理理论,经济资源的所有者是委托人,负责使用以及控制这些资源的经理人员是代理人。代理理论认为,当经理人员本身就是企业资源的所有者时,他们拥有企业全部的剩余索取权,经理人员会努力地为自己而工作,这种环境下,就不存在什么代理问题。但是,当企业通过发行股票方式,从外部吸取新的经济资源,管理人员不持有公司的股权,就有一种动机去提高在职消费、自我放松并降低工作强度。显然,如果企业的管理者是一个理性经济人,他的行为与原先自己拥有企业全部股权时将有显著的差别。如果企业不是通过发行股票,而是通过举债方式取得资本,也同样存在代理问题,只不过表现形式略有不同。这就形成了詹森和麦克林所说的代理问题。

詹森和麦克林将代理成本分为监督成本、守约成本和剩余损失。其中,监督成本是指外部股东为了监督管理者的过度消费或自我放松而耗费的支出;守约成本是指代理人为了取得外部股东信任而发生的自我约束支出(如定期向委托人报告经营情况、聘请外部独立审计等);剩余损失是指由于委托人和代理人的利益不一致导致的其他损失。

代理理论还认为,代理人拥有的信息比委托人多,并且这种信息不对称会逆向影响委托人有效地监控代理人是否适当地为委托人的利益服务。它还假定委托人和代理人都是理性的,他们将利用签订代理契约的过程,最大化各自的利益。而代理人出于自我寻利的动机,将会利用各种可能的机会,增加自己的财富,其中一些行为可能会损害到所有者的利益。例如,为自己修建豪华办公室、购置高级轿车,去高档旅游区进行与企业经营联系不大的商务旅行等。

利益不一致、信息不对称和监督不完全是委托—代理问题产生的重要原因。在公司的代理问题中,主要有三种代理关系:一是股东与管理者;二是股东与债权人;三是控股股东与小股东。

(一) 股东与管理者

代理问题很普遍地出现在股东与管理者之间。股东是委托人,管理者是代理人。在所有权和经营权分离之后,股东的目标是使自身价值最大化,所以使用各种办法希望管理者以最大的努力去实现其目标。然而,管理者与股东的目标可能并不一致,他们希望得到优厚的报酬、豪华的办公环境等。

协调股东与管理者之间的代理关系的机制主要有以下四方面:

1. 管理者面临被解雇的威胁

公司的章程一般都规定了股东聘任和解聘经理的权力。这种权力往往是通过股东会和董事会两个机构得以落实的。

股东会是公司最高权力机构,它由具有投票权的全体股东组成,股东作为所有者,享有决定公司的经营方针和投资计划、发行股票和公司债券以及公司合并或解散等公司重大决策时的投票权。

董事会是由股东会选举出来的由全体董事组成的常设的公司最高决策机构和领导机构。董事会作为公司的最高决策机构享有广泛的权力,包括对公司管理者的任免权。因此,从这个意义上讲,股东控制董事会成员,而董事会成员选择管理者。

然而,股东会和董事会对管理者的这种制约往往成效不大,主要原因如下:

① 许多小股东不想去行使股东的权力,持有大量股票的股东更容易选择"用脚投票",即卖出股票离开。

② 大多数作为董事会成员的个人没有太多的时间履行其董事职责。大多数董事只拥有公司很少的股票或利益,难以使他们在股价下跌时重视股东的困境。

因此,在公司股权十分分散的状态下,如何控制管理者使其行为符合股东的利益,是一个长期的问题。

2. 被接管的威胁

在资本市场较为发达的环境下,当一个公司管理不善而使其股票价格低于预期的合理价值时,很有可能被其他机构或个人强行收购。一旦发生这种情况,管理者往往会被解雇,即使留任,其权力也会受到很大限制。管理者为了防止发生这种情况,就要通过努力工作来保证公司的股票保持一个相对较高的价格。这样对全体股东来说,利益可以得到保证。

这种代理关系的协调,需要十分完善的资本市场和企业收购市场的环境。这种外部环境的形成也需要长时间的发展和完善。所以,对于一些新兴的市场,因为资本市场和企业收购市场发展不完善,这种机制难以发挥大的作用。

3. 管理者市场的竞争

管理者市场的竞争也可在一定程度上促使管理者在经营中以股东利益为重。否则,他们将可能被其他人取代。

4. 激励机制

激励机制是最为常用、适用范围最广的一种解决代理问题的模式。它通过将管理者的报酬与公司的业绩联系起来的办法,通过发挥管理者提高自身获得利益的动力,来实现股东的利益。主要的激励机制有以下几种:现金奖励、股票期权和绩效股份。

激励机制的适用范围很广,不论是大公司还是小公司、资本市场成熟度如何,都可以应用。

(二) 股东与债权人

股东(通过管理者)与债权人存在另一种代理关系。债权人将资金借给公司,目标是到期获得本金和利息;公司通过借款增加运营资金,取得更高收益。股东与债权人的目标显然是不一致的,而其利益冲突的根源,在于这两个群体对现金流量要求权的本质差异。如果公司有足够的收益,则债权人通过对现金流量的第一要求权,可以取得固定数额的收入。股东对偿还债务之后的剩余现金流量拥有要求权。但是,如果公司的现金流量不足以偿还其债务时,公司有权宣布破产。可以看出,当公司运营成功时,债权人不能分享收益的上升;但当公司运营失败时,他们却要承担大部分成本。

当资金从债权人贷给公司之后,债权人就失去了对资金的控制权。公司的股东可能为了自身的利益,通过管理者的经营活动,损害债权人的利益。以下是三种常见的做法:

1. 提高财务杠杆比率

公司通过发行新的债务,提高了公司的负债率,降低了经营的安全性,增加了破产的可能性,使得旧债风险加大,市场价值下降,债权人遭受损失。

2. 投资比债权人风险预期高的项目

风险的增大往往意味着盈利潜力的增大。但债权人是无法分享固定利息以外的额外收益的。然而,高风险项目如果成功,却能为股东带来更高的回报。

3. 增加股利支付

实践经验证明,股利增加一般会导致股价上升,股利降低会导致股价下跌。相反,股利增加会使债券价格下跌,股利减少会使债券价格上升。

为了防止利益受到损害,债权人往往在借款合同中加入限制性条款,如规定资金用途,规定不发行新债或者限制发行新债的规模、条件等。因为公司还需要回到债券市场上募集资金,所以它们一般会保持诚信。这样,为了实现公司目标,公司必须遵守借款合同,与债权人和睦相处。

(三) 控股股东与小股东

20 世纪末的大量研究发现,由于受高昂的监督成本制约,公众投资者(小股东)通常会选择放弃自己的治理权力,从而形成了对公司控制人(控股股东)的事实上委托。控制性股东凭借其实际控制权,以合法或者非常隐蔽的方式谋取私人利益,使小股东的利益受到损害。在股权结构高度集中、控制权与现金流权不一致的情况下,处于优势地位的大股东和中小股东之间经常出现严重的利益冲突,以至在这些公司中,主要的代理问题不是在经理人与投资者之间,而是在控制性股东与其他中小投资者之间。区别于股东和管理者之间的委托—代理问题(第一类代理问题),控股股东与小股东之间的委托—代理问题,通常也被称为第二类代理问题。

控股股东与小股东之间的代理问题,通常表现为两种:掏空行为和支持行为。

1. 掏空行为

Johnson 等(2000)首先提出了"掏空"的概念,将其界定为控制公司的股东为了满足自身的私利,将公司的财产或者利润转移出去。掏空行为的形式多种多样,例如,控股股东为了获得控制权私人收益而实施的一系列自利交易行为或对小股东的歧视性行为,包括盗骗公司资源、特殊的关联购销、操控资产转移定价、收受超额薪金、担保或占款、侵占公司发展机会以及稀释性股票发行、少数股权冻结等。

2. 支持行为

Friedman 等(2003)指出,在法律保护体系尚不健全和完善的国家,控股股东的掏空行为比较普遍,但在某些情形下也存在控股股东"支持"公司的现象。即控股股东在下属公司之间转移资产,将资产由其所占股权份额低的子公司转移到股权份额高的子公司,构成对后者的支持,而这种"支持"的最终目的多数是"掏空"。从长远来看,控股股东暂时为陷入困境的子公司提供资金,提高了其侵占子公司未来收益的选择权价值,从而为其带来了利益。我国上市公司也出现过多起为了满足盈余目标,先通过与控股股东的关联销售获取超额利润,在接下来的期间则会通过现金转移等方式回馈控股股东的案例。

由于我国上市公司具有较高的股权集中度,通常存在着一个绝对控股股东,公司大股东及其经理人员(大股东的代理人)控制董事会和公司的经营管理,导致公司治理结构严重失衡,缺少监督,使得将公司的资源转移出去给母公司或者其他关联方成为可能,损害中小股东利益的现象时有发生。为了维护中小股东利益,保证资本市场公平公正,近年来中国证监会通过建立独立董事制度、发展机构投资者、代理和征集投票权、建立专门的中小投资者保护机构等举措来减少第二类代理问题。

三、公司治理

企业理论中的契约论认为,公司是一组合同的联合体,这些合同治理着公司发生的交易,使得交易成本低于由市场组织这些交易时发生的交易成本。由于经济行为人的行为具有有限理性和机会主义的特征,所以这些合同不可能是完全合同。完全合同是指能够事前预期各种可能发生的情况,并对各种情况下缔约方的利益、损失都作出明确规定的合同。为了节约合同成本,不完全合同常常采取关系合同的形式,就是说,合同各方不求对行为的详细内容达成协议,而是对目标、总的原则、遇到情况时的决策规则、分享决策权以及解决可能出现的争议的机制等达成协议,从而节约了再谈判、再缔约的成本。

公司治理以公司法和公司章程为依据,在本质上就是这种关系合同,它以简约的方式,规范公司各利益相关者的关系,约束他们之间的交易。

公司治理的功能是配置权、责、利。关系合同要有效,关键是要对在出现合同未预期的情况时谁有权决策、作出安排。传统观点认为,谁拥有资产,或者说,谁有资产所有权,谁就有剩余控制权,即对法律或合同未作规定的资产使用方式作出决策的权利。公司治理的首要功能,就是配置这种控制权。这有两层意思:一是公司治理是在既定资产所有权前提下安排的。所有权形式不同,比如债权与股权、股权的集中与分散等,公司治理的形式也会不同。二是所有权中的各种权力就是通过公司治理结构进行配置的。这两方面的含义体现了控制权配置和公司治理结构的密切关系:控制权是公司治理的基础,公司治理是控制权的实现。

传统的公司治理所要解决的主要问题是所有权和经营权分离条件下的代理问题。通过建立一套既分权又能相互制衡的制度来降低代理成本和代理风险,防止经营者对所有者的利益的背离,从而达到保护所有者的目的。这一系列制度通常称为公司治理结构,它主要由公司股东会、董事会、监事会等公司机关所构成。这一制度或称治理结构建立的基础是公司的权力配置,即无论是所有者还是经营者都以其法律赋予的权力承担相应的责任。

传统的公司治理的研究大多基于分权与制衡而停留在公司治理结构的层面上,较多地注重对公司股东会、董事会、监事会和高层经营者之间的制衡关系的研究。但是,公司治理并不是为制衡而制衡,而且,制衡并不是保证各方利益最大化的最有效途径。衡量一个治理制度或治理结构的标准应该是如何使公司最有效地运行,如何保证各方面的公司参与人的利益得到维护和满足。因为,公司各方的利益都体现在公司实体之中,只有理顺各方面的权责关系,才能保证公司的有效运行,而公司有效运行的前提是决策科学化。因此,公司治理的目的不是相互制衡,而是要设计保证公司科学决策的方式和途径。我国新修订的《公司法》强调规范公司的组织和行为,保护公司、股东、职工和债权人的合法权益,完善中国特色现代企业制度,弘扬企业家精神。

从科学决策的角度来看,治理结构远不能解决公司治理的所有问题,建立在决策科学观念上的公司治理不仅需要一套完备有效的公司治理结构,更需要若干具体的超越结构的治理机制。公司的有效运行和决策科学不仅需要通过股东会、董事会和监事会发挥作用的内部监控机制,而且需要一系列通过证券市场、产品市场和经理市场来发挥作用的外部治理机制,如公司法、证券法、信息披露、会计准则、社会审计和社会舆论等。在经济合作与发展组织(OECD)制定的《公司治理原则》中,已不单纯强调公司治理结构的概念和内容,而涉及许多具体的治理机制。该原则主要包括:① 确保有效公司治理框架所依靠的基础;② 股东的权力;③ 对股东的平等待遇;④ 利益相关者的作用;⑤ 信息披露和透明度;⑥ 董事会责任。显然,治理机制是比治理结构更为广泛、更深层次的公司治理观念。中国证监会 2018 年修订的《上市公司治理准则》涵盖:① 上市公司治理基本理念和原则;② 股东会、董事会、监事会的组成和运作;③ 董事、监事和高级管理人员的权利义务;④ 上市公司激励约束机制;⑤ 控股股东及其关联方的行为规范;⑥ 机构投资者及相关机构参与公司治理;⑦ 上市公司在利益相关者、环境保护和社会责任方面的基本要求;⑧ 信息披露与透明度等。我国上市公司治理准则的修订具有鲜明的特点,一是紧扣新时代的主题,要求上市公司在公司治理中贯彻落实创新、协调、绿色、开放、共享的发展理念,增加上市公司党建要求,强化上市公司在环境保护、社会责任方面的引领作用。二是针对我国资本市场投资者结构特点,进一步加强对控股股东、实际控制人及其关联方的约束,更加注重中小投资者保护,发挥中小投资者保护机构的作用。三是积极借鉴国际经验,推动机构投资者参与公司治理,强化董事会审计委员会作用,确立环境、社会和公司治理(ESG)信息披露的基本框架。四是回应各方关切,对上市公司治理中面临的控制权稳定、独立董事履职、上市公司董监高评价与激励约束机制、强化信息披露等提出新要求。

四、公司理财和财务经理的作用

公司理财方面的各项决策是使公司在其治理结构下实现公司价值最大化目标的决定性手段。

公司运营当中所面临的一系列问题,如购买设备、建设厂房、招聘员工、购买原材料以及支付宣传费用和销售产品等,都会反映到公司理财体系当中。如何制定这些决策,是公司理财必须解决的问题。在公司理财管理者的眼中,企业甚至可以被看作一个资金流动的组织。资金从公司账户上进进出出,周而复始地循环,而公司也就是在这种资金的流动过程中,一天天地成长起来,或者一天天地衰败下去。而公司资金如何运动正是决定于公司理财的各项决策。因此,从这个角度来说,公司理财肩负着公司成败的重任。公司理财和财务经理在公司运营中的主要作用,具体体现在以下几方面:

(一) 确保公司的正常运转

公司的正常运转,在财务上表现为有充足的现金供公司各项业务的开展。财务经理需要根据公司业务的状况,预测未来一段时间公司的资金需求,并按照时间计划,在相应的时间保证筹措到需要的资金。如果在资金计划上没有做好,轻则影响公司业务进展,严重的甚至导致公司破产。当然,在公司正常运转流动性比较充裕时,财务经理还需要结合公司的资金需求,对过剩的流动性进行恰当的投资,以降低公司运行成本。

(二) 优化公司的融资能力

仅仅依靠自身资金积累,无法实现公司的快速增长。因此,公司需要不断从资本市场获得资金。但资本市场对于企业融资有很多要求,而且要求多种多样,比如,股票市场要求公司的未来发展前景良好,增长迅速;债券市场和信贷市场要求融资企业具有稳定的收入、庞大的规模,以降低信用风险。

财务经理需要根据公司自身情况,制定财务决策,使公司的财务状况尽量符合资本市场的要求,提升公司的融资能力,为公司匹配多元、稳定和便宜的融资渠道。

（三）辅助公司的战略决策

公司的战略决策往往涉及重大的支出,对公司的发展影响巨大。财务经理要为公司的战略决策提供决策支持和资金运作方面的主要参考意见,例如固定资产投资决策、资金的来源、使用计划和资金成本等。

第四节　公司理财的内容

公司的投资、产品生产、设备购置及市场营销等各项活动,都将在公司财务上有所反映。但公司理财所研究的不是公司日常经营中各项工作的具体做法,而是这些工作对于公司财务有哪些影响,这些影响对实现公司理财的价值最大化目标起到什么作用。

公司理财方面的专家达莫德伦(Aswath Damodaran)在其撰写的公司理财教科书中,认为公司理财主要回答以下三个问题:

- 公司的稀缺资源应如何分配?
- 如何为公司的投资筹集资金?
- 这些投资产生的收益,应该有多少返还给所有者,有多少进行再投资?

对应这三个主要问题,公司理财主要的研究内容就是投资决策、融资决策和利润分配决策。研究这些问题需要一些基本的分析工具,如现值、财务报表分析、资本成本、风险等。因此,公司理财的内容可以大致分为四大部分:公司理财的理论工具和概念、投资决策、融资决策和股利决策。

一、理论工具和概念

理论工具和概念为展开公司理财具体问题的讨论提供了基础。这些理论工具不仅在公司理财领域内得到应用,还应用于经济学的几乎所有领域。

（一）现值

现值是公司理财中最简单和最常用的工具。现值将资金的时间价值考虑进来,已经成为与财务有关的各个领域都认可的时间价值原理。计算现值需要两项数据:预期现金流量和相应的折现率。这些现金流量包括年金(某特定时期内在相等的间隔期连续地分批支付或收入金额相等的现金流量)、增长年金(在某一特定时期内每期年金以某一固定比率增长)、永续年金(持续到永远的固定年金)和增长永续年金(持续到永远、有固定增长率的年金)。

（二）财务报表分析

公司理财进行分析时所用的数据主要来自财务报表。学习一些基本的会计知识是十分必要的,尤其要了解运营支出与资本支出的差别,以及为什么一些支出计入当期损益,而另外一些支出却要通过长时间的折旧逐步计入损益。一些财务比率对于分析也十分有帮助。

（三）资本成本

资本成本的概念也几乎贯穿在整个公司理财的逻辑当中。实际上,资本成本反映了一种投资的机会成本。设想这样的情况,当公司有多余的现金时,可以有两种选择:一是派发现金股利;二是投资一个项目,用项目产生的未来现金流量派发股利。股东如果直接分得了股利,也可以直接投资(如购买股票或债券)。如果股东是理性的,那么在由自己投资与不分红、由公司投资两者之间,股东会选择收益率更高的一种。也就是说,只有当项目的预期收益率大于股东自己直接投资的金融资产的预期收益率时,项目才是可行的。金融资产的预期收益率就成为资本成本。

(四) 风险和收益

一般说来,承担高风险的公司或投资者应该得到较高的收益。这就需要去度量风险,以及确定在什么样的风险水平上,能够获得多高的回报率。这需要用到一些模型,这些模型应该能够定义风险、明确可得到补偿的风险部分,并把风险指标转换成预期收益。资本资产定价模型和套利定价模型,是两个常用的模型。这两个模型认为,只有不能通过分散投资而被消除的风险才能得到补偿。这两个模型已经成为现代公司理财的重要理论基础和实际应用的工具。

(五) 杠杆效应

当经营环境变化导致公司销售收入出现一定百分比变动时,公司的营业利润(EBIT)往往会产生一个较大程度的变动,而每股收益(EPS)往往会产生一个更大程度的变动,这种放大波动的现象就是杠杆效应。由于生产经营和融资方面的差异,不同公司的杠杆效应存在显著的差别,同一公司在不同阶段的杠杆效应也可能完全不同。熟练掌握经营杠杆、财务杠杆和复合杠杆分析,对于进行公司财务决策、理解公司财务政策都有特别重要的意义。

二、投资决策

资金的运用过程就是投资过程。公司投资是最基本的财务决策。公司投资的范围很广,既包括购建厂房、设备等内部投资,也包括购买股票、债券和与其他企业联营等外部投资。投资活动的本质是对公司所拥有的资金这一稀缺资源进行有效分配。公司理财的首要功能就是为公司提供能够优化这种资源分配的框架结构。

公司投资决策按不同的标准可分为以下几种类型:

(一) 直接投资和证券投资

直接投资是将资金直接投放于生产经营性资产,如购置设备、兴建厂房等。一些战略性的公司收购或与其他投资者共同成立新的公司,也可看做直接投资。例如,空客公司在天津建立飞机组装线、联想公司收购 IBM 的 PC 部门等,都是直接投资。证券投资是指将资金投放于金融性资产,以获取利息、股利或投资收益,如购买债券、股票等。

(二) 经营性投资和战略投资

经营性投资是在公司既定的运营体系内,根据业务发展的需要,投入资金,用于扩大生产能力、增加销售渠道及提高技术水平等。经营性投资与公司日常的经营关系密切。例如,生产保温材料的企业,为了满足日益增长的需求,需要增加新的生产线,或者超市为了扩大市场份额,投资建设新的大卖场等,这些都属于经营性投资。战略投资往往配合公司的整体发展战略,跳出既定的公司运营体系,在公司外部进行投资,如收购其他企业、进入新的行业等。

(三) 长期投资和短期投资

这是从时间上对投资进行区分。长期投资又称资本性投资,主要用于固定资产投资。因为固定资产投资的未来收益具有不确定性,而且变现能力差,因而风险较大。短期投资主要是指用于现金、短期有价证券、应收账款和存货等流动资产的资金投放。短期投资流动性强,有助于提高公司的变现能力和偿债能力,但短期投资收益率较低。

公司理财理论希望衡量一个计划投资决策的收益率,并将其与一个最低可接受收益率相比较以决定该项目是否接受。对于风险较高的项目,这一最低可接受收益率必须高到一定程度。

三、融资决策

在公司作出投资决策后,还需确定如何融到投资所需要的资金。融资的形式主要有两种:一是股权融资,二是债务融资。股权融资是指以向投资人出让股权的方式,获得投资人的资金。债务融资无须出让公司股权,只是借入资金,并承诺还款条件。股权融资与债务融资的主要区别在于:债务融资要承担归还本金和利息的义务,而股权融资无须归还。债务融资的好处在于税收利益和加强管理。所谓税收利益,是指利息费用在计算所得税时可先行扣除。加强管理,是指迫使管理者寻找好的项目。我们会经常提到的资本结构,指的就是权益资本与债务资本的比例。一般说来,完全利用权益资本是不明智的,无法得到负债经营的好处;而负债比例过大,则会增加预期破产成本,加大公司运营风险。

公司理财不仅有助于公司决定是否借入资金,而且可以为公司发行何种债券(长期或短期、利率固定或浮动、是否可转换债券等)进行融资提供合理建议。从融资特点和相应资产特点应该相匹配的基本假设出发,在考虑税收和外部监督基础上,可以得出合理的融资结构。

四、股利决策

广义的股利是指公司给予其所有者的任何现金回报。任何公司,不论大小,都需要考虑运营所得现金有多少用于再投资,有多少以股利的形式退出经营。两者应保持合理的比例。从公司角度看,从外部筹措资金要花费很多时间,成本也较高;从内部筹措资金,即将利润留作保留盈余,则不必花费融资费用。但过低的股利可能引起投资者不满,引起股价下跌;当然,过高的股利支付率将影响企业再投资能力,甚至失去投资机会。所以,制定合适的股利政策十分重要。

股利决策受多种因素影响,如税法、未来投资机会以及资金来源与成本等,公司必须根据具体情况进行决策。常用的股利政策有剩余股利政策、固定股利政策、固定股利支付率政策和低正常股利加额外股利政策等。

本 章 小 结

1. 对公司概念的理解是学习公司理财学的起点。可以从法律和财务两方面去认识企业,对于理财学来说,财务意义更为重要。然而,现实世界中的公司却远比抽象的公司概念要复杂得多。

2. 从金融/财务角度看,公司从金融市场获取资源投资到实体经济中去,在推动实体经济发展的过程中创造价值,与金融市场分享价值,是实现金融服务实体经济的通道。

3. 公司的目标是实现股东财富最大化。公司理财的目标也与公司目标一致。

4. 公司在运营过程中,会面临实现目标的障碍,其中代理问题是最主要的障碍之一,代理问题的形成源自所有权和经营权的分离。

思考与练习

一、名词解释

合伙制企业　公司制企业　股份有限公司　委托—代理理论　公司治理

二、问答题

1. 从法律角度,公司分为哪几类? 各有什么特征?

2. 对公司的统一认识,是公司理财学迅速发展的基础,请阐述公司理财学是如何从财务角度理解公司的。

3. 关于公司的目标主要有哪些观点? 公司理财学将哪种公司目标理论作为基础?

4. 什么是公司治理? 公司治理与公司理财有哪些联系?

5. 近年来,大型金融机构,比如共同基金和养老基金已经成为股票的主要持有者。这些机构越来越积极地参与公司事务。这一趋势对代理问题和公司治理有什么样的启示?

6. 股票价值最大化可能与其他目标,如避免不道德或者非法的行为相冲突吗? 你认为顾客和员工的安全、环境和社会的总体利益是在这个框架内,还是完全被忽略了?

7. 利润最大化适合作为公司理财的目标吗? 它有何不足之处?

8. 股份有限公司委托—代理问题产生的原因以及表现形式有哪些?

即测即评

第二章

财务报表分析

第一节　财务报表分析概述

一、财务报表分析的概念

财务报表是了解公司经营状况的重要信息来源,对财务报表进行分析,可以更深入地了解公司的运营状况,发现一些深层次的问题,或者找到潜在的价值。财务报表分析往往成为投资人、管理者以及监管当局进行有关决策的重要依据。

公司理财方面的专业人士对公司的研究,在很大程度上要依靠公司财务报表所提供的信息。公司理财研究公司的筹资、投资及股利分配策略,所有策略与公司的财务状况是密不可分的。财务报表分析是深入地了解公司的经营状况的主要手段。财务报表分析是以企业基本活动为对象、以财务报表为主要信息来源、以分析和综合为主要方法的系统认识企业的过程,其目的是了解过去、评价现在和预测未来,以帮助报表使用者改善决策。

企业的基本活动分为筹资活动、投资活动和经营活动三类。筹资活动是指筹集企业投资和经营所需要的资金,包括发行股票和债券、取得借款,以及利用内部积累资金等。投资活动是指将所筹集到的资金分配于资产项目,包括购置各种长期资产和流动资产。经营活动是在完成了必要的筹资和投资前提下,运用资产赚取收益的活动,它至少包括采购、生产、销售、研究与开发和人力资源管理等活动。经营活动是企业收益的主要来源,也是企业价值的基本依靠。企业的三项基本活动是相互联系的,在进行财务分析时不应把它们割裂开来。

财务报表分析的起点是阅读财务报表,终点是作出某种判断(包括评价和找出问题),中间是分析财务报表过程,它由比较、分类、类比、归纳、演绎、分析和综合等认识事物的步骤和方法组成。其中分析与综合是两种最基本的逻辑思维方法。因此,财务报表分析的过程也可以说是分析与综合的统一。

二、财务报表分析的目的

进行财务报表分析,其目的因人而异,同时也随着经济环境的变化而不断发展。

最早的财务报表分析出现于19世纪末20世纪初,主要服务于提供企业贷款的银行。当时,借贷在企业资本中的比重不断增加,银行需要对借款人进行信用分析,以判断其偿债能力。随着资本市场的发展,投资人需要对企业的盈利能力进行判断。这样,财务报表分析又发展成为股票投资人的工具。随着公众投资人进入资本市场,股票市场发展起来,公众需要了解企业的盈利能力、筹资结构、利润分配及发展前景等情况。财务报表分析的用途进一步扩大，逐渐发展出服务于企业外部利益相关者的分析体系。

公司组织发展起来后，财务报表分析由外部分析扩大到内部分析，不仅服务于外部机构，也服务于内部管理者，成为公司管理者分析盈利能力和偿债能力，改善管理，从而取得投资人和债权人支持的重要工具。在进行内部分析时，除了可利用公开的财务报表之外，还可以利用一些内部数据（如预算、制造成本等）进行分析。

因此，对企业财务状况关心并进行分析的行为主体（个人或集团）大致可分为两大类：一类是外部分析者（投资人、债权人、证券分析机构等），他们是与企业有关的个人或集团。他们侧重对企业某一方面的考察，或是获利能力，或是偿付能力等。另一类是企业内部经营管理者（经理人员、财务人员等），他们一般将企业看做一个系统，在进行各种财务指标分析的基础上，综合分析企业的整体运行情况。

显然，不同的人进行财务报表分析的目的不同。债权人、投资人、政府机构和经理人员分别具有不同的目的，需要不同的信息，采用不同的分析方法。

（一）债权人

债权人，是指借款给企业并得到企业还款承诺的人。由于债权属于固定收益证券，通常债权人主要关心企业是否具有偿还债务的能力。债权人可以分为短期债权人和长期债权人。

债权人的主要决策是决定是否给企业提供信用，以及是否需要提前收回债权。他们关注以下几个方面的问题：

（1）公司为什么需要额外筹集资金？

（2）公司还本付息所需资金的可能来源是什么？

（3）公司对于以前的短期和长期借款是否按期偿还？

（4）公司将来在哪些方面还需要借款？

（二）投资人

此处的投资人是指公司的权益投资人，即普通股东。普通股东投资于公司的目的是增加自己的财富。股东是剩余财产获得者，因此他们所关心的问题通常更多，包括偿债能力、收益能力以及风险等。

权益投资人进行财务报表分析，对以下问题十分关注：

（1）公司当前和长期的收益水平高低，以及公司收益是否容易受重大变动的影响？

（2）目前的财务状况如何？公司资本结构决定的风险和报酬如何？

（3）与其他竞争者相比，公司处于何种地位？

（三）政府机构

政府机构也是公司财务报表的使用人，包括税务部门、国有企业的管理部门、证券监管机构、会计监管机构和社会保障部门等。他们使用财务报表是为了履行自己的监督管理职责。

（四）经理人员

经理人员，是指被所有者聘用的、对公司资产和负债进行管理的个人组成的团体，有时被称为"管理当局"。

经理人员关心公司的财务状况、盈利能力和持续发展能力。经理人员可以获取外部使用人无法得到的内部信息。他们分析报表的主要目的是发现公司管理当中的问题,为公司经营提供决策参考。

三、财务报表分析的方法

财务报表分析的方法主要有比率分析法、趋势分析法、对比分析法和综合分析法四种。

(一) 比率分析法

比率分析法,是指对本公司一个财务年度内的财务报表各项目之间进行比较,计算比率,判断年度内偿债能力、经营效率及盈利能力情况。

比率分析法是财务报表分析当中应用最广的方法。其最大特点是简单、实用,容易为财务分析人员所掌握。随着参与股市投资的社会大众增多,有些比率已经成为被社会大众所认知的数据,如市盈率、资产回报率和销售利润率等,进一步巩固了比率分析在财务报表分析当中的地位。

同时,比率分析所得到的多项数据,也往往成为其他分析方法所使用的数据。可以说,在一定程度上,比率分析已成为财务报表分析的基础之一。

考虑到比率分析的重要性,在本章的第三节中,将对比率分析进行专门介绍。

(二) 趋势分析法

趋势分析法,是指对本公司不同时期的财务报表进行比较分析,可以得出对公司持续经营能力、财务状况变动趋势以及盈利能力的判断,从一个较长的时期来动态地分析公司状况。趋势分析就是分析期与前期或连续数期项目金额的对比。这种对财务报表项目纵向比较分析的方法,是一种动态的分析。

通过分析期与前期(上月、上季、上年同期)财务报表中有关项目金额的对比,可以从差异中及时发现问题,查找原因,改进工作。通过连续数期的财务报表项目的比较,能够反映出企业的发展动态,以揭示当期财务状况和营业情况增减变化,判断引起变动的主要项目是什么,这种变化的性质是有利还是不利,发现问题并评价企业财务管理水平,同时也可以预测企业未来的发展趋势。

(三) 对比分析法

对比分析法,是指与同行业其他公司进行比较分析,从而可以了解公司各种指标的优劣,在群体中判断个体。使用本方法时常选用行业平均水平或行业标准水平,通过比较得出公司在行业中的地位,认识优势与不足,真正确定公司的价值。

(四) 综合分析法

综合分析法,就是运用一个简洁的系统将反映企业不同侧面的财务指标进行综合,得出一个概括性的结论(或称综合得分)。在综合分析法中,沃尔评分法应用最多。沃尔评分法由亚利山大·沃尔发明。他提出了信用能力指数的概念,把若干个财务比率用线性关系结合起来,以此评价企业的信用水平。沃尔评分法选择了七种财务比率,分别给定了其在总评价中占的比重,权重总和为100%。然后确定标准比率,并与实际比率相比较,评出每项指标的得分,最后求出总评分。

多元统计分析是一种新的综合分析方法。这种方法基于大样本数据来进行分析,借助统计工具(软件)完成,应用较多也较成熟的方法有主成分法、因子分析法、聚类分析法和判别分析法等。例如,判断企业财务健康状态的奥特曼 Z-Score 模型、巴萨利模型等,它们的主要作用是,对反映事物不同侧面的许多指标进行综合,将其合成为少数几个"因子",进而计算出综合得分,便于我们全面认识被研究事物,并找出影响事物发展现状及趋势的决定性因素,进而达到对事物的更深层次的认识。

四、财务报表分析的局限性

财务报表分析虽然能够提供关于公司财务状况的重要信息,但往往因为多种原因,导致其分析结果无法完全准确反映企业的真实情况。

(1) 会计假设的存在决定了会计对企业经营状况的反映能力,限制了可以提供的信息。货币计量、权责发生制、历史成本和会计分期是在会计假设或原则中,对会计系统反映企业状况的结果能起到重要影响的内容。

(2) 会计信息因为人为的多种原因,可能无法真实地反映企业实际经营情况。会计信息失真主要有四种类型:

① 会计信息不真实。这是指经营者编造虚假会计信息以达到不同目的,如为了逃避纳税提供亏损报表,为了贷款提供盈余报表,等等。

② 会计信息不完整。这是指经营者为维护企业形象而刻意隐瞒有关企业经营状况不佳、盈利能力差的会计信息,以免影响人们对企业的信心而造成筹资困难,甚至使自己遭到解雇。

③ 会计信息不可靠,即会计信息合法失真。此处说的合法失真,是指人为造成的合法失真,不包括非人为的自然性会计信息合法失真,如存货价值和固定资产价值因通货膨胀而反映不实。人为造成的合法失真是指企业经营者为了达到某种目的,利用会计法规、准则的灵活性以及其中尚存的漏洞和未涉及的领域,有目的地选择会计程序及方法,修饰其财务报表,使之显示出对其有利的会计信息,在一定程度上造成了企业会计信息失实。例如,上市公司为减轻业绩压力进行盈余管理。

④ 会计信息披露不及时。经营者通常是通过中期报表和年度报表向所有者定期披露会计信息,而所有者也主要是从这几次有限的披露中获取有关经营的信息。这便形成了经营的连续性与所有者获取会计信息的阶段性之间的矛盾,往往造成所有者监督的滞后,从而导致重大损失。

(3) 财务报表在很大程度上反映了企业运作的财务情况,但也有很多信息被财务报表忽略掉了。这些信息包括企业战略、技术水平、管理水平及客户群状况等,仅仅依靠财务信息对于判断企业的价值是远远不够的。在进行财务报表分析的时候,应该充分认识到所得结论的准确性。比较稳妥的方法,是通过其他多方面的信息来验证财务报表分析的结果。

第二节　财务报表

财务报表是企业对外提供的反映企业某一特定日期的财务状况和某一会计期间的经营成果、现金流量等会计信息的文件。主要的财务报表包括资产负债表、利润表、现金流量表、所有者权益(或股东权益)变动表,也包括相应的附注。从公司理财的角度看,资产负债表、利润表和现金流量表具有特殊重要的意义,下面对这三类报表进行简要介绍。

一、资产负债表

资产负债表反映了在某一时刻企业所拥有的所有资产的组成状况和来源结构。企业的"钱"从哪里来,放到哪里去,是企业最重要的理财活动,是企业一切活动的起点。资产负债表是公司最主要的综合财务报表之一。

传统上资产负债表分为左、右两个部分,左边是"资产",右边是"负债"和"所有者权益",左边和右边的统计数字是相等的。这反映了会计恒等式:

$$资产 = 负债 + 所有者权益$$

(一) 资产

资产主要包括流动资产和非流动资产两大类。

流动资产主要包括货币资金、交易性金融资产、应收账款、存货和预付款项,期限通常在一年以内。货币资金包括公司所有的现金和银行里的活期存款。当公司现金过多而超过需要的持有量时,公司就把超额部分投资于交易性金融资产。应收账款是由于赊销或分期付款引起的。存货包括原料、再加工产品和制成品。生产企业的存货通常包括原材料、再加工品和成品,而零售企业则只有成品库存。存货的销售导致了现金和应收账款项目的增加。当应收账款实际收到时,现金又会再次增加。随后,这笔现金又被用于购买新存货,支付营业费用,如工资、租金、保险费、水电杂费等。企业维持日常生产,不仅必须拥有适当的营运资金,而且要保证资金循环顺利进行。在其他条件不变的情况下,如果应收账款收回太慢,企业会因财力不足而不能按时购买存货或支付费用;若存货销售过慢,资金会大量积压,企业也会因现金短缺而陷入困境。

非流动资产主要包括固定资产、长期股权投资、长期应收款、无形资产等。固定资产包括公司的房屋及建筑物、机器设备、运输工具等,它们是企业用来生产商品与劳务的资本商品,使用期限通常在一年以上。长期股权投资指企业为了使资产多样化,为了扩大企业的规模或兼并其他企业而进行的、期限超过一年的投资。长期应收款是指企业融资租赁产生的应收款项和采用递延方式分期收款、实质上具有融资性质的销售商品和提供劳务等经营活动产生的应收款项。无形资产指商标、专利和商誉等没有实物形态的可辨认非货币性资产。

(二) 负债

负债可分为流动负债与非流动负债。流动负债是指一年以内到期需要清偿的负债,主要包括应付账款、应付票据和应付税费。应付账款表示公司由于赊购而欠其他公司的款项。应付票据表示公司欠银行或其他贷款者的债务。它通常由公司的短期或季节性资金短缺而引起的。应付税费表示公司应缴纳税款的金额,它与公司的所得税法有密切的联系。非流动负债指一年以上到期的债务,包括应付债券、长期借款等项目。一般而言,公司通常借入短期资金来融通长短期资产,如存货和应收账款等。当存货售出或应收账款收回时,短期负债就被偿清。非流动负债通常用来融通固定资产,如厂房、设备等。短期负债利率通常比长期的要低,原因之一是短期贷款所涉及的风险较小。因此,当长期利率水平相对较高,并预计不久将会下降时,企业可能会先借入短期资金周转,等利率下降后再借入所需的长期资金,以便降低筹资的费用。

(三) 所有者权益

所有者权益表示除去所有债务后公司的净值,反映了全体股东所拥有的资产净值的情况。所有者权益包括实收资本、资本公积、盈余公积和未分配利润。实收资本包括以面值计算的股本;资本公积是企业收到投资者出资额超过其在注册资本或股本中所占份额的部分,以及直接计入所有者权益的利得和损失等;盈余公积是指企业按照有关规定从净利润中提取的积累资金;未分配利润表示公司利润中没有分红而重新投资于公司的那部分利润,反映了股东权益的增加。未分配利润通常并非以现金的形式存在;虽然留存收益可能包括部分现金,但其大部分都被投资于存货、厂房、机器设备之中,或用于偿还债务。

资产负债表与企业基本活动的关系如表 2-1 所示。

表 2-1   资产负债表与企业的基本活动

资产	投资活动结果(经营活动占用的资源)	负债及所有者权益	筹资活动的结果
货币资金	投资剩余(满足经营意外支付)	短期借款	银行信用筹资
应收账款	应收账款投资(促进销售)	应付账款	商业信用筹资
存货	存货投资(保证销售或生产连续性)	长期负债	长期负债筹资
长期投资	对外长期投资(控制子公司经营)	股本	权益筹资
固定资产	对内长期投资(经营的基本条件)	未分配利润	内部筹资
无形资产	外部购入或自我研发形成(形式多样,价值差异大,部分具有战略性)		

从表 2-1 不难看出,企业的筹资活动形成了企业资产负债表"右"方,投资活动构建了企业资产负债表"左"方,筹资和投资活动完成便形成了企业完整的资产负债表,为企业经营活动奠定了物质基础。

二、利润表

利润表也称为损益表,是一定时期内经营成果的反映,是关于收入和费用的财务报表。利润表是一个动态报告,直接明了地揭示公司获取利润能力的大小、潜力以及经营趋势。如果说资产负债表是公司财务状况的瞬时照片,那么利润表就是公司财务状况的一段视频,因为它反映了两个资产负债表编制日之间,公司盈利或亏损情况,很大程度上解释了两个时点企业资产负债表的变化。

利润表是反映企业在一定期间全部活动成果的报表,是两个资产负债表日之间的财务业绩。我国的利润表采用多步式格式,分为主营业务收入、营业利润、利润总额和净利润四个步骤,分步反映净利润的形成过程。

利润表由三个主要部分构成。第一部分是营业收入;第二部分是与营业收入相关的生产性费用、销售费用和其他费用;第三部分是利润。

(一)营业收入

营业收入,是指企业通过销售产品或对外提供劳务而获得的新的资产,其形式通常为现金(银行存款)或应收账款等。对一般公司来说,销售收入是公司最重要的营业收入来源。一般而言,公司的营业收入通常与它的营业活动有关,但也有一些公司营业收入的某些部分与其自身的业务并无关系。因此,区分营业收入的业务来源有重要意义。

（二）营业支出

营业支出,是指企业为获得营业收入而使用各种财物或服务所发生的耗费。营业成本是一般公司最大的一笔费用,包括原材料耗费、工资和一般费用。一般费用包括水电杂费、物料费和其他非直接加工费。与营业成本不同的销售费用和管理费用包括广告费、行政管理费、职员薪水、销售费和一般办公费用。财务费是指用以偿付债务的费用。上述费用都会导致公司现金开支的增加。税金及附加包括企业经营业务应负担的消费税、城市维护建设税、资源税和教育费附加等。

（三）利润

税前利润由通常的营业收入与营业支出之差来决定。从税前净利润中减去所得税,再经过非常项目调整后,剩余的利润就是税后净利润。税后净利润又分为支付给股东的分红和公司的未分配利润两项。

利润表和企业基本活动的关系如表 2-2 所示。

表 2-2 利润表与企业的基本活动

利润表项目	企业的基本活动
一、营业收入	主要经营业务及其他业务收入
减:营业成本	主要经营业务及其他业务成本
税金及附加	主要经营活动费用
销售费用	经营活动费用
管理费用	经营活动费用
研发费用	经营活动费用(不可资本化部分)
财务费用	筹资活动费用(支付给债权人的费用和收到的利息收入)
加:其他收益	主要包括政府补助、债务重组利得、非货币性资产交换利得、债务豁免利得等。
投资收益	包括对联营企业和合营企业的投资收益、公允价值变动收益、信用减值损失、资产减值损失、资产处置收益
二、营业利润	全部经营活动利润(已扣债权人利息)
加:营业外收入	非经营活动收益
减:营业外支出	非经营活动损失
三、利润总额	全部活动净利润(未扣除政府所得)
减:所得税费用	全部活动费用(政府所得)
四、净利润	全部活动净利润(所有者所得)
(一)持续经营净利润	可持续的经营成果
(二)终止经营净利润	不可持续的经营成果

如果把资产负债表反映的内容看成企业的投入,利润表反映的内容则可以看作产出,区分正常(可持续的经营成果)产出和非正常(不可持续的经营成果)产出,对于考察企业的业绩有重要意义。非正常损益不具有可持续性,并非企业的经营目的,在分析企业收益能力时

应将其排除。

三、现金流量表

现金流量表反映企业一定会计期间内有关现金和现金等价物的流入和流出的信息。该表的项目,按经营活动、投资活动和筹资活动三项基本活动分别列示。

现金流量表主要由三部分组成,分别反映企业在经营活动、投资活动和筹资活动中产生的现金流量。每一种活动产生的现金流量又分别揭示流入、流出总额,使会计信息更具明晰性和有用性。公司经营活动产生的现金流量,包括购销商品、提供和接受劳务、经营性租赁、交纳税款、支付劳动报酬、支付经营费用等活动形成的现金流入和流出。在权责发生制下,这些流入或流出的现金,其对应收入和费用的归属期不一定是本会计年度,但是一定是在本会计年度收到或付出。例如,收回以前年度销货款、预收以后年度销货款等。公司的盈利能力是其营销能力、收现能力、成本控制能力及回避风险能力等相结合的综合体。由于商业信用的大量存在,营业收入与现金流入可能存在较大差异,能否真正实现收益,还取决于公司的收现能力。了解经营活动产生的现金流量,有助于分析公司的收现能力,从而全面评价其经济活动成效。

筹资活动产生的现金流量,包括吸收投资、发行股票、分配利润、发行债券、向银行贷款及偿还债务等收到和付出的现金。其中,"偿还利息所支付的现金"项目反映公司用现金支付的全部借款利息、债券利息,而不管借款的用途如何,利息的开支渠道如何,这些利息支出不仅包括计入损益的利息支出,还包括计入在建工程的利息支出。因此,该项目比利润表中的财务费用更能全面地反映公司偿付利息的负担。

投资活动产生的现金流量,主要包括购建和处置固定资产、无形资产等长期资产,以及取得和收回不包括在现金等价物范围内的各种股权与债权投资等收到和付出的现金。其中,分得股利或利润、取得债券利息收入而流入的现金,是以实际收到为准(收付实现制),而不是以权益归属或取得收款权为准的(权责发生制)。这与利润表中确认投资收益的标准不同。

公司投资活动中发生的各项现金流出,往往反映了其为拓展经营所作的努力,可以从中大致了解公司的投资方向。一个公司从经营活动、筹资活动中获得现金是为了今后发展创造条件。现金不流出,是不能为公司带来经济效益的。投资活动一般较少发生一次性大量的现金流入,而发生大量现金流出,导致投资活动现金流量净额出现负数往往是正常的,这是为公司的长远利益,为以后能有较高的盈利水平和稳定的现金流入打基础的。当然错误的投资决策也会事与愿违。所以特别要求投资的项目能如期产生经济效益和现金流入。

现金流量表与企业基本活动的关系如表 2-3 所示。

表 2-3　现金流量表与企业的基本活动

现金流量表项目	企业的基本活动
经营现金流入	经营活动:会计期间经营活动现金流动量
经营现金流出	
经营现金流量净额	

续表

现金流量表项目	企业的基本活动
投资现金流入	投资活动:会计期间投资活动现金流动量
投资现金流出	
投资现金流量净额	
筹资现金流入	筹资活动:会计期间筹资活动现金流动量
筹资现金流出	
筹资现金流量净额	

　　财务报表分析使用的主要资料是企业对外发布的财务报表,但财务报表不是财务分析唯一的信息来源,公司还以各种形式发布补充信息。因此,在进行财务报表分析时,除了依托财务报表,其他企业报告也是财务报表分析所需信息的一部分,分析人员应当给予足够重视,经常需要查阅这些补充来源的信息。

第三节　比率分析

　　在财务报表分析中,比率分析和现金流分析是两个最基本的工具。财务比率可以帮助分析评估企业的历史业绩,现金流分析可以评价企业未来流动性的需要和资源,两种分析都是公司理财的重要工具。常用的财务比率可以分为五大类型:流动比率,衡量公司流动性风险和偿还短期债务的能力;营运能力比率,衡量公司资产的利用效率;债务管理比率,衡量公司负债的程度及还债的能力;盈利能力比率,衡量公司相对于收入和投资的获利能力;市场价值比率,衡量相对于公司财务基本面市场给予的估值水平。因为比率是相对数指标,所以方便将它们和行业平均数或直接的竞争对手的比率进行比较。以下结合 2024 年 A 钢铁股份有限公司(简称 A 公司)年报数据举例说明(见表 2-4~表 2-6)。

表 2-4　A 钢铁股份有限公司资产负债表
2024 年 12 月 31 日

编制单位:A 钢铁股份有限公司　　　　　　　　　　　　　　单位:元　币种:人民币

项目	2024 年 12 月 31 日	2023 年 12 月 31 日
货币资金	19 289 359 069.37	15 256 321 985.02
衍生金融资产	26 546 198.93	—
应收票据	4 422 409 278.88	7 121 696 143.47
应收账款	18 339 574 166.04	20 054 721 784.53
应收款项融资	1 802 059 741.68	2 709 036 461.74
预付款项	2 873 994 371.78	3 011 420 344.07
其他应收款	16 984 891 717.67	18 470 782 041.12
存货	11 955 830 356.16	14 452 114 917.53

续表

项目	2024 年 12 月 31 日	2023 年 12 月 31 日
其他流动资产	22 837 076 732.93	14 346 995 788.88
流动资产合计	98 531 741 633.44	95 423 089 466.36
长期应收款	57 211 944.31	75 542 924.27
长期股权投资	87 165 245 561.94	86 158 126 968.86
其他权益工具投资	185 230 720.51	188 853 154.33
其他非流动金融资产	107 262 213.00	8 751 163 000.20
固定资产	42 254 222 967.16	40 937 007 593.32
在建工程	5 428 971 247.44	4 269 983 157.87
使用权资产	3 139 326 983.28	3 323 743 853.06
无形资产	3 159 087 544.75	3 159 678 288.41
长期待摊费用	775 488 801.41	414 220 133.76
递延所得税资产	790 430 450.13	857 121 947.40
其他非流动资产	238 712 829.73	344 436 898.98
非流动资产合计	143 301 191 263.66	148 479 877 920.46
资产总计	241 832 932 897.10	243 902 967 386.82
短期借款	—	8 206 307 542.04
衍生金融负债	—	3 462 369.46
应付票据	3 353 144 906.05	3 606 519 078.16
应付账款	21 519 789 546.15	22 423 320 525.58
合同负债	4 520 462 332.82	5 439 213 681.95
应付职工薪酬	513 822 643.84	613 460 568.76
应交税费	701 995 976.18	790 113 177.81
其他应付款	18 792 567 782.49	15 653 145 623.71
一年内到期的非流动负债	9 384 030 612.16	9 864 767 264.11
其他流动负债	587 660 103.27	4 252 781 184.62
流动负债合计	59 373 473 902.96	70 853 091 016.20
长期借款	18 707 885 000.00	13 396 000 000.00
应付债券	5 500 000 000.00	8 000 000 000.00
租赁负债	3 013 899 181.63	2 920 757 862.54
长期应付款	1 860 205 168.35	466 251 870.87
长期应付职工薪酬	420 649 161.56	529 452 586.81
递延收益	360 722 366.90	243 775 387.72

续表

项目	2024 年 12 月 31 日	2023 年 12 月 31 日
递延所得税负债	614 768 637.62	666 263 046.94
非流动负债合计	30 478 129 516.06	26 222 500 754.88
负债合计	89 851 603 419.02	97 075 591 771.08
实收资本（股本）	22 268 189 984.00	22 268 411 550.00
资本公积	55 703 374 960.97	56 653 437 917.57
减:库存股	2 445 428 328.85	3 821 850 432.49
其他综合收益	116 865 009.31	-19 740 426.50
盈余公积	41 064 043 384.80	38 240 335 566.62
未分配利润	35 274 284 467.85	33 506 781 440.54
所有者权益合计	151 981 329 478.08	146 827 375 615.74
负债和所有者权益总计	241 832 932 897.10	243 902 967 386.82

表 2-5　A 钢铁股份有限公司利润表

2024 年 1—12 月

编制单位:A 钢铁股份有限公司　　　　　　　　　单位:元　　币种:人民币

项目	2024 年度	2023 年度
一、营业收入	134 386 367 593.41	170 230 091 510.98
减:营业成本	128 221 987 408.92	160 426 949 881.94
税金及附加	187 768 932.67	277 985 544.51
销售费用	487 542 378.49	457 853 273.90
管理费用	1 198 773 190.79	1 112 980 457.08
研发费用	1 045 923 796.46	998 474 070.15
财务费用	729 441 779.80	908 963 342.64
其中:利息费用	1 572 682 426.01	1 805 941 566.15
利息收入	784 779 305.27	892 924 176.72
加:其他收益	228 884 030.83	165 401 674.53
投资收益	12 078 435 303.47	5 043 585 239.16
其中:对联营企业和合营企业的投资收益	1 159 369 683.00	1 227 664 653.54
公允价值变动收益	24 838 634.15	-59 529 561.24
信用减值损失	-3 401 188.72	-3 074 053.19
资产减值损失	-306 899 658.35	-215 993 056.84
资产处置收益	18 296 876.60	88 113 716.46

续表

项目	2024 年度	2023 年度
二、营业利润	14 555 084 104.26	11 065 388 899.64
加:营业外收入	18 034 462.15	10 650 848.96
减:营业外支出	364 151 322.59	913 123 666.81
三、利润总额	14 208 967 243.82	10 162 916 081.79
减:所得税费用	90 428 152.88	637 741 494.91
四、净利润	14 118 539 090.94	9 525 174 586.88
(一)持续经营净利润	14 118 539 090.94	9 525 174 586.88
(二)终止经营净利润	—	—
五、其他综合收益的税后净额	136 605 435.81	819 591.56
(一)不能重分类进损益的其他综合收益	-2 716 825.36	-32 277 507.34
1. 重新计量设定受益计划变动额		
2. 权益法下不能转损益的其他综合收益		
3. 其他权益工具投资公允价值变动	-2 716 825.36	-32 277 507.34
(二)将重分类进损益的其他综合收益	139 322 261.17	33 097 098.90
权益法下可转损益的其他综合收益	139 322 261.17	33 097 098.90
六、综合收益总额	14 255 144 526.75	9 525 994 178.44

表 2-6　A 钢铁股份有限公司现金流量表

2024 年 1—12 月

编制单位:A 钢铁股份有限公司　　　　　　　　　　　　　　单位:元　　　币种:人民币

项目	2024 年度	2023 年度
一、经营活动产生的现金流量		
销售商品、提供劳务收到的现金	153 433 471 037.63	198 354 123 508.45
收到的税费返还	—	1 243 654.32
收到其他与经营活动有关的现金	949 556 721.46	986 704 610.98
经营活动现金流入小计	154 383 027 759.09	199 342 071 773.75
购买商品、接受劳务支付的现金	136 066 056 786.85	167 679 773 663.56
支付给职工及为职工支付的现金	5 983 895 206.38	6 339 322 430.16
支付的各项税费	417 597 124.77	921 135 095.78
支付其他与经营活动有关的现金	801 464 538.96	789 065 439.36
经营活动现金流出小计	143 269 013 656.96	175 729 296 628.86

续表

项目	2024 年度	2023 年度
经营活动产生的现金流量净额	11 114 014 102.13	23 612 775 144.89
二、投资活动产生的现金流量		
收回投资收到的现金	53 133 589 933.54	40 537 451 222.63
取得投资收益收到的现金	10 648 306 412.03	4 560 582 069.67
处置固定资产、无形资产和其他长期资产收回的现金净额	31 346 875.64	168 129 309.63
收到其他与投资活动有关的现金	278 257 134.09	266 072 109.56
投资活动现金流入小计	64 091 500 355.30	45 532 234 711.49
购建固定资产、无形资产和其他长期资产支付的现金	7 332 195 915.32	7 036 646 292.79
投资支付的现金	53 500 000 000.00	42 990 703 378.20
支付其他与投资活动有关的现金	19 169 616.39	35 899 733.39
投资活动现金流出小计	60 851 365 531.71	50 063 249 404.38
投资活动产生的现金流量净额	3 240 134 823.59	−4 531 014 692.89
三、筹资活动产生的现金流量		
吸收投资收到的现金	1 605 622 590.00	—
取得借款收到的现金	27 900 000 500.00	37 013 534 240.60
发行债券收到的现金	21 500 000 000.00	69 500 000 000.00
收到其他与筹资活动有关的现金	4 704 185 602.61	5 140 810 433.42
筹资活动现金流入小计	55 709 808 692.61	111 654 344 674.02
偿还债务支付的现金	54 788 115 500.00	116 417 534 240.60
分配股利、利润或偿付利息支付的现金	10 869 153 650.83	16 554 676 915.04
支付其他与筹资活动有关的现金	246 457 443.53	3 847 143 832.17
筹资活动现金流出小计	65 903 726 594.36	136 819 354 987.81
筹资活动产生的现金流量净额	−10 193 917 901.75	−25 165 010 313.79
四、汇率变动对现金及现金等价物的影响	−127 193 939.62	120 469 597.97
五、现金及现金等价物净增加额	4 033 037 084.35	−5 962 780 263.82
加：期初现金及现金等价物余额	15 256 321 985.02	21 219 102 248.84
六、期末现金及现金等价物余额	19 289 359 069.37	15 256 321 985.02

一、反映流动性和短期偿债能力的指标

（一）流动比率

流动比率是流动资产与流动负债的比值，其计算公式如下：

$$流动比率 = \frac{流动资产}{流动负债}$$

结合上述案例，A 公司的流动比率 = 98 531 741 633.44 ÷ 59 373 473 902.96 = 1.66

流动比率在一定程度上反映了企业偿还短期债务的能力。企业能否偿还短期债务，要看有多少短期债务，以及有多少可变现的资产。流动资产变现能力越强，流动资产越多，短期债务越少，则偿债能力越强。而且，流动比率是流动资产和流动负债的比值，排除了不同企业之间规模相异的影响，适合企业之间进行比较。

一般认为，生产企业合理的流动比率为 2。但是，计算出来的流动比率，只有和同行业平均流动比率、本企业历史的流动比率进行比较，才有参考意义。不同行业和不同企业的数据有一定差异。

（二）速动比率

速动比率是从流动资产当中扣除存货部分后与流动负债的比值。速动比率的计算公式为：

$$速动比率 = \frac{（流动资产 - 存货）}{流动负债}$$

A 公司的速动比率 = (98 531 741 633.44 − 11 955 830 356.16) ÷ 59 373 473 902.96 = 1.46

速动比率是更进一步反映企业偿债能力的指标。扣除存货，是因为存货的变现能力较差，所以，将存货扣除所得到的数字，对企业偿债能力的反映更为准确。影响速动比率可信度的主要因素是应收账款的变现能力。

（三）现金比率

现金比率是指企业的现金与流动负债的比例。计算公式为：

$$现金比率 = \frac{现金余额（货币资金）}{流动负债}$$

A 公司的现金比率 = 19 289 359 069.37 ÷ 59 373 473 902.96 = 0.33

由于现金是流动性最强的资产，这一比率最能直接反映企业的短期偿债能力。现金同时也是盈利能力最低的资产，所以过高的现金比率会降低企业的获利能力。例如，刚上市的新股由于融得大量资金，现金比率很高，偿债能力自然没问题，但如果很长一段时间内都保持过高的现金比率则意味着资金没有很好地投入新项目中，企业获利能力值得怀疑。这一比率通常与流动比率和速动比率结合起来进行分析。

（四）经营净现金比率

经营净现金比率是指经营活动的净现金流量与流动负债的比率，用来反映企业获得现金来偿还债务的能力。计算公式为：

$$经营净现金比率（短期债务） = \frac{经营活动的净现金流量}{流动负债}$$

A 公司的经营净现金比率(短期债务) = 11 114 014 102. 13÷59 373 473 902. 96 = 0. 19

企业为了偿还即将到期的流动负债,固然可以通过出售交易性金融资产、长期资产等投资活动获得现金流入,或者靠筹资活动来解决,但最安全可靠的办法还是利用企业自身经营活动取得现金流量。

二、反映营运能力的指标

(一) 应收账款周转率和周转天数

迫于市场竞争压力,企业经常采用赊销(信用销售)方式销售产品或服务,从而导致应收账款增长,占用企业大量财务资源。公司的应收账款在流动资产中具有举足轻重的地位。公司的应收账款如能及时收回,公司的资金使用效率便能大幅提高。应收账款周转率就是反映公司应收账款周转速度的比率。它说明一定期间内公司应收账款转为现金的平均次数。用时间表示的应收账款周转速度为应收账款周转天数,也称平均应收账款回收期或平均收现期。它表示公司从获得应收账款的权利到收回款项、变成现金所需要的时间。计算公式为:

$$应收账款周转率 = \frac{赊销收入净额}{平均应收账款余额}$$

A 公司的应收账款周转率 = 134 386 367 593. 41÷[(18 339 574 166. 04+20 054 721 784. 53)÷2] = 7. 00(次)

赊销收入净额等于销售收入减去销售退回和现销收入,由于多数企业现销收入和销售退回数量较少,为了方便,实践中常用销售收入(营业收入)替代赊销收入净额。

$$应收账款周转天数 = \frac{365}{应收账款周转率}$$

A 公司的应收账款周转天数 = 365÷7 = 52. 14(天)

应收账款周转率越高,说明其收回越快;反之,说明营运资金过多呆滞在应收账款上,影响正常资金周转及偿债能力。应收账款周转水平与企业所处行业习惯以及企业在行业中所处地位有密切关系,公司理财需要在增加销售收入和提高现金回款速度之间平衡。

(二) 存货周转率和周转天数

在流动资产中,存货所占的比重较大。存货的流动性将直接影响企业的流动比率,因此,必须特别重视对存货的分析。存货的流动性,一般用存货的周转速度指标来反映,即存货周转率或存货周转天数。

存货周转率是衡量和评价企业购入存货、投入生产、销售收回等各环节管理状况的综合性指标。它是一定时期销售成本(营业成本)与平均存货的比值,又称存货的周转次数。用时间表示的存货周转率就是存货周转天数。计算公式为:

$$存货周转率 = \frac{销售成本}{平均存货}$$

A 公司的存货周转率 = 128 221 987 408. 92÷[(11 955 830 356. 16+14 452 114 917. 53)÷2] = 9. 72(次)

$$存货周转天数 = \frac{365}{存货周转率}$$

A 公司的存货周转天数 = 365÷9.72 = 37.55(天)

一般来说,存货周转次数越多,周转天数越少,存货周转速度越快,存货的占用越低,流动性就越强,存货转换为现金或应收账款的速度越快,存货管理的业绩就好,显示出良好的短期偿债能力和盈利能力。但是,不能绝对地认为存货周转率越快越好,因为存货批量因素会对存货周转率产生较大影响。在存货批量(包括材料采购批量、商品进货批量和产品生产批量等)很小的情况下,存货会很快地转换,批量过小,订货成本或生产准备成本便会上升,甚至造成缺货成本,反而使总成本增大,产生负效应。存货周转分析的目的就是从不同的角度和环节找出存货管理中的问题,使存货管理在保证生产经营连续性的同时,尽可能少占用经营资金,提高资金的使用效率,增强企业短期偿债能力,促进企业管理水平的提高。所以,在分析存货周转率时,要与本企业历史资料、其他企业或行业平均水平比较而作出判断。

(三) 固定资产周转率

固定资产周转率也称固定资产利用率,是企业销售收入与固定资产净值的比率。计算公式为:

$$固定资产周转率 = \frac{销售收入}{固定资产净值}$$

A 公司的固定资产周转率 = 134 386 367 593.41÷42 254 222 967.16 = 3.18

固定资产周转率主要用于分析对厂房、设备等固定资产的利用效率,比率越高,说明利用率越高,管理水平越好。如果固定资产周转率与同行业平均水平相比偏低,则说明企业对固定资产的利用率较低,可能会影响企业的获利能力。

(四) 总资产周转率

总资产周转率是销售收入(营业收入)与平均资产总额的比率。

$$总资产周转率 = \frac{销售收入}{平均资产总额}$$

A 公司的总资产周转率 = 134 386 367 593.41÷[(241 832 932 897.10+243 902 967 386.82)÷2] = 0.55

该项指标反映资产总额的周转速度。周转越快,资产利用效果越好,销售能力越强,进而反映出企业的偿债能力和盈利能力令人满意。企业可以通过薄利多销的办法,加速资产的周转,带来利润绝对额的增加。

三、债务管理比率

(一) 资产负债率和权益乘数

资产负债率是指企业总负债占总资产的百分比,也称为债务比率,反映的是企业的所有资产中有多少是通过借债来筹集的,百分比越高,说明公司的资产越依赖债务融资。资产负债率也可以用来衡量企业在进行清算时能够对债权人的利益进行保护的程度。计算公式如下:

$$资产负债率 = \frac{负债总额}{资产总额}$$

A 公司的资产负债率 = 89 851 603 419.02÷241 832 932 897.10 = 0.371 5 = 37.15%

一般认为,资产负债率应该保持在合理的范围。提高资产负债率可以提高企业的财务杠杆,提升企业的净资产回报率,但可能会带来较大的财务风险;降低资产负债率会降低企业的财务杠杆,从而降低了企业的净资产回报率。经营风险较高的企业应该选择较低的资产负债率,经营风险较低的企业则可以选用较高的资产负债率。

权益乘数又称为股本乘数,是指企业资产总额相当于股东权益的倍数。权益乘数越大表明企业投入资本占全部资本的比重越小,企业的负债程度越高。计算公式如下:

$$权益乘数 = \frac{资产总额}{股东权益} = \frac{1}{1-资产负债率}$$

A 公司的权益乘数 = 1÷[(1-0.3715)] = 1.47

(二) 长期债务对资本比率

长期债务对资本比率衡量的是公司资本中由长期债务提供的百分比。资本是指长期负债和所有者权益的合计数。长期债务包括长期应付票据、应付公司债券、长期借款和融资租赁应付款等非流动性负债。长期债务对资本的比率越高,意味着在公司资本结构中债务融资的百分比越大。由于企业的流动负债金额会经常发生变化,因此在进行资金结构管理时常用该比率而不是资产负债率。计算公式如下:

$$长期债务对资本比率 = \frac{长期债务}{长期债务 + 所有者权益}$$

A 公司的长期债务对资本比率 = 30 478 129 516.06÷(30 478 129 516.06+151 981 329 478.08) = 0.167 = 16.7%

(三) 利息保障倍数

利息保障倍数是指息税前利润对利息费用的倍数。它是衡量企业支付负债利息能力的指标。企业生产经营所获得的息税前利润与利息费用相比,倍数越大说明企业支付利息费用的能力越强。通过分析利息保障倍数,可以衡量债权的安全程度。计算公式如下:

$$利息保障倍数 = \frac{息税前利润}{利息费用} = \frac{利息费用 + 所得税费用 + 净利润}{利息费用}$$

A 公司的利息保障倍数 = (1 572 682 426.01+90 428 152.88+14 118 539 090.94)÷1 572 682 426.01 = 10.03

由于长期债务不需要立即偿还本金只需要按时支付利息,因此利息保障倍数是衡量企业长期偿债能力的一个十分重要的指标。这表明每 1 元利息支付有多少倍的息税前利润作为保障,利息保障倍数越高,债权人的债务安全性也越高,企业违约的风险越低。一般而言,由于企业所处的行业不同,利息保障倍数会具有不同的标准界限,但不能低于 1,低于 1 时企业将面临无法按时支付利息的窘境。一般公认的利息保障倍数是 3。

四、盈利能力比率

(一) 销售毛利率

销售毛利率是毛利与销售收入的比值,其中毛利是销售收入与销售成本的差,也简称为毛利率。其计算公式为:

$$销售毛利率 = \frac{销售收入 - 销售成本}{销售收入}$$

A 公司的销售毛利率 = (134 386 367 593.41 - 128 221 987 408.92) ÷ 134 386 367 593.41

　　　　　　　　　= 0.0458 = 4.58%

销售毛利率表示每 1 元销售收入扣除销售产品或商品成本后,有多少钱可以用于各项期间费用和形成盈利。销售毛利率是企业销售净利率的基础,没有足够大的销售毛利率便不能盈利。

(二) 销售净利率

销售净利率是指净利润与销售收入的比值。其计算公式为:

$$销售净利率 = \frac{净利润}{销售收入}$$

A 公司的销售净利率 = 14 118 539 090.94 ÷ 134 386 367 593.41

　　　　　　　　　= 0.1050 = 10.5%

该指标反映每 1 元销售收入带来的净利润的多少,表示销售收入的收益水平。从销售净利率的指标关系看,净利润与销售净利率成正比关系,而销售收入额与销售净利率成反比关系。企业在增加销售收入额的同时,必须相应地获得更多的净利润,才能使销售净利率保持不变或有所提高。通过分析销售净利率的升降变动,可以促使企业在扩大销售的同时,注意改进经营管理,提高盈利水平。

(三) 资产收益率

资产收益率是企业净利润与平均资产总额的比值。资产收益率计算公式为:

$$资产收益率 = \frac{净利润}{平均资产总额}$$

A 公司的资产收益率 = 14 118 539 090.94 ÷ [(241 832 932 897.10 + 243 902 967 386.82) ÷ 2]

　　　　　　　　　= 0.0581 = 5.81%

资产收益率是把企业一定期间的净利润与企业的资产相比较,表明企业资产利用的综合效果。该指标越高,表明资产的利用效率越高,说明企业在增加收入和节约资金使用等方面取得了良好的效果;反之则效果不好。

企业的资产是由投资人投入或举债形成的,收益的多少与企业资产的多少、资产的结构以及经营管理水平有着密切的关系。资产收益率是一个综合指标,为了正确评价企业经济效益的高低,挖掘提高利润水平的潜力,可以用该项指标与本企业前期、计划、本行业平均水平和本行业先进企业进行对比,分析形成差异的原因。影响资产收益率高低的因素主要有产品的价格、单位成本的高低、产品的产量和销售的数量、资金占用量的大小等。可以利用资产收益率来分析经营中存在的问题,提高销售净利率,加速资金周转。

(四) 净资产收益率

净资产收益率是净利润与平均股东权益的比值。其计算公式为:

$$净资产收益率 = \frac{净利润}{平均股东权益}$$

A 公司的净资产收益率 = 14 118 539 090.94 ÷ [(151 981 329 478.08 + 146 827 375 615.74) ÷ 2] = 0.0945 = 9.45%

该指标反映股东权益的收益水平,指标值越高,说明投资带来的收益越高。该指标是盈利分析的最核心指标,反映了企业将资本所有者财富最大化作为企业的首要财务目标。借助杜邦分析系统,又可以将该指标分解为不同的层级,为报表分析者全面了解企业的财务状况和经营成果提供了直观的图景。

$$净资产收益率 = \frac{净利润}{平均股东权益}$$

$$= 资产收益率 × 权益乘数$$

$$= 销售净利率 × 总资产周转率 × 权益乘数$$

五、反映市场价值的指标

（一）市盈率

市盈率是每股市价与每股收益的比值,亦称本益比或本利比。其计算公式为:

$$市盈率 = \frac{每股市价}{每股收益}$$

A 公司的市盈率 = 5.38÷0.63 = 8.54

公式中的每股市价是指每股普通股在证券市场上的买卖价格,每股收益是指净利润除以发行在外普通股数量[①]。

市盈率是衡量股份制企业盈利能力的重要指标,用每股盈余与股价进行比较,反映投资者对每 1 元利润愿意支付的价格。这一比率越高,意味着公司未来成长的潜力越大。一般说来,市盈率越高,说明公众对该股票的评价越高。但应注意的是,在每股收益很小或亏损时,市盈率往往非常高,此时的市盈率不说明任何问题;当市盈率受净利润的影响较大,存在利润操纵现象时,该指标也就失去了意义。

（二）市净率

市净率把每股净资产和每股市价联系起来,可以说明市场对公司资产质量的评价。市净率就是反映每股市价和每股净资产关系的比值。计算公式为:

$$市净率 = \frac{每股市价}{每股净资产}$$

A 公司的市净率 = 5.38÷6.83 = 0.79

每股净资产是股票的账面价值,它是用成本计算的,每股市价是这些资产的现在价值,它是证券市场上交易的结果。一般来说,市价越是高于其账面价值,公司资产的质量越好,优质股票的市净率普遍较高。

（三）市销率

销售收入是一家公司最主要的收入来源。在一个行业里,一家公司的销售收入越多,说明这个公司的竞争力越强,市销率就反映了股票市场对上市公司价值的评估和公司的销售额之间的关系。计算公式为:

$$市销率 = \frac{每股市价}{每股销售收入}$$

A 公司的市销率 = 5.38÷6.03 = 0.89

由上述计算公式可知,市销率低,表明总市值低而营业收入高,这意味着股票市场很可

---

① A 公司 2024 年 12 月 30 日收盘价为 5.38 元/股,发行在外普通股数量为 222.68 亿股。

能低估了该上市公司的价值,该股票具备较高的投资价值;相反,市销率过高,则表明市场高估了该上市公司,这样的股票不仅潜力不足,而且风险很大,投资价值较小。

第四节　现金流量分析

一个公司的现金流量比账面利润重要得多,它在很大程度上决定着企业的生存和发展。即使公司有账面利润,但若现金周转不畅、调度不灵,也将严重影响公司的发展,甚至影响到企业的生存。所以,在公司理财领域,对现金流量十分重视,我们也有必要对现金流量分析进行重点介绍。通过现金流量分析,了解公司营运资金管理能力,能够正确评价公司当前及以前各期获得利润的质量,发现财务方面存在的问题,对未来公司的财务状况作出科学预测。

一、现金流量的结构分析

现金流量的结构分析,是指对同一时期现金流量表中不同项目进行的比较与分析,以揭示各项数据在企业现金流入量中的相对意义。分析建立在现金流量表基础上的有关数据,可以进一步明确现金收入的构成、现金支出的构成及现金余额的形成。现金流量的结构分析可以分为流入结构分析、流出结构分析和流入流出比分析三个方面。

现金收入结构分析是反映企业的各项业务活动现金收入,如经营活动的现金收入、投资活动的现金收入和筹资活动的现金收入等在全部现金收入中的比重,以及各项业务活动现金收入中具体项目的构成情况。同样,现金支出结构分析则反映企业的现金用在哪些方面。现金余额结构是指企业的各项业务,包括经营活动、投资活动和筹资活动,其现金收支净额占全部现金余额的百分比,它反映企业的现金余额是如何形成的。

(一) 流入结构分析

结构分析分为总流入结构和三项活动(经营、投资和筹资)流入的内部结构分析。从 A 公司现金流量表可以看出,其总流入中,经营活动流入占 56.31%,投资活动流入占 23.37%,筹资活动流入占 20.32%。可见,公司经营活动获取现金并不突出,公司近一半现金来自收回对外投资和吸收外部资金。

(二) 流出结构分析

流出结构分析分为总流出结构和三项活动现金流出的内部结构分析。A 公司现金总流出中,经营活动流出占 53.05%,投资活动占 22.54%,筹资活动占 24.41%,说明公司除了开展正常的经营业务,投资和筹资活动活跃。

在经营活动的现金流出结构中,购买商品和劳务占 94.97%,支付工资等占 4.18%;在投资活动的现金流出结构中,购建固定资产、无形资产和其他长期资产占 12.05%,投资支付现金占 87.92%;在筹资活动中,偿还债务支出现金占 83.13%,分配股利、利润或偿付利息支付现金占 16.49%。

(三) 流入流出比分析

经营活动的流入流出比为 1.08,表明公司 1 元的流出可换回 1.08 元现金。此比值越大,说明公司经营越好。投资活动的流入流出比为 1.05,说明流入流出大体持平;一般来说,公司发展时期,此比值小,而衰退或缺少投资机会时此比值大。筹资活动流入流出比为

0.85,表明公司债务集中偿还压力较大。

流入流出结构的历史比较和同行业比较,往往可以得到更有意义的信息。

对于一个健康的成长的公司来说,经营活动现金净流量应该是正数,投资活动的现金流量是负数,筹资活动的现金流量是正负相间的。

二、盈利质量分析

盈利质量分析,是指根据经营活动现金净流量与净利润、资本支出等之间的关系,揭示企业保持现有经营水平,创造未来盈利能力的一种分析方法。盈利质量分析主要包含对以下两个指标的分析:

(一) 盈利现金比率

$$盈利现金比率 = \frac{经营现金净流量}{净利润}$$

A 公司的盈利现金比率 = 11 114 014 102.13÷14 118 539 090.94 = 0.79

这一比率反映企业本期经营活动产生的现金净流量与净利润之间的比率关系。在一般情况下,比率越大,企业盈利质量就越高。如果比率小于 1,说明本期净利润中存在尚未实现现金的收入。在这种情况下,即使企业盈利,也可能发生现金短缺,严重时会导致企业破产。在分析时,还应结合企业的折旧政策,分析其对经营现金净流量的影响。

(二) 再投资比率

$$再投资比率 = \frac{经营现金净流量}{资本性支出(投资活动现金流出)}$$

A 公司的再投资比率 = 11 114 014 102.13÷60 851 365 531.71 = 0.18

这一比率反映企业当期经营现金净流量是否足以支付资本性支出(固定资产投资)所需要的现金。比率越高,企业扩大生产规模、创造未来现金流量或利润的能力就越强。如果比率小于 1,说明企业资本性支出所需现金,除经营活动提供外,还包括外部筹措的现金。

三、筹资与支付能力分析

筹资与支付能力分析是通过现金流量表有关项目之间的比较,反映企业在金融市场上的筹资能力以及偿付债务或费用的能力。企业筹资与支付能力分析主要包含以下几个指标:

(一) 到期债务本息偿付比率

$$到期债务本息偿付比率 = \frac{经营现金净流量}{本期到期债务本金+现金利息支出}$$

A 公司的到期债务本息偿付比率 = 11 114 014 102.13÷(54 788 115 500.00+10 869 153 650.83) = 0.17

这一比率用来衡量企业到期债务本息可由经营活动创造现金支付的程度。比率越大,说明企业偿付到期债务的能力就越强,如果比率小于 1,说明企业经营活动产生的现金不足以偿付到期债务本息,企业必须对外筹资或出售资产才能偿还债务。

(二) 现金偿债比率

$$现金偿债比率 = \frac{经营现金净流量}{长期债务总额}$$

A公司的现金偿债比率 = 11 114 014 102.13÷30 478 129 516.06 = 0.36

这一比率反映企业按照当前经营活动提供的现金偿还长期债务的能力。虽然企业可以用从投资或筹资活动中产生的现金来偿还债务,但从经营活动中所获得的现金应该是企业长期现金的主要来源。一般来说,这一比率越高,企业偿还债务的能力就越强。

（三）现金股利支付率或利润分配率

$$现金股利支付率 = \frac{现金股利或分配的利润}{经营现金净流量}$$

A公司的现金股利支付率 = 10 869 153 650.83÷11 114 014 102.13 = 0.98

这一比率反映本期经营现金净流量与现金股利(或向投资者分配利润)之间的关系,比率越低,企业支付现金股利的能力就越强。传统的股利支付率(应付股利÷净利润,假设不考虑优先股)反映的是支付股利与净利润的关系,而按现金净流量反映的股利支付率更能体现支付股利的现金来源及其可靠程度。

在分析中,企业还可将现金和现金等价物与流动资产或流动负债进行比较。一般来说,现金和现金等价物占流动资产或流动负债的比率越高,其支付能力就越强;但现金是非盈利资产,比率越高,其持有现金的机会成本亦越高。

以上是根据现金流量表,利用比率法分析企业的财务状况。为全面了解企业在一定期间的现金流动状况及其他信息,还可将现金流量表与其他财务报表提供的信息联系起来,将本企业的财务比率与同行业平均水平或标准比率,或本企业历史水平进行比较分析,以便为财务决策提供真实可靠的财务信息。

本 章 小 结

1. 公司理财方面的决策,与公司的财务状况是密不可分的,而财务报表分析是深入了解公司经营状况的主要手段。

2. 财务报表是经过整理之后的反映企业经营状况的一系列表格和数据。主要的财务报表包括资产负债表、利润表和现金流量表,也包括一些附表。

3. 财务报表分析的方法主要有比率分析法、趋势分析法、对比分析法和综合分析法。从财务报表的众多原始数据出发,可以计算出一系列反映经营状况的比率数据。计算比率是企业进行财务分析中最常用的财务分析方法。

4. 现金流量分析也是了解公司营运资金管理能力、正确评价公司当前及以前各期所取得利润的质量的重要方法。

思考与练习

一、名词解释

财务报表　资产负债表　利润表　现金流量表　资产　负债股东权益　利润　流动比率 速动比率　总资产周转率　资产收益率　市盈率　市净率　再投资比率

二、问答题

1. 简述公司理财决策与财务报表分析的关系。

2. 财务报表分析所提供的数据是否能够为公司理财决策提供完全、准确的信息？为什么？

3. 公司的经营活动如何影响资产负债表的变化？

4. 公司的经营活动是如何反映在公司的利润表上的？

5. 现金流量表的数据与公司的经营活动有哪些关系？

6. 如果某公司虚增了利润，其资产负债表项目可能出现哪些变化？

三、计算分析题

1. 请选择上海证券交易所的一家制造类上市公司的财务报表，计算其流动比率、速动比率、存货周转率、总资产周转率、销售毛利率和资产收益率。

2. 请选择上海证券交易所的一家制造类上市公司的现金流量表，进行现金流量分析。

3. 有两家经营业务相类似的公司 X 和 Y，请根据 X 公司和 Y 公司的资产负债表（见表2-7）和利润表（见表2-8），回答下列四个问题：

（1）计算两公司的偿债指标，比较两公司偿债能力。

（2）编制利润表结构百分比表，分析两公司盈利能力差异。

（3）计算两公司的存货周转率、应收账款周转率、总资产周转率，比较两公司资产管理能力。

（4）计算两公司的获利能力比率，比较两公司获利能力差异。

表 2-7　X 公司和 Y 公司的资产负债表

单位：元

项目	X 公司	Y 公司
资产		
流动资产		
现金	874 106	880 706
应收账款	1 268 265	1 155 943
存货	1 681 444	1 192 253
小计	3 823 816	3 228 902
非流动资产		
固定资产	19 562 302	20 763 783
资产总额	23 386 118	23 992 685
负债及所有者权益		
流动负债		
应付账款	865 960	961 099
应付票据	6 052 441	5 481 602

续表

项目	X 公司	Y 公司
小计	6 918 401	6 442 702
长期借款	2 733 419	3 480 947
所有者权益		
普通股本	5 435 010	5 438 118
资本公积	5 867 598	6 000 794
未分配利润	2 431 690	2 630 125
小计	13 734 298	14 069 036
负债及所有者权益	23 386 118	23 992 685

表 2-8   X 公司和 Y 公司的利润表

单位:元

项目	X 公司	Y 公司
一、营业收入	3 013 030	2 813 144
减:营业成本	2 445 119	2 349 346
税金及附加	18 760	16 170
销售费用	57 026	51 698
管理费用	256 511	234 503
财务费用	93 602	104 959
资产减值损失	−720	−2 324
加:投资收益	−9 286	−3 125
二、营业利润	133 446	55 666
加:营业外收入	5 429	6 605
减:营业外支出	−885	7 153
其中:非流动资产处置损失	−2 115	2 258
三、利润总额	139 760	55 118
减:所得税费用	11 071	7 480
四、净利润	128 689	47 638

即 测 即 评

第二篇

第三章

价值衡量

第一节 货币时间价值

一、货币时间价值的概念

货币的时间价值,是指货币随着时间的推移而发生的增值,也称为资金的时间价值。相同数量的货币在不同的时点上具有不同的价值,今年的 1 元钱不等于去年的 1 元钱,也不等于明年的 1 元钱。人们总是希望在时间上能尽早地获得流入的货币。这种普遍的现象说明,去年的 1 元钱要好于今年的 1 元钱,而今年的 1 元钱要好于明年的 1 元钱。经济学正是从人们的这种心理上的偏好出发,用边际效用理论把货币的时间价值解释为:货币的所有者要进行以价值增值为目的的投资(不管是进行权益性投资,还是进行债权性投资),就必须牺牲现时的消费,因此,他要求得到推迟消费时间的报酬,这种报酬的量应与推迟的时间成正比。货币的时间价值就是对暂缓现时消费的报酬。

上述论述只说明了货币价值随时间的推移而不断增加这一事实。那么,究竟什么是货币时间价值产生的根源呢?换句话说,这 1 元钱如果长期闲置不用,它是否会发生价值的增值呢?回答是否定的。只有当货币通过投资和再投资的形式参与到社会再生产活动的过程中,即以货币为手段,实现与劳动要素的相互结合,货币时间价值的实现才具备了基础。换句话说,货币的时间价值源自社会化生产创造的价值。因此,不难理解为什么放在保险柜的现金无论放多长时间都不会增加,而存放在银行账户中的资金会随着时间推移而增长。显然,前者没有参与社会生产,后者参与了社会生产。

从全社会来看,货币的时间价值由全社会平均的资金利润率来决定。在一个完全有效的资本市场中,由于资本本身所固有的趋利避险的本性,充分的竞争使全社会平均的无风险报酬率平均化,等量资本在等量的时间获得等量利润,与货币参与社会生产的形态无关,完全取决于全社会平均的无风险报酬率。但是,必须指出现实世界的资本市场几乎无法完全有效,货币以不同的形态(股权或债权)进入社会生产,承担着不同的风险,实际获得差异化的时间价值。货币的时间价值一般用相对数表示,也可用绝对数表示。实际生活中,人们通常直观地用银行存贷款利率(利息)来表示货币的时间价值。

二、货币时间价值的计算

（一）单利终值和现值的计算

所谓单利是只计算本金所带来的利息，而不考虑利息再产生的利息。

终值（Future Value），是指现在的一笔资金在未来一段时间后的价值。以单利方式计算，现在的1元钱，年利率为10%，从第1年到第3年各年年末的终值可计算如下：

$$1 元 1 年后的终值 = 1 \times (1 + 10\% \times 1) = 1.1（元）$$
$$1 元 2 年后的终值 = 1 \times (1 + 10\% \times 2) = 1.2（元）$$
$$1 元 3 年后的终值 = 1 \times (1 + 10\% \times 3) = 1.3（元）$$

因此，可推算出单利终值的一般计算公式为：

$$FV_n = PV_0 \times (1 + i \times n)$$

式中：PV_0——现值，即第1年年初的价值；

$\quad FV_n$——终值，即第 n 年年末的价值；

$\quad i$——利率；

$\quad n$——计息期数。

现值（Present Value），是指未来的一笔资金现在的价值。终值和现值是相对的，即由终值倒求现值，一般称为贴现或折现，所使用的利率为贴现率或折现率。仍用上例，若年利率为10%，从第1年到第3年各年年末的1元钱，用单利方式其现值可计算如下：

$$1 年后 1 元的现值 = \frac{1}{1 + 10\% \times 1} = \frac{1}{1.1} = 0.909（元）$$

$$2 年后 1 元的现值 = \frac{1}{1 + 10\% \times 2} = \frac{1}{1.2} = 0.833（元）$$

$$3 年后 1 元的现值 = \frac{1}{1 + 10\% \times 3} = \frac{1}{1.3} = 0.769（元）$$

因此，可推算出单利现值的一般计算公式为：

$$PV_0 = FV_n \times \frac{1}{1 + i \times n}$$

式中字母含义同上。

（二）复利终值和现值的计算

复利即本能生利，利息在下期也转作本金并与原来的本金一起再计算利息，如此随计息期数不断下推，即通常所说的"利滚利"。

复利终值，即在"利滚利"基础上计算的现在的一笔资金未来的本利和。现在的1元钱，年利率10%，从第1年到第3年，各年年末的终值可计算如下：

$$1 元 1 年后的终值 = 1 \times (1 + 10\%) = 1.1（元）$$
$$1 元 2 年后的终值 = 1 \times (1 + 10\%)^2 = 1.21（元）$$
$$1 元 3 年后的终值 = 1 \times (1 + 10\%)^3 = 1.331（元）$$

因此，可推算出复利终值的一般计算公式为：

$$FV_n = PV_0 \times (1 + i)^n$$

式中，PV_0——现值，即第1年年初的价值；

FV_n——终值,即第 n 年年末的价值;

i——利率;

n——计息期数。

上式中,$(1+i)^n$ 称为复利终值系数,记作 $FVIF_{r,n}$。当计息期数较多时,为简化计算,在 i 和 n 已知的情况下,可通过查"复利终值系数表"求得,这样的话,复利终值为复利现值与复利终值系数的乘积。

☑【例 3.1】

存入 5 年期的资金 1 000 元,每年计息一次,年利率为 5%,且 5 年后一次支付本息,则 5 年后应支付的本利和为多少?

$$FV_n = 1\ 000×(1+5\%)^5 = 1\ 000×1.276 = 1\ 276(元)$$

复利现值,是指未来发生的一笔资金现在的价值。具体地说,就是将未来的一笔资金按适当的折现率进行折现而计算出的现在的价值。若年利率为 10%,从第 1 年到第 3 年,各年年末的 1 元钱,其现在的价值计算如下:

$$1 \text{ 年后 } 1 \text{ 元的现值} = \frac{1}{(1+10\%)} = \frac{1}{1.1} = 0.909(元)$$

$$2 \text{ 年后 } 1 \text{ 元的现值} = \frac{1}{(1+10\%)^2} = \frac{1}{1.21} = 0.826(元)$$

$$3 \text{ 年后 } 1 \text{ 元的现值} = \frac{1}{(1+10\%)^3} = \frac{1}{1.331} = 0.751(元)$$

因此,可推算出复利现值的一般计算公式为(也可按复利终值的计算公式直接推出):

$$PV_0 = FV_n × \frac{1}{(1+i)^n}$$

式中字母含义同上。其中,$\frac{1}{(1+i)^n}$ 为复利现值系数,记作 $PVIF_{r,n}$。为简化计算,在 i 和 n 已知的情况下,可直接通过查"复利现值系数表"求得。复利现值亦可理解为复利终值与复利现值系数的乘积。

☑【例 3.2】

在年利率为 8% 的情况下,若要想在第 5 年年末取得 50 000 元,则现在要存入:

$$PV_0 = 50\ 000 × \frac{1}{(1+8\%)^5} = 50\ 000×0.681 = 34\ 050(元)$$

需要特别强调的是,单利和复利只是两种不同的计息(货币时间价值)方式,传统上我国的凭证式国债、公司债、定期存款都是采用单利计息、到期一次还本付息,而很多理财产品则采用复利计息方式。在公司理财学科的范畴内,无论是采用单利还是复利计息方式,都不改变货币时间价值的属性。由于货币时间价值的存在,公司不同时点收到或支付的"钱"不具可加性,需要通过计算终值或现值转换到同一时点后才能加总。这一点与会计学科存在显著的差异。

（三）年金终值和现值的计算

年金（Annuity），是指一定时期内依固定时间间隔多次发生、每期金额相等、方向相同的一系列现金流量。租金、等额本息偿还住房按揭贷款都是典型的年金形式。按付款时点不同分为后付年金和先付年金。后付年金也称普通年金，它是在每期期末等额的系列收款、付款的年金；先付年金也称预付年金，它是在每期期初等额的系列收款、付款的年金。通常不加说明即指后付年金，也称普通年金。此外，还有递延年金和永续年金等形式。递延年金是间隔一定期间才发生的每期期末等额的系列收款、付款的年金；永续年金是指无限连续的等额系列收款、付款的年金。

1. 后付年金终值和现值的计算

后付年金的终值是一定时期内每期期末收付款项的复利终值之和。从这个意义上说，年金终值实质上是复利终值的特殊形式。每年年末存款 1 元，年利率 10%，存期 3 年，后付年金终值的计算可用图 3-1 表示。

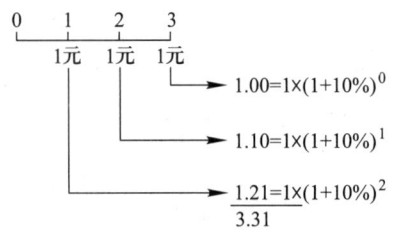

图 3-1　后付年金终值的计算

因此，可推算出后付年金终值的一般计算公式为：

$$FV_n = A \cdot \sum_{t=1}^{n} (1+i)^{t-1}$$

式中字母含义同上。其中，A 为每次收付款相等的金额，即年金；$\sum_{t=1}^{n} (1+i)^{t-1}$ 称作年金终值系数，记作 $FVIFA_{r,n}$，可通过查："年金终值系数表"求得，这样年金终值即为年金与年金终值系数的乘积。

银行储蓄存款中的零存整取即属典型的年金终值计算。

> **【例 3.3】**
>
> 每年年末向银行存入 10 000 元，存期 5 年，年利率为 5%，其 5 年后到期的本利和为：
>
> $$FV_n = 10\ 000 \times \sum_{t=1}^{5} (1+5\%)^{t-1} = 10\ 000 \times 5.526 = 55\ 260（元）$$
>
> 此外，在保险、租赁等业务中，年金终值具有很广泛的应用。

后付年金现值是一定时期内每期期末发生等额收付款项的复利现值之和。从这个意义上说，年金现值实质上是复利现值的特殊形式。每年存款 1 元，年利率 10%，存期 3 年，后付年金现值的计算可用图 3-2 表示。

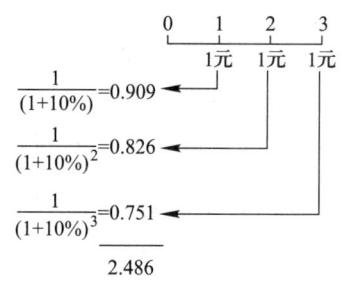

图 3-2　后付年金现值的计算

因此,可推算出后付年金现值的一般计算公式为:

$$PV_0 = A \cdot \sum_{t=1}^{n} \frac{1}{(1+i)^t}$$

式中字母含义同上。其中,$\sum_{t=1}^{n} \frac{1}{(1+i)^t}$ 称作年金现值系数,记作 $PVIFA_{r,n}$,可通过查"年金现值系数表"求得。这样,年金现值的计算即为年金与年金现值系数的乘积。

年金现值在资产的估价、租金的确定及保险业务中具有广泛的用途。

📈【例 3.4】

年利率为 5%,要想在未来的 5 年中,每年年末能获得 3 000 元,现在要向银行存入多少钱?

$$PV_0 = 3\ 000 \times \sum_{t=1}^{5} \frac{1}{(1+5\%)^t} = 3\ 000 \times 4.329 = 12\ 987(\text{元})$$

📈【例 3.5】

某生产线市价为 160 000 元,可使用 5 年,假定使用期满后无残值。如采取租赁取得,每年年末要支付租金 40 000 元,租期 5 年,市场资金的利率为 8%。问是投资购买还是租赁?

分析:该题实际上是先计算出租金的现值,然后再同设备的市价进行比较,然后选择数值较低的方案。

租金的计算满足后付年金现值的计算公式:

$$PV_0 = 40\ 000 \times \sum_{t=1}^{5} \frac{1}{(1+8\%)^t} = 40\ 000 \times 3.993 = 159\ 720(\text{元}) < 160\ 000(\text{元})$$

答:应选择租赁为宜。

2. 先付年金终值和现值的计算

先付年金,是指在一定时期内每期期初发生的系列相等的收付款项。

先付年金与后付年金并无实质性的差别,两者仅在于收付款时间不同。可通过对后付年金的计算公式进行简单的调整,即可得出先付年金的计算公式。

为便于理解,可将 n 期先付年金和 n 期后付年金之间的关系用图 3-3 做比较。

$$
\begin{array}{c|cccccc}
& 0 & 1 & 2 & 3 \cdots n-2 & n-1 & n \\
\hline
n\,\text{期先付年金} & A & A & A & A \cdots A & A \\
n\,\text{期后付年金} & & A & A & A \cdots A & A & A
\end{array}
$$

图 3-3　先付年金和后付年金比较

从图 3-3 可以看出,先付年金和后付年金两者的付款期数相同,先付年金仅比后付年金多一年计算期。据此,为求得 n 期先付年金的终值,可在求出后付年金终值后,再乘以 $(1+i)$,即先付年金终值的计算公式可表示为:

$$
FV_n = A \cdot \sum_{t=1}^{n} (1+i)^{t-1} \cdot (1+i)
$$

或者,根据 n 期先付年金终值和 $n+1$ 期后付年金终值的关系,推导出先付年金的计算公式。因为,n 期先付年金与 $n+1$ 期后付年金比较,两者计息期数相同,但 n 期先付年金比 $n+1$ 期后付年金少付一次款项。因 $n+1$ 期后付年金少付一次款项,所以减去第 1 期的付款额,便可求得 n 期先付年金终值的计算公式:

$$
FV_n = A \cdot \sum_{t=1}^{n+1} (1+i)^{t-1} - A
$$

同样的道理,也可利用后付年金的现值来推导先付年金的现值。因此,n 期先付年金现值和 n 期后付年金现值比较,两者的付款期数也相同,但先付年金现值比后付年金现值要少折现一期。为求得先付年金的现值,可在求出后付年金现值后,再乘以 $(1+i)$,计算公式如下:

$$
PV_0 = A \cdot \sum_{t=1}^{n} \frac{1}{(1+i)^t} \cdot (1+i)
$$

或者,根据 n 期先付年金现值和 $n-1$ 期后付年金现值的关系,也可推导出先付年金的计算公式。因为,n 期先付年金与 $n-1$ 期后付年金比较,两者折现期数相同,但 n 期先付年金比 $n-1$ 期后付年金多了第 1 期不需要折现的现金流。因此,先计算出 $n-1$ 期后付年金的现值再加上第 1 期不需要折现的现金流,便可求得 n 期先付年金现值。计算公式如下:

$$
PV_0 = A \cdot \sum_{t=1}^{n-1} \frac{1}{(1+i)^t} + A
$$

银行零存整取即典型的先付年金终值的计算问题。

📈【例 3.6】

每年年初向银行存入 5 000 元,连续存入 5 年,年利率为 5%,则 5 年到期时的本利和为:

$$
FV_n = 5\,000 \times \sum_{t=1}^{5} (1+5\%)^{t-1} \times (1+5\%) = 5\,000 \times 5.526 \times 1.05 = 29\,011.50(\text{元})
$$

或者

$$
FV_n = 5\,000 \times \sum_{t=1}^{6} (1+5\%)^{t-1} - 5\,000 = 5\,000 \times 6.802 - 5\,000 = 29\,011(\text{元})[①]
$$

---

① 两种计算方法的差异系年金终值系数取小数点后位数不同所造成的误差。

下面再列举一个在现值已知的情况下,倒求年金的实例。现实生活中,采取按揭贷款形式购买住宅或汽车即属这种情形。

📊【例3.7】

　　某商品房价款总计为108万元,银行同意向客户提供7成20年的按揭贷款,即客户在首次支付总房价款的30%后,其余部分向银行贷款,贷款本息分20年且每年等额向银行偿付。问在利率为6%的情况下,该客户每年初应向银行支付多少款项?

　　解:已知 $PV_0=108\times(1-30\%)=75.6(万元)$,$i=6\%$,$n=20$,代入公式,得:

$$75.6=A\cdot\sum_{t=1}^{20}\frac{1}{(1+6\%)^t}\times(1+6\%)$$

$$A=\frac{75.6}{\sum_{t=1}^{20}\frac{1}{(1+6\%)^t}\times(1+6\%)}$$

$$=\frac{75.6}{11.470\times1.06}$$

$$=62\,180.26(元)$$

　　答:该客户在每年年初应向银行支付62 180.26元。

3. 递延年金现值的计算

　　递延年金也称延期年金,是指间隔若干期后才发生系列等额的收付款项。若某项等额的收付款项发生在 m 期之后,即在 m 期没有收付款项,从 $m+1$ 期到 $m+n$ 期发生等额的系列收付款项。这实质上是先求出 n 期的年金现值,然后再求 m 期的复利现值。为便于理解,间隔 m 期后,在 n 期发生系列收付款项的递延年金用图3-4表示。

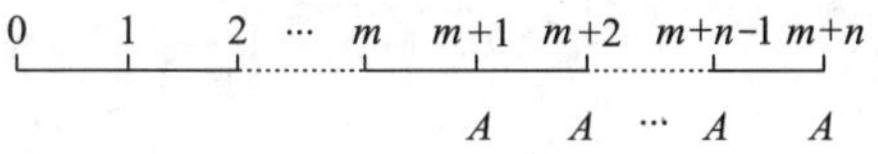

图3-4　递延年金

根据图3-4,延期年金现值的计算公式为:

$$PV_0=A\cdot\sum_{t=1}^{n}\frac{1}{(1+i)^t}\cdot\frac{1}{(1+i)^m}$$

　　或者,先求出 $m+n$ 期后付年金现值,减去没有付款的前 m 期的后付年金现值,即为延期 m 期后的 n 期后付年金现值。计算公式如下:

$$PV_0=A\cdot\sum_{t=1}^{m+n}\frac{1}{(1+i)^t}-A\cdot\sum_{t=1}^{m}\frac{1}{(1+i)^t}$$

📊【例3.8】

　　某公司用基建贷款构建一条生产线,建设期3年,3年内不用还本付息,从第4年年末开始,该生产线用其产生的收益,在10年内每年能偿付贷款的本息为20万元,银行贷款年利率为6%,问该公司最多能向银行贷款多少?

解:已知 $A=20, i=6\%, m=3, n=10$,代入公式,得:

$$PV_0 = 20 \times \sum_{t=1}^{10} \frac{1}{(1+6\%)^t} \times \frac{1}{(1+6\%)^3} = 20 \times 7.360 \times 0.840$$

$$= 123.65(万元)$$

或者

$$PV_0 = 20 \times \sum_{t=1}^{10+3} \frac{1}{(1+6\%)^t} - 20 \times \sum_{t=1}^{3} \frac{1}{(1+6\%)^t}$$

$$= 20 \times 8.853 - 20 \times 2.673 = 123.60(万元)$$

4. 永续年金现值的计算

永续年金是指无限期发生的等额系列收付款项。

我们可从一般年金的计算公式来推导永续年金的计算公式。

$$PV_0 = A \cdot \sum_{t=1}^{n} \frac{1}{(1+i)^t} = A \cdot \frac{1}{(1+i)^1} + A \cdot \frac{1}{(1+i)^2} + \cdots + A \cdot \frac{1}{(1+i)^n} \qquad (3-1)$$

式(3-1)两边同乘以$(1+i)$,得:

$$PV_0 \cdot (1+i) = A + A \cdot \frac{1}{(1+i)^1} + A \cdot \frac{1}{(1+i)^2} + \cdots + A \cdot \frac{1}{(1+i)^{n-1}} \qquad (3-2)$$

式(3-2)减去式(3-1),得:

$$PV_0 \cdot (1+i) - PV_0 = A - A \cdot \frac{1}{(1+i)^n}$$

$$PV_0 \cdot i = A - A \cdot \frac{1}{(1+i)^n}$$

即:

$$PV_0 = A \cdot \frac{(1+i)^n - 1}{i(1+i)^n} = A \cdot \frac{1 - \dfrac{1}{(1+i)^n}}{i}$$

当 $n \to \infty$ 时,$\dfrac{1}{(1+i)^n} \to 0$,所以有:

$$PV_0 = A \cdot \frac{1}{i} \quad (n \to \infty) \qquad (3-3)$$

现实生活中,完全意义上的永续年金形式并不多见,对那些持续期限较长的年金,或者持续期限长到无法估计的情形,在计算时,可把它近似地看作永续年金来处理。如不参加优先股股利[①]、股利稳定的普通股股利、养老保险金支付、某些基金及商誉等无形资产产生的收益等,都可近似地看作永续年金问题。

---

① 只分享固定股利而不参与剩余盈余分配的优先股。

【例 3.9】

　　某项科研基金准备以其每年的存款利息 20 万元用作科研奖励支出,若存款利率为 5%,问这项基金的规模至少应为多少?

　　解:已知 $A=20,i=5\%$,代入式(3-3),得:

$$PV_0 = A \cdot \frac{1}{i} = 20 \times \frac{1}{5\%} = 400(万元)$$

　　答:这项基金的规模至少应为 400 万元。

【例 3.10】

　　某品牌商标能为某公司每年带来 30 万元的超额收益,若市场的无风险资金利润率[①]为 6%,问这项商标现在的价格为多少?

　　解:已知 $A=30,i=6\%$,代入式(3-3),得:

$$PV_0 = A \cdot \frac{1}{i} = 30 \times \frac{1}{6\%} = 500(万元)$$

　　答:这项商标现在的价格为 500 万元。

(四) 复利计算与年金计算的异同及混合应用

　　上面分别介绍了复利的计算和年金的计算,不难看出,两者在计算上既有共同的地方,也有不同的地方。两者无论在终值还是在现值的计算上,都以资金的时间价值为基础,即在考虑时间因素的前提下来计算它们的价值,这是两者共有的区别于单利计算的方面。另一方面,两者的计算公式,又存在着较大的差别,年金的计算公式是求和的形式,而复利的计算公式则不然。事实上,年金的计算公式可理解为若干复利计算公式的相加,年金是在各期复利相同时的一种特殊形式,是在这种形式下,为简化计算过程而采用的一种简便算法。反过来,也可以这样来理解,年金的计算也可通过若干复利的计算相加之和来求得。从这个意义上说,年金与复利的计算虽然有公式这种形式上的差别,但无本质上的区别。

　　现实生活中,一些现金流量比如收付款项的分布经常呈现出既非完全意义上的复利分布,也非年金分布,而呈现出它们的混合形态,即在一组系列收付款中,有一部分是等额的,而其他部分是不等额的。如先发生若干期的系列等额收付款项,然后发生若干期不等额的系列收付款项,这时,要计算它们的现值,可采用分段计算,先计算系列等额收付款项的年金现值,再计算系列不等额收付款项的复利现值之和,两者相加即该组系列收付款项的总现值。或者相反,先发生系列不等额的收付款项,再发生系列等额的收付款项,其计算的原理也相同。

　　终值的计算亦然。

---

　　① 这里只讨论资金时间价值,而不涉及风险报酬。

【例 3.11】

某项现金流量呈表 3-1 分布。

表 3-1　某项现金流量分布

年份(年末)	1	2	3	4	5	6	7	8
现金流量(元)	3 000	3 000	3 000	3 000	3 000	4 500	5 200	6 000

假设 $i=10\%$，试计算其现值。

分析：第 1 年至第 5 年呈年金分布，后 3 年呈不等额的复利分布。该组现金流量实际上是年金现值与复利现值之和的相加。

$$PV_0 = 3\,000 \times \sum_{t=1}^{5} \frac{1}{(1+10\%)^t} + 4\,500 \times \frac{1}{(1+10\%)^6} + 5\,200 \times \frac{1}{(1+10\%)^7} + 6\,000 \times \frac{1}{(1+10\%)^8}$$

$$= 3\,000 \times 3.791 + 4\,500 \times 0.564 + 5\,200 \times 0.513 + 6\,000 \times 0.467$$

$$= 11\,373 + 2\,538 + 2\,667.6 + 2\,802$$

$$= 19\,380.6(元)$$

三、货币时间价值相关的几个问题

(一)　计息期的确定

计息期就是指每次计算利息的期限。前面的计算中，假定都是以年为一个计息期，计息期与给定利率时间单位一致。实际上，计息期既可以是年，也可以是半年、季、月，甚至是天，但不管如何划分计息期，计期利率(折现率 i)应该与之相匹配。如计息期为季，就要求采用计息季数和季利率(折现率 i)；如计息期为月，就要求采用计息月数和月利率(折现率 i)。习惯上，一般不加说明，计期利率(折现率 i)就是指年利率。

当年利率已知的情况下，如果计息期要求用季或月，这时的计期利率(折现率 i)也相应要求采用季利率或月利率与之相匹配。可采用简便的方法，将年利率除以 4 或除以 12 近似地换算成季利率或月利率。当然，相应地，此时的计息期是以季度或月份为单位。除了计息次数和适用利率(折现率 i)做了这些相应调整外，计算货币时间价值的原理和过程没有任何变化。

(二)　实际年收益率

如上所述，如果计息期与给定的"名义利率"的时间单位不同，会导致实际利率与名义利率不同，两者之间计算关系如下：假定给定的年利率为 i(即名义利率或名义折现率)，一年计息 m 次，则实际年利率 $= (1+i/m)^m - 1$；1 元钱经过 T 年后的复利终值为：$(1+i/m)^{mT}$。显然，随着计息频次提高，实际年收益率和复利终值都呈增大趋势，而当 m 趋于无穷大时，就变成了连续时间金融，复利的终值逼近极限值 e^{iT}。

(三)　折现率的计算

上面的计算中，都假定折现率 i 是给定的。现在我们来讨论在计息期数 n、终值 FV_n 或现值 PV_0 为已知的情况下，如何来倒求折现率 i。

一般来说，倒求折现率可分两步进行：第一步，求出复利(或年金)现值(或终值)系数；

第二步,根据该系数再求出其相应的折现率。这里分两种情形:一种情形是根据复利(或年金)现值(或终值)系数及相应的计息期数 n,通过倒查相应的系数表,直接得出折现率 i;另一种情形是计算出来的系数在相应的系数表中没有正好相对应的系数,即它是介于某两个系数之间,这时要采用插值法来进行计算。当然也可以在刻画清楚各期现金流情况后,调用相应的 Excel 财务函数直接计算得出。

【例 3.12】

某公司采取按揭贷款的方式购车,该车市价为 157 950 元,银行提供其首付 20% 的剩余车款 5 年期的汽车按揭贷款。如果银行要求该公司在未来 5 年的每年年末等额地向银行支付贷款本息 30 000 元,试问银行提供的汽车按揭贷款的利率为多少?

解:已知 $A=30\,000, n=5$,则:

$$PV_0 = 157\,950 \times (1-20\%) = 126\,360(元)$$

因为,$126\,360 = 30\,000 \times \sum_{t=1}^{5} \frac{1}{(1+i)^t}$,所以有:

$$\sum_{t=1}^{5} \frac{1}{(1+i)^t} = \frac{126\,360}{30\,000} = 4.212$$

查"年金现值系数"表,系数为 4.212,n 为 5,则其对应的 i 为 6%。

答:银行提供的汽车按揭贷款的利率为 6%。

现实生活中,根据系数及已知的期数 n,通过查表得出 i 的情况并不多见。经常是计算出系数是介于某两个折现率之间,这时可用插值法来近似计算。

仍用上例,将每年年末等额地向银行偿付贷款的本息由原来的 30 000 元改为 29 500元,则有:

$$\sum_{t=1}^{5} \frac{1}{(1+i)^t} = \frac{126\,360}{29\,500} = 4.283$$

从年金现值表中可以看出,在 $n=5$ 的各系数中,当 $i=5\%$ 时,系数为 4.329,当 $i=6\%$ 时,系数为 4.212。可见,折现率应在 5% 至 6% 之间,假设 x 为超过 5% 的百分数,则用插值法计算 x 的过程如图 3-5 所示。

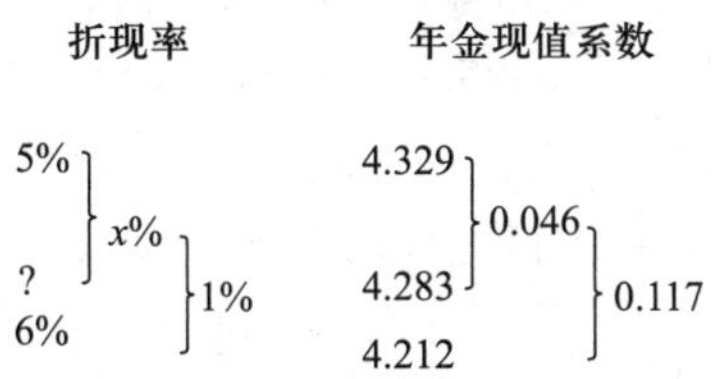

图 3-5 插值法

$$\frac{x}{1} = \frac{0.046}{0.117}$$

$$x = 0.393$$

$$i = 5\% + 0.393\% = 5.393\%$$

当然,用插值法计算 i 是一种近似的算法,也可以调用 Excel 内嵌的 IRR( )函数,得出更精确的解。实践中,财务人员可以调用相应的财务函数,方便、快捷地解决货币时间价值的计算问题。

(四) 折现率的确定

例 3.12 算出来的是"形式上"的折现率,其本质含义是银行在该贷款中的贷款利率或者说项目收益率。在前面的讨论中,我们也将利息率与折现率当作同一概念不加区别地使用。即在折现计算现值时,用利息率作为折现率。折现率与利息率有着密切的联系,但严格地说是两个不同的概念。从理财的角度说,用于计算现值的折现率是货币可以被投资使用于该项目(表现为特定的现金流模式)所要求的必要回报率,理论上至少包括通货膨胀率、无风险报酬率和相应的风险溢价三部分内容,现实中还与货币的机会成本和供求状况等市场因素有关。利息率的实质是货币以存贷款形式获得的收益,包括债权投资人在进行具体的债权投资时承担了一定的风险而获得风险[1]补偿,在某种意义是货币资金进行其他投资的机会成本,即进行其他形式投资最少应该获得的回报率,因此常常被当作折现率使用。

第二节 有价证券估价——债券估价

一、有价证券概述

证券是各类财产所有权或债权凭证的通称,是用来证明证券持有人有权取得相应权益的凭证。股票、债券、基金凭证、票据、保险单和存款单等都是证券。凡根据一国政府有关法律法规所发行的证券都具有法律效力,合法性是证券的一大特点。《中华人民共和国证券法》(以下简称《证券法》)规定,在中华人民共和国境内,股票、公司债券、存托凭证和国务院依法认定的其他证券的发行和交易,均需要符合《证券法》和其他相关行政法规的规定。

证券按其法律属性不同可分为证据证券、凭证证券和有价证券:

(1) 证据证券,是指单纯证明某些特定事实的文件,主要有信用证和证据(书面证明)等。

(2) 凭证证券,是指认定持证人为某种私权的合法权利者,证明持证人所履行的义务有效的文件,如存款单、借据、收据及定期存折等。

(3) 有价证券,主要是指对某种有价物具有一定权利的证明书或凭证。它是一种具有一定票面金额,证明持券人有权按期取得一定收入,并可自由转让和买卖的所有权或债权证书。

由于有价证券不是劳动产品,其本身没有价值。但是它能给持有者带来一定的收入(如股息或利息等),符合会计准则对资产的定义,具有相应的价格。其价格实际上是资本化了的收入。有价证券是虚拟资本的一种形式,是公司等组织筹措资金的主要手段。

有价证券按不同的标准,可以有不同的分类。目前尚没有统一的分类口径。从有价证券估价的需要出发,按照权益不同,可将有价证券划分为权益类有价证券和债权类有价证券。权益类有价证券,是指对剩余权益(资产减去负债后的余额)的要求权,最典型的就是

---

[1] 关于风险价值的衡量将在以后讨论。

普通股股票;债权类有价证券则是表明持有人具有某项债权的凭证,比如债券就是表明持有人到期有权收回本金及利息的债权凭证。除此之外,还有一类有价证券,其性质介于上述两类有价证券之间,如优先股股票,它可以享受固定的股息,有时还可参加剩余盈余的分配,这使其具有债券性质,但不能退股还本从而使其又具有权益类有价证券的性质。当然,它所享受的固定股息是在企业具有剩余盈余的情况下,且不具有法律上的效力。

由于普通股股票和债券分别作为权益类有价证券和债权类有价证券中两种具有代表性的有价证券,故在下面介绍有价证券的估价模型中将以股票和债券为例。

需要指出的是,对有价证券的估价,在理论上,运用的是货币时间价值的概念;在方法上,采用对有价证券所产生的现金流量进行折现来计算。由于债券的未来现金流量可以事先预知,相对股票而言,易于确定,因此,对债券的估价实质上就是如何确定适当的折现率问题。在一个有效的金融市场,债券的折现估价模型实际意义要比股票的大得多。股票由于其未来的现金流量很难测定,其折现估价模型在实际运用中存在着诸多的困难,为解决这些困难,公司理财不得不作出许多与实际情况相去甚远的理论假设和简化,从而使得股票折现估价模型形式价值远大于实际意义。

二、债券的概念及特点

债券,是指债务人为筹措资金,依照合法手续向社会发行,承诺按照规定的利率和日期支付利息,并在特定的日期偿还本金的债权凭证。

债券的基本特点:

一是确定的期限。作为反映债权债务关系的基本要件之一,债券一般都有确定的期限。部分债券的偿还期限在1年以上,有些债券甚至长达几十年,如美国的政府债券有长达30年的。部分债券的偿还期限较短,期限少于1年的短期债券习惯上被称为票据。

二是流动性较强。债券的发行对象是社会公众或某一特定区域的社会公众,这就决定了债券具有在投资者之间流通的基础。实践中,伴随着债券的发行,债券的交易市场也相应建立起来并逐步完善,为债券的流动提供了条件。

三是风险较小。这是相对股票而言,其对发行主体破产清算的索偿权排列在股权之前;而一些抵押债券,其到期还本付息的风险则更小。

四是收益较为稳定。债券在发行时,一般都在发行说明书中载明了偿还期限以及到期支付的票面利率,使投资者在购买之前就能预先知道未来的收益情况,因此债券也常被称为固定收益证券。虽然近年来市场上出现了利息率可以调整变动的所谓浮动利率债券,即债券的利率可参照某种市场利率经常调整,但发行这种债券时都事先规定了利率波动的下限。我国在20世纪90年代初期发行的为抵消通货膨胀而设置的保值贴补国债即属此种性质。浮动利率债券的设置主要是通过保证投资者的固定利率的同时,还有获得更高收益的机会,以增强债券的筹资吸引力,满足不同投资者的需求。

三、债券的分类

关于债券的分类,将在第八章详细介绍,这里从债券估价的需要出发,按利息支付方式将债券分为有息债券和零息债券,其中有息债券又进一步划分为附息债券、一次还本付息债券和永久性债券三类。

四、债券估价方法

影响债券价格的因素很多,既有宏观经济因素,也有微观经济因素,还有市场方面的原因,概括起来,包括经济周期、财政政策、货币政策、通货膨胀、资金市场的供求状况及由此形成的利率水平,以及发行人情况(如经营情况、财务状况、资金状况等)和其他特定条款(如债券发行时各种限制性条款)等。这里所讨论的债券价格估定,是在忽略其他影响因素的前提下,只分析债券的理论价格与市场利率关系。

(一) 附息债券的估价

附息债券(Bond with Coupons),又称固定利率债券或平息债券(Level-coupon Bond),是指事先确定息票率,定期(如每半年或一年)按票面金额计算并支付一次利息的债券。投资者不仅可以在债券期满时收回本金(面值),而且可定期获得固定的利息收入。

根据前面所学过的资金时间价值及净现值的概念,债券的价格应该等于债券未来收益即未来各期现金流量的现值之和。而债券未来的现金流量包括两部分:持有期间的利息收入和到期时的本金,因此,对于分若干次等额支付利息、到期一次还本的债券,即附息债券,其价格应该等于按市场利率贴现计算出来的债券利息收入和所偿付本金的现值之和,用公式表示如下:

$$P = \sum_{t=1}^{n} \frac{rF}{(1+i)^t} + \frac{F}{(1+i)^n}$$

式中:P——债券的理论价格;

　　i——市场利率或必要报酬率;

　　F——债券的面值;

　　r——债券的票面利率;

　　n——利息支付次数。

上述公式计算债券价格的原理也可以这样来理解:债券的价格是债券未来收益(一般用现金流量来表示),相对于参照系的收益水平(一般指市场利率)而言(即以市场利率为贴现率),计算出来的现值之和。因此,债券价格的高低不仅取决于债券未来产生的现金流量(利息和本金),还取决于参照系的利率水平。从这个意义上说,这里计算出来的债券价格,是一个相对价格,即相对于某一参照系(一般为市场平均的收益水平)而言的结果。为便于直观地了解市场利率同债券的理论价格之间的关系,可将上述公式用图3-6表示。

从图3-6可以看出,债券的价格与市场利率呈反向变化的关系。也就是说,对于某种特定的债券,市场利率越高,投资者所要求的收益率就越高,从而导致债券价格将越低。不仅如此,当市场利率下降时,债券价格将以更快的速度上升;反之,当市场利率上升时,债券价格将以缓慢的速度下降。例如,当市场利率从 i_0 上升到 i_2 时,债券价格的下降幅度为 $(P_0 - P_2)$;当市场利率从 i_0 下降到 i_1 时,债券价格的上升幅度为 $(P_1 - P_0)$。显然,虽然市场利率发生同样幅度的变化 $(i_0 - i_1 = i_2 - i_0)$,但它导致的价格上升的幅度 $(P_1 - P_0)$ 却大于价格下降的幅度 $(P_0 - P_2)$。此外,票面利率不同、期限长短不同的债券,其价格受同等水平市场利率变动的影响程度也不同。不考虑其他因素,债券的票面利率越低,债券价格受市场利率影响越大;债券到期期限越长,债务价格受市场利率影响越大。在固定收益证券教科书使用久期和凸性两个概念,来刻画债券价格变动与市场利率的关系

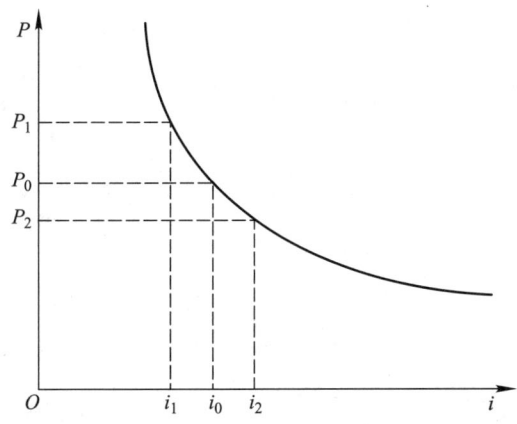

图 3-6　市场利率同债券的理论价格之间的关系

（二）一次还本付息债券的估价

一次还本付息债券所产生的现金流量是到期时的本利和。一次还本付息债券的估价就是将到期时债券按票面利率计算出来的本利和再按市场利率进行贴现计算的复利现值,用公式表示为:

$$P = \frac{F(1+r)^m}{(1+i)^n}$$

式中:n——持有剩余期间的期数;

　　m——整个计息期间的期数,如为新发行债券,$m=n$;

　　其余字母含义同上。

【例 3.13】

某债券面值 1 000 元,期限 5 年,票面利率为 8%,市场利率为 6%,到期一次还本付息,其发行时的理论价格为:

$$P = \frac{F(1+r)^m}{(1+i)^n} = \frac{1\ 000 \times (1+8\%)^5}{(1+6\%)^5} = 1\ 097.34(元)$$

如果该债券持有 2 年,则其在第 3 年的理论价格为:

$$P = \frac{F(1+r)^m}{(1+i)^n} = \frac{1\ 000 \times (1+8\%)^5}{(1+6\%)^3} = 1\ 233.67(元)$$

（三）永久性债券估价

永久性债券,是指没有到期日,也没有最后支付日,债券投资人可以定期地、持续地获得固定收益的债券。18 世纪,英格兰银行发明了被称为"英国永久公债"（也称为"英国金边债券"）的债券。美国为建造巴拿马运河也曾出售过永久性公债,但美国的永久性公债在发行时附列了赎回条款,因此,它不是完全意义上的永久性债券。

永久性债券实际上是付息债券的一种特殊形式,即利息支付趋向于无穷大。因此,永久性公债的计算公式可借助前面所学习过的永续年金的计算公式近似表示为:

$$P = \frac{rF}{i}$$

式中字母含义同上。

（四）零息债券的估价

零息债券又称纯贴现债券（Pure Discount Bond），是一种以低于面值的贴现形式发行，到期按债券面值偿还的债券。

从计算公式上看，零息债券实际上是附息债券的一种特殊形式。因为，附息债券未来产生的现金流量为两部分——利息和本金（一般为面额），而零息债券未来的现金流量则只有面额部分，因此，零息债券的估价公式可表示为：

$$P = \frac{F}{(1+i)^n}$$

【例 3.14】

某债券面值 1 000 元，期限 5 年，不计利息，到期一次还本，假如市场利率为 8%，该债券价格为多少时才值得投资购买？

解：已知 $F = 1\,000, n = 5, i = 8\%$，代入公式得：

$$P = \frac{F}{(1+i)^n} = \frac{1\,000}{(1+8\%)^5} = 1\,000 \times 0.681 = 681（元）$$

答：该债券的理论价格只有等于或低于 681 元时才值得投资购买。

零息债券一般都按低于面值的价格发行，到期按面值偿还。这种按低于面值的价格发行称为折价发行。零息债券的折价部分实际上就是债券持有期间的利息。那么，债券的折价是怎样产生的呢？

【例 3.15】

某债券面值 1 000 元，期限 5 年，年利率 6%，每年付息一次，假如市场利率为 8%，试计算该债券的现值。

解：$P = \displaystyle\sum_{t=1}^{n} \frac{rF}{(1+i)^t} + \frac{F}{(1+i)^n}$

$= 1\,000 \times 6\% \times \displaystyle\sum_{t=1}^{5} \frac{1}{(1+8\%)^t} + \frac{1\,000}{(1+8\%)^5}$

$= 1\,000 \times 6\% \times 3.993 + 1\,000 \times 0.681$

$= 239.58 + 681$

$= 920.58（元）$

从例 3.15 可以看出，不仅零息债券产生折价发行，当债券的票面利率（亦称名义利率）低于市场利率（亦称实际利率）时，也会产生债券的折价发行，零息债券可以理解为债券的票面利率为零。债券的折价实质上是以市场利率（实际利率）为标准来衡量债券的发行人和投资者之间经济利益关系的一种手段，其产生的直接原因是债券票面利率低于市场利率。对债券的发行人而言，折价是计息期少支付利息而在发行时付出的代价；对债券的投资者而言，折价则是在债券持有期间少收入利息而在投资购买时给予的补偿。相反，当债券的票面利率高于市场利率时，为平衡发行人和投资者之间的经济关系，债券会产生溢价发行。对发行人而言,溢价是计息期多支付利息而在发行时获得的报酬;对债券的投资者而言,溢价则是持有期间多收入利息而在投资购买时付出的代价。当债券的票面利率正好等于市场利率时,债券将按面值发行,不过这种情况出现得较少。

五、市场利率或必要报酬率变化与债券估价

上述各种债券估价模型研究的是在其他因素不变的情况下,债券价格与市场利率(或必要报酬率)之间的静态关系,没有考虑若干年后(尤其是长期债券更是如此)市场利率或人们预期的必要报酬率的变化趋势。实证研究表明,一些上市交易的债券价格走势是一个动态的过程,债券价格变动的方向及变动程度,取决于人们预期的市场利率走势,或者未来人们对必要报酬率的预期走势。事实上,当人们预期市场利率要提高时,债券价格总是下跌;反之,债券价格则上升。在这里起作用的是市场收益率的变化。在一个有效的资金市场里,市场利率(或市场收益率)是债务必要报酬率的基础,当预期市场利率发生变化时,预期的债券必要报酬率将发生同方向变动,从而推动债券市场价格变动。实践中,人们常用利率期限结构图作为工具,来预期和解释市场利率的变动,决定是借入短期债务还是长期债务(对筹资者来说),以及决定是投资短期债券还是长期债券(对投资者来说)。

除市场利率外,债券的风险(尤其是信用风险)也是影响债券必要回报率的重要因素。其他因素不变,债券的风险越大,人们对债券要求的必要回报率越高,债券的价格越低。现实中,有许多专门的信用评价机构对债券的风险进行评级,引导人们根据评价结果调整对债券的必要回报率,引导市场相应调整债券的价格。

六、信用评级与债券估价

债券的价格不仅与市场利率或必要报酬率有关,而且与债券的信用等级密切相关。在同一个市场中,具有不同信用等级的债券,其价格也是不同的。一般来说,信用等级低的债券,其价格也低,从而使债券投资者收益率上升,但是伴随这种较高的收益率却是投资风险——收益不确定性的增加。

公司公开发行债券,通常有债券评级机构为其评定信用等级。债券的信用等级对于发行公司和投资者都有重要的影响。它直接关系到公司发行债券的成本和投资者的投资选择。

债券的信用评级制度最早源于美国。1909 年,美国人约翰·穆迪在《铁路投资分析》一文中首先运用了债券评级的分析方法。从此,债券评级的方法便推广开来,并逐渐形成评级制度,为许多国家所采用。实务中,各国并不强制债券发行者必须取得债券评级,但在发达的证券市场上,没有经过评级的债券往往不被广大投资者接受而难于销售。因此,发行债券的公司一般都自愿向债券评级机构申请评级。债券的信用评级的作用还不仅仅表现在保护投资者利益、规避风险这一方面,它对发行公司降低筹资成本也具有重要意义。一般来说,信用级别越高的债券,到期还本付息风险越低,其票面利率也越低;反之则越高。信誉较高的公司发行债券显然能以较低的成本筹集到经营资金。

债券的信用等级表示债券质量的优劣,反映债券还本付息能力的强弱和债券投资风险的高低。

国外流行的债券等级,一般分为 3 等 9 级。这是由标准普尔公司和穆迪投资者服务公

司(Moody's Investors Service)(简称穆迪公司)分别采用的,如表 3-2 所示。

表 3-2   长期信用等级表

标准普尔公司		穆迪公司	
AAA	最高级	Aaa	最高质量
AA	高级	Aa	高质量
A	上中级	A	上中质量
BBB	中级	Baa	下中质量
BB	中下级	Ba	具有投机因素
B	投机级	B	通常不值得正式投资
CCC	完全投机级	Caa	可能违约
CC	最大投机级	Ca	高度投机性,经常违约
C	规定盈利付息但未能盈利付息	C	最低级

现以表 3-2 中标准普尔公司评定债券的信用等级为例,说明其表示的具体含义:

AAA 表示最高级债券,其还本付息能力最强,投资风险最低;

AA 表示高级债券,其有很强的还本付息能力,但保证程度略低于、投资风险略高于 AAA 级;

A 表示有较强的还本付息能力,但可能受环境和经济条件的不利影响;

BBB 表示有足够的还本付息能力,但经济条件或环境的不利变化可能导致偿付能力的削弱;

BB 表示债券本息的支付能力有限,具有一定的投资风险;

B 表示投机性债券,风险较高;

CCC 表示完全投机性债券,风险很高;

CC 表示投机性最大的债券,风险最高;

C 为最低级债券,一般表示未能付息的收益债券。

一般认为,只有前三个级别的债券是值得进行投资的债券。

根据标准普尔公司和穆迪公司的经验,世界各国、各地区结合自己的实际情况制定债券等级标准。这些标准在很大程度上完全相同。

目前,标准普尔公司和穆迪公司还使用修正符号进一步区别 AAA(或 Aaa)级别以下的各级债券,以便更为具体地识别债券的质量。标准普尔公司用"+""-"区别同级债券质量的优劣。例如 A$^+$ 代表质优的 A 级债券,A$^-$ 代表质劣的 A 级债券。穆迪公司在表示债券级别的英文字母后面再加注 1、2、3,分别代表同级债券质量的优、中、差。

信用评级主要从以下几个方面进行分析:

(1)公司发展前景。包括分析判断债券发行公司所处行业的状况,比如是朝阳产业还是夕阳产业,分析评价公司的发展前景、竞争能力、资源供应的可靠性等。

信用评级话语权

（2）公司的财务状况。包括分析评价公司的债务状况、偿债能力、盈利能力、周转能力和财务弹性，及其持续的稳定性和发展变化趋势。

（3）公司债券的约定条件。包括分析评价公司发行债券有无担保及其他限制条件、债券期限、还本付息方式等。

此外，对在外国或国际证券市场上发行债券，还要进行国际风险分析，主要是进行政治、社会经济的风险分析，作出定性判断。

第三节　有价证券估价——股票估价

一、股票的概念

股票是一种有价证券，它是股份有限公司在筹集资本时向投资者签发的证明股东所持股份和享有权益的凭证。股票实质上代表了股东对股份公司净资产的所有权，这种所有权是一种综合权利，股东凭借股票可以获得公司的股息和红利，参加股东会并行使自己投票表决、参与公司重大决策等权利，同时也承担相应的责任与风险。

股票的种类很多，分类方法亦有差异。按股东享有权利不同，股票可以分为普通股票和特别股票。普通股票是指秉持"一股一权"规则之下收益权与表决权无差别、等比例配置的股票。普通股票是最基本、最常见的一种股票，其持有者享有股东的基本权利和义务。特别股票是指设有特别权利或特别限制的股票。优先股就是一种最常见的特别股票，持有人优先于普通股股东分配公司利润和剩余财产，但参与公司决策管理等权利受到限制。除优先股外，还有很多其他类型的特别股票。

二、股票的特征及股票投资的基本目的

（一）股票的特征

相对于债券而言，股票具有如下特征：

1. 收益率高

股东可以凭其持有的股票，按公司章程的规定，从公司获得分红派息，享受公司的剩余盈余。而且，当经济处于增长期，金融市场繁荣时，股票持有者还可获得股票买卖的价差收入，即资本利得。在其他因素不变的情况下，股票收益的大小取决于公司的经营状况及盈利水平，投资股票的收益一般来说要高于债权性投资。

2. 风险性大

股票的这种风险性表现在其收益的不确定性。由于多种不确定因素的影响，股票收益不是事先能够确定的一个固定数值，而是一个难以确定的动态数值。它既受企业微观的经济因素的影响，也受宏观经济因素的影响，甚至还受其他非经济因素的影响。如果公司破产，则股票持有者连本金也保不住。由此可见，股票的风险性大是与其收益性高并存的，股东的高收益实质上是对其承担高风险的补偿。

3. 流通性强

股票具有很强的流通性。在证券市场，股票可以作为买卖对象或抵押品随时转让。这种与货币之间很容易转换的流通性，使得股票已成为一些经济发达国家居民保有其财富的

一种普遍形式。

4. 永久性

永久性是指股票所载有权利的有效性是始终不变的。和债券具有确定期限不同，股票没有期限。股票的有效期与股份公司的存续期间相联系，二者是并存的关系。股票代表着股东的永久性投资，当然，股票持有者可以出售股票而转让其股东身份；而对于股份公司来说，因为通常情况下股东不能要求退股，所以通过发行股票募集到的资金，在公司存续期间是一笔稳定的自有资本。

5. 参与性

参与性是指股票持有人有权参与公司重大决策的特性。普通股股票持有人作为股份公司的股东，有权出席股东会，选举公司董事会，行使对公司经营决策的参与权。特别股股东相对于普通股股东，根据约定在参与性上有特别权利或特别限制。

（二）股票投资的基本目的

虽然总的来说，股票投资是为了获取投资的收益，但是，在获取收益的策略上（如怎样处理短期利益与长远利益的关系），股票投资的基本目的可分为两种：一是作为证券投资，获取分红派息的收入及资本利得；二是出于公司发展战略上的考虑，股票投资是为了控制被投资企业，以便控制原材料供给渠道、销售渠道或者其他方面的一些原因。下面将要进行讨论的股票估价模型，是基于股票投资的第一种目的，而不考虑股票投资的第二种目的所带来的收益。

三、股票估价方法

这里将讨论普通股的估价方法，优先股的估价方法同永久性债券类似，此处不再重复。

任何一项资产的价格，都是由其未来的现金流量的现值决定的。股票投资未来获得的现金流量有两种形式：股利和出售股票所得到的价款。那么，在以下两种情况下，股票的价格就分别等于：

（1）持有一定时间后将股票出售：下一期的股利与下一期股票售价现值的和，或者是若干期股利与若干期之后再出售股票所得价款的现值和。

（2）一直持有：以后各期股利的现值和。

假设某投资者购买了某种股票并准备持有一年，购买该只股票应支付的价格包括两部分：持有一年的股利的现值和在第一年年末出售该股票所得价款的现值。用公式表示：

$$P_0 = \frac{D_1}{1+r} + \frac{P_1}{1+r} \qquad (3-4)$$

式中：D_1——第一年的股利；

P_1——股票在第一年年末的售价；

P_0——股票的购买价格；

r——股票的折现率。

如果准备持有该股票两年，则可得股票在第二年的价格：

$$P_1 = \frac{D_2}{1+r} + \frac{P_2}{1+r} \qquad (3-5)$$

式中：D_2、P_2分别为第二年的股利及第二年年末的售价，其余字母的含义同上。

将式(3-5)代入式(3-4),得:

$$P_0 = \frac{1}{1+r} \times \left(D_1 + \frac{D_2 + P_2}{1+r} \right)$$

或者

$$P_0 = \frac{D_1}{1+r} + \frac{D_2}{(1+r)^2} + \frac{P_2}{(1+r)^2}$$

同样的道理,P_2 又可以通过计算持股第三年的股利现值与第三年年末的股票售价的现值和得出,而且这个过程也可以一直地延续下去,可得到:

$$P_0 = \frac{D_1}{1+r} + \frac{D_2}{(1+r)^2} + \frac{D_3}{(1+r)^3} + \cdots = \sum_{t=1}^{\infty} \frac{D_t}{(1+r)^t}$$

由此得出一个重要结论:下一期或若干期股利与其以后股票售价的现值和等于股票所有各期股利的现值和。股票的理论价格用其中的任何一种方法计算的结果都是一样的。用公式表示为:

$$P_0 = \sum_{t=1}^{n} \frac{D_t}{(1+r)^t} + \frac{P_n}{(1+r)^t} = \sum_{t=1}^{\infty} \frac{D_t}{(1+r)^t}$$

这是股票最基本的估价模型。

根据股利在未来的不同分布,普通股的估价模型具体可分为以下几种类型:① 股利零增长模型;② 股利以固定比例持续增长模型;③ 股利以不同的增长率增长模型。分别介绍如下:

(一) 股利零增长的股票估价模型

股利在每年都稳定不变,且投资者准备长期持有。直接借助永续年金的计算公式可得出这种情况下的股票价格为:

$$P = \frac{D}{r}$$

式中:D——每年相等的股利;

r——折现率。

(二) 股利以某一固定比率持续增长的股票估价模型

假设某公司股票现在的股利为 D_0,以后每年都按某一固定的比率 g 持续增长,且投资者打算长期持有。这种股票价格为:

$$P = \frac{D_0(1+g)}{(1+r)} + \frac{D_0(1+g)^2}{(1+r)^2} + \cdots + \frac{D_0(1+g)^n}{(1+r)^n} \tag{3-6}$$

设 $r > g$,式(3-6)两边同乘以 $\frac{1+r}{1+g}$,得:

$$P \times \frac{1+r}{1+g} = D_0 + \frac{D_0(1+g)}{(1+r)} + \cdots + \frac{D_0(1+g)^{n-1}}{(1+r)^{n-1}} \tag{3-7}$$

式(3-7)减式(3-6),得:

$$P \times \frac{1+r}{1+g} - P = D_0 - \frac{D_0(1+g)^n}{(1+r)^n}$$

由于 $r>g$，当 $n\rightarrow\infty$ 时，$\dfrac{D_0(1+g)^n}{(1+r)^n}\rightarrow 0$

所以

$$P\times\frac{1+r}{1+g}-P=D_0$$

$$\frac{P(r-g)}{1+g}=D_0$$

$$P=\frac{D_0(1+g)}{r-g}$$

$$P=\frac{D_1}{r-g}$$

（三）股利以不同的增长率增长的股票估价模型

此类估价模型分以下几种情况：

（1）各年的股利增长率都不同，且长期持有，可通过计算每年的股利的复利现值，然后相加而得股票的价格。用公式表示为：

$$P=\sum_{t=1}^{n}\frac{D_t}{(1+r)^t}$$

式中：D_t——第 t 期支付的股利；其余字母含义同上。

（2）前若干年股利增长率不等，但经过一定年份，股利又按某一固定比率增长，且长期持有。现实中很多公司从创业期到成长期的发展进程中，其股利呈现这种分布。

设前 m 期股利按不同的增长率增长，而从 $m+1$ 期开始股利按 g 的增长率增长，则股票的理论价格为：

$$P=\sum_{t=1}^{m}\frac{D_t}{(1+r)^t}+\frac{D_{m+1}}{(r-g)(1+r)^m}$$

式中：D_t、D_{m+1} 分别为第 t 期、第 $m+1$ 期的股利；其余字母含义同上。

（3）股利在前若干期呈某一固定的较高比率快速增长，而在以后则以另一较低的固定比率增长，这种情形同一些公司从成长期到成熟期的发展过程非常接近。

设前 m 期股利按 g_1 的比率快速增长，而从 $m+1$ 期开始股利以 g_2 的比率持续增长，$g_1>g_2$，则股票的理论价格为：

$$P=\sum_{t=1}^{m}\frac{D_0(1+g_1)^t}{(1+r)^t}+\frac{D_{m+1}}{(r-g_2)(1+r)^m}$$

上述各种类型的股票估价模型都是基于预测股票未来的现金流量考虑，而一个公司的现金流量的预测的确是件非常复杂的事。它不仅取决于公司的内部经营情况、财务状况等微观因素，还取决于公司所赖以生存的外部经济环境，包括经济周期、经济政策（主要是财政政策和货币政策）、通货膨胀甚至社会政治文化等因素。因此，准确预测公司未来由股利形成的现金流量相对于预测债券利息而言要困难得多。

不仅如此，在证券市场上进行交易的股票的市价，也是由诸多复杂的宏观、微观因素共同作用的结果，股本结构甚至流通股本的规模大小都会影响股票的价格。由于数学模型无法穷尽所有的设定条件，根据预测的未来现金流量通过模型计算来预计未来尤其是较长时期未来股票的市价更是难乎其难。

由此可见,股票的估价模型在实际运用中要比债券的估价模型使用范围在条件的限制上要多。尽管如此,我们仍然要举例来进一步证明股票估价模型原理的具体运用,它可能为我们分析经济现象、解决经济问题提供一种有益的思路和方法。

【例 3.16】

A 公司准备投资购买市价为 10 元的 B 公司股票,拟持有两年,第一年和第二年的每股支付股利分别为 0.8 元和 0.92 元,持满两年后(即第二年年末)的市价预计为 12 元。假设公司的必要报酬率为 6%,则该股票的理论价格为:

$$P = \sum_{t=1}^{n} \frac{D_t}{(1+r)^t} + \frac{P_n}{(1+r)^t} = \frac{0.8}{1+6\%} + \frac{0.92}{(1+6\%)^2} + \frac{12}{(1+6\%)^2}$$
$$= 0.75 + 0.82 + 10.68 = 12.25 (元)$$

【例 3.17】

某公司在第一年按每股 0.5 元支付股利,在可预见的未来每年支付的股利将以 10% 的比率增长,假设公司的必要报酬率为 12%,则该股票的理论价格为:

$$P = \frac{D_1}{r-g} = \frac{0.5}{12\% - 10\%} = 25 (元)$$

【例 3.18】

某公司最近支付的股利是 1 元,预计在未来 5 年里股利将以每年 15% 的比率增长,在此之后股利将持续以每年 10% 的比率增长。假如该公司的必要报酬率为 15%,则该股票的理论价格为:

解:已知 $D_0 = 1, g_1 = 15\%, g_2 = 10\%, r = 15\%, m = 5$,则:

$$D_{m+1} = D_6 = 1 \times (1+15\%)^5 \times (1+10\%) = 2.212$$

$$P = \sum_{t=1}^{m} \frac{D_0(1+g_1)^t}{(1+r)^t} + \frac{D_{m+1}}{(r-g_2)(1+r)^m}$$

$$= \sum_{t=1}^{5} \frac{1 \times (1+15\%)^t}{(1+15\%)^t} + \frac{2.212}{(15\% - 10\%) \times (1+15\%)^5}$$

$$= 5 + 22$$

$$= 27 (元)$$

四、关于股利增长率的估计

现代经济理论认为,投资推动经济增长。股利增长这个直接反映企业经济增长的财务指标同企业净投资额的增减变化密切相关,因此,我们假设:① 企业投资资金全部源于留存收益,即企业剩余盈余全部用作再投资,不支付现金股利,这样企业的净投资额为总投资额减去折旧后的余额;② 除非有净投资额的增加,企业的各年盈利相等;③ 用历史权益报酬率[1]来估计现有留存收益的预期回报率,可导出下列公式:

下一年盈利=本年盈利+本年留存收益×本年留存收益回报率

上式两边除以"本年盈利",得:

$$\frac{下一年盈利}{本年盈利} = 1 + \frac{本年留存收益}{本年盈利} \times 本年留存收益回报率$$

其中,$\frac{下一年盈利}{本年盈利} = 1 + 盈利增长率$,设 g 为盈利增长率,$\frac{本年留存收益}{本年盈利}$ 称为留存比率。

因此,上式可变为:

$$1 + g = 1 + 留存比率 \times 留存收益回报率$$

即 $g = 留存比率 \times 留存收益回报率$。

在上述假设条件下,股利增长率 g 是留存比率与留存收益回报率的乘积。

本 章 小 结

1. 本章首先介绍了资金时间价值的概念、时间价值的来源,指出资金在不同时点具有不同的价值,这种时间差异产生的价值增值源于资金参加社会的再生产过程,随着借贷关系的普遍出现,资金时间价值以利率形式表现出来,但是时间价值只是利率的一部分。

2. 关于时间价值的计算有复利和年金两种重要形式,为便于比较,本章还介绍了单利的计算。根据时点不同,时间价值计算分现值和终值的计算。

3. 时间价值计算在债券和股票等有价证券的估价上具有重要作用。债券运用时间价值原理得出的估价模型要比股票具有更切合实际的意义。债券可根据未来确定的利息收入采用适当的折现率计算的现值即为债券价格,而股票未来的现金流量不易确定。

思考与练习

一、名词解释

时间价值　单利　复利　年金　现值　终值　永续年金　有价证券　债券　永久性债券　零息债券　附息债券　股票　优先股　期限溢价　必要报酬率

二、思考题

1. 谈谈你对时间价值的理解。

2. 试比较单利和复利在计算上的异同。

3. 试述债券价格随到期收益率变动的规律。

4. 试述时间价值计算在股票估价上的局限性。

5. 谈谈你对股利增长率 g 的理解。

---

[1] 权益报酬率为税后利润与股东权益(或净资产)之比。

三、计算分析题

1. 现有本金 2 000 元，年利率为 8%，每年计息一次，到期一次还本付息，则第 5 年年末的本利和是多少？

2. 假设企业按 10% 的年利率取得贷款 100 000 元，要求在 6 年内每年年末等额偿还，则每年的偿付金额应为多少元？

3. 有一项现金，前 3 年无流入，后 5 年每年年末流入 500 万元，年利率为 10%，其现值为多少？

4. 某公司优先股每年可分得股息 0.5 元，要想获得每年 8% 的收益，股票的价格最高为多少时才值得购买？

5. 某公司拟于 2024 年 4 月 1 日购买一张面额 1 000 元的债券，其票面利率为 12%，每年 4 月 1 日计算并支付一次利息，并于 5 年后的 3 月 31 日到期。市场利率为 10%，债券的市价为 1 080 元，问是否值得购买该债券？

6. 某债券面值 1 000 元，期限 10 年，票面利率为 10%，市场利率为 8%，到期一次还本付息，如在发行时购买，多高的价格是可接受的？

7. 某公司必要报酬率为 15%，第一年支付的股利为 2 元，股利的年增长率为 11%，则股票的理论价格为多少？

8. 某公司目前普通股的每股股利为 1.8 元，公司预期以后的 4 年股利将以 20% 的比率增长，再往后则以 8% 的比率增长，投资者要求的报酬率为 16%，请计算该普通股的每股理论价值。

9. 某公司的普通股基年股利 3 元，估计股利年增长率为 8%，期望收益率为 15%，打算 3 年以后转让出去，估计转让价格为 20 元，试计算该普通股的理论价格。

10. 投资者于 2023 年 7 月 1 日购买 A 公司于 2021 年 1 月 1 日发行的 5 年期的债券，债券面值为 100 元，票面利率 10%，每年 6 月 30 日和 12 月 31 日付息，到期还本。市场利率为 8%，则投资者购入债券时该债券的价值为多少元？

11. A 债券每半年付息一次，报价利率为 10%，B 债券每季度付息一次，如果想让 B 债券在经济上与 A 债券等效，B 债券的报价利率应为多少？

12. 某投资分析师注意到市场上某股票当期发放的（现金）股利为每股 1 元。他预计该股票未来 2 年的股利将以 20% 的速度增长，从第 3 年开始股利增长速度将降低到 5% 并维持下去。如果过去一段时期内沪深 300 指数的年化收益率约为 10%，同时期一年期国债收益率约为 4%，该股票相对于沪深 300 指数的 β 为 1.2。

（1）请计算该股票在分析师眼里的内在价值为多少？

（2）如果该股票的当前交易价格为 29 元/股，分析师将做出何种投资建议？

即 测 即 评

风险衡量

第一节 风险的数学表达

对于风险,理论上还没有统一的定义。风险都是源自未来事件的不确定性,从数学角度看,它表明的是各种结果发生的可能性。在公司财务中,研究风险是为了研究投资的风险补偿,对风险的数学度量,是以投资(资产)的实际收益率与预期收益率的离散程度来表示的。最常见的度量指标是方差(Var 或 σ^2)和标准差(σ)。

一、单项证券的期望和方差

将投资收益率视为一个随机变量(R)。期望收益率是指投资前所能预期的所有可能的收益率的平均值,它是数理统计中期望值的概念($\overline{R}$ 或 $E(R)$)。收益率的方差或标准差表示的是对于期望值的偏离程度,偏离程度越高,未来收益率越波动,风险也就越高。下面以股票投资的例子来说明投资收益率的这些指标是如何计算的。

📈【例 4.1】

假设股票 A 一年后的收益率会根据未来不同的经济情况而变化,具体预测情况见表 4-1。

表 4-1 股票 A 一年后预期收益率情况表

经济情况	发生概率(P)	股票 A 一年后预期收益率(R_A)
经济繁荣	0.5	20%
经济稳定	0.1	5%
经济衰退	0.4	−10%

(1)股票 A 的期望收益率:

$$\overline{R}_A = \sum_{i=1}^{n} P_i \times R_{A,i} = 0.5 \times 20\% + 0.1 \times 5\% + 0.4 \times (-10\%) = 6.5\%$$

(2)股票 A 收益率的方差:

$$Var_A = \sum_{i=1}^{n} P_i \times (R_{A,i} - \overline{R}_A)^2$$

$$= 0.5 \times (20\% - 6.5\%)^2 + 0.1 \times (5\% - 6.5\%)^2 + 0.4 \times (-10\% - 6.5\%)^2$$

$$= 0.020\ 025$$

（3）股票 A 收益率的标准差：

$$\sigma_A = \sqrt{Var_A} = \sqrt{0.020\ 025} = 0.141\ 510 = 14.15\%$$

上述例子中，是假设收益率只有三种可能的情况出现，也就是说，股票 A 的收益率是离散型分布。如果股票 A 的收益率服从的是连续型分布，有无限的可能结果，就需要根据连续型分布的特征，运用积分计算期望收益率以及方差和标准差。对收益率的一个经常的假设是它符合正态分布。正态分布是对称分布，其特点是只有两个特征变量，即期望值和方差（或标准差）。因此，如果我们已知股票 A 收益率的期望与方差并且符合正态分布，就可以知道预期收益率的所有变化情况，如图 4-1 所示。

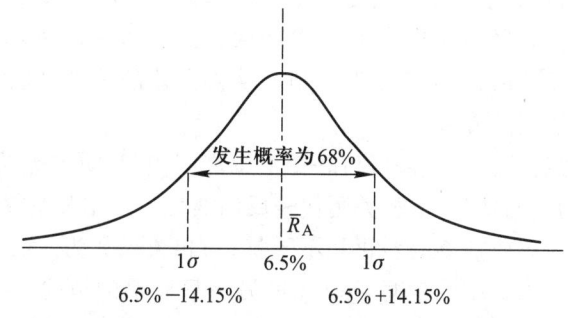

图 4-1　股票 A 收益率服从正态分布示意图

二、证券之间的协方差和相关系数

方差和标准差表示单个股票收益率的变动程度，如果我们要研究两个证券之间互动关系，就需要了解它们之间的协方差和相关系数。以例 4.2 说明协方差及相关系数的含义和计算方法。

【例 4.2】

股票 A 和股票 B 的相关信息见表 4-2，计算股票 A、B 收益率的协方差和相关系数，分别以 $Cov(R_A, R_B)$ 和 ρ_{AB} 表示。

表 4-2　股票 A 和股票 B 相关信息

经济情况	发生概率（P）	股票 A 预期收益率（R_A）	股票 B 预期收益率（R_B）
经济繁荣	0.5	20%	40%
经济稳定	0.1	5%	10%
经济衰退	0.4	−10%	−20%

续表

经济情况	发生概率(P)	股票 A 预期收益率(R_A)	股票 B 预期收益率(R_B)
$\bar{R}$	6.5%	13%	
Var	0.020 025	0.080 100	
σ	14.15%	28.30%	

$$Cov(R_A, R_B) = \sum_{i=1}^{n} P_i \times (R_{A,i} - \bar{R}_A) \times (R_{B,i} - \bar{R}_B) = E(R_A R_B) - \bar{R}_A \bar{R}_B$$

$$= 0.5 \times 20\% \times 40\% + 0.1 \times 5\% \times 10\% + 0.4 \times (-10\%) \times (-20\%) - 6.5\% \times 13\%$$

$$= 0.040\ 050$$

$$\rho_{AB} = \frac{Cov(R_A, R_B)}{\sigma_A \sigma_B} = \frac{0.040\ 050}{14.15\% \times 28.30\%} = 1$$

正的协方差表明两只股票收益率的变化是同向的,例如当经济繁荣时,股票 A 和股票 B 的收益率都上升至最高;如果协方差是负数,表明两个股票间的移动方向是相反的,例如当经济繁荣时,一个高于期望值,一个低于期望值。从协方差的定义可以看出,股票与自身的协方差,实际上就是该股票的方差。

相关系数是标准化后的协方差,取值在-1 至 1 之间,它与协方差的符号相同。正相关意味着两个变量之间的同向变化;负相关则代表反向变化。当相关系数为 0 时,说明两只股票之间没有关联,因此股票收益率的变化互不干扰;当相关系数为 1 时,说明两只股票完全正相关,因此从一只股票收益率的信息可以知道另一只股票的情况。在本例中,股票 B 收益率的变化幅度是股票 A 收益率的两倍,因此知道股票 A 收益率变化后,就可以了解股票 B 的收益率。类似地,我们称相关系数为-1 时的两只股票为完全负相关。

三、投资组合的期望和方差

现实中,可供投资人选择的投资对象并非只有一种,投资人都是通过资金分配将一定的资金投在不同的证券或资产上。由一种以上的证券或资产所构成的集合称为投资组合(以 P 表示)。投资组合的风险由两个因素决定:组合的构成成分——组合中各个证券的风险和它们之间的相互关系;构成比例(以 w 表示)——分配在各项资产上的资金占资金总额的比例。

投资组合的期望收益率就是各单项资产期望收益率的加权平均,权数为该单项资产占投资组合的比重。设组合中有 n 项资产,则

$$\bar{R}_P = \sum_{i=1}^{n} w_i \bar{R}_i$$

投资组合的方差不是各项资产方差的简单加权平均,还要受到各资产之间的协方差的影响,具体为:

$$Var(R_P) = \sum_{i=1}^{n} w_i^2 Var(R_i) + \sum_{i=1}^{n} \sum_{\substack{j=1 \\ i \neq j}}^{n} w_i w_j Cov(R_i, R_j)$$

$$\sigma_P = \sqrt{Var(R_P)}$$

【例 4.3】

仍沿用例 4.2 中的股票 A 和股票 B 的数据来说明两种证券组成的资产组合的期望值和方差的计算。假定投资者有 100 元,其中 40%投资于股票 A,60%投资于股票 B,即 $w_A = 0.4, w_B = 0.6$。

$$\overline{R}_P = w_A\overline{R}_A + w_B\overline{R}_B = 0.4 \times 6.5\% + 0.6 \times 13\% = 10.4\%$$

$$Var(R_P) = w_A^2 Var(R_A) + w_B^2 Var(R_B) + 2w_A w_B Cov(R_A, R_B)$$

$$= 0.16 \times 0.020\ 025 + 0.36 \times 0.080\ 100 + 2 \times 0.4 \times 0.6 \times 0.040\ 050$$

$$= 0.051\ 264$$

$$\sigma_P = \sqrt{0.051\ 264} = 22.64\%$$

股票 B 的期望收益率高于股票 A 的期望收益率,投资于两只股票的组合的期望收益率介于两者之间。同样的结果是否也适用于方差和标准差呢?

$$Var(R_P) = w_A^2 Var(R_A) + w_B^2 Var(R_B) + 2w_A w_B Cov(R_A, R_B)$$

$$= w_A^2 Var(R_A) + w_B^2 Var(R_B) + 2w_A w_B \rho_{AB}\sigma_A\sigma_B$$

$$\rho = 1 \rightarrow \sigma_P = w_A\sigma_A + w_B\sigma_B$$

$$\rho = -1 \rightarrow \sigma_P = w_A\sigma_A - w_B\sigma_B$$

可见,由两种资产组成的投资组合,当两者是完全正相关时,组合的标准差等于两种资产标准差的加权平均(如本例中的股票 A 和股票 B)。只要相关系数小于 1,组合的标准差就小于其各自标准差的加权平均,换句话说,投资组合就产生了效果。图 4-2 表示了两种资产组成的投资组合期望收益率与标准差之间的一般关系。A、B 为具有不同期望值和标准差的资产,当 $\rho = 1$ 时,两种资产的所有组合的可能性由线段 AB 表示,线段上不同的点代表了组合的不同比例,如 X 点表示了例子中的组合,股票 A 占 40%,股票 B 占 60%。多数情况下,两种资产的相关系数介于-1 和 1 之间,从图形上看,A、B 所有可能的组合即是 A、B 间的曲线。对于每一个相关系数值,都可以求出使得组合风险最小的资产构成,即方差和标准差最小的组合,在图 4-2 中以点 MV 表示。

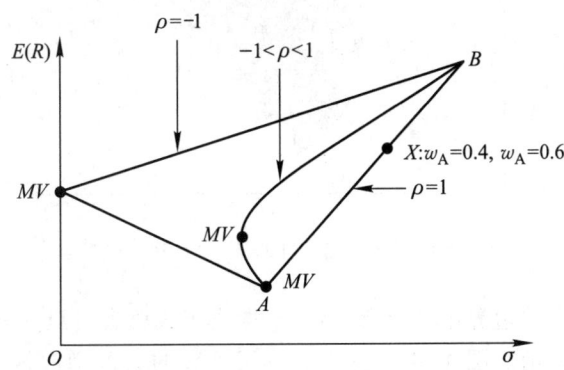

图 4-2 两种资产的投资组合的期望收益率与标准差的关系

第二节   投资组合的选择

这一节我们主要介绍现代资产组合管理的基本观念,为后两节的风险与收益理论模型打基础。现代资产组合管理理论是 20 世纪 50 年代由马科维茨(Harry Markowitz)提出的,他在 1952 年发表的论文《资产组合选择》中第一次运用了方差和期望值作为对风险和收益的度量,从而奠定了现代风险分析的基础。他以投资者的资产选择为出发点,指出了投资的风险和收益的权衡关系,并从理论上推导出最优的投资组合,提出了一系列重要的概念。这也是本节学习的重点。现代资产组合管理理论的基本前提是投资者都是厌恶风险的,投资者只根据期望收益率和标准差两个指标进行投资判断。因此在相同标准差的情况下,投资者会选择期望收益率最高的资产。

一、有效边界与风险资产的投资组合的选择

我们再看图 4-2,点 A、B 之间的曲线(或直线)代表了资产 A 和资产 B 所有可能的组合,称为可行集合(Feasible Set),但是厌恶风险的投资者不会选择位于 MV 下方的点,因为相对于同样的标准差,他们可以在 MV 上方的点显示的投资组合中获得更高的期望收益。所以投资者实际只会在 MV 和 B 之间进行组合选择,我们将在风险相同情况下期望收益率最高,期望收益率相同情况下风险最小的投资组合称为有效投资组合(Efficient Portfolio)。在期望收益率—标准差的图形中,表示有效投资组合的曲线被称为有效边界(Efficient Frontier)。

图 4-2 只是两种风险资产的投资组合情况。如果资产的数量超过两种,从期望收益率—标准差的图形上看,可行集合不再是一条线,而是布满在一个有限的区域内,如图 4-3 中阴影所示。在图 4-3 中,MV 和 B 之间的曲线是有效边界。有效边界下方的点,其期望收益要小于有效边界上的点,如 X 要劣于 P。有效边界右方的点,其标准差要高于有效边界上的点,如 X 要劣于 Y。因此投资者只会在 MV 和 B 之间的曲线中选择投资。

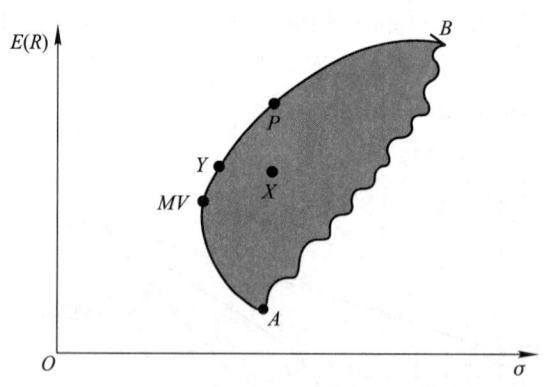

图 4-3   多种资产的投资组合的有效边界

投资者究竟会从有效边界中选取哪个组合,取决于投资者对风险和收益的权衡态度,经济学中用效用函数来表示。图 4-4 中投资者效用函数的无差别曲线与有效边界相切于 P 点,P 点就是投资者最优的投资组合,是在所有可能的组合中产生最大效用的组合。如果投

资者对风险厌恶程度高,就会选择风险小的投资组合,例如 Y 点。

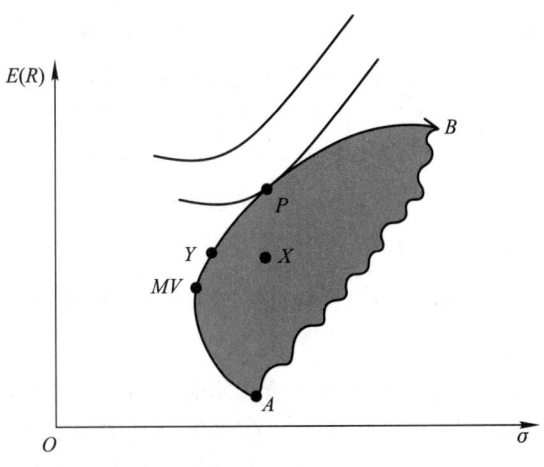

图 4-4 投资者最优风险组合的确定

二、系统性风险和非系统性风险

我们已经知道,投资组合的风险既受到构成组合的资产自身的风险的影响,又受到不同资产之间相关关系的影响。如果在组合中增加资产的数量,对组合会有什么影响呢? 为了更清楚地回答这一问题,我们假设在 N 种资产中,每种资产的权重是相同的,各占 $1/N$,则:

$$Var(R_{\mathrm{P}}) = \sum_{i=1}^{N} w_i^2 Var(R_i) + \sum_{i=1}^{N} \sum_{\substack{j=1 \\ i \neq j}}^{N} w_i w_j Cov(R_i, R_j)$$

$$= \sum_{i=1}^{N} \frac{1}{N^2} Var(R_i) + \sum_{i=1}^{N} \sum_{\substack{j=1 \\ i \neq j}}^{N} \frac{1}{N^2} Cov(R_i, R_j)$$

$$= \frac{1}{N} \sum_{i=1}^{N} \frac{1}{N} Var(R_i) + \frac{N-1}{N} \sum_{i=1}^{N} \sum_{\substack{j=1 \\ i \neq j}}^{N} \frac{1}{N(N-1)} Cov(R_i, R_j)$$

$$= \frac{1}{N} \overline{Var} + \left(1 - \frac{1}{N}\right) \overline{Cov}$$

上面式子中的第一项代表公司的特有风险,或称非系统性风险。当组合中的资产数目增多时,公司的特有风险在组合中的风险越来越小,当 $N \to \infty$ 时,$\frac{1}{N}\overline{Var} \to 0$,非系统性风险可以通过投资组合得到完全化解。$N$ 越大,组合的风险就会越小,越趋近于资产之间协方差的平均值。通过投资分散化,可以化解非系统性风险,但投资组合中必然会有一部分风险不能化解,称之为非系统性风险或市场风险。这部分风险是所有资产都需要面对的。作为可以分散投资的投资人来说,最担心的是系统性风险对其投资收益率的影响。

三、无风险资产和最优投资组合

前面所推出的最优资产组合中的资产都是有风险的。现在,将无风险资产引入我们的投资选择中。无风险资产是收益率确定的资产,对应地,无风险利率就是确定的收益率。我们进一步假定资本市场的存在,投资人都可以按照无风险利率自由地借贷。因此,无风险资产的存在,使得投资人摆脱了资金的束缚,对于风险偏好高的投资人,可以通过贷款买入更多的风险资产;对于保守的投资人,可以多持有无风险资产,即对外贷款。

按照无风险资产的定义,无风险资产的收益率(R_f)不受任何因素影响,因此它与风险资产的协方差为0。如果一个投资组合是由一个无风险资产和一个风险资产组成(R),它的期望值和标准差都同风险资产的相应值呈线性关系,即

$$\overline{R}_P = w_f R_f + (1-w_f) R$$

$$\sigma_P^2 = w_f^2 \sigma_f^2 + (1-w_f)^2 \sigma^2 + 2 \times w_f (1-w_f) Cov(R_f, R) = (1-w_f)^2 \sigma^2$$

$$\sigma_P = (1-w_f) \sigma$$

在图4-5中,从R_f出发的各点连接风险资产组合可行集的直线都是表明了无风险资产和风险资产的组合,例如连接到B点的线段。如果组合是B点,表明投资人全部持有风险资产,如果在线段的端点之间,如F点,则表明投资人还持有一部分无风险资产。M点是过R_f的直线与风险资产有效边界相切点,可以看到低于CM线段的任何直线表示的组合都不如CM上的对应组合好。M点表明投资人将自有资金百分之百地投入风险资产。因为投资人可以借款,所以实际上投资人可以通过借款而持有投资组合E。

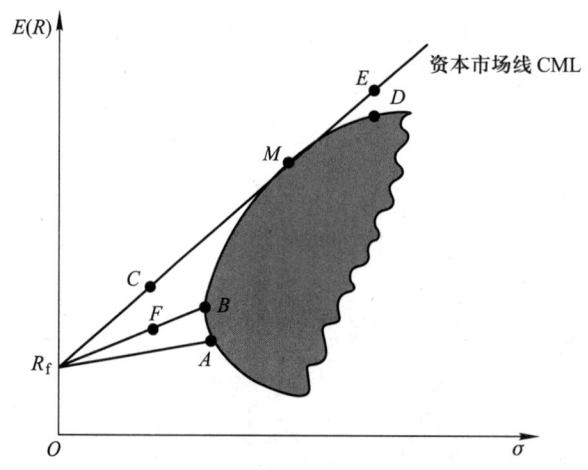

图4-5   引入无风险资产后的有效资本组合

在只有风险资产的条件下,投资人的有效边界是BD曲线(设B为MV最小方差组合),当存在无风险资产时,投资人的有效边界实质扩大到切点M和R_f连成的直线上,这条线被称为资本市场线(Capital Market Line, CML)。保守的投资人可能会选择C点,而偏爱风险的投资人可能会选择E点进行投资。C点和E点都是持有相同的风险资产组合,只是风险资产和无风险资产的比例不同而已。

不同的投资人对于不同证券收益率和风险的估计可能不同,这就会导致不同的有效边界。但如果所有投资人的预期是相同的,有效边界相同,那么所有投资人都会选择M点代表的风险资产组合,不同的只是风险投资组合与无风险资产的比例。而当所有投资人持有的是相同的风险资产组合时,这一组合就成为市场组合了,即包含所有风险资产,并按每个

资产占总市值中的比例作为权重。比如,假设只有两个风险资产 A、B,如果每个投资人都是按照 40% 对 60% 的比例分别投资于 A、B,那么资产 A 的市值占整个资本市场的市值即为 40%,相应地资产 B 的市值为总体市场总值的 60%。

第三节　风险与收益理论——资本资产定价模型

资本资产定价模型是在 Markowitz 的现代资产组合管理理论基础上发展而来的,是由 William Sharpe、John Lintner 和 Black 等人在 20 世纪 60 年代提出的。资本资产定价模型 (Capital Asset Pricing Model,CAPM)假设所有的投资者都是按 Markowitz 的资产组合理论进行投资的,对于期望收益、方差和协方差等的估计完全相同,投资人可以自由借贷。基于这样的假设,资本资产定价研究在市场均衡的条件下,期望收益率和风险的关系。

一、贝塔系数(β)

从前一节已经知道,投资人可以自由买卖无风险资产并且对风险资产有共同的期望时,所有的投资者都持有市场组合。同时前面也提到,对于单项风险资产,投资人关心的是系统风险,即不能通过投资组合化解的风险。从市场组合的角度看,可以视单项资产的系统风险是对市场组合变动的反映程度,用贝塔系数(β)度量。β 表示的是相对于市场收益率变动,个别资产收益率同时发生变动的程度,是一个标准化后的度量单个资产对市场组合方差贡献的指标。β 的定义是:

$$\beta_i = \frac{Cov(R_i, R_M)}{\sigma_M^2}$$

$$= \rho_{iM} \times \frac{\sigma_i}{\sigma_M}$$

式中:$Cov(R_i, R_M)$——第 i 种风险资产与市场组合收益率之间的协方差;

ρ_{iM}——第 i 种风险资产与市场组合收益率的相关系数;

σ_M^2——市场组合的方差。

从统计上说,β 实际是经线性回归得到的回归系数。实践中,市场组合多以股票市场的综合指数代替,通过单个股票收益率对市场指数收益率的回归得到。当市场组合的 β 值为 1 时,反映的是所有风险资产的平均风险水平。β 值可正可负,表明单个股票相对于市场组合的变化方向。β 的绝对值越大,表明单个股票收益率的波动越高。

二、资本资产定价模型的含义

当资本市场达到均衡时,风险的边际价格是不变的,任何改变市场组合的投资所带来的边际效果是相同的,即增加一个单位的风险所得到的补偿是相同的。按照 β 的定义,将其代入均衡的资本市场条件下,就得到资本资产定价模型。表示为:

$$\overline{R}_i = R_f + \beta_i \times (R_M - R_f)$$

式中:$\overline{R}_i$——第 i 个证券的期望收益率;

$R_M - R_f$——市场组合风险溢价。

资本资产定价模型说明如下:

（1）单个证券的期望收益率由两部分组成：无风险利率以及对所承担的风险的补偿——风险溢价。

（2）风险溢价的大小取决于 β 值的大小。β 值越高，表明单个证券的风险越高，所得到的补偿也就越高。

（3）β 值度量的是单个证券的系统性风险，非系统性风险没有风险补偿。

CAPM 说明了风险与收益之间的线性关系，如果代表证券风险的横轴用 β 表示，纵轴仍然用期望收益率，得到的一条斜率为市场组合风险溢价的直线，称为证券市场线（Security Market Line，SML），如图 4-6 所示。

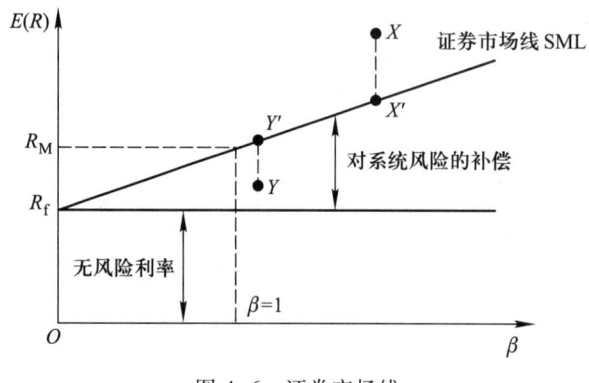

图 4-6　证券市场线

证券市场线上的每一个点代表着不同系统风险的证券，并指出该证券最少应获得的预期收益率。它是证券市场中供求平衡的产物。假设证券市场中证券 X 的预期收益率高出必要的收益率（图 4-6 中 X 点），投资人对证券 X 的需求增加，促使证券 X 的价格升高，收益率不断下降，直至下降到 SML 上的 X' 点。相反，图中 Y 点代表的证券收益率偏低，其价值被高估，投资人会出售该证券，供应增加导致价格下降，收益率逐步上升，直到 SML 上的 Y' 点。当所有的证券都调整到均衡水平时，所有证券都会落在证券市场线上，证券市场线体现了资本市场达到均衡时，不同风险的证券的必要的收益率。

三、对资本资产定价模型的实证研究

早期对 CAPM 的实证研究都是支持性的。例如，Black、Jensen 和 Scholes（1972）以及 Fama 和 MacBeth（1973）对 1969 年之前美国资本市场的数据进行检验，发现平均股票收益与 β 之间的正相关关系成立。但是后来，特别是 20 世纪 80 年代后的验证结果多是负面的，平均股票收益与 β 的正相关关系在 70 年代以后的数据中消失了。Fama 和 French（1992）使用 1962—1989 年的数据，证明如果 β 为唯一解释变量，CAPM 的关系不存在。

但同时，发现许多其他因素对股票收益具有解释能力。比较有影响的是 Banz 在 1981 年发现的规模效应。小股票，即市场价值小的公司的股票的平均收益大大高出 β 所预测的收益值，而市场价值大的公司的股票表现恰恰相反。1992 年，Fama 和 French 在同时包括 β、规模、账面价值和市场价值的比例以及收益价格比的测试中，发现规模、账面价值和市场价值的比例的显著性最强，解释能力远远高于 β。

虽然这些实证研究结果对 CAPM 进行了否定,但是对于实证研究方法的质疑削弱了其否定的力度。例如,针对 Fama 与 French 的结果,Amihud、Christensen 和 Mendelson(1992)采用相同的数据,但不同的统计检验方法,得出了 β 在解释收益方面具有有效性。还有的学者质疑集中在数据的采集上,认为这一结果只对某一特定的数据集合成立,不能推广成普遍结论。

1977 年,Roll 对 CAPM 的检验方法提出了批判。CAPM 依赖于所谓的最优风险资产组合(除股票市场外,还包括不动产、外汇等其他风险资产),即市场资产组合的存在,但在现实中是不可得的,因此要用各种市场指数作为替代。所谓各种市场指数只能是对市场资产组合的一种近似描述,是市场组合的一个子集,实证分析中会因选择不同的指数而产生很大的差异。因此,对 CAPM 支持的检验只能说明作为替代的某种市场指数(例如标准普尔 500 指数)的有效性。同样,即使检验表明股票的收益率与根据标准普尔 500 指数算出的 β 不相关,也不能说明 CAPM 是错误的,也许股票的收益率与真正的市场组合是相关的。因为,真正的市场组合不可知,所以 CAPM 无法检验。对市场组合认识的不同,造成对 β 估计值的不同,因此根据 CAPM 的实际应用可能是误导的。

尽管存在各种反对 CAPM 的声音,但是都还不能推翻 CAPM,CAPM 仍是一个有待检验的模型。作为风险指标,β 同历史收益率有正相关的关系,尽管一般实证得出的证券市场线比理论的证券市场线要平缓(即低 β 的股票收益率要高于按 CAPM 计算的预期值)。从理论上说,CAPM 第一次给出了风险定价模型,并指出只有系统性风险才能获得收益补偿。其简便性使之在实际中得到较为广泛的应用。

第四节　风险与收益理论——套利定价理论

20 世纪 70 年代,斯蒂芬·罗斯(Stephen A. Ross)提出了另一种形式的风险收益模型,称为套利定价理论(Arbitrage Pricing Theory,APT)。按照资本资产定价模型,只有一种不可分散的风险影响证券的预期收益,即"市场风险"。不同于资本资产定价模型,套利定价理论用一种更直观的方式明确指出多种风险因素影响收益。证券之间的相关性正是由于这些共同的风险因素造成的。

一、套利定价理论介绍

套利定价理论假定市场套利行为的存在使得证券的预期收益率与所承担的风险相当。

(一) 什么是风险

在套利定价理论中,一个经济变量能否成为风险因素,并得到市场补偿,取决于它是否具备以下三个重要的性质:

(1) 在期初,市场无法预测这一因素。

(2) 套利定价理论中的因素必须对市场中的证券具有广泛的影响。

(3) 相关因素必须影响预期收益率,即价格不能为 0。

性质(1)说明,风险因素不能从历史数据或从其他任何公开信息中预知。因此,在期初,风险因素的期望值为 0。例如,通货膨胀率不是 APT 风险因素,因为它部分可以预测。只有不能预测的通货膨胀率,即实际通货膨胀率与预期通货膨胀率之差,才是风险因素。同样道理,只有不能预测的国内生产总值(GDP)才是 APT 定义的风险因素。如果将即将公布的信息分为预期的部分和非预期的部分,相应地,金融资产的实际收益可以分为期望收益(取决于未来信息中预期部分的收益)和非期望收益(取决于令投资者惊异的信息的收益,即来自风险的收益)。

性质(2)说明,公司特有的事件不构成 APT 风险因素。在前一章中已经指出,在一个规模较大的投资组合中,公司特有的风险,即非系统性风险可以被化解。只有系统性风险,即影响大多数资产的不确定因素,无法通过分散投资而消除。因此在 APT 中,风险因素指的是系统性风险。

性质(3)说明,风险得到市场补偿。这一点是针对实际应用中的统计确认而言的。

根据以上三个性质,可以将股票的实际收益表示为:

$$R = \overline{R} + m + \varepsilon$$

式中:R——实际收益;

　　$\overline{R}$——期望收益;

　　m——系统风险;

　　ε——非系统风险。

按照套利定价理论,系统风险的因素可能不止一个。罗斯认为,主要有四个系统性风险因素可以较好地解释股票收益率:① 非预期的通货膨胀率的变化;② 非预期的产出(如 GDP)变化;③ 非预期的风险溢价的变化,反映了投资者对风险的偏好变化,表现为高收益债券和低收益债券的利差;④ 非预期的利率期限结构的变化,即长短期利率关系的变化。

(二) 套利定价理论的等式

同一系统性风险对资产的影响程度不同,可以以 β 表明资产收益对于某种系统性风险的敏感程度。假设有四个风险因素,一项资产的收益率因此可以表示为:

$$R_i = \overline{R}_i + \beta_{i1}F_1 + \beta_{i2}F_2 + \beta_{i3}F_3 + \beta_{i4}F_4 + \varepsilon_i$$

式中:R_i——资产 i 实际收益;

　　$\overline{R}_i$——资产 i 期望收益;

　　F_1——系统风险因素 1 的价值,F_2、F_3、F_4 定义相似;

　　β_{i1}——资产 i 对系统风险因素 1 的反应程度,β_{i2}、β_{i3}、β_{i4} 定义相似;

　　ε_i——资产 i 特有风险。

如果每一资产都可以用上述式子表示,那么由这些资产组成的投资组合的收益率也是由三部分组成,即期望收益、四个系统风险产生的风险补偿以及各资产特有风险的加权平均,$R_p = \sum_{i=1}^{N} w_i \overline{R}_i + \sum_{j=1}^{4} F_j \left(\sum_{i=1}^{N} w_i \beta_i \right) + \sum_{i=1}^{N} w_i \varepsilon_i$($w_i$ 为资产 i 在组合中的权重)。如果投资组合有一定规模,N 较大,$\sum_{i=1}^{N} w_i \varepsilon_i$ 值为 0,即非系统性风险被分散化解。

套利定价理论假设资产或资产组合都可由上述式子表示,假定无套利机会的存在,即在不改变资产总值的情况下,通过调整资产比例,构建的无风险组合的收益率必等于无风险利率,APT 证明风险的单位价格必然相等,并进一步证明出某种证券或证券组合的收益与风险的关系如下:

$$R_i = R_f + \beta_{i1}(\overline{R}_1 - R_f) + \beta_{i2}(\overline{R}_2 - R_f) + \cdots + \beta_{iN}(\overline{R}_N - R_f)$$

式中:R_i——对应因素 i 的 β 为 1,而对应其他因素 β 的资产(或资产组合);

　　R_f——无风险利率;

$(\overline{R_i}-R_f)$——市场对风险 i 的价值补偿,即风险 i 的价格。

　　上式表明,资产的期望收益与相应的系统风险因素的贝塔系数正相关,β 值越高,得到的补偿也就越多。

(三) 套利定价理论的应用举例

　　套利定价理论是多因素的风险模型,可以使投资人根据需要灵活调整投资组合的风险构成,进行积极的投资组合管理。假设某个基金经理认为对某个风险因素的预测更有把握,因此愿意承担这种因素产生的风险,而希望尽量避免其他没把握的风险因素。他可以根据 APT 构建一个对没把握的风险因素的敏感度为 $0(\beta=0)$ 而保留对有把握风险因素的敞口的投资组合。

📈【例 4.4】

　　已知三种证券,求资产构成比例,以去掉因素 2 的影响,并使得 $\beta_1=1.5$。APT 等式如下:

$$R_1=0.09+F_1+F_2$$
$$R_2=0.07+F_1-F_2$$
$$R_3=0.06-F_1+2F_2$$

解三元一次方程:$\begin{cases}w_1+w_2-w_3=1.5\\w_1-w_2+2w_3=0\\w_1+w_2+w_3=1\end{cases}$,　得到 $\begin{cases}w_1=0.825\\w_2=0.375\\w_3=-0.25\end{cases}$(负数表示卖空)。

二、APT 和 CAPM 的比较

　　虽然 APT 和 CAPM 的推导证明依赖于不同的条件,CAPM 依赖于市场有效组合的存在,APT 依赖于无套利存在,但都表明了期望收益和风险的正相关的关系。在套利定价理论中,贝塔系数是度量一种资产收益对某种因素变动的反应程度。市场组合,就像一种资产或一个投资组合,如果视市场组合为 APT 单因素模型中的因素时,依定义,市场组合的贝塔系数等于 1,就得到:

$$\overline{R_i}=R_f+\beta_i(\overline{R_M}-R_f)$$

　　上述公式同资本资产定价模型完全一致,因此 CAPM 可以视作 APT 特殊的单因素模型。

　　虽然 APT 和 CAPM 都说明只有系统风险才能得到收益补偿,但 CAPM 只是说明了这一点,而对造成系统风险的因素并没有明确;相反,APT 指出正是一些共同的风险因素使得证券之间存在相关性。很明显,APT 的优点之一是能够处理多个影响因素,因而可以更准确地度量投资组合对于不同风险的敏感度和期望收益的能力。但是同时,投资者很难确定哪些是影响资产期望收益的合适因素,不同的决策者可能会做出不同的判断。

William Sharpe 与资本资产定价模型

本 章 小 结

本章从公司财务对收益和风险的定义出发,讲述收益和风险的关系。重点介绍了有关投资组合的概念以及关于风险和收益的主要理论——资本资产定价模型和套利定价理论。

1. 在公司财务中,本章用方差和标准差度量风险。

2. 组合投资的期望收益率是所有资产的加权平均收益率,权数是这项资产占组合投资的比重。而组合投资的风险不等于所有资产的标准差的加权平均数。

3. 由于大多数资产处于完全正相关和完全负相关之间,组合投资后的资产只能减少部分风险。可以通过组合投资化解的风险是系统性风险,不能化解的是非系统性风险。

4. 无风险资产的存在可以扩延风险资产的有效边界,投资者通过借贷,选择在资本市场线上的某一点投资。

5. 一种证券对一个有效多元化投资组合的风险的贡献经过标准化,成为贝塔系数,表示了该种证券的收益变动相对于证券市场收益变动的反应程度。

6. 资本资产定价模型表明了单个证券的期望收益率与其 β 系数线性相关。

7. 套利定价理论是多因素定价模型,单因素 APT 模型同 CAPM 含义相同。

思考与练习

一、名词解释

风险　系统性风险　非系统性风险　资产组合理论　资本资产定价模型　贝塔系数
套利定价理论

二、思考题

1. 为什么投资组合不能消除全部风险?

2. 什么是有效投资组合?

3. 试述证券市场线(SML)和资本市场线(CML)的区别。

4. 比较 CAPM 中的 β 和 APT 中的 β。

5. "一只股票价格的波动范围越大,则意味着它对应的 β 值越大。"这句话是否正确?

6. 在 APT 中,下列哪些可以看作是风险因素,哪些不能? 为什么?

(1) GDP;

(2) 公司油井事故,造成大量原油泄漏;

(3) 银行调息。

三、计算分析题

1. 计算 XYZ 公司股票的期望收益率和收益率的标准差(见表4-3)。

表 4-3　股 票 数 据

经济情况	发生概率(P)	XYZ公司股票一年后预期收益率(R_{XYZ})
1	0.2	15%
2	0.5	10%
3	0.2	−10%
4	0.1	−20%

2. 现有 A、B 两种证券,A、B 完全负相关,见表 4-4。

表 4-4　A、B 两种证券的期望与方差

证券	$E(R)$	σ
A	8%	12%
B	13%	20%

(1) 构建最小方差组合,并计算期望收益和标准差。

(2) 构建无风险组合,并计算期望收益和标准差。

(3) 如果银行的贷款利率为 7.5%,请问有套利机会吗? 如果有,套利的利润是多少?

3. 假设经济中只有两种资产:一种是有风险资产,一种是无风险资产。风险资产的期望收益为 12%,标准差为 20%,无风险利率为 4%。请画出这两种资产的资本市场线。

4. 现有 A、B 两种证券,有关指标见表 4-5,假设资本资产定价模型成立,计算市场组合的期望收益和无风险利率。

表 4-5　A、B 两种证券的期望与 β

证券	$E(R)$	β
A	25%	1.5
B	15%	0.9

5. 假设你将 10 000 元的全部存款用于投资 A、B、C 三种股票,具体见表 4-6,已知市场组合的收益率为 15%,无风险利率为 5%。

表 4-6　A、B、C 三种股票的投资数据

股票	投资金额	β
A	3 000	1.7
B	5 000	1.2
C	2 000	0.8

(1) 计算这一投资组合的期望收益。

(2) 计算这一投资组合的贝塔系数。

6. 假设 APT 中有两个风险因素,表 4-7 表明了 A、B、C 三种股票对这两个因素的敏感

程度。

表 4-7   A、B、C 三种股票的敏感程度

股票	β_1	β_2
A	1.8	0.5
B	-1.0	1.5
C	1.5	1.0

假定因素 1 的预期风险溢价为 4%,因素 2 的风险溢价为 10%。根据 APT,回答以下问题:

(1) 比较这三种股票的风险溢价。

(2) 假设你投资 2 000 元购买股票 A,1 500 元购买股票 B,出售 2 500 元股票 C。计算这一投资组合对两个风险因素的敏感度以及预期风险溢价。

(3) 假定你只有 1 000 元的投资资金,有上述三种股票可供选择,构建至少两个只对因素 1 敏感的投资组合。比较不同组合的风险溢价,并说明你如何选择。

即 测 即 评

公司资本成本

第一节　资本成本概念

　　资本的概念是随着社会经济不断发展、随着意识形态不断变化的,不同学科对"资本"的认识和定义不尽相同。经济学意义上的资本通常指用于生产的基本生产要素,即货币、机器、厂房、设备、材料等物质资源。公司理财中的资本更多指企业为购置从事生产经营活动所需的资产的资金来源,是债权人和股东对企业的投入,出现在资产负债表的右侧,分别归债权人和公司所有者(股东)所有,是投资人投入资源参与生产经营活动并获取利润(利息和股利)的一种价值的表现形态。无论是债权还是股权资本,都要从企业生产经营所得中获得相应回报和分享价值(即资本成本),从这个意义上说资本的本质不是物,而是体现在物上的生产—分配关系。

一、资本成本

　　对于一个项目、一个经营部门或整个公司来说,资本成本就是投资者将资本投入其他任何有类似风险的项目、资产或公司的时候预期的回报率。或者说,资本成本就是机会成本。例如,项目 A 的资本成本就是由于投资项目 A 而无法投资有类似风险的其他项目而放弃的利益。为什么要投资项目 A 呢? 因为预期投资于项目 A 的回报将比投资于其他项目的回报更高。

　　这样,在讨论资本成本的详细计算方法之前,我们已对资本成本有了下列两点重要的认识:① 资本成本是基于投资者的预期回报,而不是历史回报;② 资本成本是机会成本,它反映投资者在其他有相似风险的投资中的预期回报。

　　风险因素对于理解资本成本及其计算至关重要。一般来说,投资者都想规避风险,他们想承担尽可能小的风险。当然,这并不是说投资者不能承担风险,而只是说他们不喜欢风险,他们要求为承担风险而得到补偿。那么,他们又如何为承担风险而得到补偿呢? 当然是更高的回报,这是再简单不过的事情了。但是,投资者应该得到多少预期回报才能补偿他所承担的风险呢? 回答这个问题就不那么简单了,它需要我们在上一章学习过的风险与收益理论。在本章的后面,我们将详细讨论这个问题。

　　以上对于资本成本的论述是站在投资者的角度来认识的。从筹资者角度来看,资本成本是指公司筹集和使用资金必须支付的各种费用。在市场经济条件下,公司不能无偿使用投资者的资金,必须从其经营收益中拿出一定数量的资金支付给投资者。换句话说,公司使用投资者的资金都是要付出代价的,所以,公司必须节约使用资金。

公司的资本主要有债务资本和权益资本两种形态,不论公司以何种方式来筹集资金,各种资本的成本均包括筹资费用和用资费用两部分内容。

筹资费用,是指公司在筹措资金过程中为获取资金而付出的费用,例如,向银行支付的借款手续费,因发行股票、债券而支付的印刷费、发行手续费、律师费、资信评估费、公证费、担保费、广告费等均属于筹资费用。筹资费用与用资费用不同,它通常是在筹措资金时一次支付的,在用资过程不再发生。因此,可视为筹资额的一项扣除。

用资费用,是指公司在生产经营、投资过程中因使用资金而付出的费用,例如,向股东支付的股利、向债权人支付的利息等,这是资本成本的主要内容。

资本成本可以用绝对数来表示,也可用相对数来表示,但在财务管理中,一般用相对数来表示,即表示为每年的用资费用与净筹资额(筹资总额−筹资费用)的比率。其计算公式为:

$$资金成本 = \frac{每年的用资费用}{净筹资额} = \frac{每年的用资费用}{筹资总额 - 筹资费用}$$

二、资本成本的影响因素

在市场经济环境中,公司资本成本高低要受到多方面因素的影响。这些因素包括经济环境、证券市场状况、公司的经营和财务状况以及筹资规模等。

(一) 经济环境

经济环境决定了市场中资本的供给和需求,以及预期通货膨胀的水平。经济环境变化的影响,反映在无风险报酬率上。显然,如果整个社会经济中的资金需求和供给发生变动,或者通货膨胀水平发生变化,投资者也会相应改变其所要求的收益率。具体地说,如果货币需求增加,而供给没有相应增加,投资人便会提高其投资收益率,公司的资本成本就会上升;反之,则会降低其要求的投资报酬率,使资本成本下降。如果预期通货膨胀水平上升,货币购买力下降,投资者也会提出更高的收益率来补偿预期的投资损失,从而导致公司资本成本上升。

(二) 证券市场状况

证券市场状况影响证券投资的风险。证券市场状况包括证券的市场流动性和价格波动程度。如果某种证券的市场流动性不好,投资者想买进或卖出证券相对困难,变现风险加大,要求的收益率就会提高;或者虽然存在对某证券的需求,但其价格波动较大,投资的风险大,要求的收益率也会提高。

(三) 公司的经营和财务状况

公司的经营和财务状况,指经营风险和财务风险的大小。经营风险是公司投资决策的结果,表现在资产收益率的变动上;财务风险是公司筹资决策的结果,表现在普通股收益率的变动上。如果公司的经营风险和财务风险大,投资者便会有较高的收益率要求。

(四) 筹资规模

筹资规模是影响公司资本成本的另一个因素。公司的筹资规模大,资本成本较高。比如,公司发行的证券金额很大,筹资费用和用资费用都会上升,而且证券发行规模的增大还会降低其发行价格,由此也会增加公司的资本成本。

三、资本成本的作用

资本成本是公司筹资和投资决策的主要依据。只有当投资项目的投资报酬率高于资本成本时，资金的筹集和使用才有利于提高公司价值。资本成本在许多方面都可加以应用，主要用于筹资决策和投资决策。

（一）资本成本在筹资决策中的作用

资本成本是公司选择资金来源、拟订筹资方案的依据。不同的资金来源，具有不同的成本。为了以较少的支出取得公司所需资金，就必须分析各种资本成本的高低，并加以合理配置。资本成本对公司筹资决策的影响主要有以下几个方面：

1. 资本成本是影响筹资总额的一个重要因素

随着筹资数量的增加，资本成本不断变化。当公司筹资数量很大，资金的边际成本超过公司承受能力时，公司便不能再增加筹资数额。因此，资本成本是限制公司筹资额度的一个重要因素。

2. 资本成本是选择筹资渠道的依据

公司的资金可以从许多方面来筹集，就长期借款来说，可以向商业银行借款，也可向保险公司或其他金融机构借款，还可向政府申请借款。公司究竟选用哪种来源，首先要考虑的因素就是资本成本的高低。

3. 资本成本是选择筹资方式的标准

公司可以利用的筹资方式是多种多样的，在选用筹资方式时，需要考虑的因素很多，但也必须考虑资本成本这一经济标准。

4. 资本成本是确定最优资金结构所必须考虑的因素

不同的资金结构，会给公司带来不同的风险和成本，从而引起股票价格的变动。在确定最优资金结构时，考虑的因素主要有资本成本和财务风险。

资本成本并不是公司筹资决策中需要考虑的唯一因素，公司筹资还要考虑财务风险、资金期限、偿还方式和限制条件等。但资本成本直接关系到公司的经济效益，是筹资决策时需要考虑的一个首要问题。

（二）资本成本在投资决策中的作用

资本成本在公司分析投资项目的可行性、选择投资方案时也有重要作用。

1. 在利用净现值指标进行决策时，常以资本成本作为贴现率

当净现值为正时，投资项目可行；当净现值为负时，则该项目就不可行。因此，当采用净现值指标评价投资项目时，离不开资本成本。

2. 在利用内部收益率指标进行决策时，一般以资本成本作为基准利率

只有当投资项目的内部收益率高于资本成本时，投资项目才可行；当投资项目的内部收益率低于资本成本时，投资项目不可行。因此，国际上通常将资本成本视为投资项目的"最低收益率"或是否采用投资项目的取舍率，是比较、选择投资方案的主要标准。

📇 资料卡

依法规范和引导我国资本健康发展　发挥资本作为重要生产要素的积极作用

资本是社会主义市场经济的重要生产要素，在社会主义市场经济条件下规范和引导资本发展，既是一个重大经济问题、也是一个重大政治问题，既是一个重大实践问题、

也是一个重大理论问题,关系坚持社会主义基本经济制度,关系改革开放基本国策,关系高质量发展和共同富裕,关系国家安全和社会稳定。必须深化对新的时代条件下我国各类资本及其作用的认识,规范和引导资本健康发展,发挥其作为重要生产要素的积极作用。

……

要正确处理资本和利益分配问题。我国社会主义的国家性质决定了我们必须坚持按劳分配为主体、多种分配方式并存,在社会分配中体现人民至上。要注重经济发展的普惠性和初次分配的公平性,既注重保障资本参与社会分配获得增殖和发展,更注重维护按劳分配的主体地位,坚持发展为了人民、发展依靠人民、发展成果由人民共享,坚定不移走全体人民共同富裕的道路。

资料来源:《习近平谈治国理政》第四卷,外文出版社 2022 年版,第 217-220 页。

第二节　债务资本成本

债务融资是公司筹集资本的重要方式,债务资本成本是公司支付给债务人的税前回报率。债务资本成本的计算相对较容易。因为在使用债务融资的情况下,每份借款合同都规定了利率和还款期限,债券票面也标注了利率,所以,债务资本成本基本上可以直接观察到。但是,不能简单地把债务合同规定的利率和债券票面标注的利率当作债务融资的成本。贷款合同中的手续费、抵押费、补偿性余额以及债券发行中的中介费用会增加债务资本的成本。对债券可能根据市场情况采取折价(或溢价)等方式发行,这也会导致债务资本成本相对增加(或减少)。

除此以外,还需要注意,公司债务融资的利息是在税前支付,存在税盾效应,利息的抵税作用使得债务的税后成本显著低于税前成本。由于所得税的作用,相当于政府支付了部分债务融资的成本,所以公司的债务成本小于债权人要求的收益率,对公司来说真正重要的是债务的税后成本而不是税前成本。如果已知债务的税前成本,可以通过公式转化为税后成本:税后债务成本=税前债务成本×(1-所得税税率)。

一、银行借款成本

银行借款成本可按下列公式计算:

$$K_1 = \frac{I(1-T)}{L(1-f)} = \frac{i \times L \times (1-T)}{L(1-f)}$$

式中:K_1——银行借款成本;

　　I——银行借款年利息;

　　L——银行借款筹资总额;

　　i——银行借款年利息率;

　　T——公司的所得税率;

　　f——银行借款筹资费率。

由于银行借款的手续费很低,上式中的 f 常常可以忽略不计,则上式可简化为:

$$K_1 = i(1-T)$$

☑【例 5.1】

某公司欲从银行取得一笔长期借款 100 万元,手续费率 0.1%,年利率 5%,期限 3 年,每年结息一次,到期一次还本。公司所得税税率 25%。这笔借款的资本成本如下:

$$K_1 = \frac{100 \times 5\% \times (1-25\%)}{100 \times (1-0.1\%)} = 3.75\%$$

☑【例 5.2】

根据例 5.1 的数据,但不考虑借款手续费,则这笔借款的资本成本为:

$$K_1 = 5\% \times (1-25\%) = 3.75\%$$

在借款合同附加补偿性余额条款的条件下,企业可动用的借款筹资额应扣除补偿性余额,这时借款的实际利率和资本成本将会上升。

☑【例 5.3】

某公司欲借款 100 万元,年利率 5%,期限 3 年,每年结息一次,到期一次还本。银行要求补偿性余额 20%。公司所得税税率 25%。这笔借款的资本成本为:

$$K_1 = \frac{100 \times 5\% \times (1-25\%)}{100 \times (1-20\%)} = 4.69\%$$

在借款年内结息次数超过一次时,借款实际利率也会高于名义利率,从而资本成本上升。这时,借款成本计算公式为:

$$K_1 = \left[\left(1 + \frac{i}{M} \right)^M - 1 \right] (1-T)$$

式中:M——1 年内借款结息次数;其他字母含义同上。

☑【例 5.4】

某公司借款 100 万元,年利率 5%,期限 3 年,每季结息一次,到期一次还本。公司所得税税率 25%。这笔借款的资本成本为:

$$K_1 = \left[\left(1 + \frac{5\%}{4} \right)^4 - 1 \right] \times (1-25\%) = 3.82\%$$

二、债券成本

债券成本中的利息在税前支付,具有减税利益。债券的筹资费用一般较高,这类费用主要包括发行债券的手续费、债券注册费、印刷费、上市费以及营销费用等。按照一次还本、分期付息的方式,债券成本的计算公式为:

$$K_b = \frac{I(1-T)}{B_0(1-f)} = \frac{B \times i \times (1-T)}{B_0(1-f)}$$

式中:K_b——债券成本;

I——债券每年支付的利息；

T——所得税税率；

B——债券总面值；

i——债券票面利息率；

B_0——债券筹资额，按发行价格确定；

f——债券筹资费率。

【例 5.5】

某公司发行一笔期限为 10 年的债券，债券总面值为 1 000 万元，票面利率为 12%，每年付一次利息，发行费率为 3%，所得税税率为 25%，债券按面值等价发行，则该笔债券成本为：

$$K_b = \frac{1\ 000 \times 12\% \times (1-25\%)}{1\ 000 \times (1-3\%)} = 9.28\%$$

若债券溢价或折价发行，为更精确地计算资本成本，应以实际发行价格作为债券筹资额。

【例 5.6】

假定例 5.5 中的公司债券筹资额为 1 200 万元，其他数据不变。则债券成本为：

$$K_b = \frac{1\ 000 \times 12\% \times (1-25\%)}{1\ 200 \times (1-3\%)} = 7.73\%$$

【例 5.7】

假定例 5.5 中的公司债券筹资额为 800 万元，其他数据不变。则债券成本为：

$$K_b = \frac{1\ 000 \times 12\% \times (1-25\%)}{800 \times (1-3\%)} = 11.60\%$$

第三节　权益成本

在上一节讨论了计算债务资本成本所需要的因素，这些因素都可以直接观察到或很容易计算出来。比如，银行借款成本可通过借款合同中规定的借款利率、借款期限等条件计算出来。与债务资本成本的计算不同，因为没有合同明确规定普通股股东应得的回报率，所以权益成本的计算较为困难。那么，如何计算权益成本呢？有两个思路：一个思路就是站在公司的角度，预计未来将要支付给股东的股利以及当前的筹资费用，由此计算出权益成本，这种思路使用的计算方法是股利法；另一个思路是站在资本市场的角度，遵循风险与收益对等原则，按照股东承担风险的大小，计算其应得的回报，股东的回报也就是公司的资本成本，这种思路使用的计算方法是资本资产定价模型和套利定价模型。下面分别来讨论权益成本计算的三种方法：股利法、资本资产定价模型和套利定价模型。

一、股利法

股利法也叫股利折现模型,是利用普通股现值计算公式来计算普通股成本的一种方法。在该方法下,普通股成本就是未来各期股利现值之和与净筹资额相等时的折现率。该方法也适用于计算优先股成本和留存收益成本。

(一)普通股成本

股利法的基本形式是:

$$P_0(1-f) = \sum_{t=1}^{\infty} \frac{D_t}{(1+K_s)^t}$$

式中:P_0——普通股筹资额;

　　D_t——第 t 期支付的股利;

　　K_s——普通股成本;

　　f——普通股筹资费率。

运用上列公式计算普通股成本,因具体的股利政策不同而有所变化:

(1)如果公司采用固定股利政策,即每年分派现金股利 D 元,则可视为永续年金,计算公式可简化为:

$$K_s = \frac{D}{P_0(1-f)}$$

式中:D——每年固定股利。

> 📈【例5.8】
>
> 　　某公司拟发行一批普通股,发行价格为 13 元,每股发行费用 2 元,计划每年分派现金股利 1.32 元。其资本成本为:
>
> $$K_s = \frac{1.32}{13-2} = 12\%$$

(2)如果公司采用固定增长股利政策,股利固定增长率为 G,则普通股成本的计算公式为:

$$K_s = \frac{D_1}{P_0(1-f)} + G$$

式中:D_1——第 1 年的股利;

　　G——股利增长率。

> 📈【例5.9】
>
> 　　某公司普通股每股发行价为 100 元,筹资费用率为 5%,第一年年末发放股利为 12 元,以后每年增长 4%,则普通股成本为:
>
> $$K_s = \frac{12}{100 \times (1-5\%)} + 4\% = 16.63\%$$

（二）优先股成本

公司发行优先股,要支付筹资费用,还要定期支付股利。但它与债券不同,股利在税后支付,且没有固定的到期日。优先股成本的计算公式为:

$$K_p = \frac{D}{P_0(1-f)}$$

式中:K_p——优先股成本;

　　D——优先股每年的股利;

　　P_0——发行优先股总额;

　　f——优先股筹资费率。

【例 5.10】

某公司按面值发行 100 万元的优先股,筹资费率为 4%,每年支付 12% 的股利,则优先股成本为:

$$K_p = \frac{100 \times 12\%}{100 \times (1-4\%)} = 12.5\%$$

当公司破产时,优先股的求偿权位于债券持有人之后,优先股股东的风险大于债券持有人的风险,这就使得优先股的股利率一般要大于债券的利息率。另外,优先股股利要从税后利润中支付,不减少公司的所得税,所以,优先股的成本明显高于债券成本。

（三）留存收益成本

留存收益是公司交纳所得税后形成的,其所有权属于股东。股东将这一部分未分派的税后利润留存于公司,实质上是对公司追加投资。如果公司将留存收益用于再投资所获得的收益率低于股东自己进行另一项风险相似的投资获得的收益率,公司就不应该保留留存收益而应将其分派给股东。留存收益成本与普通股成本基本相同,其不同之处在于留存收益属于内部筹资,没有筹资费用,而发行普通股属于对外筹资,有筹资费用。其计算公式为:

$$K_e = \frac{D}{P_0}$$

股利不断增加的留存收益成本的计算公式则为:

$$K_e = \frac{D}{P_0} + g$$

式中:K_e——留存收益成本;其他符号含义与普通股成本计算公式相同。

普通股与留存收益都属于所有者权益,股利的支付不固定。公司破产后,股东的求偿权位于最后,与其他投资者相比,普通股股东所承担的风险最大,因此,普通股的报酬也应最高。所以,在各种资金来源中,普通股的成本最高。

二、资本资产定价模型

（一）计算公式

资本资产定价模型的公式为:

$$K_s = R_s = R_f + \beta \times (R_m - R_f)$$

式中:K_s——普通股成本;

R_s——必要报酬率；

R_f——无风险报酬率；

β——股票的贝塔系数；

R_m——市场报酬率，即所有股票的平均报酬率。

这个公式表明，一项风险资产，例如一项证券投资，其预期回报应等于无风险资产的回报(R_f)加上风险报酬($\beta \times (R_m - R_f)$)。这个风险报酬等于由公司风险因素β调节的市场风险报酬($R_m - R_f$)，而市场风险报酬则反映了股票市场对所有的证券投资者支付的价格。R_m通常用有代表性的市场指数，如标准普尔500指数的预期收益率来表示。

> ☑️【例 5.11】
>
> 某公司股票的β系数为1.5，无风险利率为6%，市场上所有股票的平均报酬率为10%，那么该公司股票的成本为：
>
> $$K_s = 6\% + 1.5 \times (10\% - 6\%) = 12\%$$

利用资本资产定价模型估算普通股成本，存在着许多争议。资本资产定价模型是一个预测模型，它是基于投资者预期发生的情况，而不是已经发生的现实情况。因而，模型中的无风险利率、市场风险报酬和β系数都只能根据股票市场投资者的行为来估计或推断。在这些因素的估算中存在着主观的判断和解释，从而会得出不同的结论。

（二）市场风险报酬

市场风险报酬是指股票市场报酬率(R_m)减去无风险利率(R_f)，它衡量了股票市场给投资者带来的高出无风险报酬率的风险回报水平。预测市场风险报酬最常采用的是历史性方法，即基于历史数据计算过去平均的市场报酬率与无风险利率，从而估计未来的市场风险报酬。此外常用的还有前瞻性方法，即使用股利增长模型或盈利增长模型来预测未来市场的风险报酬。

对于美国市场风险报酬的估计，Damodanran（2013）选取了1928—2012年标准普尔500指数的回报率作为市场报酬率，3个月美国国库券利率作为无风险利率，计算得到美国的市场风险报酬的平均数为7.65%[1]。此外，Fama和French（2002）使用美国1872—2000年的数据，分别根据股利增长模型和盈利增长模型计算得到市场风险报酬为3.54%和4.32%[2]。

对于发达国家市场风险报酬的估计，Dimson、Marsh和Staunton（2013）使用历史性方法计算了1900—2012年20个发达国家的市场风险报酬，部分结果参见表5-1。市场报酬率采用的是Morgan Stanley Capital International（MSCI）指数，无风险利率使用的是短期政府债券利率。

---

[1] Damodanran A. Equity Risk Premiums（ERP）：Determinants，Estimation and Implications-The 2013 Edition. Working Paper of Stern School of Business，March 2013.

[2] Fama E F，French K R. The Equity Premium. The Journal of Finance，2002，04(57)：637-659.

表 5-1 主要发达国家 1900—2012 年市场风险报酬(年度)

国家	年度平均(%)	标准差(%)
美国	7.2	19.6
英国	6.0	19.8
法国	8.6	24.4
德国	9.8	31.7
日本	8.9	27.6
平均	8.1	24.6

对于新兴市场风险报酬的估计,Donadelli 和 Prosperi(2011)采用了 MSCI 指数的月回报率与 1 个月短期国库券利率,计算了 2000—2010 年 19 个新兴市场的月度市场风险报酬,部分结果参见表 5-2[①]。

表 5-2 主要新兴市场国家 2000—2010 年市场风险报酬(月度)

国家	月度平均(%)	标准差(%)
中国	0.90	8.62
巴西	1.83	10.80
印度	1.38	9.31
俄罗斯	1.66	11.19
韩国	1.14	9.74
平均	1.38	9.93

(三) β 系数

在资本资产定价模型中,市场风险被称为系统风险,而公司自身风险被称为非系统风险。公司自身风险能够通过投资多元化消除,所以,资本市场不会由于投资者承担了这种风险而给予他们补偿。不过,市场风险却不同,因为它是无法通过多元化而化解的。由于市场风险的不可化解性,资本市场必须对承担此风险的投资者给予补偿。系统风险越大,预期回报越大。系统风险的程度通常用 β 系数来衡量。

1. β 系数的决定因素

公司的 β 系数主要由经营方面的特征(经营风险)和财务杠杆的使用情况(财务风险)两个方面因素决定。经营方面的特征往往与公司所处行业密切相关有关,例如有些企业的经营具有明显的周期性,这些企业在商业周期的扩张阶段经营很好,而在商业周期的紧缩阶段则经营很差。大量的经验证据表明,高科技企业、零售企业和汽车企业受商业周期影响较大,而公用事业、铁路、食品和航空类的企业则与商业周期相关不大。有些行业生产经营过程必须使用大量的固定资产,技术上的某些问题迫使企业选择固定成本较高的生产工艺,具

① Donadelli M,Prosperi L. The Equity Risk Premium:Empirical Evidence from Emerging Markets.Working Paper of LUISS Guido Carli,May,2011.

有较高的经营风险,而有些行业则相反。公司所处行业特征在很大程度上决定了公司的经营风险[①],如果不采用负债融资(全部用权益资本),同行业公司的 β 系数具有高度的行业一致性。

但是,现实中不同公司使用债务资本数量和比率不同,债务引发的财务风险[②]也不完全一样,这使得同行业公司的 β 系数偏离行业一致性体现出差异。对于有债务的企业来说,企业资产的 β_A 与权益的 $\beta(\beta_E)$ 是不同的。假定某人拥有公司全部的资产和负债,即拥有整个企业,那么这个由资产和负债共同构成的企业的组合 β 系数是多少呢? 与任何其他组合一样,这个组合的 β 系数等于组合中每个单项的 β 系数的加权平均。其计算公式为:

$$\beta_A = \frac{负债}{负债+权益} \times \beta_L + \frac{权益}{负债+权益} \times \beta_E$$

式中: β_L ——负债的 β ;

　　 β_E ——权益的 β 。

在实际工作中, β_L 很低,一般假设为零。若假设 β_L 为零,则

$$\beta_A = \frac{权益}{负债+权益} \times \beta_E$$

对于有负债企业来讲,权益 ÷(负债+权益)一定小于 1,所以, $\beta_A < \beta_E$,将上式变形,有:

$$\beta_E = \beta_A \times \left(1 + \frac{负债}{权益}\right)$$

显然,在有财务杠杆的情况下, β_E 一定大于 β_A[③]。

2. 计算 β 系数

β 系数是如何计算出来的呢?

(1)上市公司的 β 系数。对于上市公司来说,这个问题比较简单。常用的一个做法是:首先选定市场参照标的,例如沪深 300 指数、标准普尔 500 指数等;其次选取公司过去五年时间每个月的月回报率,以及同期参照标的(例如沪深 300 指数)的月回报率作为样本;最后以参照标的的回报率为自变量、以公司回报率为因变量进行一元回归,得到的回归直线的斜率就是公司的 β 系数。[④]

(2)非上市公司的 β 系数。对于非上市公司, β 的系数计算略微复杂一点。首先需要确定非上市公司所处行业或类似行业,在所处行业找 3~5 家可比上市公司,按照上述上市公司 β 系数确定方法,分别确定可比上市公司的 β 系数;其次,利用负债公司的 β 系数与负债水平公式和可比公司负债率,将可比公司 β 系数转换成无债务公司(行业)的 β 系数;最

---

① 经营杠杆是销售收入与息税前利润变动之比,它主要受固定成本和变动成本的影响。其计算公式为:经营杠杆 $= \dfrac{边际贡献总额}{边际贡献总额-固定成本}$ 。其中,边际贡献=价格-变动成本;边际贡献总额-固定成本=息税前利润。可以看出,当固定成本增加、变动成本下降时,经营杠杆提高。

② 财务杠杆是税后利润变动与息税前利润变动之比,它主要受利息费用影响。其计算公式为:财务杠杆 $= \dfrac{息税前利润}{息税前利润-利息}$ 。可以看出,当利息增加时,财务杠杆提高。

③ 在纳税的情况下,公司 β_A 和 β_E 的关系为: $\beta_E = \beta_A \times \left[1 + (1-T) \times \dfrac{负债}{权益}\right]$ 。

④ 实践中,可以在同花顺、万德、东方财富、澎湃等券商交易软件上,方便地查询个股以及行业股票任一给定时段的 β 系数。

后,再次利用公司的 β 系数与负债水平公式,结合非上市公司负债水平,将上一步计算出的行业的 β 系数转换为公司的 β 系数。

为了便于说明,假设我们为非上市公司 X 找到 3 家可比上市公司,从券商交易软件查询到它们的 β 系数:公司 A 为 1.27;公司 B 为 1.05;公司 C 为 1.55。假设 A、B、C 公司的债务与权益比率分别为 0.45、0.20、0.75(均以市值计),X 公司的目标资本结构是 0.50。

分别使用 3 家可比上市公司的资料,计算这些公司的资本结构中没有债务的情况下的 β 系数。即用如下公式对 β 系数进行处理。

$$没有债务的\beta系数(即\beta_U)=\frac{观测到的有债务的\beta系数(即\beta_L)}{1+(1-公司税率)\times(债务\div权益)}$$

上述例子中,对于 A 公司 $\beta_L=1.27$,债务与权益比率为 0.45。假设参照公司的平均税率是 40%,则处理后的 β 系数可由下式求出:

$$\beta_U=\frac{1.27}{1+(1-0.40)\times0.45}=1.00$$

这意味着,根据 A 公司的 β,全部为权益融资的无债务公司(行业)的 β 系数将是 1.00。同理,根据 B、C 公司,可以算出全部为权益融资的无债务公司(行业)的 β 系数分别是 0.94、1.07。取平均值,确定全部为权益融资的无债务公司(行业)的 β 系数为 1。

为了得到 X 公司的 β 系数,需再将处理后的 β 系数进行逆向处理,但这次要使用 X 公司目标资本结构:

$$\beta_L=\beta_U\times[1+(1-公司税率)\times(债务\div权益)]$$

在此例中,目标资本结构是 0.5,于是就可以计算出该 X 公司的 β 系数:

$$\beta_L=1.00\times[1+(1-0.40)\times0.5]=1.30$$

上述计算非上市公司 β 系数的方法,也可以参照适用于计算公司内部业务部门或项目的 β 系数。

三、套利定价模型

套利定价模型与资本资产定价模型的主要区别在于,资本资产定价模型只允许有一个系统风险因子,那就是对市场投资组合的敏感度;而套利定价模型允许有多个系统风险因子,如 GDP、通货膨胀、利率等宏观经济指标的非预期变化(异动)。值得注意的是,这些指标本身并不是风险因素,只有它们的非预期变动才是。假设存在上述三个系统风险因素,套利定价模型的公式为:

$$K_s=R_s=\overline{R}+\beta_{GDP}F_{GDP}+\beta_{INF}F_{INF}+\beta_{iRATE}\gamma_{iRATE}$$

式中:$\overline{R}$——无风险报酬率;

β_{GDP}——GDP 的 β;

F_{GDP}——GDP 异动的市场风险报酬;

β_{INF}——通货膨胀的 β;

F_{INF}——通货膨胀异动的市场风险报酬;

β_{iRATE}——利率的 β;

γ_{iRATE}——利率异动的市场风险报酬。

套利定价模型假设股票投资者的预期收益为无风险回报与风险报酬之和。不过,在这里需要加上 3 个而不是 1 个风险报酬。

〖例 5.12〗

假定无风险报酬率为 6%,某公司的 β 系数是 $\beta_{GDP} = 1.2, \beta_{INF} = 0.3, \beta_{iRATE} = 0.4$。GDP 异动的市场风险报酬是 4%,通货膨胀异动的市场风险报酬是 2%,利率异动的市场风险报酬是 1%。则该公司股票的成本为:

$$K_s = 6\% + 1.2 \times 4\% + 0.3 \times 2\% + 0.4 \times 1\% = 11.8\%$$

既然套利定价模型如此复杂,为什么还要使用它呢?其实,除去套利定价模型获得 β 系数比较困难这个缺点外,此模型确实具有资本资产定价模型所不具备的优点。由于它允许有多个风险因素存在,所以它比资本资产定价模型能解释股票回报中更大的部分,因而用它估计权益成本也就更为可靠。套利定价模型更大的优势在于,它能帮助公司经理们更好地了解他们所面临的风险。套利定价模型不再采用一个市场 β 系数,而是显示了对一系列宏观经济变量的敏感度,因而具有资本资产定价模型所没有的直觉上的吸引力。我们可以知道,经营杠杆影响资本资产定价模型中的 β 系数,但是却无法知道其影响究竟有多大。而当我们把变量同诸如经济增长、通货膨胀、利率、石油价格、住宅建设等联系起来时,就能够衡量每一个因素对系统风险的贡献度。

这些结论能够使公司更好地了解股票价格的影响因素,同时也能为投资管理人员提供重大优势。例如,如果一个投资组合的管理人员能够判断通货膨胀率将低于普遍预期值,他就可以用有高通货膨胀 β 系数的股票来调整其投资组合。如果管理人员的判断是正确的,那么这个投资组合的表现将比其他具有相同资本资产定价模型 β 系数的投资组合更为优秀。换句话说,使用套利定价模型可以更好地调整投资战略,以利用或避免宏观经济风险。这种调整用资本资产定价模型是无法做到的。

尽管套利定价模型方法有很大的吸引力,而且它很可能成为衡量公司所面临市场风险的更为精确和功能更为强大的工具,但是我们仍然使用资本资产定价模型方法。因为,套利定价模型没有告诉我们如何识别风险因素,也没有指出有多少个风险因素。而且,资本资产定价模型中关于市场风险报酬的困扰,给套利定价模型方法的使用者带来了更大问题。我们描述了一种被人们广泛接受的估计每种风险因素价格的方法。然而,由于风险报酬的衡量有误差,而且,过去的结果并不能用于未来,因此,我们的问题和以前用资本资产定价模型方法估计风险报酬时一样,只不过现在的问题来源于套利定价方法中的多个风险因素而已。

套利定价模型方法在实际中的应用要远比资本资产定价模型方法困难。有些使用者认为,使用套利定价模型所获得的收益足以抵消其成本,但是没有足够的证据。因此,在理论上更先进、更具有实用性的方法提出之前,我们将仍然使用资本资产定价模型计算权益成本,并进而计算资本的加权平均成本。

第四节　加权平均资本成本

多数情况下,公司不太可能只使用债务或权益一种融资工具筹集资本,而是多种形态资金来源混合使用。不同的融资形式给投资者带来不同的风险,所以不同投资者预期的回报也就不同。这就给筹资公司带来不同的成本。投资者购买一家公司的股票时,他们所要求的回报比他们贷款给该公司所要求的回报要更高一些,因为前者的风险更大,债务资本和权益资本成本计算也存在显著的差别。公司的资本成本不仅由债务及权益的成本决定,而且由该公司资本组合中两者的比例决定。这种关系在公司的加权平均资本成本(WACC)中得到体现。加权平均资本成本是以各种资本占全部资本的比重为权数,对各种资本的成本进行加权平均计算出来的。

(一) 加权平均资本成本的计算

加权平均资本成本计算公式如下:

$$WACC = (1-L)r_e + L(1-T)r_d$$

式中:L——债务资本占全部资本的比重;

T——公司的所得税税率;

r_e——权益资本成本;

r_d——税前债务资本成本。

需要注意的是,$WACC$ 是一个税后概念。由于公司在纳税后才向权益投资者支付股利,所以 r_e 是税后报酬率;但是公司要在税前向债务投资者支付,而债务利息可以有减税作用,所以,税前债务成本 r_d 必须乘以 $(1-T)$ 以转换成税后债务成本。

加权平均资本成本也可用下式计算:

$$WACC = K_j W_j$$

式中:W_j——第 j 种资本占全部资本的比重;

K_j——第 j 种资本的成本。

📈【例 5.13】

假设某公司债务成本为 8%,所得税税率为 25%,权益资本成本为 14%。公司计划按照以下比例筹集资金:30% 的债务和 70% 的股权。则:

$$WACC = 70\% \times 14\% + 30\% \times (1-25\%) \times 8\% = 11.60\%$$

(二) 关于权重

当计算加权平均资本成本时,个别资本占全部资本的权重有多种计算方法,可以分为账面价值权数、市场价值权数和目标价值权数。

1. 账面价值权数

账面价值权数,是指债券、股票以账面价值确定的权数。按账面价值确定权重,资料容易取得。但是,当资本的账面价值与市场价值差别加大时,如股票、债券的市场价格发生较大变动,计算结果会与实际有较大的差距,从而影响筹资决策。为了克服这一缺陷,可以采用市场价值权数和目标价值权数。

2. 市场价值权数

市场价值权数,是指债券、股票以市场价格确定的权数。这样计算的加权平均资本成本能反映公司目前的实际情况。由于市场价格的频繁波动,运用市场价格将导致资本成本不稳定。尽管这样,西方的金融教科书中仍广泛采用市场价格。其理由是,公司为了证实自身价值,必须根据当时的市场价格为债权人和股东提供有竞争力的回报率。为了弥补证券市场价格变动频繁的不便,可选用平均市场价格。

3. 目标价值权数

目标价值权数,是指债券、股票以未来预期的目标市场价值确定的权数。这种权数能体现期望的资本结构,而不是像账面价值权数和市场价值权数那样只反映过去和现在的资本结构,所以按目标价值权数计算的加权平均资本成本更适合于公司筹措新资金。由于公司很难客观合理地确定证券的目标价值,这使该种方法不易推广。

本 章 小 结

1. 资本的本质不是物,而是基于物的生产—分配关系。从投资者的角度来看,资本成本是指投资者将资本投入其他任何有类似风险的项目、资产或公司的时候预期的资本回报率;从筹资者角度来看,资本成本是指公司筹集和使用资金必须支付的各种费用。

2. 计算加权平均成本需要获得下列信息:个别资本成本,包括债务资本成本(债务成本)和权益资本成本(权益成本);个别资本占全部资本的权重;税率。

3. 资本成本在许多方面都可加以应用,主要用于筹资决策和投资决策。在市场经济环境中,影响公司资本成本高低的因素包括经济环境、证券市场状况、公司的经营和财务状况、筹资规模等。

4. 债务成本是公司支付给债务人的税前回报率,但是由于支付给债权人的利息可以税前抵扣,因此债务成本真正重要的是税后成本。债务成本的计算相对较容易。因为在债务融资的情况下,每份合同都规定了利率和还款期限,所以,债务成本基本上可以直接观察到。权益成本的计算较为困难。计算权益成本有两个思路:一个思路就是站在公司的角度,预计未来将要支付给股东的股利以及当前的筹资费用,计算出权益成本,这种思路使用的计算方法是股利法;另一个思路是站在资本市场的角度,遵循风险与收益对等原则,按照股东承担风险的大小,计算其应得的回报。股东的回报也就是公司的资本成本。这种思路使用的计算方法是资本资产定价模型和套利定价模型。

5. 资本资产定价模型是一个预测模型,它是基于投资者预期发生的情况,而不是已经发生的现实情况。因而,模型中的无风险利率、市场风险报酬和 β 系数都只能根据股票市场投资者的行为来估计或推断。在这些因素的估算中存在着主观的判断和解释,因而利用资本资产定价模型估算普通股成本会得出不同的结论。

6. 套利定价模型与资本资产定价模型的主要区别在于,资本资产定价模型只允许有一个系统风险因子,那就是对市场投资组合的敏感度;而套利定价模型允许有多个系统风险因子,如国内生产总值、通货膨胀、利率等宏观经济指标的非预期变化。

思考与练习

一、名词解释

资本成本　加权平均资本成本　经营杠杆　财务杠杆　无风险报酬率　市场风险报酬

二、问答题

1. 如何理解资本成本的概念？

2. 如何理解加权平均资本成本的组成要素？

3. 如何理解资本成本的作用？

4. 如何理解资本成本的影响因素？

5. 如何利用资本资产定价模型估计普通股成本？

6. 如何理解无风险报酬率？

7. 如何理解市场风险报酬？

8. 为何 β 系数会引起争议？

9. 如何利用套利定价模型估计普通股成本？

10. 从普通股成本测算角度比较资本资产定价模型和套利定价模型。

三、计算分析题

1. 假设某公司债务成本为 9%，所得税税率为 25%，权益成本为 15%。公司计划按照以下比例筹集资金：35% 的债务和 65% 的股权。计算该公司的加权平均资本成本。

2. 某公司欲从银行取得一笔长期借款 200 万元，手续费率 0.15%，年利率 6%，期限 4 年，每年结息一次，到期一次还本。公司所得税税率 25%。计算这笔借款的资本成本。

3. 某公司发行一笔期限为 8 年的债券，债券面值为 300 万元，票面利率为 11%，每年付一次利息，发行费率为 2%，所得税税率为 25%。分别计算债券按面值等价发行、按 330 万元发行、按 280 万元发行时的债券成本。

4. 某公司普通股每股发行价为 12 元，筹资费用率为 4%，第一年年末发放股利为 1.2 元，以后每年增长 5%，计算该公司的普通股成本。

5. 某公司股票的 β 系数为 2，无风险利率为 5%，市场上所有股票的平均报酬率为 11%。利用资本资产定价模型计算该公司的股票成本。

6. 某公司资产的贝塔系数值为 0.8，假定公司可以发行利率为 5% 的无风险债券，市场的风险溢价为 6%，同时假设无税，计算在负债率为 30% 的情况下，公司的权益贝塔和权益成本。

7. 甲公司生产某产品，固定成本为 60 万元，变动成本为营业收入的 40%；乙公司生产另一种产品，固定成本为 100 万元，变动成本为营业收入的 40%。

（1）当营业额为 200 万元和 400 万元时，计算甲、乙两企业各自的经营杠杆系数。

（2）分析为什么重资产（固定资产投入多）行业往往有较大的经营风险。

8. 某公司生产无线耳机，每件耳机市场价格为 240 元，本年度的销售量预计为 8 万件，生产过程中一年发生固定成本总额为 130 万元，每件耳机的可变成本平均约为 110 元。该公司现有年利率为 8% 的债务 4 000 万元，股票 2 000 万元（普通股）。假定公司所得税税率为 20%。

（1）计算该公司的经营杠杆系数和财务杠杆系数。

（2）计算该公司总杠杆系数，回答产生杠杆效应的主要原因。

9. 某公司经营需要资产 2 000 万元，预计营业利润（EBIT）为 300 万元，公司所得税税率为20%。如果2 000万元资产的20%通过债务融资获得,债权人要求的年利率为10%(税前),如果2 000万元资产的40%通过债务融资获得,负债率上升导致债权人要求的年利率变为15%(税前)。

(1)计算三种不同资本结构下(即负债率为0、20%、40%),公司权益资本收益率。

(2)假设宏观经济变动导致公司 EBIT 下降20%,判断哪种资本结构下权益资本收益率将出现最大变动,变动了多少?

10. 某公司是一家全权益资本公司,公司的 β 系数为1.4,公司拟通过发行一年期零息债券的方式调整其资本结构至目标资本结构(负债与权益比为0.6)。已知市场组合收益率为12%,同期国库券收益率为5%;零息债券的面值为1 000元,发行价格为900元(忽略发行费用),公司所得税税率为20%。试计算:

(1)公司拟发债券的税后资本成本。

(2)公司资本结构调整后的权益资本成本。

(3)公司资本结构调整后的加权资本成本。

即 测 即 评

第六章

净现值法下的资本投资决策

第一节　资本预算概述

资本预算是指公司发现、分析并确定长期资本投资项目的过程。资本投资是指投资项目的预期现金流入超过一年的投资。它和公司的营业支出不同,后者预期产生的收益是在当年就可以实现的。

一般来说,资本预算中的项目的特点是:前期具有较大的投资支出,其投资计划有可能延续几年,项目寿命期内产生一系列现金流入,结束时可能会有一定的残值。典型的长期投资项目包括:原有固定资产(如设备、厂房)的更新;现有产品的扩大生产或生产新的产品;对新产品、新技术的研究开发;市场营销投资,如广告宣传等;对员工的培训教育;兼并或收购其他公司;专项投资项目,如加强作业安全和减少污染的设施;等等。

由于资本预算涉及的是长期投资项目,因而它不仅牵涉大量的资金支出,还对公司未来的长期利益产生深远的影响。公司的资本支出决定了公司的未来盈利、市场定位,甚至直接关系到公司的成败,因而资本预算与公司的发展战略是密切相关的。也正由于长期投资项目牵涉的是长期的、未来的计划,不确定因素多,预测难度大,对于决策人员的挑战性也更高。因此,一个公司必须建立明确、合理的程序,以保证投资项目选择的正确性。

一、资本预算决策程序

资本预算决策包含以下一系列步骤:

(一) 探索和公司发展战略一致的投资机会

公司作为一个组织,如何创造一个良好的环境,鼓励员工探索新的投资机会,是决定资本投资的重要的第一步。一个新产品的想法,往往来自销售部门,但生产部门和售后部门也很有可能产生不错的想法。多数公司对投资建议采取层层审批的制度,一个投资建议需要经过多少层才能到达决策人的手中,项目的审批权限如何划分,这些问题涉及公司的内部管理问题,不属于本书讨论的范围。

(二) 收集与项目有关的信息数据,评估项目的现金流情况

项目有关资料的收集、分析和整理直接决定项目财务分析的可靠程度。信息数据的来源是多方面的,生产、销售、财务都会涉及。由于估计未来可能的现金流情况,市场的变化、政策的变化等都需要考虑到,因而信息的来源可能是非常广泛的。信息数据齐备后,就需要对项目作出财务分析,关键是估算项目的现金流。

(三) 根据决策法则,选择投资项目

对各个潜在的投资机会进行财务分析后,就需要根据股东价值最大化的原则判断投资项目是否可行;根据公司的资金情况,决定需要取舍哪些项目。好的资本预算法则是帮助管理人员进行这些判断的标准,这也正是本章的讲述重点。

(四) 重新评价已投资项目并适时调整,对已完成项目进行事后审计

资本预算的过程并不取决于接受一个项目的决定。作为长期投资的项目,不仅需要事前分析和论证,在项目执行过程中,还需要适时监督,并根据实际情况进行调整。项目结束后,要经过事后的审计,评价实际和计划的出入情况,总结经验教训。

需要特别指出的是,虽然本章主要介绍项目的经济效益考核方法,但是一个成功的项目不仅仅考虑经济效益,还要考虑项目对环境、社会文化等多方面的影响。在绿色可持续发展观念日益深入的今天,通过环境评价是我国执行项目投资的法定前置条件。

二、投资项目的种类

资本预算中一个重要的问题是对项目的比较排序问题,这就需要明确项目之间的相互关系。根据关系的不同,可以将投资项目定义为:

(一) 独立项目

独立项目,就是对其无论作出接受或放弃的决定都不会影响其他项目的投资决策的项目。例如,公司增设新的连锁销售店的决定与更新计算机系统可能毫不相关。独立项目表明项目之间不存在依赖关系,因而对其可以进行单独的分析。

(二) 关联项目

关联项目是相对于独立项目而言,项目之间的投资决策相互影响的项目。例如,兴建一条新的生产线可能需要建造一座新的厂房。对于关联项目最好把它们联系起来,作为一个大的投资项目一并考察。

(三) 互斥项目

互斥项目是项目之间相互关系的一种极端情况,即非此即彼的项目。例如,在公司的一块闲置土地上是兴建写字楼还是厂房;公司上马新的产品,只能在多个生产厂中选择一个进行生产;公司购买新设备,只能从诸多品牌中选择一个。互斥项目不可能都接受,因而,仅仅知道单独的项目是好是坏还不够,必须对哪个项目是最好的作出判断。当公司的投资资金受到规模限制时,项目之间都存在互斥的关系,因为采用一个项目意味着放弃其他项目。

资本预算的主要内容可分为:对互斥项目的决策——只能选择一个项目;对独立项目的决策——可以选择任意数量的项目;资本有限条件下的关联项目的选择——项目数量受资金规模制约。

三、净现值法则

评估一个资本投资项目时,最直接办法就是将该项目的收益与成本进行比较,看收益是否大于成本。由于资本投资项目期限较长,收益和成本往往在不同时点发生,考虑到货币时间价值无法直接加减比较,需要通过折现的方法,将不同时点的收益和成本(以现金流形态体现)折现到同一时点进行比较。项目的净现值(Net Present Value,NPV)是指将项目生命周期内各个时点发生的收入和支出现金流,按适当的折现率折现成现值进行加总,它反映了投资项目的净经济价值。其计算公式如下：

$$NPV = CF_0 + PV = CF_0 + \sum_{t=1}^{T} \frac{CF_t}{(1+r_t)^t}$$

式中：CF_t——第 t 期的现金流；

$\quad CF_0$——初始投资额（通常为负数）；

$\quad r_t$——适用的资本成本（最低报酬率）。

净现值法则是：对于单一项目和多个不互斥项目，只要项目的 NPV 大于 0，则接受该项目，否则就放弃；对于多个互斥项目（从多个项目中最多选取一个），则选择 NPV 最大（且 NPV 必须大于 0）的项目，放弃其他项目。

第二节　项目现金流估算

要计算一个项目的净现值，首先必须估计该项目的现金流入和流出情况。正确估算项目的现金流是决定净现值法能否有效应用的关键。这一节将从现金流估算原则出发，结合估算的实例说明估算方法。

一、现金流估算原则

现金流的估算要遵循以下三项基本原则：

（一）只计税后现金流量

虽然 NPV 的本质还是做收入和成本比较，但首先必须明确计算 NPV 使用的是与项目相关的现金流而不是会计收益。会计收益不等同于现金流量，会计对收支的确认与实际现金收付有很大差异。净现值是对现金流的折现，而不是会计收益。货币的时间价值决定了只有对现金流的折现才能真正反映资产的价值。

一个投资计划的实施必然引起收入的变化，因而会造成应税所得的变化，税收的变化继而造成现金流的变化。所以，估算项目的现金流时，要考虑税收的影响，计算的是税后的现金流。一项投资是免税还是需要纳税对公司实际现金流入流出可以造成很大的区别。至于税收引起多少现金流的变化依赖于项目的性质和所适用的税率。比如，对于投资收益和对正常业务经营的税收可能是不一样的。公司的边际税率和平均实际税率可能也是不一样。

（二）只计面向未来的增量现金流量

公司决定是否进行某项投资，需要考虑的是这个项目会对公司带来怎样的变化。只有因该项目引起的变化才与投资决策相关，因此要做好项目决策需要正确区分与项目相关和非相关的现金流入和流出。与投资项目相关的现金流必须同时满足两个条件：一是未来发生的；二是增量现金流。未来发生是投资项目执行后会真实发生的；增量现金流量是指公司采用项目和不采用项目时现金流量的差额。

1. 忽略沉没成本

沉没成本，是指过去已经发生的、与项目是否采用无关的费用，因此沉没成本不是增量现金流量。例如，一个公司考虑在一块原本计划用于特种养殖目前已闲置的土地上兴建新厂房，用作扩大生产。尽管购买这块土地时，花费了巨资进行环境整改以满足特种养殖需要,但是新厂房是否兴建都不会改变已花费巨资的事实,因此这些整改花费不能计入新厂房的投资成本。再比如,公司正在对试生产的新产品的市场反应进行评估,以确定是否进行批量生产。研发新产品和推销新产品的费用都不应作为决定是否批量生产的因素,只有根据市场反应估算的批量生产后产生的现金流才相关。如果公司因为计入过多的前期费用,而认为批量生产的净现值不高,进而推迟扩大生产甚至是取消该项产品,就可能造成公司产品策略上的重大失误。

2. 考虑机会成本

机会成本,是指公司由于采用某个项目而放弃的收入,因此机会成本属于增量现金流量。在前面的例子中,公司闲置土地的购买成本不应影响兴建新厂房的决策,但是如果这块土地可以被出售或租出,那么新厂房的兴建使得公司丧失了出售或出租的收入,因此应该作为新厂房的投资成本。如果新的产品可以利用现有的多余生产能力,则多余的生产能力是否应该纳入考虑,要视若不进行该项目它是否有用途而定,也就是是否存在机会成本。

3. 考虑项目对公司其他业务的所有关联效应

一个项目带来的变化可能波及公司其他的业务,因此从公司的角度看,项目的增量现金流必须涵盖可能引起的所有关联效应。比较典型的是产品新型号的推出,虽然新型号可能为公司带来很大的现金流入,但也会造成原有旧型号的销售不振,因此公司必须考虑增加的收入是否能抵消原有产品销售收入的下降。有的项目本身可能是不盈利的,比如公司进行的某项产品的推广活动,对该产品的销售收入没有显著的影响,但公司知名度的提高可能带动公司一系列产品的销售。

二、现金流估算举例

一般的投资项目,在初始阶段项目运行前现金是净流出;项目开始后现金逐步流入;项目末期,因为处置资产可能会产生一定的残值。根据项目的不同阶段,项目的现金流可以分为三种:初始净投资、期间营运现金流量和期末现金流量。

(一) 初始净投资

初始净投资不仅包括新资产的成本,还包括其他相关成本。例如,在以新换旧的设备投资中,出售旧资产的所得,以及与此相关的税收效应。又如,为了扩大生产的项目,由于业务扩充,对应收账款以及存货等流动资产的需求增加,故导致对净营运资本(流动资产与流动负债之差)需求的增加。净营运资本的增加代表了现金的流出,构成了项目初始净投资的一部分。一般假设,项目终了时,营运资本全部收回,所以净营运资本在期初表现为现金流出,在期末表现为现金流入。

初始净投资项目如下:

(1) 新资产的购入成本(+);

(2) 资本化的相关费用,如运费、安装费等(+);

(3) 净营运资本投资(+);

(4) 出售旧资产的净收入(−);

(5) 出售旧资产的税收效应(市值>账面值+,市值<账面值−)。

(二) 期间营运现金流量

期间营运现金流量是项目开始后经营活动产生的现金流量和必要的净营运资本变化导

致的现金流量。通常是根据会计报表估计期间营运现金流量,收入和支出数字必须加上折旧数字才能体现现金流量。虽然项目的部分资金可能来自债务,但通常在现金流中不扣除利息费用,而在贴现率加权平均资本成本中包含负债成本,以评估项目本身的价值。

期间营运现金流量项目如下:

(1)销售收入(+)

(2)经营成本(不包括折旧费用)(-)

经营所得

(3)所得税(经营所得×税率)(-)

税后经营所得

(4)源于折旧费用变化的税收效应(折旧费用×税率)(+)

经营现金流量

(5)净营运资本(增加-,减少+)

项目总现金流量

(三)期末现金流量

期末现金流量是项目最后一期的现金流,包括最后一期营运现金流(同期间营运现金流计算方法相同),以及因项目终结处置资产带来的收益。

期末现金流量项目如下:

(1)最后一期营运现金流(包括回收的净营运资本投资)(+);

(2)处置残余资产所得(+或-);

(3)处置残余资产的所得税(所得+,税收-;或所得-,税收+)。

下面通过两个例子来说明估算项目增量现金流的具体过程。

【例6.1】

兴华公司正在考虑是否更换原有的自动控制系统。会计部门提供的数据表明,原系统在3年前耗资400万元购买,原计划使用8年,按直线法全额计提折旧,账面价值为250万元,目前市价为100万元。新系统的购入设计、安装、调试等成本总计估计为450万元,预计5年后需要添置更新的系统,届时预计可以以50万元出售。因为新系统的生产效率增加,需要在更换前增加20万元的存货投资。

● 新系统可使生产成本每年降低30万元,对公司的销售额无明显影响。

● 如果更换系统,公司仍沿用直线法全额计提折旧。

● 公司所得税税率为33%[①]。

兴华公司是否应该更换新的自动控制系统呢?对这项投资分析的关键是估算更换系统后现金流的变化情况。具体分析见表6-1。

---

① 目前,我国企业所得税税率通常为25%,但小型微利企业所得税税率为20%,国家重点扶持的高新技术企业所得税税率为15%,还有一些特定地区或行业的企业(如技术先进型服务企业、西部地区政策支持类产业企业等),也享受15%的企业所得税税率。总的来说,企业适用的所得税税率可能会根据企业的类型、地区和行业等因素有所不同。出于简化计算和与其他教材内容假设一致等考虑,本教材没有将企业所得税税率统一定为25%。税率选择不影响问题的说明,有兴趣的读者可以自己替换具体的适用税率复制计算过程。后续章节有类似情况,不作一一说明。

表 6-1　现金流估算示例：系统重置

单位：万元

类别		0	1~4	5
1　初始净投资				
1.1　旧系统	旧系统账面价值	250		
	减：旧系统处理收入	−100		
	旧系统处理损失	150		
	损失引起的纳税节约（33%）	49.5		
	加：旧系统处理收入	100		
	源于旧系统处理的现金流	149.5		
1.2　新系统	减：新系统总成本	−450		
1.3　净营运资本	减：存货投资	−20		
总计	初始净投资（1.1+1.2+1.3）	−320.5		
2　期间营运现金流				
2.1　经营所得	销售收入		0	
	加：经营成本降低		30	
	经营所得变化		30	
	减：所得税（33%）		−9.9	
	税后经营所得		20.1	
2.2　折旧	原系统年折旧费用		50＝400÷8	
	新系统年折旧费用		90＝450÷5	
	折旧费用变化（新旧费用差额）		40	
	源于折旧的税收节约（33%）		13.2	
小计	经营现金流量		33.3	
	（税后经营所得+折旧纳税节约）			
2.3　净营运资本	净营运资本变化		0	
总计	期间营运现金流（2.1+2.2+2.3）		33.3	
3　期末现金流量				
3.1　营运现金流量	当期营运现金流量			33.3
3.2　新系统	新系统处理收入			50
	减：新系统账面价值			0
	新系统处理损失			50
	减：新系统处理所得应纳税（33%）			−16.5
	加：新系统处理收入			50
小计	源于新系统处理的现金流			33.5
3.3　净营运资本	加：净营运资本回收			20
总计	期末现金流（3.1+3.2+3.3）			86.8

【例6.2】

飞腾公司计划推出新型滑雪板,特点是采用了高强度的环保型塑料原料。生产部门预计购置机械设备和调试生产线需要一年时间,设备支出预计1 200万元,安装劳动成本约100万元。产品设计部门提供的信息表明,该产品的寿命为5年,5年后将被设计更新的产品淘汰。因此生产这种滑雪板的设备预计残值为0,处理其余残余品的收入和处置成本相抵消。产品可变成本中80%为原料成本,固定成本(折旧费用单列)为工厂管理费,每年为20万元。期间费用(不包括利息费用)为销售收入的5%。销售价格和销售量数字由营销部门提供,各年销售增长情况不等。折旧按年数总和法计提。第一年的净营运资本投资发生在第0期,其余发生在当年,最后一年收回全部净营运资本投资。各项假设条件详见表6-2,现金流估算结果见表6-3。

表6-2 现金流估算示例:推出新产品假设条件

单位:万元

假设条件		0	1	2	3	4	5
(1) 新设备购入成本		1 200					
(2) 安装成本		100					
(3) 总投资		1 300					
(4) 年折旧率(%)	年数总和法		33.3	26.7	20	13.3	6.7
(5) 设备残值	设备残值为0						
(6) 销售增长率(%)			0	5	0	-10	-15
(7) 销售量(万件)			3.00	3.15	3.15	2.84	2.41
(8) 销售价格变化率(%)	0		0	0	0	0	0
(9) 销售单价(元)	360		360	360	360	360	360
(10) 单位原材料成本(元)	150		150	150	150	150	150
(11) 单位可变成本(元)	可变成本80%为原材料		188	188	188	188	188
(12) 固定成本	每年20万元		20	20	20	20	20
(13) 期间费用	占当年销售收入的5%		54	57	57	51	43
(14) 净营运资本期末余额	占当年销售收入的10%	108	108	113	113	102	0
(15) 所得税税率	33%						

注:数据已经过四舍五入处理。

表6-3 现金流估算示例:推出新产品现金流估算表

单位:万元

项目	0	1	2	3	4	5
1. 设备投资(3)	(1 300)					
2. 销售收入(7)×(9)		1 080	1 134	1 134	1 022	868
可变成本(7)×(11)		(564)	(592)	(592)	(534)	(453)

续表

项目	0	1	2	3	4	5
固定成本(12)		(20)	(20)	(20)	(20)	(20)
期间费用(13)		(54)	(57)	(57)	(51)	(43)
折旧费用(3)第 0 年×(4)		(433)	(347)	(260)	(173)	(87)
税前利润		9	120	207	244	265
所得税		(3)	(40)	(68)	(81)	(87)
税后利润		6	80	138	163	178
加:折旧费用		433	347	260	173	87
3. 减:净营运资本变化	(108)		(5)		11	102
4. 设备处置						0
5. 项目总现金流量	(1 408)	439	422	398	347	367

第三节 项目风险和折现率的选择

上一节介绍现金流估算方法时,只给出了一组估算数字。事实上,这些事前估计数字很少等于项目实施后的实际现金流量。未来的现金流量本身具有不确定性,项目风险指一个项目无法实现预期的评估结果。

在无风险的条件下,计算 *NPV* 时只需考虑货币的时间价值,用无风险利率对估计的单一确定的无风险现金流进行贴现。但当项目未来的现金流有风险时,贴现的对象变为现金流量的期望值,是对未来不确定性的平均预期。净现值本质上是用产生相应现金流的机会成本来折现的,因此要求在处理被折现的现金流和折现率上要一致。根据一致性原则,贴现率也应是体现不确定现金流的机会成本,即项目资本所要求的预期收益率。

$$NPV = CF_0 + PV = CF_0 + \sum_{t=1}^{T} \frac{E[CF_t]}{(1+r_t)^t}$$

一、项目风险的来源和种类

(一) 项目风险的来源

导致项目计划和实际发生偏差的原因很多,它可能源于项目本身的特有因素,也可能来自公司所处的行业,或者宏观经济因素。根据风险来源不同,一般将项目的整体风险分为以下三类。

1. 项目特有风险

项目特有风险,是指只影响该项目的,由该项目特有因素造成的现金流的实际值和预期背离。分析人员如果错误估计市场发展趋势就会造成项目的实际值低于计划值。一般来说,公司可以通过投资多个类似项目来避免项目特有的风险。比如,一个手机制造商可能一年推出多个型号的新款手机,虽然某个型号可能销售情况不好,但只要其他型号销售超过预期,从公司角度看,该型号手机的风险就被其他型号抵消了。

2. 公司风险

公司风险,是指只影响公司,由公司所处行业特有因素造成的项目不能达到预期效果。决定一个行业收益情况的因素包括行业内部的竞争、行业的准入和退出机制、替代产品、政府监管,以及上、下游产业的影响和消费者等。这些因素的变化都会对项目的现金流产生非预期的影响。前面的例子中,手机制造商也许可以投资多个型号来避免对某个型号的判断失误,但是如果因为大量生产商的涌入,造成手机市场供大于求的局面出现,所有新型号的投资都可能以失望告终。对于该制造商来说,如果它的产品只有手机,便不可避免地遭受整个手机市场疲软的影响。但如果该公司是多元化经营,还涉足其他产品或行业,手机市场的风险就可以得到分散。作为投资者来说,可以通过投资于不同行业的公司来分散公司的风险。

3. 市场风险

市场风险,是指影响所有公司和项目的,由诸如利率、通货膨胀率、经济增长等宏观经济因素造成的非预期影响。无论对于公司,还是投资者来说,市场风险都是无法分散的。但是不同的公司、不同的项目市场风险特征是不同的。高科技行业对经济增长的敏感程度远远高于食品行业,类似地,高科技项目的市场风险远高于食品行业项目的市场风险。

(二) 项目风险的种类

对一个项目来说,部分风险是可以通过公司或其所有者的多元化的投资组合来分散的,但有些风险是不能分散的。因此一个项目的总体风险可以分为股东可分散的风险和不可分散的风险(也称 β 风险)。只有不可分散的风险,才能从市场中得到合理的风险补偿,也是对于项目进行财务分析所要关注的风险。

$$项目总体风险 = 可由股东分散的风险 + 不可分散的风险$$

不同的投资者对于风险的分散能力不同。例如,上市公司的投资者可以避免来自行业的风险,而非上市公司的投资者却会更多地承担来自产品、同业竞争等的风险,并且他们还要求有一定的行业风险溢价,因此预期收益率水平也较高。如果公司的主要投资者是国际投资者,不会要求对货币风险的补偿,而如果是国内投资者,对于公司从事的国际性业务,这些投资者会要求额外的货币风险以及政治风险的补偿。

不同公司、不同项目的投资者类型不同,决定了项目中不可分散的风险不同。一般来说,项目特有风险都是可以分散的,因此不作为项目财务分析的范围。而市场风险是普遍的,也是所有项目分析中必须进行的。

二、公司资本成本和项目贴现率

当存在风险时,计算项目净现值的贴现率必须反映项目中不可分散的风险。在前一章中,已经了解如何计算公司的资本成本,以加权平均资本成本(WACC)表示,是公司现有使用资本的机会成本,即公司已进行的项目所占用资本所要求的回报率。而公司计划中的投资项目是尚未进行的。如果以加权平均资本成本作为计算新项目的净现值的贴现率,隐含的假设是新投资项目与公司现有资产具有的平均风险相同。如果这种假设不成立,以 WACC 作项目的贴现率会有什么后果呢?

如果用资本资产定价模型来表示资产期望收益与风险的关系,期望收益率与 β 系数呈线性关系,如图 6-1 所示。β 系数代表的是对于包含所有市场风险的市场组合变动的反应程度。图中的证券市场线表示的是项目期望收益率与项目 β 系数之间的关系,即随 β 系数变化时所应采用的项目折现率。只有当新项目的 β 系数等于公司现有资产平均 β 系数时,新项目的期望收益率才相当于公司的 WACC。如果新项目的风险高于现有资产的平均风险,其资本要求的回报率也要高于公司资本成本——证券市场线。图 6-1 中 A、B、C、D 点分别代表了四个项目。在相同风险下,只有预期收益率大于证券市场线表示的贴现率时,项目才可接受。因此,在 A、B、C、D 四个项目中,A、B 是应该接受的项目,而 C、D 是应该淘汰的项目。但如果用 WACC 作贴现率,那么 B、C 变为可以接受的项目,而 A、D 成为被拒绝的项目。公司高估了项目 A 的风险,而低估了项目 C 的风险,结果是错误地淘汰了低风险的项目 A,而接受了高风险的项目 C。

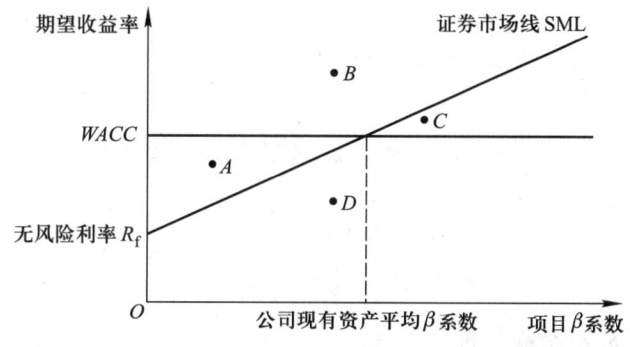

图 6-1 公司加权平均资本成本和项目风险的关系

事实上,每个新项目都与公司现有项目或多或少地不同,理想的情况是根据每个项目的特点度量项目的风险。但正如上一章中所看到的,估算公司 β 系数存在这样那样的问题。在实践中,一种方法是将项目按风险分类,规定不同类别的投资项目适用不同的贴现率,如表 6-4 所示。WACC 成为一个基准水平,公司的决策人根据项目间的相对风险来确定。虽然相对于采用单一的折现率,这种方法是进了一步,但是也应清楚地看到,决定分类方法以及决定不同类别投资项目的溢价时不可避免地带有很强的主观性。

表 6-4 项目风险程度和贴现率示例

类别	贴现率
新产品研究开发	16% = WACC+4%
现有产品扩大生产	12% = WACC
设备更新	10% = WACC−2%

关于 WACC 的估算,在上一章中已经介绍过,这里不再赘述。对于业务单一,所有投资项目类似的公司来说,采用 WACC 作为项目的贴现率,简单方便,决策人不必考虑每个项目的风险。但当一个公司的经营是多元化时,比如一个涉足房地产、证券和外贸等不同行业的公司,项目呈现很大的差异性,不能采用单一的贴现率。因此,有必要根据公司的业务线,计算不同部门的 WACC。在每个部门内部,还需要根据项目风险程度确定不同的贴现率。不同于计算公司的资本成本,部门和项目是非交易型的,因此不能直接采用市场交易数据进行

统计回归。常见的估计方法主要有如下两种：

（1）纯交易法，即利用业务较为单纯，与投资项目相近的上市公司的平均 β 系数代替项目的 β 系数。例如，一个准备进入投资证券业的制造企业，可以以上市的证券公司或近似的金融机构的 β 系数来计算。如果可比公司的资本结构与投资项目或部门的结构不同，将 β 系数直接平均是没有意义的，必须先排除不同资本结构造成的 β 系数的差异（具体方法在资本结构部分论述）。纯交易法的关键是找到可比公司，如果缺乏可比性，就需要利用基本信息直接测算 β 系数。

（2）会计 β 系数法，指以会计收益率（如资产收益率）代替股票收益率，对同期市场组合的收益率进行回归得出 β 系数。例如，根据 $R_t = \alpha + \beta R_{m,t} + \varepsilon_t$（$R_t$ 为 t 期的资产收益率，$R_{m,t}$ 为同期的股票指数收益率）进行时间序列回归。会计 β 系数法的缺陷较为明显，第一，它依据的是会计数据，而不是现金流，受会计方法影响大；第二，采用的是历史会计数据，因此要求未来的项目和过去进行的有一定的连贯性。

第四节　净现值应用的其他问题

前面已经就计算净现值的基本原理作了说明，这一节主要就它在实际应用中的问题作两点补充。

一、敏感性分析和场景分析

（一）敏感性分析

回顾第二节中推出新产品的例 6.2，假设飞腾公司采用公司加权平均资本成本，确定该项目的贴现率为 12%，该新产品项目的净现值为 33 万元（见表 6-5）。

表 6-5　飞腾公司推出新产品项目净现值计算表（接表 6-3）

单位：万元

生命周期	0	1	2	3	4	5
项目总现金流量	（1 408）	439	422	398	347	367
PV 现值（贴现率 12%）	（1 408）	392	336	284	221	208
NPV 净现值	33					

看到正的净现值的计算结果，作为飞腾公司的决策人是否就能放心地推出新产品呢？33 万元的结果是基于一系列关于未来市场、生产等假设条件下算出的，一旦对这些未来变量的预测发生变化，项目估算的现金流和净现值的计算结果就会发生改变。敏感性分析就是通过改变 NPV 计算中的一个变量的假设条件而维持其他变量不变的情况下，研究 NPV 对该假设条件的敏感程度的分析方法。

我们定义 NPV 是 33 万元和相应的假设条件为基准情况。在基准情况中，假设销售价格为单价 360 元。如果销售价格在 340～380 元浮动，对 NPV 计算结果会有什么影响呢？通过对销售价格的敏感性分析可以回答这个问题。表 6-6 列出了对应不同销售价格项目的净现值。一般来说，项目的增量现金流主要受决定销售收入和产品成本的关键因素的影响，通常敏感性分析都会包括对销售单价、销售规模、产品可变成本的分析。当然,不可能也没有必要对每一假设条件进行敏感性分析,应该根据项目的不同特点,只针对最具影响力和不确定性的变量进行分析。表6-6还给出了对原材料成本的敏感性分析。

表6-6　飞腾公司推出新产品项目敏感性分析(接表6-5)

单位:万元

分类	销售价格	NPV	原材料价格	NPV
乐观估计	380	167	130	212
	370	101	140	123
正常估计	360	33	150	33
悲观估计	350	−32	160	−54
	340	−98	170	−143

从对销售价格和原材料成本的敏感性分析结果中看到,无论是销售价格,还是原材料成本,当出现悲观估计时,项目的 NPV 都成为负值。但当销售价格相对于基准估计下降2.8%即350元时,NPV 变为负数,而当原材料成本要上升6.7%时,NPV 才变为负数。该项目对销售价格的敏感度相对较高,非常小的负面变化可以使该项目无利可图,而非常小的正面变化又使净现值成倍增加。

通过敏感性分析,投资公司决策人获得了基准情况外的补充信息。本例中,飞腾公司的决策人为稳妥起见,需要更详细了解销售价格的情况,特别是销售价格悲观情况出现的可能性。决策人再根据新的信息,决定是否接受该项目。但敏感性分析的不足恰恰在于,它依赖于决策者的主观判断和对于不确定性的态度。激进型的经理人和谨慎型的经理人面对同样的结果可能作出完全相反的决策。对于变量的乐观和悲观变化,不同的分析人员也会有不同的理解。

敏感性分析的另一个不足显而易见,它只是静态地考察了一个变量变化的后果,实质是假设各变量是独立变量。但实际上,很多变量之间是有联系的,例如销售价格的增加可能会引起销售量的下降,竞争产品使用同种原料可以导致原材料成本上升和销售量下降。因此需要针对一组彼此相关的变量进行分析,场景分析即是解决这一问题的途径。

(二) 场景分析

场景分析是敏感性分析的一种延伸,它是测算净现值对未来不同场景的敏感程度。每个场景是由多个变量的不同情况构成的。表6-7给出了飞腾公司新产品项目在销售价格和原材料成本同时变化下的净现值情况。

表6-7　飞腾公司推出新产品项目场景分析(接表6-6)

单位:万元

NPV		原材料成本				
		130	140	150	160	170
销售价格	380	344	255	167	78	−11
	370	278	189	101	12	−77

续表

NPV		原材料成本				
		130	140	150	160	170
销售价格	360	212	123	33	−54	−143
	350	146	57	−32	−121	−209
	340	80	−9	−98	−187	−276

变量越多,可能组合的不同场景也越多。但场景分析并没有给出一个客观的决策标准,如果设定场景过多,有可能造成决策时无所适从。通常的敏感性分析只设定乐观的情况和悲观的情况。最乐观的情况是所有变量都处于最佳状态,相反地,最悲观的情况是所有变量都是最差状态。场景分析的结果可以给出 NPV 的变化边界,但并没有给出各种场景的发生概率,因此同敏感性分析一样,场景分析也受到决策者主观性的影响。

二、不同生命周期的项目比较

假定一个机械制造公司是永续存在的,考虑这样一种情况,公司需要在两个生产车床的投资项目中进行选择。项目 A 的期限为 2 年,项目 B 的期限为 4 年。两个项目的现金流情况如表 6-8 所示。假定贴现率为 10%,项目 B 的净现值要高于项目 A,按照净现值法,应该选择项目 B。

表 6-8　不同生命周期项目 A、B 现金流和净现值

单元:万元

生命周期	0	1	2	3	4	NPV
项目 A	−10	15	15			16.03
项目 B	−10	10	10	10	10	21.69

但如果仔细观察两个项目的现金流就会发现,项目 A 期限短,第三、第四年就不再有现金流入。而项目 B 的现金流入持续 4 年。但是项目 A 的头两年的资金流入高,可以进行再投资,而净现值法只是计算了项目寿命期内的再投资。因此用净现值法比较项目 A、B 时,忽略了项目 A 第三、第四年的投资收益。在此例中,公司连续经营要求在第三年继续生产,如果公司选择的是项目 A,公司必须在前两年进行再投资。公司可以利用项目 A 收回的资金在第二年投资,这样第三年和第四年就有现金流入。而项目 B 的再投资可以晚至第四年。如果考虑项目 A 的再投资问题,是不是还会得出项目 B 优于项目 A 的结论呢?如何将不同生命周期的项目在相同的时间基础上比较呢?主要有重置链法和约当年金法两种。

(一) 重置链法

重置链法是取不同项目生命周期的最小公倍数作为项目的总投资年限,再比较不同项目的净现值。在本例中,项目 A、B 寿命期的最小公倍数为 4。以项目 A 为例,公司可以在第二年重复投资项目 A,因此在 4 年内,项目 A 完成两次,项目 B 完成一次循环(见

表6-9）。

表6-9　重置链法

单位:万元

生命周期		0	1	2	3	4
项目A	第一次循环	-10	15	15		
	第二次循环			-10	15	15
项目A4年内现金流		-10	15	5	15	15
项目B		-10	10	10	10	10

项目A重置后净现值为:

$$NPV_{A,4} = -10 + \frac{15}{(1+10\%)^1} + \frac{5}{(1+10\%)^2} + \frac{15}{(1+10\%)^3} + \frac{15}{(1+10\%)^4} = 29.28(万元)$$

或

$$NPV_{A,4} = NPV_{A,2} + \frac{NPV_{A,2}}{(1+10\%)^2} = 16.03 + 13.25 = 29.28(万元)$$

按照4年共同生命周期计算的项目A的净现值为29.28,高于项目B的21.69,所以当考虑项目的不同生命周期后,项目A要优于项目B。

(二) 约当年金法

当不同年限的最小公倍数比较大时,使用重置链法的循环计算会变得非常繁复。约当年金法是比较简单实用的替代方法。它是按照年金的概念,将不同项目的净现值换算成每年等额的年金,然后比较不同项目的年金,从而比较两个项目的经济价值。

根据第二章的年金一般计算公式,现值29.28万元,相当于2年期每年9.23万元的后付年金。因此项目A相当于在2年内每年为公司带来9.23万元的现金。项目B则为6.84万元。因此按照年金的方法,项目A也好于项目B。

$$NPV_A = 16.03 = A_A \sum_{t=1}^{2} (1+10\%)^{t-1} \rightarrow A_A = 9.23(万元)$$

$$NPV_B = 21.69 = A_B \sum_{t=1}^{4} (1+10\%)^{t-1} \rightarrow A_B = 6.84(万元)$$

当项目的资本成本相同时(本例中两个项目的贴现率均为10%),只要直接比较各项目的年金,选取年金值最高的项目即可。但当项目的资本成本不同时,即项目的贴现率不同时,需要将折算后的年金永续化后再比较。以项目A为例,年金永续化的现值为92.3万元。

$$项目A永续化年金现值 A_A = \sum_{t=1}^{\infty} (1+10\%)^{t-1} = \frac{9.23}{10\%} = 92.3(万元)$$

约当年金法和重置链法结论相同,但是从计算上看,约当年金法比重置链法要简单得多。形式上,两种方法似乎不同。约当年金法假设项目A只有一次循环,重置链法对项目A有两次循环,但实质上,两种方法都是假设项目在无限期内重复进行。重置链法是截取了项目在无限期中的最短的共同周期进行比较,因为最小公倍数周期以后的比较只是重复。约当年金法通过换算后的年金表明项目在无限期内每年带来现金。因此,也可以说,我们实质是将不同周期的项目放在无限期比较,假设项目 A、B 无限重复,通过计算净现值可以得到相同的结论,其计算过程如图 6-2 所示。

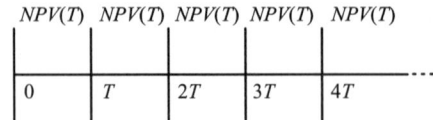

图 6-2   净现值推算过程示意图

假设永续项目每 T 年循环一次,贴现率为 r,永续项目的现值是:

$$NPV(T,\infty) = NPV(T) \times \frac{(1+r)^T}{(1+r)^T - 1}$$

所以,计算结果为:

$$NPV_A(2,\infty) = NPV_A(2) \times \frac{(1+10\%)^2}{(1+10\%)^2 - 1} = 92.3(万元)$$

$$NPV_B(4,\infty) = NPV_B(4) \times \frac{(1+10\%)^4}{(1+10\%)^2 - 1} = 68.4(万元)$$

运用这两种方法的共同前提是项目可以被无限复制,换言之,项目的现金流情况不会有改变,更有效的替代项目不存在。如果没有这个前提,那么就不存在将不同生命周期项目放在相同时间上比较的必要了。

本 章 小 结

本章从净现值法与公司价值最大化的关系入手,着重于净现值法的实际应用,讨论如何估算投资项目的现金流、如何选择折现率以及如何比较不同项目的净现值。最后对加强净现值方法的敏感性分析和场景分析进行了说明。主要结论如下:

1. 按照净现值法投资符合价值最大化的公司经营目标。

2. 就净现值本身来看,有如下特点:

(1) 净现值使用的是现金流量而非会计收入。

(2) 净现值包含了项目的全部增量现金流。

(3) 净现值通过折现,体现了货币的时间价值原则。

(4) 净现值具有可加性:$NPV(A+B) = NPV(A) + NPV(B)$。

3. 计算项目的净现值必须根据增量的税后现金流。通常估算项目的现金流中不含利息费用,而将借债成本体现在贴现率中。

4. 项目的资本成本是否等同于公司的资本成本,要视项目的风险是否与公司资产的平均风险相同。因此采用同一的加权平均资本成本作为项目的贴现率,不能体现不同项目的风险。

5. 敏感性分析和场景分析为决策者提供了项目不确定性的补充信息,但会受到决策者个人主观因素的影响。

6. 比较不同生命周期的项目时,可以采用重置链法或约当年金法。两个方法本质相同,但后者更简便。

思考与练习

一、名词解释

净现值　沉没成本　机会成本　增量现金流　项目特有风险　公司风险　市场风险　场景分析　重置链法　约当年金法

二、问答题

1. 为什么在计算增量现金流时需要考虑营运资本的变化?

2. 简述名义现金流量和实际现金流量的区别。

3. 净现值计算中如何处理沉没成本和机会成本?

4. 使用约当年金法的假设前提是什么?

5. 简述敏感性分析的作用和局限性。

6. 在估算项目增量现金流量时,税收的影响主要体现在哪些方面?

7. 公司资本成本和项目贴现率有什么区别和联系?

三、计算分析题

1. 作为一家服装公司的总经理,你正在考虑是否购买一套最新的 ERP 系统,以提高营运效率。ERP 系统基本情况如下:

(1) 新 ERP 系统购买成本为 1 000 万元,安装成本为 200 万元,安装可在当年完成。以后每年营运成本为 100 万元,被取代的原系统运营成本为 250 万元。

(2) 新系统预计使用期限为 10 年,期末无残值。

(3) 新系统可加快周转率,销售收入预计在今后 10 年从现在每年 800 万元的基础上,以每年 5% 的增长率递增。

(4) 产品成本占销售收入的 60%。

(5) 所得税税率为 25%。

(6) 新系统降低了存货水平,从原来占销售收入 50% 降为占销售收入的 30%。

(7) 折现率为 12%。

试计算:① 第 0 年的预计现金流。② 新系统投入运营后,预期每年的增量现金流是多少? ③ 购买该系统的净现值是多少? 是否购买?

2. 你需要在 A、B 两个项目作选择,现金流情况见表 6-10。项目 A 的现金流为名义现金流,项目 B 的现金流为实际现金流,对应的名义贴现率为 15%,通货膨胀率为 5%。你会选择哪个项目?

表 6-10 项目 A、B 现金流情况表

单位:万元

年份	项目 A	项目 B
0	-4 000	-3 000
1	1 000	750
2	1 500	1 000
3	2 500	1 250
4	1 000	1 250

3. 你所在的公司需要购买新的打印设备,有 A、B 两个品牌可供选择。A、B 的功能无差异,差别主要在于使用寿命和维护成本,具体见表 6-11。

表 6-11 品牌 A、B 使用寿命和维护成本情况表

单位:元

年份	品牌 A	品牌 B
0	6 000	8 000
1	1 500	1 300
2	1 500	1 300
3	1 500+更换成本	1 300
4		1 300+更换成本

(1) 忽略税收的影响,假设实际贴现率为 8%,如果公司的购买目的是出租该打印设备,公司对上述品牌的设备应收取多少租金?

(2) 你认为公司应购买哪一品牌?

(3) 表 6-11 中的数字均为实际成本,如果通货膨胀率保持在 4% 的水平上,公司应收取多少租金?

4. 某制药企业为研发一种抗疟疾新药,未来三年需要使用某型专用过滤提纯设备。该新型设备目前的市场价格为 500 万美元,使用寿命为 5 年,残值为 0。为满足新药开发需要,企业财务部提出了贷款购买和经营租赁两个方案:

(A) 贷款购买。由于新药开发符合国家政策,企业可以以 6% 的优惠年利率获得 500 万美元贷款用于购买该设备(贷款利息每年年末支付,本金第三年年末偿还)。企业购入该设备后按直线法计提折旧,使用 3 年后预计可以以 120 万美元的价格出售。设备使用期间每年还需要付 20 万美元的保养维护费(年末付)。

(B) 经营租赁。有设备生产商愿意出租该型设备供制药企业使用,每年租金 120 万美元(根据行业惯例需每年年初支付),设备生产商负责租赁期间的设备维护及相关费用。已知该制药企业的所得税税率为 25%,企业正常的资本成本为 10%。

(1) 请通过计算分析该企业应该采用何种方案获得设备更合理?

(2) 如果国家政策允许对该设备购一次性计提折旧,哪种方式更有优势?如果由于大幅降息导致企业资本成本普遍下降,结果又如何?

即 测 即 评

第七章 其他资本预算法则

第一节 回 收 期 法

回收期是指回收投资成本所需的时间,一般以年为单位来表示。

$$回收期 = \frac{净投资额}{年净现金流}$$

或

$$回收期(n) = 全部可回收投资的上一年份 + \frac{未收回部分投资余额}{全部可回收投资年份的当年现金流}$$

回收期法则为:如果项目的回收期低于公司设定的最高回收年限,就可接受该项目;如果是比较不同项目,回收期短的项目相对较好。回收期法简单、直接、易于理解,十分强调资金的流动性,认为投资项目能越快收回投资的就越好。

但是回收期法存在着致命的缺陷:

(1) 回收期法没有考虑整个项目期间的现金流,忽略了回收期后项目产生的现金流,因而它不能全面反映项目的价值。比较表7-1中的项目A和B,项目的投资额和前两年的现金流完全相同,它们的回收期都是2年,但项目A第三年的现金流为0,项目B第3年的现金流为正。因此单凭回收期法是无法区分这些项目优劣的。

表 7-1 项目 A、B、C 的现金流量

单位:万元

项目	预期现金流				回收期	NPV
	0	1	2	3	(年)	(贴现率10%)
项目 A	-3 000	1 000	2 000	0	2	-438
项目 B	-3 000	1 000	2 000	3 000	2	1 816
项目 C	-3 000	2 000	1 000	3 000	2	1 899

(2) 回收期法忽略了货币的时间价值。比较表7-1中的项目B和项目C,项目的投资额和现金流入总数是相同的,不同的是项目C在第一年收回现金2 000万元,较项目B多,虽然它们的回收期指标相同,但货币的时间价值原理表明越快收回现金流的项目越优。为了克服这一问题,有些公司采用了折现回收期。该方法是先将现金流量折成现值,再用以计

算收回投资所需的时间(见表 7-2)。由于进行了贴现,使得现金流量的数值变小,折现回收期因而要比相应的回收期长。项目 B 和 C 的差别因而得以呈现,项目 B 的资金回收快,折现回收期要比项目 C 短。项目 A 按照折现回收期的标准,则不能收回投资。虽然折现回收期纠正了回收期的货币的时间价值问题,但它仍然忽略了回收期后的现金流。

(3)回收期法的最大可接受期限完全是主观选择。如果一个公司制定的标准是 3 年,表 7-1 中的项目 A、B、C 均可以接受。但项目的净现值表明,项目 A 只能降低公司的价值,应该予以放弃。如果公司制定的标准小于 2 年,那么项目 A、B、C 都不能入选,公司放弃的是具有正的净现值的项目 B 和项目 C。

表 7-2　项目 B 和项目 C 的折现回收期(贴现率 10%)

单位:万元

项目	预期现金流				折现回收期(年)
	0	1	2	3	
项目 B	-3 000	1 000	2 000	3 000	2.16=2+438÷3 000
现金流量现值	-3 000	909	1 653	1 503	
累计净现金流量	-3 000	2 091	438	1 816	
项目 C	-3 000	2 000	1 000	3 000	2.12=2+355÷3 000
现金流量现值	-3 000	1 818	826	2 254	
累计净现金流量	-3 000	-1 182	-355	1 899	

由于回收期的上述问题,依据回收期进行的项目排序是不可靠的,进行的项目取舍可能是错误的。回收期法只是强调了投资项目的流动性,可以作为衡量项目风险的一个粗略的指标。对于那些技术设备更新换代快的行业或者资金缺乏的企业来说,资金的快速回笼对企业的发展至关重要,因此,回收期可能是衡量项目是否可行的一项重要标准。但回收期有着致命的概念性的错误,因此它只能是净现值等指标的一种补充,而不能作为资本预算的唯一法则。

第二节　平均会计收益率法

平均会计收益率(AAR)一般是指扣除所得税和折旧后项目的平均预期净收益与整个项目寿命期内平均账面投资额的比率。

$$平均会计收益率=\frac{年平均净收益}{年平均投资余额}\times100\%$$

举例来说,假设 A 公司计划购置一台新设备用以扩大生产,设备的成本为 50 000 元,使用寿命为 5 年,期末无残值,按直线法计提折旧。预计每年新设备带来的现金收入与支出的变化如表 7-3 所示。

表 7-3　平均会计收益率计算示例

单位:万元

年份	1	2	3	4	5
收入增加额	45 000	50 000	40 000	30 000	20 000
支出增加额	25 000	20 000	15 000	10 000	10 000
折旧前净利	20 000	30 000	25 000	20 000	10 000
折旧(直线法)	10 000	10 000	10 000	10 000	10 000
税前净利	10 000	20 000	15 000	10 000	0
所得税(税率33%)	3 300	6 600	4 950	3 300	0
税后净利	6 700	13 400	10 050	6 700	0
年平均净收益	(6 700+13 400+10 050+6 700+0)÷5=7 370				
年平均投资余额	(50 000+40 000+30 000+20 000+10 000+0)÷6=25 000　　或先计算出每年的平均账面资产余额,再平均 $$\left(\frac{50\,000+40\,000}{2}+\frac{40\,000+30\,000}{2}+\frac{30\,000+20\,000}{2}+\frac{20\,000+10\,000}{2}+\frac{10\,000+0}{2}\right)\div5=25\,000$$				
平均会计收益率	7 370÷25 000=29%				
净现金流(税后净利+折旧费用)	16 700	23 400	20 050	16 700	10 000
NPV(贴现率10%)	17 200				

平均会计收益率的法则是:如果投资项目的平均会计收益率大于决策者心目中的目标收益率,就可以接受该项目;反之,则应放弃。假设 A 公司设定的平均会计收益率的标准为20%,那么 A 公司应该购买该新设备。对于互斥项目来说,收益率越高的项目越好。

平均会计收益率根据预测的一般会计报表的数据即可计算,简单直观。但它不是基于项目现金流的一个指标,不可避免地带有会计指标的局限性,受到会计方法的左右,并且违背了货币价值衡量的基本原则:

(1)会计核算方法不同,可以使收益数值发生变化,但是项目的现金流并不受影响。例如,当折旧或存货成本核算方法改变时,会计的收益数字也随之改变,造成平均会计收益率指标的变化,但项目还是维持原有的吸引力。

(2)平均会计收益率采用的是平均数字,没有考虑货币的时间价值,无法区分项目不同时期的盈利水平,偏向于后期产生收益的项目。

(3)同回收期一样,平均会计收益率依据的是主观的判断标准。从价值增值来说,只要是净现值为正的项目对公司都是有利的。那么对应于净现值为 0,是否有一个收益率的标准呢?回答是否定的,会计收益率不仅取决于项目本身,还取决于采用的会计方法。以 A 公司为例,如果目标设定的是 30%,那么决策的结果就是不购买新设备,因此放弃了一个正的净现值的项目。一般公司往往拿过去公司的资产收益率作为参照,要求新项目不低于公司资产收益率。但是公司的资产收益率指标是所有公司以往项目的平均表现,并不一定与新项目有可比性。

尽管公司出于各种原因,可能会关注会计收益率的指标。比如对于上市公司来说,资产收益率是一项重要的筹资指标。因此,考虑新的项目对公司的有关会计收益率的指标会造成什么影响是无可厚非的。但如果仅仅用会计收益率作为判断、取舍投资项目的方法,就可能造成投资的决策错误。

第三节 内部收益率法

内部收益率(IRR)源自净现值的计算,是令净现值为 0 的折现率。内部收益率的计算可以采用试算法,但现在多是借助计算机软件的帮助,如 Excel 等。

$$NPV = CF_0 + \sum_{t=1}^{n} \frac{CF_t}{(1+IRR)^t} = 0$$

例如,对于表 7-4 所示的项目,内部收益率为 12.8%,如图 7-1 所示。该项目的净现值与贴现率呈反向关系,当贴现率小于内部收益率时,项目的净现值为正;当贴现率大于内部收益率时,项目净现值为负数。

表 7-4 内部收益率计算示例

单位:万元

年份	0	1	2	3	4
现金流入		1 000	1 500	2 000	2 500
现金流出	5 000				
内部收益率	12.8%	$-5\ 000 + \dfrac{1\ 000}{(1+12.8\%)^1} + \dfrac{1\ 500}{(1+12.8\%)^2} + \dfrac{2\ 000}{(1+12.8\%)^3} + \dfrac{2\ 500}{(1+12.8\%)^4} = 0$			

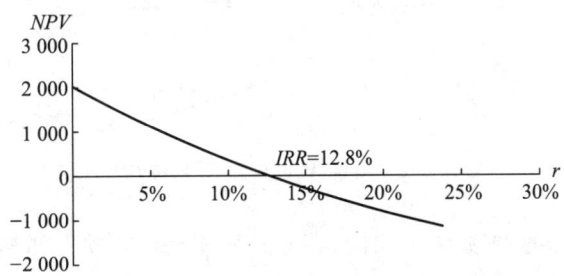

图 7-1 NPV 曲线和 IRR

内部收益率不是一个实际报酬率,它本身不受资本市场上利率的影响,而是完全根据项目的现金流计算出来的。可以说,它在一定程度上反映了项目的内在特征。当项目的资本成本小于内部收益率时,项目的净现值为正,可以接受该项目。反之,项目的成本高于内部收益率时,项目的净现值为负,应该放弃该项目。净现值法和内部收益率在这点上具有一致性。内部收益率可以说是决定是否接受该项目的最低的报酬率。比较不同的项目,内部收益率高的项目要优于内部收益率低的项目,因为项目所能承受的资金成本相对较高。

内部收益率是从净现值法中发展而来,也体现了货币的时间价值,并将项目期的全部现金流纳入计算,以百分比的形式表示,可以与资金成本直接比较,避免了不同项目规模的问题,便于使用,因而在实践中得到非常广泛的应用。但是内部收益率在应用中还存在问题,特别是面对较为复杂的现金流模式时,或是在比较互斥项目时具体如下:

（一） 内部收益率无符号显示,不能表明是投资还是融资

比较表 7-5 中的三个项目,项目 A 的现金流模式是典型情况,在项目起始阶段进行投资,现金流出,然后项目收益逐步显现,现金逐步流入。类似项目 A 的项目,称为投资型项目,在项目初期是净投入资金。对于公司来说,投入的资金还可以在市场上放贷,因而贴现率体现的是投资的机会成本。对于投资型的项目来说,内部收益率反映的是投资收益情况,越高越好。这类项目的净现值与贴现率是反向关系(见图 7-2)。用内部收益率法则来判断,当贴现率小于内部收益率时,可以接受项目。对项目 A 来说,因为折现率 10% 小于内部收益率 25%,因而净现值为正。

表 7-5　内部收益率问题 1:投资还是融资

单位:万元

项目	预期现金流			IRR	NPV（贴现率为 10%）
	0	1	2		
项目 A	−1 000	250	1 250	25%	260
项目 B	1 000	−250	−1 250	25%	−260
项目 C	−1 000	3 000	−2 187.5	25%,75%	−81

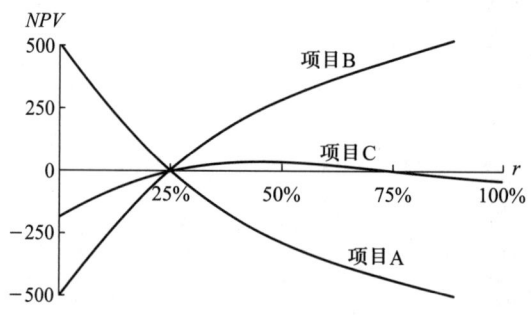

图 7-2　项目 A、B、C 的 NPV 和 IRR

项目 B 的现金流数量与项目 A 相同,符号正好相反。在项目初期获得资金,然后现金逐步流出。比如,组织展览会、召开会议的项目,往往是预收参加者的费用,会议开始后才支出费用。类似项目 B 的项目,我们称为融资型项目,在项目初期是净融入资金。对于公司来说,执行项目 B 可以达到融资的目的,项目的内部收益率如同利用 B 融资的成本。公司也可直接从金融市场上借款。对于融资型项目来说,内部收益率反映的是融资成本,越低越好。只有当内部收益率小于金融市场上的借款成本后,公司才愿意进行项目 B。这类项目的净现值与贴现率为正向的关系。因而它要求的投资法则与内部收益率法则恰恰相反,若内部收益率大于贴现率,必须放弃该项目。就项目 B 而言,内部收益率同样为 25%,大于10% 的贴现率,应予放弃。

可见,内部收益率法则只对投资型项目适用。对融资型项目,对内部收益率法需要进行反向操作。但是对无法明确定义是投资型还是融资型的项目,例如项目 C,当期状似投资型,但到第一期又好像是融资型。这时简单的逆向调整就不够了。实际上项目 C 的内部收益率有两个:25% 和 75%,该用哪个收益率来进行比较呢? 这也提出了内部收益率使用的第二个问题。

(二) 内部收益率多解或无解

表 7-5 中,项目 C 的现金流的形式较为特殊,在最初的现金流出后,在第二期又有现金流出。25% 和 75% 的贴现率都可使净现值为 0,因此 25% 和 75% 都是项目 C 的内部收益率。当贴现率在 25% 和 75% 之间时,项目的净现值为正,可以接受。当贴现率小于 25% 或者大于 75% 时,项目的净现值为负,不能接受。可见,在多重内部收益率的情况下,简单的内部收益率法则不能适用。

当项目需要进行后续投资时,即在现金流入后还需再投入一部分现金的情况下,就会呈现项目 C 的现金流的形式,再投资可能使这些年的现金流成为负值。不同于常规的投资项目,这些项目的现金流的符号会有多次变化。项目 C 的现金流量在第一年由负变正,在第二年由正变负,共变化两次。从代数上说,内部收益率是令净现值为 0 时得到的一元 n 次方程式的根,只要得到的根满足大于 0 小于 1 的条件,就可以作为项目的内部收益率。而出现正解的次数与现金流符号变动次数相等。如项目 C 的现金流符号变动两次,共有两个内部收益率。

当然,内部收益率求解的过程可能出现多解的情况,也可能出现无解的情况。无解表现为解出的根在 0 到 1 的区间以外,或者方程无解。表 7-6 中的两个项目都是净现值为正的好项目,项目 A 的内部收益率无解,图 7-3 中其内部收益率曲线和 x 轴不相交。项目 B 相交的点为 122%,不符合内部收益率的定义,无实际应用意义。

表 7-6　内部收益率问题 2:无解

单位:万元

项目	预期现金流			IRR	NPV（贴现率为 10%）
	0	1	2		
项目 A	1 000	-2 000	1 500	无解	421
项目 B	1 000	2 000	500	122%	1 231

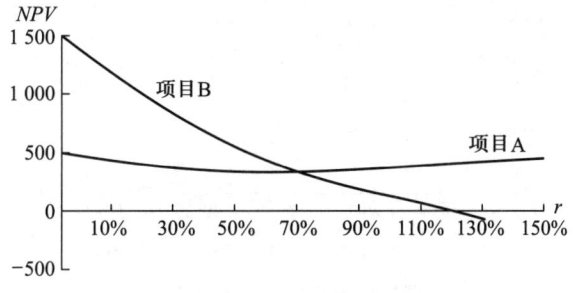

图 7-3　项目 A、B 的内部收益率(无解)

内部收益率的问题 1 和问题 2 属于实际应用中的问题,解决的办法中最为直接的就是转而采用净现值。多数情况下,当可以应用内部收益率时,内部收益率法的结论和净现值法的结论是一致的。但在比较互斥项目时,两者会产生不一样的比较结果。

(三) 互斥项目排序问题——项目规模不同

内部收益率以百分比表示,是一个规模化的指标。因而从价值增值角度看,内部收益率并没有反映投资规模带来的影响。与此相对,净现值是绝对值指标,受项目规模大小的直接影响,和公司价值最大化的目标直接对应。因此,用内部收益率法来比较互斥项目时,会产生误导。

比较表 7-7 中 A、B 两个项目,项目 B 的投资规模是项目 A 的 2 倍,但从收益率的角度低于项目 A。在贴现率为 10% 时,两个项目都能为公司带来增值。如果是独立的项目,公司没有投资资金的制约,两个项目都可以接受。两个项目的内部收益率 50% 和 39.6% 都高于贴现率 10%,按照内部收益率法进行的决策和净现值法是一致的。但是如果公司只能从 A、B 项目中选择一个,按照净现值法,项目 B 带来的价值增值高于项目 A,因此项目 B 比项目 A 好。而按照内部收益率法,项目 A 的 50% 高于项目 B 的 39.6%,所以项目 A 比项目 B 好,这个结论显然不符合公司价值最大化的原则。

表 7-7   内部收益率问题 3:互斥项目规模不同

单位:万元

项目	预期现金流			IRR	NPV (贴现率为 10%)
	0	1	2		
项目 A	-1 000	500	1 500	50.0%	694
项目 B	-2 000	1 000	2 500	39.6%	975
项目 B-项目 A	-1 000	500	1 000	28.1%	281

观察图 7-4 中项目 A、B 的净现值与贴现率的关系,可以看到当贴现率为 28.1% 时,两个项目的净现值相等。只有当贴现率大于 28.1% 时,净现值法同内部收益率法才是一致的。当贴现率小于 28.1% 时,如此例中 10% 的情况,只有净现值法可以给出正确的决策。投资项目 B 比投资项目 A 可以使企业多增加价值 281 万元。

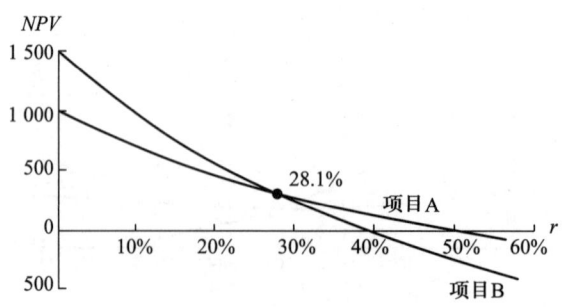

图 7-4   不同规模的互斥项目的 NPV 和 IRR 比较

　　如何补救内部收益率忽视项目规模的问题呢？一种可行的方法是通过计算增量内部收益率的方法来比较互斥项目。以表7-7中项目A、B为例，第一步，判断小项目是否值得投资。因为项目A的内部收益率高于10%的贴现率，所以回答是肯定的。第二步，计算大项目比小项目增加的现金流，即用大项目的现金流减去小项目的现金流，如表7-7中项目B-项目A所示。第三步，计算增量现金流的内部收益率，此例为28.1%。第四步，运用内部收益率法，比较增量现金流的内部收益率和贴现率。此例中10%的贴现率小于28.1%的增量内部收益率，所以应该投资大项目，即项目B。如果贴现率大于增量内部收益率，公司应该选择小项目进行投资。

　　增量内部收益率的原理如下：如果项目A作为小规模的独立项目值得投资，那么继续追加投资1 000万元是否值得呢？因为增加的投资的收益率达到28.1%，高于资金的10%的机会成本，所以追加投资是有利可图的。因此，应该投资大项目B。增量内部收益率是令追加投资价值为0的贴现率，因此它就等于令规模不同的项目净现值相同的贴现率。

（四）互斥项目排序问题——现金流的模式不同

　　项目不同的另一个重要体现就是现金流的模式。比较表7-8中的项目A和项目B，初始的投资规模相同，都是1 000万元，但项目A的投资回收得快，大部分的现金流入发生在第一期，而项目B的绝大部分的现金流入发生在最后一期。

表7-8　内部收益率问题4：互斥项目现金流入模式不同

单位：万元

项目	预期现金流			IRR	NPV（贴现率为10%）
	0	1	2		
项目A	-1 000	1 200	600	58.0%	587
项目B	-1 000	500	1 500	50.0%	694
项目B-项目A	0	-700	900	28.6%	107

　　从净现值看，项目B价值高于项目A。但如果根据内部收益率法，项目A要优于项目B。同比较不同规模互斥项目时类似，我们又面临了净现值法和内部收益率法相悖的情况。图7-5表明，贴现率为28.6%时，两个项目的净现值相等。当贴现率小于28.6%时，项目A的净现值小于项目B，内部收益率法与净现值法结论不同。只有当贴现率大于28.6%时，内部收益率法的决策才是正确的。类似地，如果用增量现金流，表7-8中项目B-项目A表示，计算出增量内部收益率，可以得出正确的结论。

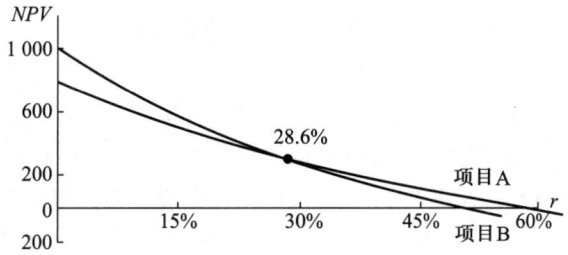

图7-5　不同现金流模式的互斥项目的NPV和IRR比较

为什么项目的初始现金流出规模相同,但现金流入的时间点不同会造成内部收益率法的误导呢?内部收益率也考虑了货币的时间价值,也计算了项目全部的现金流,为什么与净现值法有不同呢?原因在于两个方法对于期间现金流的再投资率的假设不同。

按照净现值法,再投资是按项目的资本成本即贴现率来进行的。对于项目 A 来说,投资收回得快,可以进行更多的再投资,因此再投资率越高对于项目 A 越有利。但在此例中再投资率为 10%,处于比较低的水平,项目 A 资金回笼快的优势不强,因此项目 B 尽管在前期效益不高,再投资所得少,但后期效益高的优势更突出,因此在贴现率较小时,项目 B 优于项目 A。但随着贴现率的提高,项目 A 的优势逐渐变强。当贴现率超过 28.6% 以后,尽管项目 B 的资金流入总量高于项目 A,但项目 A 期间现金流的再投资价值更高,项目 A 的净现值要高于项目 B。

内部收益率法假设期间现金流是按照内部收益率来进行投资的。对于项目 A 来说是58%。而实际再投资率是资金的成本,只有 10%。项目 A 的价值受再投资的影响较大,因此当内部收益率与实际再投资率有很大偏离时,按照内部收益率考量比较项目 A 和项目 B 时会出现较大的偏差。

综上所述,尽管内部收益率法简单易懂,但在实际应用中,可能会遇到判断方向的问题,或者出现无解或多解的情况。由于内部收益率法再投资率的假设与实际不同,在比较互斥项目时,项目规模不同或现金流入模式不同都可能使内部收益率法作出错误的结论。因此,使用内部收益率法需要进行调整,例如运用增量现金流的方法,或者采用最直接的正确方法——净现值法。

公司究竟应用哪些投资决策法则?

第四节　资本配置条件下的资本预算

上一节中讲到各种法则时,我们只是对项目本身进行考察来决定项目是否可以接受。一个隐含的假设是,公司的投资规模不受限制,因此只要项目能够为公司带来增值,就可以接受。对于互斥项目,选择价值增值最高的项目。但是有的时候,公司的决策者会面临有限资本供应的情况,因此只能在一定的资本支出总量限制下选择投资项目,这就是所谓资本配置。当资本配置的问题存在时,资本预算的决策不是挑选单独的项目,而是在资源有限的条件下,选择最佳的项目组合。

一、如何理解资本配置条件

公司为什么会面临资本配置的问题?从理论上来说,如果公司内部资金不足以满足一个好项目的投资需要,公司可以从金融市场上融资。只要金融市场同公司一样肯定了该项目是个好项目,公司可以按照公平的价格在金融市场借款或发行证券。

但在实践中,完美的金融市场是不存在的。从宏观上来说,用于投资的资金是一定的,因此有限的资源必将在不同投资主体间进行分配。从微观看,各个公司的融资能力是不一样的,一个被金融市场熟悉和信任的公司要远比一个新的公司更容易获得资金,因此也面临较少的资本约束。大公司、历史长的公司融资的渠道更多,融资的成本也低,可以进行更多和更大规模的投资。相对地,小公司、历史短的公司融资困难,融资成本也高,因此很多时候不得不放弃好的项目。另外,项目的不确定性以及公司和金融市场的信息不对称,使得即使公司内部已确认为值得投资的项目,如果它不为金融市场所承认,或者被金融市场低估价值,企业不得不放弃融资,取消投资计划。

除了金融市场这一因素,公司所受到的外部影响可能来自管制部门,对于投资于什么项目、投资上限都可能有一定的规定。公司签订的一些外部合作协议或者贷款协议也可能对于公司举债的规模有一定的限制。

除了外部因素制约公司的筹集资金的规模,公司自身可能出于各种原因,而限制筹资的规模,从而限制资本投资的规模。比如,公司可能设定理想的负债和权益比例,希望负债维持在一定的合理范围内,公司的股东不愿意失去对公司的控制而拒绝发行新的股票等。

实践中,最常见的是一个公司的部门预算需要在一定规模下进行,或者一个分公司必须遵守总公司规定的投资上限。公司这么做很大程度上不是因为外部条件的制约或者公司理想负债规模的限制,而是从公司的内部管理控制出发。为了避免各业务部门或者各分公司为了争资金而夸大项目的价值,因此通过设定一定的规模,促使各分支仔细研究项目,确定哪些是应该优先投资的项目。资本配置实际成为一种管理手段。但这样的公司多会辅以特别机制,规定某些特殊项目不受部门或分支机构的规模限制,或者针对特别情况,一旦发现值得投资的项目,投资规模可以调整。

所以,公司的资本配置条件,有的是客观的外部原因造成的,有的是出于内部原因。有些出于内部原因的投资限制不是硬性的,条件成熟时就会取消。

二、资本配置条件下的资本预算——盈利指数法

项目的净现值告诉我们一个项目是否值得投资,价值增值多少,但并没有表明需要多少投资,也就是项目的规模问题。盈利指数(PI)就是将净现值规模化的指标,它是衡量每一单位投资额所能获得的净现值大小。

$$盈利指数^{①} = \frac{净现值}{初始投资}$$

当净现值为正时,盈利指数才大于 0。盈利指数越高,表明项目的回报率也越高,在资本有限的情况下,公司力求将资金投入回报高的项目中去。表 7-9 中列出了 3 个相互独立的净现值为正的项目。如果没有资本的限制,这三个项目都是值得投资项目。项目 C 的净现值最高,但单位的盈利能力最低,它的盈利指数 0.29 是三个项目中最低的。

表 7-9　不同规模项目的盈利指数和净现值

单位:万元

项目	预期现金流			PI	NPV（贴现率为10%）
	0	1	2		
项目 A	−1 000	600	1 200	0.54	537
项目 B	−1 500	800	1 500	0.31	467
项目 C	−3 000	2 000	2 500	0.29	884

---

①　有时盈利指数表示为项目初始投资产生的后续现金流与初始投资的比率。有时盈利指数还表示为项目现金流入量的现值与现金流出量的现值的比率,原理和我们使用的式子是相同的。

　　假设公司的预算限额为 3 000 万元,公司在限额内可以进行的投资形式,除了对 A、B、C 单独投资,还可以选择进行项目间的投资组合:A 和 B。其他的投资组合 A 和 C、B 和 C 以及 A、B、C 三个项目全选都会超过资本预算的限额。在有限的投资规模下,公司需要寻求最大的回报增值。项目的盈利指数反映的是单个项目的盈利能力,但从价值量角度衡量比较项目,盈利指数作为比率指标,它的直接比较是不能体现价值大小的。例如,项目 A 和 B 都是比项目 C 盈利能力强的项目,都高于项目 C 的盈利指数,但它们的净现值都要低于项目 C。同样道理,比较投资组合,也不能将盈利指数简单地相加,而必须结合项目规模和投资限额,计算加权平均盈利指数,如表 7-10 所示。采用投资规模占投资限额的比重作为权数,加权平均盈利指数就将不同投资组合的规模差别去除,因此比较加权平均盈利指数也就相当于价值量的比较。例如,项目 A 和 B,没有用尽预算限额,产生闲置资金。闲置资金可以存入银行,因此净现值为 0,其盈利指数也为 0。投资组合 A 和 B 的加权平均盈利指数为 0.34,高过任何其他可能的组合形式,因此是最佳的投资选择。

表 7-10　加权平均盈利指数计算示例

单位:万元

项目	起始投资	占投资限额权重(W)	盈利指数(PI)	加权平均盈利指数($WAPI = W \times PI$)	NPV（贴现率为 10%）
项目 A	1 000	0.33	0.54	0.18	537
项目 B	1 500	0.50	0.31	0.16	467
项目 C	3 000	1.00	0.29	0.29	884

比较投资限额 3 000 万元以内的各投资形式的加权盈利指数:

项目 A+B　　　　　　　　0.33×0.54+0.5×0.31+0.17×0=0.18+0.16=0.34

项目 C　　　　　　　　　1×0.29=0.29

项目 A　　　　　　　　　0.33×0.54+0.67×0=0.18

项目 B　　　　　　　　　0.31×0.50+0.50×0=0.16

　　可以看到加权盈利指数的应用有一定的局限性,如果项目数量多,组合形式多,该方法应用就比较烦琐。此外,它只适用于独立的项目,如果项目之间有关联,盈利指数就无用武之地了。比如上例中,如果项目 A 和 B 是互斥项目,那么计算 A 和 B 组合的盈利指数毫无意义,项目 C 应该是投资的最好选择。上例中只是讨论了当期,即第 0 期的资本配置问题,如果面临多期的资本配置问题,单凭盈利指数的高低容易作出错误的判断。假设在上述例子中再增加一个可以在第一期投资的项目 D(见表 7-11),假定公司在第一期还可以筹资 3 000 万元用于投资项目。项目 D 的投资规模相当大,虽然其盈利能力是四个项目中最低的,但项目 D 的出现使得在当期的最佳投资选择是项目 C,而不是项目 A 和 B。如果第 0 期时投资项目 A 和 B,第一期收回现金 1 400 万元,加上新的资本供应 3 000 万元,不足以进行项目 D 的投资。但如果第一期投资项目 C,第一年流入的现金加上新的资金正好可以进行项目 D 的投资。

表 7-11　多期资本配置问题示例

单位:万元

项目	预期现金流			PI	NPV
	0	1	2		(贴现率为10%)
项目 A	−1 000	600	1 200	0.54	537
项目 B	−1 500	800	1 500	0.31	467
项目 C	−3 000	2 000	2 500	0.29	884
项目 D		−5 000	6 500	0.17	826

资金限额第 0 期和第 1 期都为 3 000 万元:

项目 A+B	第一年可用于投资资金 600+800+3 000＝4 400＜项目 D 投资额 5 000,NPV 为 537+467＝1 004
项目 C+D	第一年可用于投资资金 2 000+3 000＝5 000＝项目 D 投资额 5 000,NPV 为 1 710

对于复杂的资本配置问题,比如存在多期资本配置、项目之间有关联关系等,我们需要更复杂的方法来进行资本预算。

三、资本配置条件下的资本预算——线性规划法

在资本配置条件下进行资本预算实际是在有约束条件下求解价值最大化的问题,较为复杂的数学方法可以帮助我们,例如线性规划法。

仍以表 7-11 中的多期资本配置的例子为例,假设项目 A 可供选择的比例为 x_A,x_A 的取值区间在 0 至 1 之间,如果项目 A 不可分割,x_A 就只能取整数 0 或 1,即或者拒绝或者全部接受。项目 A 创造的价值为 $537x_A$。类似地,设 x_B、x_C、x_D 为项目 B、C、D 的投资比例。因此目标函数为:

$$\max NPV = 537x_A + 467x_B + 884x_C + 826x_D$$

约束条件有三类:

第一,资本限制的约束。本例中在两期有资本限制,因此有两个不等式,表明每年的现金流出总额不能超过 3 000 万元。

$$1\ 000x_A + 1\ 500x_B + 3\ 000x_C \leqslant 3\ 000$$

$$-600x_A - 800x_B - 2\ 000x_C + 5\ 000x_D \leqslant 3\ 000$$

第二,项目投资比例的约束。由项目是否可以分割决定变量是否取整。

$$x_A \in [0,1] \text{ 或 } x_A \in \{0,1\}$$

$$x_B \in [0,1] \text{ 或 } x_B \in \{0,1\}$$

$$x_C \in [0,1] \text{ 或 } x_C \in \{0,1\}$$

$$x_D \in [0,1] \text{ 或 } x_D \in \{0,1\}$$

第三,项目之间相互关系的约束。例如,如果项目 A、B 互斥,则 $x_A x_B = 0$。

利用线性规划法求解上述净现值最大化的问题,就可以得到投资项目 A 和项目 D 是最佳的组合选择。

本 章 小 结

本章介绍了资本预算的含义,并对资本预算的主要法进行了评价。说明为什么净现值法是比较可靠的投资决策标准。

1. 资本预算是对一年期以上的项目进行投资决策的过程。它除了发掘项目、收集分析资料、进行财务分析,还需要进行监督和事后审计。本书主要讲述财务分析部分。

2. 一个好的资本预算原则必须具备以下特点:

(1) 考虑项目所有的现金流量。

(2) 考虑货币的时间价值。

(3) 能从互斥项目中挑选出可以使公司增值最多的项目。

(4) 具有价值可加性,即对公司总体价值的增额等于个别独立投资的项目价值贡献之和。

(5) 只有净现值法符合上述标准,净现值法是最优的资本预算法则。

3. 投资回收期衡量了项目初始投资的回收速度,一定程度上反映了项目的风险。但它没有考虑投资回收以后的现金流量。

4. 平均会计收益率对会计方法的影响敏感,也只能作为投资决策的辅助标准。

5. 内部收益率法除了应用计算中的问题,主要缺陷在于面临互斥项目的决策时,由于项目规模和现金流时间序列不同,可能造成与净现值法相悖的结论。因此在应用中要进行适当调整,比如采用增量内部收益率。

6. 资本配置条件下的资本预算的目的是选择最佳投资组合。

7. 盈利指数法只适用于当期、投资项目较少情况下的资本配置。

8. 对于多期、约束条件复杂的资本配置问题,需要采用较为复杂的数学方法,如线性规划法。

思考与练习

一、名词解释

资本预算　回收期法　平均会计收益率　内部收益率　盈利指数　线性规划法

二、思考题

1. 资本预算主要包括哪些步骤?

2. 分析回收期法的优点和问题。

3. 比较内部收益率法和净现值法。

4. 比较互斥项目和独立项目,并指出对选择投资决策法则的影响。

5. 什么是资本配置?

6. 盈利指数法解决资本配置问题的局限性有哪些?

三、计算分析题

1. 请在表 7-12 的 A、B 两个项目中进行选择：

表 7-12 A、B 项目现金流量表

单位：万元

年份	项目 A	项目 B
0	−3 000	−2 000
1	1 000	750
2	1 500	1 250
3	1 500	1 250
4	750	500

（1）如果希望两年收回投资成本，应该选择哪个项目？

（2）如果没有回收时间的考虑，假定贴现率为 12%，应该选择哪个项目？

2. 假设公司面临资本配置的问题，当年的投资约束为 1 000 万元，下一年的投资约束为 500 万元。共有 A、B、C、D、E 五个项目，其中 A、B、C 三个项目需要两期投资，无法分开进行，各项目间无关联关系。项目需建设完成后才有现金流入。具体投资和净现值情况见表 7-13。请问公司应选择哪些项目投资？

表 7-13 投资项目净现值情况表

单位：万元

项目	投资支出		NPV
	0	1	
A	−150	−150	20
B	−350	−200	45
C	−500	−250	100
D	−300	+100	30
E	−400	+150	50

3. 某公司正在考虑投资一个新项目。已知有 A、B 两个项目可供选择，他们的预期现金流见表 7-14。

表 7-14 A、B 两项目的预期现金流

单位：万元

项目	预期现金流		
	0	1	2
A	−40	32	51.2
B	−200	150	225

（1）计算项目 A、B 的内部收益率。

（2）两个项目的贴现率都为 10%，求 A、B 项目的净现值。

（3）计算项目 A、B 的盈利指数。

（4）公司决定选择项目 B。但有一部分股东不理解为什么会选择项目 B 而不是项目 A，毕竟项目 A 拥有更高的盈利指数。你认为公司的选择是否正确？为什么？若选择项目 B 是正确的，那么在什么情况下公司会放弃项目 B 而选择项目 A 呢？

4. 某企业正考虑是否进行一项投资，该项目预计建设期 3 年，使用期 5 年。建设期每年年初投资 2 000 万元，第 4 年开始投产，投产时需要垫流动资金 500 万元，项目结束时收回，投产后的 5 年中会使企业每年增加销售收入 4 600 万元，每年增加付现成本 1 200 万元。假设该企业所得税率为 25%，资本成本率为 10%，固定资产按直线法折旧、无残值，不考虑其他支出。

（1）在现金流时间轴上画出该项目各年的现金流，标注出相应节点的净现金流量。

（2）计算该项目的投资回收期和净现值。

即 测 即 评

第三篇

企业的长期融资渠道

第一节 金融市场与企业融资

金融市场简单来说就是融通货币资金的场所。在这个市场上,筹资者(货币资金短缺方)通过证券设计,将自己的投资机会和对资金的需求转换成不同的金融产品(如股票、债券等),供投资者(资金的盈余方)选择和购买,从而筹措到所需的资金;投资者通过购买和持有筹资者发行的金融产品,将盈余资金提供给筹资方并获取相应的投资收益。金融市场除了资金融通功能,还具有价格发现、提供流动性、风险管理和降低搜索成本和信息成本等体现交易特性的功能。从不同的角度划分,金融市场可以分为不同的市场。例如,按金融产品期限分为货币市场和资本市场,按金融资产属性分为债权市场和股权市场,按发行流通性质分为一级市场和二级市场。

(一) 一级市场与二级市场

从融资角度说,一级市场是最重要的市场。一级市场是新金融资产的发行市场,其主要功能在于筹资,发行方通过新证券的公开或定向发行获得资金,购买方获得对应的金融资产。当公司为筹集资金而发行有价证券时,通过一级市场向投资者提供最新发行的股票和债券,投资银行承诺担负有价证券发行的任务,向投资者销售公司所发行的股票或债券。

二级市场是已发行金融资产的流通市场,金融资产的持有者可以在这个市场将持有的证券出售,以达到变现的目的。二级市场的主要功能有两个:一是增强已发行的金融资产的流通性。增强金融资产的流通性有利于金融资产的价值实现,从而有利于一级市场金融资产的发行;二是通过二级市场发现或确认资产价格,为从一级市场再发行金融资产提供价格参考。如果一家公司已有公开发行的在二级市场交易的股票,那么再发行股票时(被称为二次发行或者增发),二级市场交易价格对于新的发行股票的定价有着重要的参照作用。从这个意义上说,二级市场的有效性除了对证券投资很重要,对公司理财同样重要。

20世纪60年代末,美国学者尤金·法玛(Eugene Fama)通过研究发现,如果有用的信息以不带任何偏见的方式全部在证券价格中得到反映,那么可以认为市场是有效的,由此产生了"有效市场假说"(Efficient Market Hypothesis,EMH),即有效市场假说理论。有效市场假说理论认为,在一个有效的资本市场中,有关某个证券的全部信息都能够迅速、完整和准确地被某个关注它的投资者所获得,进而这个投资者可以据此判断该证券的价值以作出买卖决策。反过来说,任何时刻的证券价格都已充分反映了投资者当时所能得到的一切相关信息,该价格全面反映了该证券的内在价值。有效市场假说理论的主要内容有以下三点:一是证券价格迅速反映未预期的信息;二是证券价格的随机变动;三是投资者无法获得超额利润。

有效市场假说理论中的市场效率不是指市场的运作效率,而是指市场的信息效率,即资本市场中证券价格对信息的敏感程度和反应的速度。证券价格作为一种正确的信号反映了一切当前可能获得的信息,可获得的有关信息的范围、程度和时效就成为价格是否能作为正确信号的决定因素。根据可获得信息的范围、程度和时效不同,将市场效率划分为强势有效(Strong Form)、半强势有效(Semi-strong Form)和弱势有效(Weak Form)三种类型。强势有效市场的特征是,所有有用的相关信息都在证券价格中得到反映;半强势有效市场的主要特点是,证券市场所有相关的历史信息和公开信息都在证券价格中得到反映;弱势有效市场的主要特点是:所有相关的历史信息都在证券价格中得到反映。需要注意的是,有效市场不是一个非黑即白的问题,它是一个灰色地带,即一个市场不是有效或无效,而是一个有效程度的问题。

(二) 公开募集与私募

由于各国的金融市场规制不同,金融体系结构和金融市场结构不同,证券发行方式也有所不同。符合条件的公司可以申请公开发行证券筹资(公募),即事先不确定特定的发行对象,而是向社会广大投资者公开推销股票或债券;也可以采取非公开发行(私募),即发行公司只对特定的发行对象推销股票或债券。采用公开发行的有利之处在于,发行对象广、发行证券数量多、筹集资金潜力大,可避免发行的股票过于集中或被少数人操纵;公开发行可增强股票的流动性,有利于提高发行人的社会信誉。但公开发行的发行条件比较严格,发行程序比较复杂,登记核准的时间较长,发行费用较高。采取私募配售或定向配售,证券被发售给有限数量的投资者(我国法律规定不超过200人),通常由投资银行起着将发行者和投资者连接到一起的作用。它们寻找有意向的买家,确认发售细节并执行。私募发行的细节条款可能经过调整,以满足发行公司和买家的需求。为控制风险,很多国家的制度规定,私募需要投资者证实其合格购买者的身份,私募证券不能销售给不合格的投资者。私募的规模通常较小,在我国私募发行的证券也不能上市交易。但私募程序相对简单,对公司而言筹资速度比公开发行快很多。而且,非公开债券发行可以降低发行成本,受到的借款条款约束更少,所以通常会给投资者一个更为优惠的购买价格,以抵消私募配售证券较低的流动性。

(三) 融资与公司价值

对任何公司而言,保持以合理代价筹集所需资金的能力,是公司长期成功的一个决定性因素。虽然小公司主要使用个人资金与银行借款,但多数大中型公司还发行债务类证券或权益类证券筹集资金,甚至诸多政府机构和部分非营利组织也通过发行债券,在私募市场或公开市场筹集所需的资金。

但是,由于筹资只是一种资金和证券等价交换行为,筹资本身通常不创造价值。筹资(债权和股权合约)决定了公司价值的分配,而不是价值的创造。需要指出的是,筹资尽管不创造价值,但如果筹资活动不是一个公平的交换,那么它会导致公司价值非正义转移甚至金融市场扭曲。例如,上市公司以高于公司股票实际价值的价格定向增发股票进行融资时,会导致老股东的价值增加和新股东的价值减少,而筹资过程中总价值并没有增加,但是在新老股东之间发生了价值转移,导致新股东利益受损。同理,如果股票发行价格低于实际价值,则会发生价值由老股东向新股东的转移,导致老股东利益受损。在缺乏效率的市场,当监管不严格时,融资活动很容易和利益输送结合在一起,形成严重的委托—代理问题,损害公司的价值。

筹资活动中的价值转移不仅仅发生在新老股东之间,也可能发生在股东与债权人之间。当公司通过发行股票筹资时,公司的资产负债率与债权人的投资风险随之下降,债权人要求的必要报酬率(折现率)也会相应降低,进而导致债务资本价值上升,公司的股权价值因而向公司债权人转移。同样,当公司过度负债时,债权人的投资风险大幅提高,债权的价值向股东转移。

📇 资料卡

推动多层次资本市场体系建设

习近平总书记在2021年中国国际服务贸易交易会全球服务贸易峰会上宣布,将深化新三板改革,设立北京证券交易所(简称"北交所"),打造服务创新型中小企业主阵地。新设立的北交所与上交所、深交所这两大中国证券交易所一起,形成共同服务实体经济、服务科技创新的新资本市场格局。同时,北交所也将坚持与上交所和深交所的差异化定位与错位发展,统筹协调多层次资本市场的发展布局。

作为"面向中小企业"的证券交易所,将有助于健全资本市场服务中小企业创新发展的全链条制度体系。北交所将与新三板现有创新层、基础层坚持统筹协调与制度联动,构成协同转板机制体系;以精选企业为首、逐步向下覆盖的中小企业将无须通过科创板块转板就可以直接升级为上市公司了,享受到与沪深A股上市公司一样的待遇,引导资源更多关注优质中小企业,提高品牌效应和吸引力,引领中小企业群体更好发展,形成相互补充、相互促进的中小企业直接融资成长路径。北交所将为创新型中小企业提供更加便利、更具包容性的融资和服务平台,补齐资本市场在发展普惠金融、支持中小民营企业方面的短板,推动大中小企业的良性互动与经济高质量发展。

资料来源:推动多层次资本市场体系建设,助力中小企业高质量发展.央视网。

第二节　股权融资

一、股票的种类

股票(Stock)是有价证券的一种主要形式,是股份公司发行的证明股东所持有股份的凭证。发行股票是股份制公司筹集资本的主要形式。股票在发行过程中通常应坚持公开、公平、公正的原则,同时发行的股票应同股同权、同股同利。股票的种类主要有:

(一)　按股东权利和义务不同可以分为普通股和特别股票

普通股是公司股票的主体,持有人是公司的所有人,每股享有平等的权利,承担相应的义务,无固定股利。普通股是股份公司资本构成中最普通、最基本的股份,是股份企业资金的基础部分,是股票的一种基本形式,也是发行量最大、最为重要的股票类型。

特别股票是指设有特别权利或特别限制的股票。优先股就是一种最常见的特别股票。优先股是相对于普通股而言的,是介于普通股与债权之间的一种有价证券。持有人优先于普通股股东分配公司利润和剩余财产,但参与公司决策管理等权利受到限制。除优先股之外,还有很多其他类型的特别股票。根据表决权与收益权的非等比配置,可以分为限制或无表决权股票和超级表决权股票,这两种特别股票没有经济上的优先权或劣后义务,仍按照投资多寡承担相应的经营风险,但限制或无表决权股票在承受风险的同时被限制或被剥夺了表决权,超级表决权股票则获得了高出持股比例数倍的表决权。"金股"也属于特别股票的一种,"金股"通常具有"一票否决权",持有者虽然仅持有象征性的股份(通常仅有一股),但能够直接实现对表决事项的控制。在海外实践中,"金股"常被政府用以保持对私有化国有企业的控制。特别股票还包括被赋予特别参与性权利的股票。

《公司法》规定,股份的发行,实行公平、公正的原则,同类别的每一股份应当具有同等权利。同次发行的同类别股份,每股的发行条件和价格应当相同;认购人所认购的股份,每股应当支付相同价额。公司可以按照公司章程的规定发行下列与普通股权利不同的类别股:① 优先或者劣后分配利润或者剩余财产的股份;② 每一股的表决权数多于或者少于普通股的股份;③ 转让须经公司同意等转让受限的股份;④ 国务院规定的其他类别股。

公开发行股份的公司不得发行上述第②③项规定的类别股,公开发行前已发行的除外。公司发行第①②项规定的类别股的,对于监事或者审计委员会成员的选举和更换,类别股与普通股每一股的表决权数相同。发行类别股的公司,应当在公司章程中载明以下事项:类别股分配利润或者剩余财产的顺序,类别股的表决权数,类别股的转让限制,保护中小股东权益的措施,股东会认为需要规定的其他事项。

(二) 按票面是否记载股东姓名分为记名股票和无记名股票

记名股票是将股东姓名记载于股票票面和股东名册的股票。无记名股票是在股票票面上不记载股东姓名的股票,此类股票与记名股票相比,在股东权益内容上没有差别,只是股票记载方式不同。

《公司法》规定,公司的股份采取股票的形式。股票是公司签发的证明股东所持股份的凭证。公司发行的股票,应当为记名股票。

(三) 按是否标明金额分为有面额股票和无面额股票

有面额股票,是指在股票票面上记载票面金额的股票,也称"额面股"或"面值股"。这一记载的金额也称为票面金额或股票面值。无面额股票,是指不标明票面金额,只在股票上载明所占公司股本总额的比例或股份数,所以也称为"分权股"或"比例股"。

《公司法》规定,公司的全部股份,根据公司章程的规定择一采用面额股或者无面额股。采用面额股的,每一股的金额相等。公司可以根据公司章程的规定将已发行的面额股全部转换为无面额股或者将无面额股全部转换为面额股。采用无面额股的,应当将发行股份所得股款的二分之一以上计入注册资本。面额股股票的发行价格可以按票面金额,也可以超过票面金额,但不得低于票面金额。

(四) 按发行和交易范围不同分为 A 种股票、B 种股票、H 种股票和 N 种股票

A 种股票是供我国个人或法人买卖的、以人民币标明票面价值并以人民币认购和交易的股票。

B 种股票是指中国境内股份有限公司经过特定程序发行的,以人民币标明面值,在境内证券交易所上市,以外币买卖的股票。

H 种股票或 N 种股票是指在内地注册的公司,但在香港联合证券交易所或纽约证券交易所上市的以港元或美元交易的股票。

二、普通股股东的权利

《公司法》规定,普通股股东享有以下权利:

(一) 公司重大决策参与权

普通股股东基于股票的持有而享有股东权,这是一种综合权利,其中首要的是可以以股东身份参与股份公司的重大事项决策。作为普通股股东,行使这一权利的途径是参加股东会、行使表决权。股份公司股东会由全体股东组成,是公司的权力机构。股东会应当每年召开一次年会,根据情况还可以召开临时股东会。普通股股东有权出席股东会会议,所持每一股份有一表决权。股东会选举董事、监事,可以依照公司章程的规定或者股东会的决议,实行累积投票制。累积投票制,是指股东会选举董事或者监事时,每一股份拥有与应选董事或者监事人数相同的表决权,股东拥有的表决权可以集中使用。股东可以委托代理人出席股东会会议,代理人应当向公司提交股东授权委托书,并在授权范围内行使表决权。

(二) 公司资产收益权和剩余资产分配权

资产收益权和剩余资产分配权直接体现了普通股股东对股份公司的剩余索取权。资产收益权是股东按照其持有的股份比例分取股利的权利。剩余资产分配权是在公司解散清算时股东按照其持有的股份比例获取剩余财产的权利。

普通股股东行使资产收益权有一定的限制条件。第一,法律上的限制。一般原则是:股份公司只能用留存收益支付红利;红利的支付不能减少其注册资本;公司在无力偿债时不能支付红利。我国有关法律规定,公司缴纳所得税后的利润,在支付普通股红利之前,应按如下顺序分配:弥补亏损;提取法定公积金;提取任意公积金。可见,普通股股东能否分到红利以及分得多少,取决于公司的税后利润多少以及公司未来发展的需要。第二,其他方面的限制。如公司对现金的需要、股东所处的地位、公司的经营环境、公司进入资本市场获得资金的能力等。

普通股股东行使剩余资产分配权也有一定的先决条件。第一,普通股股东要求分配公司资产的权利不是任意的,必须是在公司解散清算之时。第二,公司的剩余资产在分配给股东之前,一般应按下列顺序支付:支付清算费用;支付公司员工工资和劳动保险费用;缴付所欠税款;清偿公司债务。如还有剩余资产,再按照股东持股比例分配给各股东。《公司法》规定,公司财产在分别支付清算费用、职工的工资、社会保险费用和法定补偿金,缴纳所欠税款,清偿公司债务后的剩余财产,按照股东持有的股份比例分配。公司财产在未按照规定清偿前,不得分配给股东。

(三) 其他权利

除了上述两种基本权利,普通股股东还可以享有由法律和公司章程所规定的其他权利,主要有:

1. 知情权

《公司法》规定,股份公司股东有权查阅公司章程、股东名册、公司债券存根、股东会会议记录、董事会会议决议、监事会会议决议、财务会计报告,对公司的经营提出建议或者质询。

2. 处置权

股东持有的股份可依法转让。股东转让股份应在依法设立的证券交易场所进行或按照国务院规定的其他方式进行。公司发起人、董事、监事、高级管理人员的股份转让受《公司法》和公司章程的限制。

3. 优先认股权

优先认股权是指当股份公司为增加公司资本而决定增加发行新的股票时,原普通股股东享有的按其持股比例,以低于市价的某一特定价格优先认购一定数量新发行股票的权利。赋予股东优先认购权主要有两个目的:一是能保证普通股股东在股份公司中保持原有的持股比例;二是能保护原普通股股东的利益和持股价值。因为当公司增资扩股后,在一段时间内,公司的每股税后净利会因此而摊薄,原普通股股东以优惠价格优先购买一定数量的新股,可从中得到补偿或取得收益。享有优先认股权的股东可以有三种选择:一是行使此权利来认购新发行的普通股;二是将该权利转让给他人,从中获得一定的报酬;三是不行使此权利而听任其过期失效。

《公司法》规定,有限责任公司增加注册资本时,股东在同等条件下有权优先按照实缴的出资比例认缴出资。但是,全体股东约定不按照出资比例优先认缴出资的除外。股份有限公司为增加注册资本发行新股时,股东不享有优先认购权,公司章程另有规定或者股东会决议决定股东享有优先认购权的除外。

三、首次公开发行股票(IPO)的规定

首次公开发行股票(IPO),是指公司首次在证券市场公开发行股票募集资金并上市的行为。在我国三大证券交易所首次公开发行股票并上市,应当符合发行条件、上市条件以及相关信息披露要求,依法经交易所发行上市审核,并报中国证监会注册。中国证监会 2023 年 2 月发布的《首次公开发行股票注册管理办法》规定,首次公开发行股票并在上海证券交易所、深圳证券交易所上市应满足以下条件:

(1)发行人是依法设立且持续经营三年以上的股份有限公司,具备健全且运行良好的组织机构,相关机构和人员能够依法履行职责。有限责任公司按原账面净资产值折股整体变更为股份有限公司的,持续经营时间可以从有限责任公司成立之日起计算。

(2)发行人会计基础工作规范,财务报表的编制和披露符合企业会计准则和相关信息披露规则的规定,在所有重大方面公允地反映了发行人的财务状况、经营成果和现金流量,最近三年财务会计报告由注册会计师出具无保留意见的审计报告。发行人内部控制制度健全且被有效执行,能够合理保证公司运行效率、合法合规和财务报告的可靠性,并由注册会计师出具无保留结论的内部控制鉴证报告。

(3)发行人业务完整,具有直接面向市场独立持续经营的能力:① 资产完整,业务及人员、财务、机构独立,与控股股东、实际控制人及其控制的其他企业间不存在对发行人构成重大不利影响的同业竞争,不存在严重影响独立性或者显失公平的关联交易。② 主营业务、控制权和管理团队稳定,首次公开发行股票并在主板上市的,最近三年内主营业务和董事、高级管理人员均没有发生重大不利变化;首次公开发行股票并在科创板、创业板上市的,最近二年内主营业务和董事、高级管理人员均没有发生重大不利变化;首次公开发行股票并在科创板上市的,核心技术人员应当稳定且最近二年内没有发生重大不利变化;发行人的股份权属清晰,不存在导致控制权可能变更的重大权属纠纷,首次公开发行股票并在主板上市的,最近三年实际控制人没有发生变更;首次公开发行股票并在科创板、创业板上市的,最近

二年实际控制人没有发生变更。③ 不存在涉及主要资产、核心技术、商标等的重大权属纠纷,重大偿债风险,重大担保、诉讼、仲裁等或有事项,经营环境已经或者将要发生重大变化等对持续经营有重大不利影响的事项。

（4）发行人生产经营符合法律、行政法规的规定,符合国家产业政策。最近三年内,发行人及其控股股东、实际控制人不存在贪污、贿赂、侵占财产、挪用财产或者破坏社会主义市场经济秩序的刑事犯罪,不存在欺诈发行、重大信息披露违法或者其他涉及国家安全、公共安全、生态安全、生产安全、公众健康安全等领域的重大违法行为。董事、监事和高级管理人员不存在最近三年内受到中国证监会行政处罚,或者因涉嫌犯罪正在被司法机关立案侦查或者涉嫌违法违规正在被中国证监会立案调查且尚未有明确结论意见等情形。

另外,《证券法》还规定,上市公司对公开发行股票所募集资金,必须按照招股说明书或者其他公开发行募集文件所列资金用途使用;改变资金用途,必须经股东会作出决议。擅自改变用途未作纠正的,或者未经股东会认可的,不得公开发行新股。

第三节　债 务 融 资

一、债券

债券(bond)是债务人向债权人出具的承诺在一定时期支付约定利息和到期偿还本金的债务凭证,它是一种有价证券。债券所规定的资金借贷双方的权责关系主要有:① 所借贷货币资金的数额;② 借贷的时间;③ 在借贷时间内的应计补偿。最早的债券是以公债的形式存在的,据史料记载,公元前 4 世纪债券的形式就已经存在。随着经济的发展,债券的形式也发生了巨大的变化。

（一）债券的种类

按债券是否记名可以分为记名债券和无记名债券。在公司债券上及公司债券存根簿上记载债权人的姓名的债券为记名债券;反之为不记名债券。《公司法》规定,公司债券应当为记名债券。

按债券有无担保可以分为担保债券和无担保债券。担保债券又称抵押债券,是指发行公司以特定的财产作为抵押发行的债券。无担保债券又称信用债券,是指没有特定的财产作为抵押,完全凭信用发行的债券。通常只有那些信誉良好、前景乐观的企业才有可能成功发行此种债券。

按偿还方式可以分为到期一次债券和分期债券。到期一次债券是指发行债券公司在债券到期日一次集中清偿所发行的全部债券本金;分期债券是指债券发行公司分期、分批偿还债券本金。

按利率不同可以分为固定利率债券和浮动利率债券。固定利率债券是指利率明确记录于债券之上,并按这一固定利率向债权人支付利息。浮动利率债券是指债券利率可以变动的债券。这种债券的利率确定与市场利率挂钩,按某一标准如银行存款利率或政府债券利率同方向随时调整。

按能否转换成公司股票可以分为可转换公司债券和不可转换公司债券。能够按一定比例转换为公司股票的债券为可转换公司债券;反之为不可转换公司债券。

按能否上市分为上市债券和非上市债券。经有关部门审批可在证券交易所挂牌交易的债券为上市债券;反之为非上市债券。

按是否参加公司盈余分配可以分为参加公司债券和不参加公司债券。参加公司债券是指债券的持有人除享有到期要求还本付息的权利外,还有权按规定参加公司盈余的分配。只有权要求还本付息,不参加盈余分配的债券为不参加公司债券。公司发行的债券中绝大多数为不参加公司债券。

公司债券还可以按其他不同的分类方法分为很多种类别。如按照募集方式不同可以分为公募债券和私募债券;按募集地不同分为本国公司债券和外国公司债券;按发行主体不同,可以分为政府债券、金融债券和公司债券等。

(二) 我国公司可选择的长期债务融资工具

我国债券市场主要由银行间债券市场、交易所债券市场两个部分组成[①]。其中银行间债券市场交易量占总交易量的比重达 90% 左右,大大超过交易所市场。二者之间主要不同之处在于银行间债券市场的主要参与者为机构投资者,如商业银行、信用社、基金、券商、保险公司、企业等。而交易所市场参与者以个人投资者占绝对主体。前者交易方式以一对一询价为主,辅以做市商制度。后者则由交易所系统提供集中撮合成交。前者需在中央结算公司开立以及债券托管账户,后者则由中国证券登记结算有限公司(简称"中证登")托管。在交易品种上,交易所市场品种仅有部分国债、企业债和上市公司发行的公司债和可转换债;而银行间债券市场可交易债券品种多样,极大地丰富了选择性。

随着我国债券市场的深入发展,公司可选择的债券融资种类日益丰富。除公司债、企业债之外,近年快速发展的中期票据、中小企业集合票据和非定向债务融资工具等都是公司债务融资的工具。多样化的融资工具极大地活跃了企业的直接融资市场。

1. 公司债和企业债

公司债券是公司依照法定程序发行、约定在一定期限还本付息的有价证券,反映了发行债券公司和债券投资者之间的债权债务关系。在很多国家公司债券和企业债券是同一种债券,其原因是发行债券的企业必须是公司制企业,其他类型的企业(如独资企业、合伙制企业、合作制企业)大多是无限责任制,不具备发行债券的产权基础,不能发行债券。[②] 但在我国,公司债券和企业债券是两类不同的债券,具有不同的发行条件和管理体系,见表 8-1。我国的企业债券有广义和狭义之分。广义的企业债券包括公司债券、狭义的企业债券和银行间市场发行的非金融企业债务融资工具。狭义的企业债券是我国存在的一种特殊法律规定的债券形式,它的出现与我国债券发展历史有关,其出现的历史远远早于公司债券。20世纪 80 年代,债券市场发展之初,企业债券的发债主体基本为国有企业,而当时《公司法》尚未出台,股份有限公司和有限责任公司也尚未成为国有企业组织制度改革的主要形式,因此这些企业所发行的债券就被冠以"企业债券"之称。1987 年国务院发布《企业债券管理暂行条例》,将企业债券的发行管理纳入正轨。1988 年原国家计委开始负责企业债券的集中管理审批权。1993 年国务院颁布实施了《企业债券管理条例》,对企业债券的发行和交易进

---

① 我国债券市场由银行间债券市场、交易所市场和商业银行柜台市场三个部分组成,但商业银行柜台市场规模非常小,更多承担债务场外交易职能,不具备发行功能。

② 安义宽.中国公司债券:功能分析与市场发展.北京:中国财政经济出版社,2006.

行规范,大部分企业债券品种被取消,只留下中央企业债券和地方企业债券两品种。20 世纪 90 年代中后期,随着国有企业公司制改革的启动,国有企业普遍在组织形式上转化为有限责任公司或股份有限公司,有些还成为上市公司,越来越多的非国有公司获得了发行企业债券的资格。2007 年中国证监会颁布实施《公司债券发行试点办法》,规定试点期间上市公司可向中国证监会率先申请发行公司债券,标志着公司债券这一品种正式诞生。2008 年国家发展和改革委员会发布了《关于推进企业债券市场发展、简化发行核准程序有关事项的通知》,明确表示不再受理上市公司发行企业债券的申请。自此,企业债券和公司债券成为我国债券市场上两个不同类型的债券。

表 8-1　公司债券与企业债券主要区别

项目	公司债券	企业债券
发行依据	国务院颁布的《企业债券管理条例》	中国证监会发布的《公司债券发行与交易管理办法》
发行主体	包括上市公司在内的所有公司制法人	可以是股份有限公司和有限责任公司,也可以是尚未改制的企业法人,但不包括上市公司
募集资金用途	发行人自行决定,不强制与项目挂钩,可以用于偿还银行贷款、改善财务结构等公司股东会核准的用途,但是除金融类企业外,募集资金不得转借他人	限定用于企业固定资产投资和技术革新改造方面,并与政府部门审批的项目直接相连
发行期限	一般为 3~10 年,以 5 年为主	一般为 3~20 年,以 10 年为主
发行定价	发债利率没有明确的限制,由发行人和保荐人通过市场询价确定	存在利率限制,发债利率不高于银行相同期限居民定期存款利率的 40%
担保要求	大部分为无担保信用债	包括无担保信用债券、资产抵押债券、第三方担保债券,实践中多采用担保方式
发行市场	证券交易所市场	银行间债券市场和证券交易所市场
监管审核机构	中国证监会	国家发展改革委
	2023 年 3 月 16 日,中共中央、国务院印发《党和国家机构改革方案》明确,"划入国家发展和改革委员会的企业债券发行审核职责,由中国证券监督管理委员会统一负责公司(企业)债券发行审核工作"。目前企业债券监管审核已经由证监会负责,但相关发行要求还按原规定执行	

2. 中期票据

中期票据是由非金融企业在银行间市场发行的一种债务融资工具,无担保,期限 3~5 年,可以一次注册额度、分期发行;募集资金可用于满足发行人多种资金需求,包括补充流动资金、调整债务结构、固定资产投资等,具有期限结构合理、发行便利、资金用途灵活等优点。

3. 中小企业集合票据

中小企业集合票据是指两个(含)以上 10 个(含)以下具有法人资格的企业,在银行间债券市场以统一产品设计、统一券种冠名、统一信用增进、统一发行注册方式共同发行的,约定在一定期限还本付息的债务融资工具。中小企业集合票据的发行期限灵活,引入了信用增进机制,极大地便利了中小企业通过这一方法筹集资金。

4. 非公开定向债务融资工具

在银行间市场以非公开定向发行方式发行的债务融资工具称为非公开定向债务融资工具,指具有法人资格的非金融企业,向银行间市场特定机构投资人发行债务融资工具,并在特定机构投资人范围内流通转让的行为。

二、长期借款

长期借款是企业向银行或非银行金融机构借入的使用期限在 1 年以上的借款。长期借款主要满足借款企业购建固定资产和长期流动资金缺乏的需要。

(一) 长期借款的种类

按照借款用途不同可将长期借款分为固定资产借款、更新改造借款、科技开发和新产品试制借款等。

按有无担保可将长期借款分为信用借款和担保借款。信用借款是指完全凭借客户的信誉而无须提供抵押物或第三者保证而借入的借款。担保借款按还款保证不同可以分为抵押借款、质押借款和保证借款。根据《中华人民共和国担保法》的规定:抵押借款是根据规定的抵押方式以借款人或第三者的财产作为抵押而借入的借款;质押借款是指按担保法规定的质押方式,以借款人或第三者的动产或权利作为质押物借入的借款;保证借款是指按担保法规定的保证方式,以第三人承诺在借款人不能偿还贷款时,按约定承担一般保证责任或连带责任而借入的借款。

按贷款发放主体不同可以分为从政策性银行借入的贷款、从商业银行借入的贷款和从非银行金融机构借入的贷款。

(二) 我国对长期借款的有关规定

借款人与贷款人的借贷活动应遵循平等、自愿、公平和诚实的原则。

1. 企业借款应具备的基本条件

根据《贷款通则》的要求,借款人申请借款,应当具备产品有市场、生产经营有效益、不挤占挪用信贷资金、恪守信用的原则。同时必须具备如下条件:

(1) 借款人应当是经工商行政管理机关(或主管机关)核准登记的企业法人、其他经济组织及个体工商户。

(2) 遵守国家有关的政策法规和信贷制度,经营方向和业务范围符合国家产业政策。

(3) 经营管理制度健全,有固定的生产经营场地,财务状况良好,不挤占挪用信贷资金、恪守信用,资产负债率符合贷款人的要求,有按期还本付息的能力。

(4) 企业具有一定的财产物资作为保证,担保方应具有相应的经济实力。

(5) 在银行开立基本账户或一般存款账户,通过银行办理结算。

(6) 企业应经工商管理部门办理过年检手续。

符合上述条件的企业如需使用贷款,可向银行或非银行金融机构提出申请,详细阐明借款的理由,借款的使用期限、金额及用途,偿还能力及还款方式等。

金融机构根据企业的借款申请,主要审查企业的财务状况、信用等级,及借款的合法性、安全性、盈利性等条件,核实抵押物、质押物、保证人情况,测定贷款的风险度。金融机构审查同意发放贷款后,与企业签订借款合同,约定借款种类、借款用途、借款金额、借款期限、还款方式,还有借、贷双方的权利和义务,违约责任以及借、贷双方认为需要约定的其他事项。贷款人按借款合同规定按期发放贷款。

2. 借款的保护性条款

由于长期借款的期限较长,通常在 5 年以上,按照国际惯例,金融机构通常对借款企业提出一些有助于企业借款按期、足额归还的条件,并将这些条件写进借款合同,形成保护性条款。保护性条款主要有以下几类:

(1) 一般性保护条款。① 对借款企业流动资金保持量的规定。主要保证借款企业日后资金的流动性和还款的需要。② 对借款企业支付现金股利的限制。主要目的是限制企业现金流出量,保证企业有足够的营运资金,保证生产正常进行。③ 对资本支出规模的限制。④ 对借款企业介入其他长期借款的限制。主要保证企业在借款到期时有足够的还款能力。

(2) 例行性保护条款。① 借款企业定期向银行提供财务报表,不得提供虚假的或隐瞒事实的会计信息。② 正常生产经营条件下不得出售过多资产,以防影响企业的生产,影响借款的按期归还。③ 债务到期应及时偿还,以防过期之后缴纳罚款,影响企业的现金流。④ 不准出售应收账款,以免形成企业或有负债。

(3) 特殊性保护条款。只有在特殊情况下才生效的保护性条款。如规定企业的领导人必须购买人身保险;贷款不能用于购买有价证券、期货;贷款专款专用等。

3. 借款人的权利

(1) 可以自主向主办银行或其他银行的经办机构申请贷款并依条件取得贷款。

(2) 有权按合同约定提取和使用全部贷款。

(3) 有权拒绝借款合同以外的附加条件。

(4) 有权向贷款人的上级和中国人民银行反映、举报有关情况。

(5) 在征得贷款人同意后,有权向第三人转让债务。

4. 借款人的义务

(1) 应当如实提供贷款人要求的材料。

(2) 应当按借款合同约定的用途使用贷款。

(3) 应当按借款合同的约定及时偿还借款本息。

(4) 将债务全部或部分转让给第三人的,应当取得贷款人的同意。

(5) 有危及贷款人债权安全情况时,应当及时通知贷款人,同时采取保全措施。

5. 对借款人的限制

(1) 不得在一个贷款人同一辖区内的两个或两个以上同级分支机构取得贷款。

(2) 不得向贷款人提供虚假的或隐瞒重要事实的财务报表。

(3) 不得用贷款从事股本权益性投资,国家另有规定的除外。

(4) 不得用贷款在有价证券、期货等方面从事投机经营。

(5) 除依法取得经营房地产资格的借款人外,不得用贷款经营房地产业务。

(6) 依法取得经营房地产资格的借款人,不得用贷款从事房地产投机。

(7) 不得套取贷款用于借贷去牟取非法收入。

(8) 不得违反国家外汇管理规定使用外币贷款。

（9）不得采取欺诈手段骗取贷款。

第四节　股权和债务的比较

公司在营运过程中,需要大量的资金维持公司的运转,仅靠自有资金通常不能满足公司对资金的需求。几乎所有的公司都面对过筹资问题。筹措短期资金可以采取向金融机构借入短期借款的方式。筹措长期资金主要有股权筹资和债务筹资两种方式。如前所述,股权筹资主要是股票筹资,债务筹资包括发行债券和向金融机构借入长期借款两种。股权筹资与债务筹资相比主要有以下几个方面的相同点和区别。

一、股票和债券相同点

（一）股票与债券都属于有价证券

尽管债券和股票有各自的特点,但它们都属于有价证券。债券和股票作为有价证券体系中的一员,是虚拟资本,它们本身无价值,但又都是真实资本的代表。持有债券或股票,都有可能获取一定的收益,并能行使各自的权利和流通转让。债券和股票都在证券市场上交易,是各国证券市场的两大支柱类交易工具。

（二）股票与债券都是直接融资工具

经济主体在社会经济活动中必然会产生对资金的需求,从资金融通角度看,债券和股票都是筹资人向资金供给者直接发行的有价证券,是直接融资工具。

二、股权筹资和债务筹资的区别

（一）收益的固定性不同

股权筹资现在多表现为普通股筹资,普通股红利的分配是根据公司盈利情况,经股东会讨论批准发放的。盈利多,红利分配也多;盈利少,红利分配也少;在亏损年份通常不分配股利。股东持有股票的收益性通常具有不确定性。公司债券则不同。债券的利息是在债券发行时已明确标于债券上的,无论是浮动利率债券还是固定利率债券,债券的持有人在一定时期都能按事先的约定,按期取得利息。持有债券的收益具有固定性。

（二）索偿权的顺序不同

负债是债权人对企业资产的索偿权,而股权是股东对企业净资产的索偿权。股权和债权的索偿权在索偿顺序上有很大区别。在企业经营出现意外,出现破产或倒闭的情况,企业在清偿时,首先清偿企业所欠的债务,包括银行借款和发行的债券,之后如有资产剩余才可清偿股权部分。清偿完债务之后的剩余资产,有限责任公司按照股东出资比例分配,股份有限公司按照股东持有股份的比例分配。因此,公司股权持有者往往在公司破产或倒闭时得到的补偿收益极为有限。

（三）管理权限不同

股权的持有者是公司的股东,他持有的股份数量无论多少都有权参加企业的股东会,拥有投票权,有权就公司经营情况、经营决策发表自己的意见,通过选举董事行使对公司的经营决策权和监督权,参加公司的管理。股东对公司有着法定的管理权和委托他人管理公司的权利。而债券的持有者,只是公司的债权人,只有要求公司按期按规定还本付息的权利,无论其拥有多少债权都无权参加公司的管理。债权人与公司只有债权债务关系,没有参加公司管理的权利。

(四) 期限不同

债券一般有规定的偿还期,期满时债务人必须按时归还本金,因此,债券是一种有期证券。股票通常是无须偿还的,一旦投资入股,股东便不能从股份有限公司抽回本金,因此股票是一种无期证券,或称永久证券。但是,股票持有者可以通过市场转让收回投资资金。

(五) 税收优惠不同

无论是银行借款筹资还是发行债券筹资,从税收方面考虑,债务筹资对公司都是有利的。作为银行借款的利息支出,借款企业可以将其列为利息费用,在所得税前扣除;作为发债的利息支出,发债公司同样可以在利息支出当期将其列为费用开支,在所得税前扣除。作为股权融资支付的股利,从会计角度来讲是从所得税后的净利润中支付的,不能作为税前费用扣除。因此,股权融资没有税收优惠,而债务筹资可以拥有此优惠,这也是很多公司倾向于债务融资的一个主要原因。

第五节　混合型证券

混合型证券是指既有权益性质又有债权性质的证券。比如可转换公司债券、优先股及认股权证等。

一、可转换债券

可转换债券(Convertible Bonds)也称为可转换公司债券,简称转债、转券或可转债。它是一种公司债券,持有人有权在规定期限内将其转换为确定数量的发债公司的普通股。可转换债券属于衍生金融工具,是由股票期权演变来的。可转换债券主要包含转换比例、转换价格和转换期限三个要素。所谓转换比例,是指一定面额的可转换债券可以转换成公司普通股的股数;转换价格是指可转换债券转换为每股普通股股份所支付的价格;转换期限是指可转换债券转换为普通股股份的起始日至结束日的期间。

可转换债券具有股票和债券的双重属性,但对发行人来说,又具备比股票和债券融资更大的优点。《公司法》规定,股份有限公司经股东会决议,或者经公司章程、股东会授权由董事会决议,可以发行可转换为股票的公司债券,并规定具体的转换办法。上市公司发行可转换为股票的公司债券,应当经国务院证券监督管理机构注册。发行可转换为股票的公司债券,应当在债券上标明可转换公司债券字样,并在公司债券持有人名册上载明可转换公司债券的数额。发行可转换为股票的公司债券的,公司应当按照其转换办法向债券持有人换发股票,但债券持有人对转换股票或者不转换股票有选择权。法律、行政法规另有规定的除外。

(一) 与发行股票相比,发行可转换债券的优点

(1) 发行可转换债券通过转换溢价,发行公司可以设计高于股票市价的转股价格,就同等股本扩张来说,发行可转换债券比直接发行股票所筹集的公司资本要多。

(2) 发行可转换债券可以缓解对现有股权的稀释程度。在二级市场及企业经营状况不佳,股权融资时机不成熟的时候发行股票,不但融资成本高,而且会稀释公司的每股收益,影

响公司的市场形象。发行可转换债券可以延缓股本的直接计入,从而保护股东的当前权益,避免股权稀释。

(3)发行可转换债券以在资本结构中引进杠杆效应,从而改变股本收益率。由于可转换债券在未转股之前通常是计入负债科目,利息费用具有抵税的作用,从而有利于公司股本收益率的改善。

(4)发行可转换债券,在成功实现股份转换后,公司股本扩大,从而有利于改善发行人的资本结构,可以增强发行公司的举债能力。

(二) 与普通公司债券相比可转换债券的优点

1. 可转换债券比普通公司债券利率低

可转换债券为投资者提供了未来转换股票的机会,从而可以向投资者支付较低的利息费用作为补偿,节约利息开支。当然,票面利率的设定,最终还要取决于公司业绩的预期增长状况。预期值越高,利率越低。

2. 可转换债券到期日灵活

发行可转换债券不必像发行普通公司债券,需要在发行债券时就定好债券的到期日。发行人可以根据对公司未来的获利能力、证券市场发展状况、可转换债券转股的可能性等因素的分析来确定到期日的长短。

3. 可转换债券赎回条款的设计比普通公司债券自由度大

所谓赎回,是指发行人在一定时期内可以提前赎回未到期的可转换债券。赎回是一种债券偿还方式。对赎回条款的设计绝对有利于发债公司。发债公司设立赎回条款的目的主要出于保护自身利益的需求,因为可转换债券的期限一般较长,发债公司必然面对利率风险、市场风险、财务风险等一系列风险。为避免风险、降低借贷成本、保护股东权益,公司可以要求赎回发行在外的未到期的可转换债券,一方面保护公司的利益,同时迫使那些犹豫不决的可转换债券的持有人将债权转换成股票。而公司发行的普通债券通常不设提前赎回条款。

二、优先股

优先股(Preferred Stock,Preference Share)是相对于普通股来讲的,是指在公司股利支付及财产清偿方面相对于普通股具有优先索取权。对于优先股是否应归为混合型证券有两种不同的看法:一种认为优先股具有与普通股相同的特征,如无到期日,同时又具有债券的特征,如优先股股利固定,因此将优先股列为混合型证券;另一种观点认为,优先股只是一种伪装的债券,优先股的股利虽然长期固定不变,但公司的董事会有权决定不发行优先股股利,而未发行的优先股股利并不属于公司的债务,同时,优先股的股利不能作为费用在税前扣除,不能起到抵税的作用,因此优先股只能算是一种伪装的债券,它实质上仍然是一种股票。我们在此倾向于前一种观点。优先股的股利经股东会决定可以延迟支付,在财务处理上不需作为债务处理。但延迟支付并不等于不支付,在许多国家法律都明确规定公司对优先股股利延迟支付的期限及避免公司长期延迟支付优先股股利的措施。

(一) 优先股的种类

(1)按可否参与公司利润分配,优先股可以分为参与分红优先股(Participating Preferred Stock)和不参与分红优先股(Non-participating Preferred Stock)。所谓参与分红优先股是指拥有参与分红股利权利的优先权。在企业年度收益额增长幅度较大时,优先股股东除可以分到优先股股利外,经董事会决定还可以分到普通股股利。这种股票的发行量一般较少。不参与分红优先股是指除分配定额股利外,不再与普通股共同分配剩余收益的优先股。

（2）按股利是否可以累积可以将优先股分为累积优先股（Cumulative Preferred Stock）和非累积优先股（Non-cumulative Preferred Stock）。累积优先股是指拥有累积股利权利的优先股。即公司收益不够分配优先股股利时,欠付的数额应累积起来以后补付。只有对累积优先股股利付清之后,才能支付普通股股利。非累积优先股是指公司净收益不足以支付优先股定额股利时,以后不再补发。

（3）按股票是否可以转换可以将优先股分为可转换优先股（Convertible Preferred Stock）和不可转换优先股（Non-convertible Preferred Stock）。可转换优先股是指可以在未来某一个既定日期或时期,按既定价格转换为一定股份的普通股的优先股。反之为不可转换优先股。

（4）股票按是否可以赎回可以将优先股分为可赎回优先股（Redeemable Preferred Stock）和不可赎回优先股（Non-redeemable Preferred Stock）。可赎回优先股是指按规定可以在某一时期以后按一定价格赎回的优先股。其赎回价格通常高于面值。反之为不可赎回优先股。

（二）优先股的优缺点

从筹资角度来看,公司发行优先股,可以更好地展现公司的财务指标,有利于公司筹集长期资金。这是因为公司在对外举债计算负债比率时,通常将优先股计入权益部分,降低企业的负债水平,在既不稀释控制权又不提高负债率的前提下,公司更加容易筹集到长期可用资金。从税收角度来看,公司如果将资金对外投放,其所获得利息收入应作为普通收入全额缴税,但对公司从其他企业购入优先股所分得的股利收入,如按照美国法律规定,股利的70%可以作为税前扣除,为公司提供了避税渠道。此外,公司发行优先股筹资,可以利用优先股来调整公司资本结构。由于优先股通常没有到期日,公司利用发行优先股筹得长期可用资金,在公司流动资金出现支付困难的情况时,不会因为没有按时支付股利而破产,但如果是举债无力支付债务利息,债权人有权要求公司破产清算。

任何事物都具有两面性,公司发行优先股也并不全都是优点,发行优先股筹资也存在一些缺点,主要表现为:优先股筹资成本比较高,优先股的成本虽然低于普通股,但高于普通债券;发行优先股所支付的股利支出,发股公司不可以将其作为经营费用在税前扣除,没有税收优惠;在企业出现破产清算时,优先股的持有者必须等到债权人的求偿权被满足以后,才可以从公司剩余财产中得到自己的补偿份额,虽然优先股对财产的求偿权先于普通股,但在现实生活中,优先股持有者在企业破产清算时能得到的财产总是有限的。

无论如何,在公司没有债务性筹资渠道也没有更好的权益性筹资渠道时,优先股筹资仍不失为一种好的选择。

三、认股权证

认股权证（Warrants）是由股份公司发行的,允许其持有人在指定的时期内以确定的价格直接向股份公司购买普通股的一种权利证书。因为认股权证与期权（Option）中的看涨期权（Call Option）都是以普通股为标的物,而且只有当普通股的市场价格超过执行价格时,认股权证才会被执行(否则投资人可以去买更便宜的股票而不会执行认股权证),所以有些人将认股权证视为看涨期权的一种。但应该看到,看涨期权和认股权证还是有很大区别的。首先,看涨期权在操作过程中并不改变公司发行在外的普通股的数量,而认股权证的执行,将会改变公司普通股股本的总数量;其次,认股权证是由股份公司开出的,而看涨期权是由独立的期权卖者开出的;再次,认股权证的价值确定与看涨期权也是有区别的。同时,认股权证与前面所讲的可转换债券也是有区别的,认股权证与其标的物普通股可以分离,认股权证可以单独进行交易,而可转换债券却不能。

认股权证主要由认股数量、认股价格和认股期限三个要素构成。认股数量是指认股权证认购股份的数量;认股价格是公司在发行认股权证时,确定的认股价格;认股期限是指认股权证的有效期。在有效期内认股权证的持有人可以随时认购股份,超过有效期,认股权证自动失效。认股权证的发行一方面保证原有股东的所有者权益不被稀释,另一方面投资人可以将认股权证单独进行交易,而不必动用原来持有的股票,具有一定的灵活性,所以也是一种比较好的筹资方式。

本 章 小 结

1. 金融市场是融通货币资金的场所。筹资者通过证券设计,将自己的投资机会和对资金的需求转换成不同的金融产品(如股票、债券等),供投资者选择和购买,从而筹措到所需要的资金,投资者通过购买和持有筹资者发行的金融产品,将盈余资金提供给筹资方并获取相应的投资收益。

2. 由于筹资只是一种资金和证券等价交换行为,筹资本身通常不创造价值。筹资尽管不创造价值,但如果筹资活动不是一个公平的交换,那么它会导致公司价值在公司利益相关者之间非正义地转移。因此,资本市场的效率和监管对企业融资很重要。

3. 公司融资过程中根据规定,符合条件的公司可以发行股票和债券,也可以向银行和非银行金融机构借入借款。对不同的融资行为,公司应严格遵守国家的有关法规的规定。

4. 股权融资和债务融资在收益的固定性方面、索偿权的顺序方面、管理权及税收方面都存在巨大差别。了解这些差别有助于正确运用不同的融资方式满足公司对资金的需求。

5. 除股权融资和债权融资外,公司还可以发行混合型证券获取资金。混合型证券在我国主要有可转换债券、优先股及认股权证三种。

思考与练习

一、名词解释

市场有效性假说   普通股   优先股   公司债券   长期借款   可转换债券   认股权证

二、思考题

1. 一级市场与二级市场有什么区别和联系?
2. 公募和私募有哪些不同?

3. 股权有哪几种形式？我国公司通常采用何种股权组织形式？

4. 股票有哪些种类？我国对公司股票上市有哪些具体规定？公司股票上市应遵循何种程序？

5. 公司债券主要有哪些种类？公司发行债券有哪些限制性条款？

6. 公司长期借款主要有哪些种类？我国对公司借入长期借款有哪些具体规定？

7. 试比较股权融资和债权融资的主要区别。

8. 什么是混合型证券？混合型证券主要包括哪些品种？

9. 什么是优先股？与债券和普通股相比有哪些区别？

10. 什么样的公司适合以优先股进行融资？

11. 为什么各国公司法通常赋予普通股股东较债权人和优先股股东更多的控制权？

三、材料分析

近年来我国钢铁、水泥、电解铝、船舶制造、多晶硅、煤化工等行业"三去一补"压力巨大。为缓解银行债务给部分企业带来的压力，国务院提出通过市场化债转股的方式逐步降低企业的杠杆率。2016 年 10 月 10 日国务院印发了《关于市场化银行债权转股权的指导意见》，明确市场化债转股对象企业应具备以下条件：发展前景较好，具有可行的企业改革计划和脱困安排；主要生产装备、产品、能力与结构符合国家产业发展方向，技术先进，产品有市场，环保和安全生产达标；信用状况较好，无故意违约，无转移资产等不良记录。重点鼓励因周期性波动导致困难但仍有望逆转的企业，因高负债而财务负担过重的成长型企业特别是战略性新兴产业领域的成长型企业，高负债居于过剩产能行业前列的关键性企业以及关系国家安全的战略性企业。

有评论认为债转股政策实施中也面临一些挑战，如债转股中的道德风险问题，如债转股如何保证股东的权益、债转股如何定价、债转股是否会将风险转给银行等问题。这些问题如果不能很好解决，债转股政策的预期效果恐难以实现。

问：请结合上述材料论述债转股政策可能给对象企业、债权银行等带来的影响，以及政策执行过程中需要重点解决的问题及其对策。

即 测 即 评

资本结构理论

第一节　MM 定理——无公司所得税

　　资本结构是指公司的资金来源中,负债与股东权益(净资产)的对比关系,实际上也是公司的股东权益与债权人权益的分配问题。公司的股东最关心的莫过于公司价值及其最大化问题,公司价值的提高意味着股东财富的增加。公司价值等于公司债务的市场价值与公司股本的市场价值之和。从这个角度来看,公司价值最大化问题与债权和股权的比例问题关系密切。有关负债杠杆如何影响企业价值和其资本成本的所有理论都试图回答这样两个问题:企业能否用负债替代股本,从而增加股本资产的价值? 如果回答是肯定的,那么公司负债比例应为多大?

　　戴维·杜兰德(David Durand)在 1952 年的研究成果就是早期资本结构理论研究的基础。他将当时流行的资本结构理论见解归为三种:第一,净收入理论(Net Income Approach,NI),即企业采用债务融资总是有利的,债务会增加企业的价值,利用债务融资可以降低企业的平均资本成本;第二,净经营收入理论(Net Operating Income Approach,NOI),即企业采用债务融资会增加权益资本的风险,导致权益资本要求更高的收益率,抵消了债务融资低成本优势,从而企业总价值与债务水平无关,不存在最优资本结构;第三,传统理论,即每一个企业都存在一个最优的资本结构,可以通过适度使用债务杠杆获得,在最优资本结构上,债务的边际资本成本与权益的边际资本成本相等。显然,三者的不同之处就在于投资者确定企业负债和股本价值的假设条件不同。戴维·杜兰德归纳的早期的三种资本结构理论都是建立在对投资者行为的假设推断和经验判断的基础上,而非来自大量的统计数据推断。

　　1958 年 6 月,莫迪利安尼(Franco Modigliani)和米勒(Merton Miller)发表了一篇题为《资本成本、公司财务和投资理论》(The Cost of Capital,Corporation Finance,and the Theory of Investment)的文章,深入探讨了企业资本结构和企业价值之间的关系,形成了 MM 理论,奠定了现代资本结构理论的基础。莫迪格利亚尼和米勒使资本结构研究成为一种严格的、科学的、系统的理论,时至今日这一理论还在不断地完善之中。

　　莫迪利安尼和米勒创立的资本结构理论(MM 理论)是建立在一系列假设条件基础之上的。在这些假设前提条件的约束下,MM 理论的基本观点是:公司价值与其资本结构无关。公司的价值取决于它的实际资产,而非各类债权、所有权的市场价值。MM 理论首先研究了在不考虑公司税时企业的资本结构与企业价值的关系,为了更好地揭示它们之间的理论关系,利用数学模型进行了数量关系分析,因此两人在研究时做了一系列的必要假设。

一、MM 理论的主要假设前提

MM 理论的研究建立在一系列假设前提之上,这些基本假设前提包括:

(1)公司在无税收环境下经营。

(2)存在高度完善的资本市场。股票和债券在完全资本市场上的交易意味着:① 没有交易成本;② 投资者进入和退出市场不受限制;③ 所有投资者可以平等、免费获取市场信息;④ 投资者个人和组织可同公司一样以同等利率借款。

(3)企业的经营风险是可以衡量的,可以用息税前利润($EBIT$)的标准差来衡量。有相同经营风险的企业即处于同类风险等级。

(4)企业和个人的负债没有风险,所以负债利率为无风险利率。此外,不论个人和企业举债数额为多少,这个条件不变。

(5)现在和将来的投资者对企业未来 $EBIT$ 的估计完全相同,即投资者对公司未来收益和这些收益风险的预期是相等的。

(6)企业各期的现金流是固定的,形成等额年金流;企业各期的息税前利润不变,即企业为零增长。

二、资本结构无关论

莫迪利安尼和米勒分析了在无公司税时企业的资本结构与企业价值及综合资本成本之间的关系,其基本思想是:资本结构与公司价值和综合资本成本无关。在这里首先介绍莫迪利亚尼和米勒提出的第一项命题并对其进行证明。

(一) 命题一的内容及含义

命题一:无论公司有无负债,其价值等于公司所有资产的预期收益额除以适于该公司风险等级的报酬率。

命题一认为,当不考虑公司税时,企业的价值是由它的实际资产决定的,而不取决于这些资产的取得形式,即企业的价值与资本结构无关。命题一还认为,用一个适合于企业风险等级的综合资本成本率,将企业 $EBIT$ 资本化,可以确定企业的价值。命题一用公式表示如下:

$$V = V_L = V_U = \frac{EBIT}{K_A} = \frac{EBIT}{K_{S_U}} \tag{9-1}$$

式中:V——公司价值;

V_L——有负债公司的价值;

V_U——无负债公司的价值;

K_A——有负债公司的综合资本成本率;

K_{S_U}——无负债公司的普通股必要报酬率。

式(9-1)表明:① 公司价值 V 独立于其负债比率,即公司不能通过改变资本结构达到改变公司价值的目的;② 有负债公司的综合资本成本率 K_A 与资本结构无关,它等于同风险等级的没有负债公司的权益资本成本率;③ K_A 和 K_{S_U} 的高低视公司的经营风险而定。

(二) 命题一的证明

莫迪利安尼和米勒是利用套利原理证明其命题的。他们认为企业不能通过改变资本结构来改变企业的总风险,两个只有资本结构不同的企业的价值必定相同。因为在资本市场中客观上存在着套利活动,如果两个风险相同的企业的价值不同,那么套利者将会介入,出售被高估企业的股票,购买被低估了的企业股票,这个过程将一直持续到两个企业的市场价值完全相同为止。

【例9.1】

有两个公司,L公司(负债)和U公司(无负债),除资本结构外,其他各个方面都一样。L公司负债400万元,利率为7.5%,U公司只有权益资本。两个公司的 *EBIT* 均为90万元,两企业处于同一经营风险等级。在套利过程发生之前,两个公司的股本收益率相等,$K_{S_U} = K_{S_L} = 10\%$。

在公司零增长假定条件下,公司股票的价值可用下列公式计算:

$$V_S = \frac{(EBIT - K_D D)(1-T)}{K_S} \tag{9-2}$$

式中:K_S——普通股必要报酬率;

K_D——债务利率;

D——债务额;

T——税率。

根据 MM 理论的假定,$T = 0$,所以有:

U公司的股票价值 $= S_U = \dfrac{EBIT - K_D D}{K_{S_U}} = \dfrac{90-0}{10\%} = 900$(万元)

U公司的市场价值 $= V_U = D_U + S_U = 0 + 900 = 900$(万元)

L公司的股票价值 $= S_L = \dfrac{EBIT - K_D D}{K_{S_L}} = \dfrac{90 - 7.5\% \times 400}{10\%} = 600$(万元)

L公司的市场价值 $= V_L = D_L + S_L = 400 + 600 = 1\,000$(万元)

U公司和L公司的财务指标如表9-1所示。

表9-1 财务指标情况表

单位:万元

项目	U公司	L公司
息税前利润	90	90
债务利息	—	30
普通股股东可分配盈余	90	60
必要权益报酬率	10%	10%
股票市值	900	600
债务市值	—	400

续表

项目	U 公司	L 公司
公司价值	900	1 000
综合资本成本率	10%	9%
负债权益比	0	66.67%

　　这时 L 公司的市场价值超过 U 公司的市场价值。在竞争市场中,这种非均衡状态不会持续下去。为了说明这个问题,假设投资者拥有 10%L 公司的股票,那么该投资者投资的股票价值为 60 万元。根据 MM 理论,公司资本结构的变化不改变企业的风险等级,投资者通过选择投资可以增加投资价值,但不会增加风险。

　　这时我们假定投资者:

　　(1) 卖掉 L 公司的股票,获得收入 60 万元。

　　(2) 借到等于 L 公司负债 10% 的债务 40(400×10%)万元。

　　(3) 花 90 万元购买相当于 U 公司 10%(900×10%)份额的股票。

　　(4) 投资者可将手中 10 万元的"额外收入"投资于 7.5% 的无风险利率债券,每年可获得 7 500 元(10 万元×7.5%)收入。

　　根据 MM 理论的假设,投资者个人借款利率和企业借款利率相同,市场条件相同。

　　投资者的套利收益活动结果见表 9-2 所示。

表 9-2　投资者的套利收益活动结果

活动	金额
原收益:60 万元 L 公司股本价值的 10%	6 万元
新收益:90 万元 U 公司股本价值的 10%	9 万元
减:40 万元利率为 7.5% 的借款利息	3 万元
加:10 万元利率为 7.5% 的债券利息	0.75 万元
新净收益:	6.75 万元

　　该投资者投资 U 公司的年收益为 6 万元,等于他原来投资 L 公司的收益为 6 万元,但是他投资 U 公司的投资支出仅为 90 万元,却获得了 10% 的投资收益率,明智的投资者会用较少的投资取得相同的收益。

　　本例中,还可以从另一个角度分析:该投资者卖掉 L 公司股票,并用 40 万元负债替代原来 400 万元 10% 份额的公司债务。该投资者原来年收益 6 万元,债务替代后,年净收益增加至 6.75 万元。出售 L 公司的股票会使其价格下降,而购买 L 公司的股票会使其价格上涨,这种交易行为将会持续直至两企业的市场价值完全相等为止。买卖两企业股票并从中获利的交易最终会导致实现市场均衡。当市场均衡时,L 公司和 U 公司的价值以及加权平均资本成本相等。

MM 命题一反映的关于资本结构和公司价值间的关系与净收益理论所反映的两者关系相同。MM 命题一可用图 9-1 进行描述。

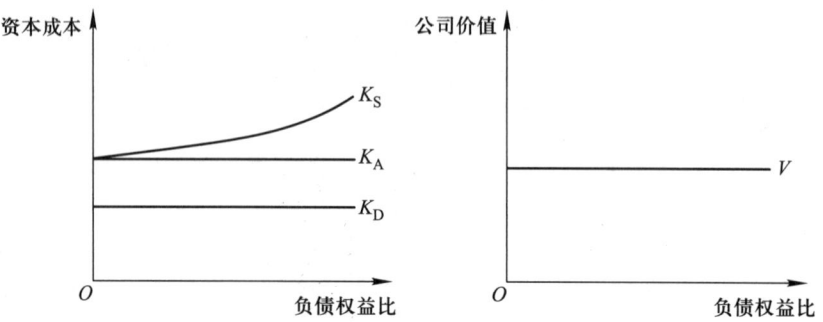

图 9-1　MM 理论下的负债权益比与资本成本和公司价值的关系

三、资本结构与资本成本

（一）命题二的内容及含义

命题二:有负债公司的权益成本率(K_{S_L})等于同一风险等级中无负债公司的权益成本率(K_{S_U})加上风险溢价。风险溢价根据无负债公司的权益资本成本率与负债公司的债务资本成本率(K_D)之差乘以负债权益比来确定。用公式表示为:

$$K_{S_L} = K_{S_U} + (K_{S_U} - K_D)(D/S_L) \qquad (9\text{-}3)$$

式中:D——有负债公司的负债价值;

S_L——有负债公司的权益价值。

命题二的含义是:① 使用财务杠杆的负债公司,其股东权益成本是随着债务融资额的增加而上升的;② 便宜的负债带给公司的利益会被股东权益成本的上升所抵消,最后使负债公司的平均资本成本等于无负债公司的权益资本成本;③ 因此公司的市场价值不会随负债权益比的上升而提高,即公司资本结构和资本成本的变化与公司价值无关。

（二）命题二的证明

命题二的证明建立在命题一成立的基础上。在命题一成立的前提下,有:

$$S_L = \frac{EBIT - K_D D}{K_{S_L}}$$

$$K_{S_L} = \frac{EBIT - K_D D}{S_L} \qquad (9\text{-}4)$$

由命题一知:

$$V = V_L = V_U = \frac{EBIT}{K_A} = \frac{EBIT}{K_{S_U}}$$

且 $V_L = S_L + D$,因此

$$S_L + D = \frac{EBIT}{K_{S_U}}$$

$$EBIT = K_{S_U}(S_L + D) \qquad (9\text{-}5)$$

将式(9-5)代入式(9-4)得:

$$K_{S_L} = \frac{K_{S_U}(S_L+D) - K_D D}{S_L}$$

$$= K_{S_U} + K_{S_U}(D/S_L) - K_D(D/S_L)$$

$$= K_{S_U} + (K_{S_U} - K_D)(D/S_L)$$

命题二得证。

命题二所反映的关于公司负债权益比与公司资本成本之间的关系,可以通过图9-2直观地进行描述。

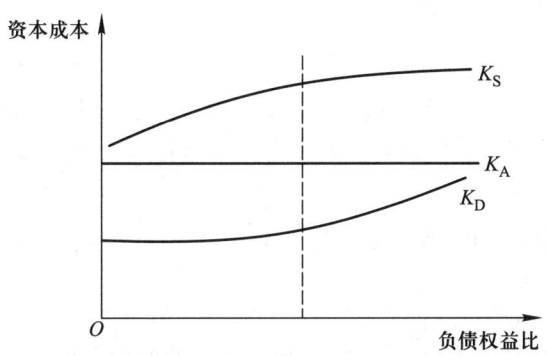

图9-2　MM理论下负债权益比与资本成本的关系

四、公司内部收益率与公司资本成本

命题三:企业应投资于那些内部收益率(IRR_S)大于或等于K_A和K_{S_U}的项目。

内部收益率可以被定义为使项目现金流入现值和现金流出现值相等的折现率,也可以被定义为净现值为0的折现率。

命题三的含义是:如果内部收益率正好等于贷款利率,那么公司投资于该项目,该项目的预期收益现金流正好偿付了项目的贷款本金和利息。如果内部收益率大于筹资成本,那么偿还贷款后的余额对于股东来讲就相当于收益的自然增长,将资本投向内部收益率高于资本成本率的项目,可以提高公司价值。

$IRR_S \geqslant K_A = K_{S_U}$就成为在进行资本预算过程中进行项目决策的重要决策参照。

命题三简单、直观,证明从略。

上述MM理论论证充分,逻辑清晰,但是在现实中没有哪一家公司不在意公司的资本结构,且公司的资本结构表现出显著的行业特征。那么如何解释现实中的这些现象呢?

第二节　MM定理——税负的影响

现实中的资本市场并不完善,因而资本结构的变化会对公司价值产生影响。首先税收是客观存在的。莫迪利安尼和米勒对原有模型进行了修正,将公司税引入MM理论,提出了第二组命题。之后,米勒又提出了有关个人所得税的新论点。本节首先介绍关于公司在税负条件下的MM修正模型。存在公司所得税的这组命题的基本结论是:在公司税的影响下,负债会因利息的减税效应而增加公司价值。

一、命题一及其证明

（一）命题一的内容及含义

命题一：负债公司的价值等于相同风险但无负债公司的价值加上负债的节税利益，节税利益等于公司所得税税率乘以负债额。公司的价值模型为：

$$V_{\mathrm{L}} = V_{\mathrm{U}} + TD \tag{9-6}$$

式中：T——公司所得税税率；

D——公司负债。

命题一的含义是：① 当公司有负债后，负债利息可以计入成本，由此形成节税利益。② 节税利益增加了公司的收益和价值。这部分增加的价值量就是节税利益，相当于节税额的现值。③ 公司负债越多，公司价值越大。当公司目标为公司价值最大化时，公司的最佳资本结构应该是 100% 负债。

假定公司负债是永久性的，那么公司节税利益的大小就取决于税率和公司债务的获利水平，公司年节税利益为：

公司年节税利益 = 债务收益 × 税率

= 公司负债规模 D × 公司债务资本收益率（即公司负债资本成本）K_{D} × 税率 T

如果公司负债是永久的，那么公司每年有一笔等额节税利益流入，这笔无限期的等额资金流的现值就是负债企业的价值增加值。负债企业增加的价值为：

$$\sum_{t=1}^{\infty} \frac{D \times K_{\mathrm{D}} \times T}{(1+K_{\mathrm{D}})^{t}} = D \times K_{\mathrm{D}} \times T \times \frac{1}{K_{\mathrm{D}}} = D \times T$$

（二）命题一的证明

用案例分析如下：

假定有两个公司 L 公司（负债）和 U 公司（无负债）。除资本结构外，两个公司其他各个方面都一样。L 公司负债 400 万元，利率为 10%，U 公司只有权益资本。两公司的 $EBIT$ 均为 90 万元，两公司处于同一经营风险等级，公司所得税税率为 25%。有关财务数据计算见表 9-3 所示。

表 9-3   财务数据计算情况

单位：万元

项目	U 公司	L 公司
息税前利润（$EBIT$）	90	90
利息（DK_{D}）	—	40
息后税前利润（EBT）	90	50
所得税（25%）	22.5	12.5
息税后利润（$EATI$）	67.5	37.5
股东与债权人所得收益的总现金流量	67.5	37.5+40＝77.5

上述两公司相比较,L公司比U公司的现金流量高10(77.5-67.5)万元,这一差额正好等于U公司比L公司多交的所得税(22.5-12.5),这就是债务资本的节税作用。U公司的收益现金流为$EBIT(1-T)$,L公司的收益现金流为$[(EBIT-K_D D)(1-T)+K_D D]$,整理得$EBIT(1-T)+K_D DT$,公式的前一部分正好是U公司的收益现金流,两公司收益现金流差异为$K_D DT$。这部分税收抵减额的现值为$(K_D DT)\cdot 1/K_D$(根据永续年金的公式)。L公司的价值为U公司的价值加上节税收益的现值,用公式表示为:

$$V_L = V_U + (K_D DT)\cdot 1/K_D = V_U + DT$$

二、命题二及其证明

(一)命题二的内容及含义

命题二:有负债公司的权益资本成本率(K_{S_L})等于同一风险等级中无负债公司的权益资本成本率(K_{S_U})加上一定的风险报酬率。风险报酬率根据无负债企业的权益资本成本率与有负债公司的债务资本成本率(K_D)之差乘以负债权益比来确定。用公式表示如下:

$$K_{S_L} = K_{S_U} + (K_{S_U} - K_D)(1-T)(D/S) \tag{9-7}$$

在命题一的基础上,风险报酬率考虑了所得税的影响。因为$(1-T)<1$,在D/S比例不变的情况下,这一风险报酬率总小于无税条件下命题二中的风险报酬率。由于节税利益,这时的股东权益资本成本率的上升幅度小,或者说,在存在税负的条件下,当负债权益比增加时,股东面临财务风险所要求增加的风险报酬的程度小于无税条件下风险报酬的增加程度,即在税负条件下公司允许更大的负债规模,如图9-3所示。

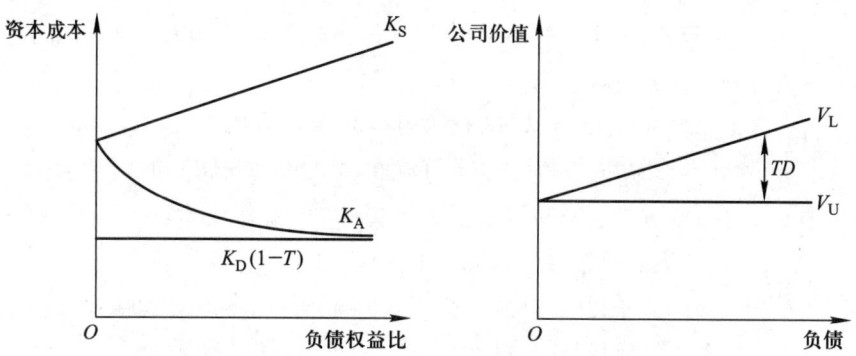

图9-3 负债的杠杆效应:税负条件下的MM模型图示

(二)命题二的证明

由命题一知:

$$V_L = V_U + TD$$
$$V_U = V_L - TD = S_L + (1-T)D$$

(1)无负债公司权益资本成本:

$$K_{S_U} = EBIT(1-T)/V_U$$
$$EBIT(1-T) = K_{S_U} \times V_U = K_{S_U}[S_L + (1-T)D]$$
$$= K_{S_U} \times S_L + (1-T)K_U \times D \tag{9-8}$$

(2)有负债公司权益资本成本:

$$K_{S_L} = (EBIT - K_D \times D)(1-T)/S_L$$
$$= [EBIT(1-T) - K_D \times D(1-T)]/S_L \qquad (9-9)$$

将式(9-8)代入式(9-9),得:

$$K_{S_L} = [K_{S_U} \times S_L + (1-T)K_U \times D - K_D \times D(1-T)]/S_L$$
$$= [K_{S_U} \times S_L + (1-T)D(K_U - K_D)]/S_L$$
$$= K_{S_U} + (K_U - K_D)(1-T)D/S$$

命题二强调纳税与资本结构的关系,阐明了有负债公司权益资本成本、纳税率和资本结构三者之间的关系。

考虑公司所得税的 MM 理论认为,企业的经营利润在政府、债权人和股东三者之间进行分配。由于企业价值等于股东权益价值加上债权人的权益价值,在息前利润不变的情况下,减少政府收益,就可以增加股东和债权人的收益,从而提高公司价值,即由于利息的抵税作用,企业可以通过改变公司资本结构来提高公司价值。

【例 9.2】

假设某公司的基本情况如下:① 公司目前无负债,其资本全部为股本;② 公司预期 $EBIT$ 为 400 万元;③ 公司的综合税率为 40%;④ 公司将其全部税后利润用于股息发放,公司为零成长型;⑤ 如果公司决定举债,可得到的贷款利率为 8%,此利率不随负债规模的增加而增加,所有债务款项用来回购公司的普通股,公司总资产规模保持不变;⑥ 公司的风险等级表现为无负债条件下的股东要求报酬率 12%。

公司无负债时的价值:

$$V_U = EBIT(1-T)/K_{S_U} = 400 \times (1-40\%) \div 12\% = 2\,000(万元)$$

公司负债 1 000 万元时的公司价值:

$$V_L = V_U + TD = 2\,000 + 1\,000 \times 40\% = 2\,400(万元)$$
$$S_L = V_L - D = 2\,400 - 1\,000 = 1\,400(万元)$$

公司负债为 1 000 万元的公司股本成本和加权平均资本成本:

$$K_{S_L} = K_{S_U} + (K_{S_U} - K_D)(1-T)D/S$$
$$= 12\% + (12\% - 8\%) \times (1-40\%) \times 1\,000 \div 1\,400$$
$$= 12\% + 1.71\%$$
$$= 13.71\%$$
$$K_A = (D/V)K_D(1-T) + (S/V)K_S$$
$$= (1\,000 \div 2\,400) \times 8\% \times (1-40\%) + (1\,400 \div 2\,400) \times 13.71\%$$
$$= 10\%$$

利用 MM 模型可以估算出该公司不同负债水平上的资本成本。在图 9-4 中可以看出财务杠杆对公司价值的影响。如果公司负债 100%,那么企业价值会达到最大,而资本成本最小。

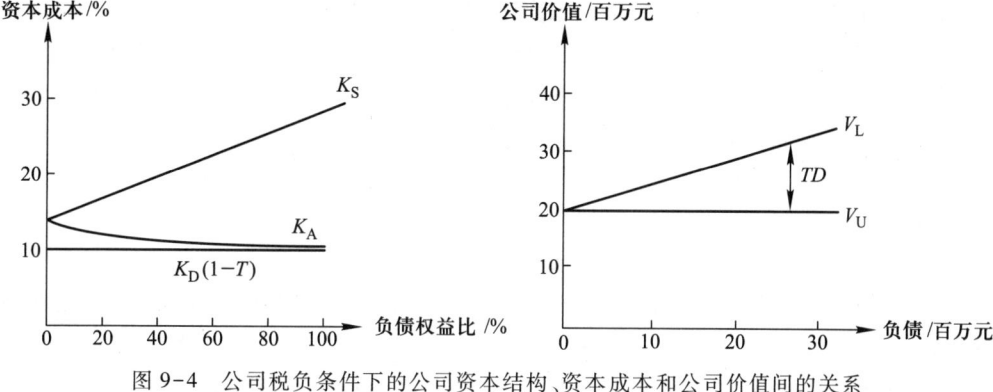

图 9-4 公司税负条件下的公司资本结构、资本成本和公司价值间的关系

三、命题三及其证明

命题三的内容及含义是:企业应选择投资于那些内部收益率(IRR)大于或等于预期收益率的项目。用公式表示为:

$$IRR \geqslant K_{S_U}[1-T(D/V)] \tag{9-10}$$

式(9-10)右方是有负债公司的加权平均资本成本。与无负债公司的资本项目决策原则一致,内部收益率仍然是有负债公司的资本项目选择决策的标准。下面对式(9-10)的右方进行证明。

有负债公司的加权平均资本成本 $K_A = (D/V)K_D(1-T) + (S/V)K_{S_L}$

这里,$K_{S_L} = K_{S_U} + (K_{S_U} - K_D)(1-T)D/S$

将该式代入式(9-10),得:

$$
\begin{aligned}
K_A &= (D/V)K_D(1-T) + (S/V)[K_{S_U} + (K_{S_U} - K_D)(1-T)D/S] \\
&= (D/V)K_D - (D/V)K_D T + (S/V)K_{S_U} + (D/V)K_{S_U} - (D/V)K_{S_U}T - (D/V)K_D + (D/V)K_D T \\
&= (S/V)K_{S_U} + (D/V)K_{S_U} - (D/V)K_{S_U}T \\
&= K_{S_U}(S+D)/V - (D/V)K_{S_U}T \\
&= K_{S_U} - (D/V)K_{S_U}T \\
&= K_{S_U}[1-(D/V)T]
\end{aligned}
$$

四、对 MM 定理的基本评价

MM 理论是在一系列假设前提下展开研究的,正是由于这些假设抽象掉了许多现实的"干扰"因素,才使得 MM 理论得以在数量关系上揭示资金结构中最本质的东西。随着研究的进一步深入,原有的假设条件被逐步取消或放松,使理论更接近于现实,发展出了诸多研究资本结构理论的流派,可以说正是 MM 理论奠定了现代资本结构理论的基础。

人们对 MM 理论的质疑大多与该理论的诸多不实际的假设推断有关。

第一,MM 理论是在假定公司负债和个人负债完全可以相互替代的前提下展开的。实际中,企业利用财务杠杆时,股东作为个人对企业的债务只负有限责任,其损失只限于对企业的投资。在前面所举的套利活动的例子中,如果公司破产,投资者仅仅损失在 L 公司中的 60 万元。如果投资者做套利活动,并使用个人负债投资于 U 公司,当公司破产时,投资者将损失 90 万元,可见个人利用财务杠杆的风险大于企业利用财务杠杆的风险。个人负债风险的增加会影响投资者的套利交易,并使 V_L、V_U 和 K_U 的实际值偏离由理论公式确定的均衡值,也就是说当资本结构变化时,公司价值不可能不受影响。

第二,MM 理论假设不存在交易费用,资金可以在企业间以及市场和投资者间自由转移。但是交易费用(如交易佣金)是客观存在的,这必然阻碍投资套利活动。

第三,MM 理论假设公司和个人投资者都可以无风险利率取得贷款。在现实中,个人取得贷款不仅规模有限,贷款成本也要高于企业贷款,而且贷款规模越大、期限越长,贷款成本就越高。

第四,MM 理论假设 $EBIT$ 不变,忽略了负债的节税利益的不确定性问题。首先,企业息税前利润是在不断变化的,当盈利多时,企业可以获得充足的税盾;当企业盈利不足或亏损时,负债的节税利益就会大打折扣或消失掉。其次,税率的变化会使负债的节税作用具有不确定性。再次,过度负债会增加企业未来经营亏损,从而损害负债的节税利益。最后,企业其他途径的税盾,如较高的折旧率,会相对降低负债的节税利益。关于这个内容将在下一节中进一步加以论述。

第五,MM 理论没有考虑负债所带来的额外费用,如代理成本和财务危机等对企业的不良影响。这个问题将在下一章详细加以论述。

第三节　MM 定理的意义

根据 MM 理论第一定理即资本结构变化与公司价值无关,因此企业的财务决策就失去了意义。MM 理论第二定理认为负债越多公司价值越大,负债达到 100%,公司价值就达到最大。然而在现实经济生活中没有企业这样做,似乎被称为现代资本结构理论的 MM 定理是一堆毫无用处的理论并不断被质疑。然而,MM 理论周密的逻辑推论是不容置疑的,不断出现的有关资本结构与资本价值理论和实证研究成果大多与 MM 理论相关。

1976 年,米勒在美国财务联合会(American Finance Association)上所作的一次报告中提出了把公司税和个人所得税都包括在内的计值模型,这就是米勒模型。米勒模型是对 MM 理论的进一步扩展和完善。此后,人们在不断放松或放弃假定条件的基础上进行了更广泛和深入的研究,使研究结果更接近于现实经济。

一、税盾的不确定性与米勒模型

(一) 税盾的不确定性

负债所带来的节税利益是不确定的。若公司的 $EBIT$ 持续较低或出现负值,则负债的节税现值将会减小甚至消失;如果公司破产清算,则未来负债的节税利益会消失;利息支出的绝大部分或者全部都需要使用现金,在负债水平较高时,大量的、不可延迟的现金流出会给公司带来流动性障碍,税率会变动。所有这些因素都使债务融资下的节税利益变得不确定。

德·安格鲁(De Angelo)和马索里斯(Masulis)提出了税盾过剩的问题。这一理论认为,除了债务利息所带来的税盾,税盾还产生于租赁、国外税收优惠和无形资产投资等方面,如果某一时期这些税盾基本抵消公司利润,那么负债的节税利益就消失或大打折扣了。公司负债规模的增加会造成未来盈余不足以抵补税收扣除项目的可能性,从而出现税盾过剩的问题。

与单纯考虑公司所得税条件下负债的节税利益对公司价值的影响相比,税盾过剩和税盾的不确定性使得由于节税利益而使公司价值增加的可能性和幅度变小,如图 9-5 所示。

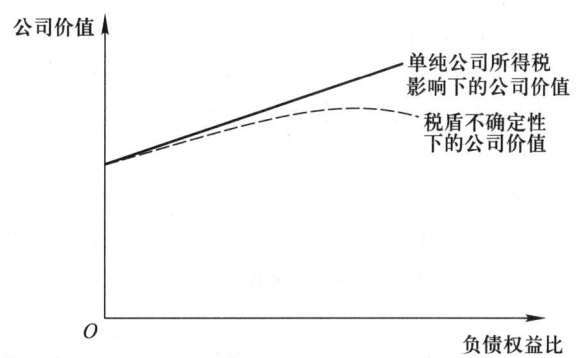

图 9-5　存在公司所得税及税盾不确定性条件下的公司价值

在图 9-5 中,如果单纯考虑公司所得税的影响,并且有稳定、足额的盈利额,那么随着负债的节税利益增加,公司价值同比例增加。但是实际上随着负债规模的增加,利息税盾的不确定性也在增加。在一定的债务水平下,公司价值同步增长;随着负债水平进一步提高,税盾过剩,公司价值的增长速率放慢,最后下降。因此公司税盾的不确定性大大削弱了公司债务的规模追求。在这种情况下,公司价值可表述为:

有负债公司的价值=无负债公司的价值+负债的节税利益−税盾不确定性下的价值损失

（二）米勒模型

考虑公司所得税的 MM 模型包括了公司税负因素,但没有考虑个人所得税的影响。1976 年,米勒在美国金融学会上提出了一个把公司所得税和个人所得税都包括在内的模型来估算负债杠杆对公司价值的影响。

1. 米勒模型的内容及含义

设:T_C 为公司所得税税率;T_S 为个人股票所得税税率;T_D 为债券所得税税率。

这里需要注意的是:股票收益包括股利和资本利得两个部分,所以 T_S 为加权平均的股利和资本利得税率;所有的债券收入均为利息,利息按个人利息的最高税率课税。

MM 理论的所有假设不变,在考虑公司所得税和个人所得税的情况下,无负债公司的公司价值为:

$$V_U = \frac{EBIT(1-T_C)(1-T_S)}{K_{S_U}} \tag{9-11}$$

式(9-11)中,分子表明无负债公司的收入在扣除公司所得税和投资者的股本所得税后的公司净利润。很明显,与不考虑个人所得税时的模型相比,公司净利润变小了,个人赋税降低了投资者实际可得收入,在其他条件不变的情况下,这些课税会降低无负债公司的价值。

$$V_L = V_U + \left[1 - \frac{(1-T_C)(1-T_S)}{(1-T_D)}\right] D \tag{9-12}$$

式(9-12)就是估算有负债公司价值的米勒模型。米勒模型有几个十分重要的含义：

(1) $\left[1-\dfrac{(1-T_C)(1-T_S)}{(1-T_D)}\right]D$ 代表负债杠杆效应，即负债所带来的公司价值的增加额，它相当于仅考虑公司所得税时 MM 模型中的 T_D。

(2) 如果忽略所有的税率，即 $T_C = T_S = T_D = 0$，那么式(9-12)的结果与 MM 无公司所得税时的情形相同。

(3) 如果忽略了个人所得税，即 $T_S = T_D = 0$，那么式(9-12)括号中的项目就为 T_C，这与 MM 公司税模型相同。

(4) 如果股票和债券收益的个人所得税率相等，即 $T_S = T_D$，那么式(9-12)括号中的项目也为 T_C，这与 MM 公司税模型相同。

(5) 如果 $(1-T_C)(1-T_S) = (1-T_D)$，那么式(9-12)括号中的项目就等于 0，这意味着公司负债的减税好处正好被股票投资人的个人所得税所抵消。在这种情况下，资本结构对企业价值和资本成本不产生任何影响，这时我们又回到了 MM 无公司税理论。

2. 米勒模型的证明

公司价值的大小取决于公司未来资金流入的规模。下面将分配给股东和债权人的负债企业年现金流量 CFL 分解为两部分：

$$CFL = 股东的净流入量 + 债权人的净流入量$$
$$= (EBIT-I)(1-T_C)(1-T_S) + I(1-T_D)$$
$$= EBIT(1-T_C)(1-T_S) - I(1-T_C)(1-T_S) + I(1-T_D)$$

这里 I 为利息。上式中的第一项为无负债公司的税后现金流量，这一项的现值可用 K_{S_U} 对等额的年现金流折现而得。上式中的第二项和第三项反映了有负债公司与利息支付有关的现金流量，可以用 K_D 折成现值，从而可得出有负债公司的价值：

$$V_L = \frac{EBIT(1-T_C)(1-T_S)}{K_{S_U}} - \frac{I(1-T_C)(1-T_S)}{K_D} + \frac{I(1-T_D)}{K_D}$$

$$= V_U + \frac{I(1-T_C)}{K_D}\left[1-\frac{(1-T_C)(1-T_S)}{K_D}\right]$$

因为 $\dfrac{I(1-T_C)}{K_D}$ 为负债的市场价值 D，这样上式变为：

$$V_L = V_U + \left[1-\frac{(1-T_C)(1-T_S)}{(1-T_D)}\right]D$$

米勒模型和 MM 理论第二定理都主张为了使公司价值最大化，公司应尽可能地利用债务资本，当公司负债达到 100% 时公司价值最大。在现实经济生活中，没有一家企业是 100% 负债经营的，也没有哪一家企业不在意负债比例，所以理论界自始至终都对 MM 理论和米勒模型提出种种质疑。一般认为 MM 理论所涉及的所有理论推导本身没有问题，问题来自理论假设。如果假设不合理，那么推论将会存在问题。

二、对其他假设条件的争论

(一) 破产成本的影响

1. 破产成本与公司价值

在完善的资本市场中,破产成本假定为零,一旦公司破产,公司资产可按其经济价值出售,不存在清算和法律成本。但如果市场是不完善的,一旦公司破产,则既存在清算成本,又存在资产清算价值低于其经济价值的损失。最后清算的实际资产价值按照资产求偿权顺序全额分配,权益证券持有人因破产成本的存在而导致清偿不足。同时,举债公司比无债务企业的破产可能性大,因而在其他条件相同的情况下,举债公司对投资者的吸引力与未举债公司相比就会减小,破产成本的存在使公司价值缩水。

2. 债务水平与破产成本

破产的可能性随着负债权益比的增加而增加。在一定的负债水平内负债与公司风险并没有必然的关联;当负债水平超过某一点时,破产的可能性会出现加速趋势。由于债权人的优先清偿地位,一般情况下保证了债务价值的完全清偿,而且债权人可能在事前就利用保护性条款和抬高利息率等手段将可能的破产成本转移给权益投资者,所以在负债公司,常常是股权投资人承担公司价值缩水的风险和损失。随着负债权益比的提高,权益投资者必然要求提高必要报酬率。

权益投资者要求的报酬率包括:① 市场无风险报酬率,这是资金时间价值的自然特征;② 经营风险溢酬,它相当于无负债资本结构下的投资必要报酬率与无风险报酬率之差;③ 财务风险溢酬,它是由于负债的增加投资者所要求的额外风险报酬,它们之间的关系如图 9-6 所示。

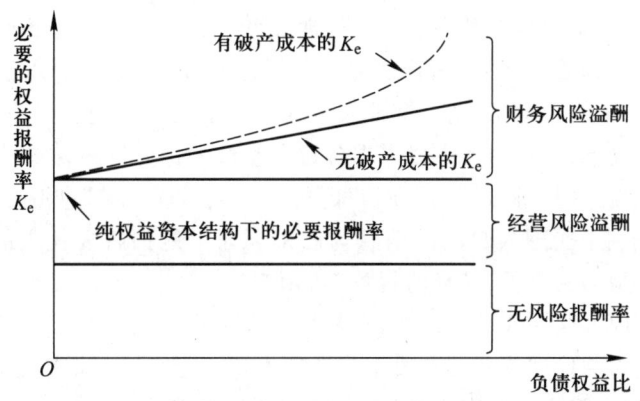

图 9-6　无税负条件下的负债权益比与 K_e 的关系

在不考虑税收影响时,如果无破产成本,投资必要报酬率呈线性增长;如果存在破产成本,由于破产概率会随着负债权益比的增大而增加,当负债权益比超过某一种水平时,必要报酬率将显著提高,呈现非线性变化。

3. 税收与破产成本

在既有税收又有破产成本的情况下,净税收效应对公司价值有正向影响,而税盾的不确定性和破产成本对公司价值有负面影响,因此最佳资本结构应该是客观存在的。一定水平的负债融资使负债的节税利益充分发挥出来,这时因举债导致的破产可能性很小,诱发公司价值增长;随着债务水平的提高,破产预期和税盾的不确定性增大,两者共同作用使公司价值增长趋缓,直至下降,如图 9-7 所示。

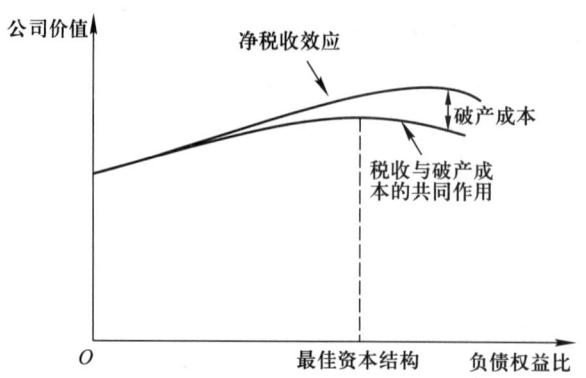

图 9-7 税收和破产成本共同作用下的公司价值

在税收和破产成本的综合作用下,公司价值可用下式表示:

公司价值＝无负债公司价值+净税盾利益现值−破产成本现值

（二）代理成本的影响

1. 代理关系及其矛盾

在现代公司制下,代理关系普遍存在。现代企业的代理关系可以被定义为一种契约和合同关系。在这种关系下,一个人或多个人（委托人）雇用其他人（代理人）,并授予其一定的决策权力,为雇主的利益从事某种活动。代理关系一般表现在两个层次上:一是资产的提供者（股东和债权人,即委托人）与资产的使用者（管理当局,即代理人）之间的关系;二是公司内部高级管理层、中级管理层、基层管理人员和员工各级之间由上而下的层层代理关系。在经济人假设的前提下,关系人各方以谋求各自利益最大化为目的,必然导致利益各方的矛盾冲突。公司管理当局（代理人）往往在信息占有上先于公司外部的相关利益集团（股东和债权人）,并利用有利于代理人自己的信息为己牟利而可能损害委托人的利益。同时委托人或是缺乏监督或是无法监督,自身的利益不能维护。

在出资方和代理方这一代理层面上,有两种代理关系:一是股东与经理人的代理关系;二是债权人与经理人的代理关系。在股东与经理人这一层面上,通常股东的利益目标是资本的保值和增值,最大限度地提高投资的必要报酬率,实现公司价值最大化,集中体现在货币收益的最大化上。经理人的利益目标不仅是货币收益目标,还有非货币收益目标,如职位、形象和声誉等,这样就产生了经济利益与社会利益、个人利益与公司利益、短期利益与长期利益的矛盾。在债权人与经理人这一层面上,债权人的目标是到期收回本金,并获得约定的利息,债权人收益的有限性使其特别强调资本的安全性。

债权人与经理人这一代理链比股东与经理人这一代理链长,股东和经理人的关系更像是一种内部的代理关系。公司借款的目的是扩大经营,强调的是借入资金的收益性,因此往往忽视资金的安全性,这与债权人的目标利益相冲突;股东与经理人在股票价值最大化目标前提下往往可以结成"联盟",因为股票价值最大化就是股东利益的最大化,这与经理人的利益目标并不一定冲突。所以经理人会与股东"合谋"损害债权人的利益。如不经债权人同意发行新债券、随意更改事先约定的债务融资使用方向等。可见在现代公司制下,代理成本是不可回避的。

2. 代理成本

根据布莱克—斯克尔斯期权定价模型,增大公司价值的方差符合股东利益。当公司负债规模既定时,公司价值的概率分布离散程度增大会使股东权益价值增加。因此股东可以通过加大公司资产的风险性而增加其权益资本价值,但是这对债权人不利,因为他们的债券市值会因公司经营风险增大而下降。对股东而言,权益价值的增加足以促使他们牺牲债权人的利益来增加自己的股票价值,所以权益资本的投资者往往选择将投资从低风险项目撤出,转入高风险的投资项目。

MM 理论和期权定价理论都阐明,在完善的资本市场中,改变资本结构不影响公司的总价值,但影响债务和权益的相对价值。当公司初次举债时,债务规模不大,债务风险小,利率较低。当公司进一步举债时,更多的债券发行将提高全体债权人的风险,但初期的债权人并没有因此得到利息补偿,后期的债权人也仅仅得到了相应的风险报酬,实际上相当于财富从债权人那里转移到股东手中。

股东和债权人在分割公司价值中的对立关系,以及债权人在公司信息取得和代理链中的弱势地位,使得债权人为保护自己的利益作出种种努力,这些努力都将引发一系列代理成本,这一内容将在下一章详细论述。

本 章 小 结

1. 资本结构理论研究公司资本结构与企业价值和资本成本间的关系。

2. MM 理论构成了现代资本结构理论的基石。在一系列严格假设的前提下,MM 理论借助数学模型进行了周密的推论,提出了 MM 定理。此后的资本结构理论在逐步解除或放松 MM 理论假设条件的基础上,展开了更深入和更接近于实际的研究,并形成了各种流派和理论。

3. 不考虑公司税的 MM 理论认为,企业的价值与其资本结构无关,企业价值模型为 $V_L = V_U$,权益资本成本模型为 $K_S = K_U + (K_U - K_D) D/S$。

4. 考虑公司税的 MM 理论认为企业利用负债会提高公司价值,因为债务利息具有节税利益。企业价值模型为 $V_L = V_U + TD$,权益资本成本模型为 $K_S = K_U + (K_U - K_D)(1-T) D/S$,由于负债的节税利益与负债成正比,100%负债水平下的公司价值达到最大。

5. 米勒进一步分析了个人所得税的影响并以此扩展了 MM 理论。米勒指出 MM 公司所得税模型高估了公司负债的好处,个人所得税的存在在某种程度上抵消了公司负债的节税利益。米勒的企业价值模型为:

$$V_U = \frac{EBIT(1-T_C)(1-T_S)}{K_{S_U}}$$

$$V_L = V_U + \left[1 - \frac{(1-T_C)(1-T_S)}{(1-T_D)}\right] D$$

6. 负债规模的增加加剧了税盾的不确定性,税盾过剩使公司价值的增长速率放慢直至下降。因此公司税盾过剩和税盾的不确定性大大削弱了公司对负债规模的追求。

7. 对 MM 理论的各种争论主要集中在对它的假设条件的质疑。如假定公司负债和个人负债完全可以相互替代;假设不存在交易费用;假设公司和投资者个人都可以以无风险利率取得贷款;假设 $EBIT$ 不变,忽略了负债的节税利益的不确定性问题;没有考虑负债所带来的额外费用等。

思考与练习

一、名词解释

资本结构　MM 理论

二、思考题

1. MM 理论的基本假设有哪些? 在这些假设前提下展开的 MM 理论存在什么问题?

2. 不考虑公司税的 MM 理论有哪三个命题? 反映了什么关系?

3. MM 公司税模型有哪三个命题? 反映了什么关系? 与不考虑公司税的情况有什么不同?

4. 米勒模型的内容和含义是什么?

5. 阐述和评价资本结构理论的主要内容和观点。

6. 阐述随着负债水平由低到高变动,企业加权平均资本成本($WACC$)为什么会先降后升?

三、计算分析题

1. 计算与分析以下问题:

(1) 假设 U 公司是无负债企业,L 公司是负债企业,L 公司发行了利率为 5% 的公司债 1 000 万元,两公司其他条件都相同,且不存在公司所得税和个人所得税。现在两公司的 $EBIT$ 都为 200 万元,U 公司的股本成本为 10%,请确定:

① 两个公司的价值是多少?

② U 公司和 L 公司的 K_S 为多少?

③ U 公司和 L 公司的 K_A 为多少?

④ 两公司的市场价值和资本成本是否达到了市场均衡值? 如果没有,怎样实现均衡?

(2) 上述其他条件不变,在公司纳税为 40% 的条件下,请确定:

① 两个企业的价值是多少?

② U 公司和 L 公司的 K_S 为多少?

③ U 公司和 L 公司的 K_A 为多少?

④ 利用命题三确定 U 公司和 L 公司的决策临界点。

(3) 上述其他条件不变,在公司所得税税率 $T_C = 40\%$,个人税率 $T_S = 20\%$(为平均的股票所得税),$T_D = 28\%$(为债券收入税)的条件下,请确定:

① 无负债公司的价值 V_U 是多少?

② 有负债公司的价值 V_L 是多少?

③ 公司的负债收益为多少? 并与上题的结果相比较。

④ 若 $T_C = T_S = T_D = 0$,公司的价值如何? 负债收益率是多少?

⑤ 若 $T_S = T_D = 0$，公司的价值如何？负债收益率是多少？

⑥ 若 $T_D = 28\%$，$T_S = 28\%$，$T_C = 40\%$，公司的价值如何？负债收益率是多少？

2. 某公司有息税前盈余 300 万元，所得税税率为 40%，无负债务时的资本必要报酬率为 16%。

（1）若无个人所得税，根据 MM 理论求公司价值：① 无债务；② 有 400 万元债务；③ 有 800 万元债务。

（2）同时考虑个人所得税和公司所得税。股权收入的个人所得税边际税率为 25%，债权收入的个人所得税边际税率为 30%，在前述条件下求公司价值，并说明计算结果出现差别的原因。

3. X 公司是一家无负债经营的完全权益公司，每年的永续性预期收益为 400 万元，公司将全部收益都作为股利支付，因此这 400 万元也可以视为股东的预期现金流。流通在外的股票有 400 万股，每股的预期现金流为 1 元。该无杠杆公司的资本成本是 10%。另外，X 公司近期将投资一台全新设备，耗资 250 万元。预期该新设备每年可以产生 40 万元的额外现金流。这些数据的描述见表 9-4。

表 9-4　X 公司投资新设备前、后的现金流

新设备投资前		新设备投资后	
现金流（CF）：	4 000 000 元/年	初始投资额：	2 500 000 元
流通在外的股票数：	4 000 000 股	额外现金流：	400 000 元/年

（1）在 X 公司没有宣布投资的利好消息之前，公司以市场价值计算的资产负债表是怎样的？

（2）假设将要投资新设备项目和整个公司的折现率相同，都是 10%，那么新设备项目的净现值为多少？

（3）在市场是有效的条件下，假如 X 公司管理层要外部融资购买设备，如果公司决定增发股票来筹资，在这个利好消息发布后，公司以市场价值计算的资产负债表会发生什么变化？

（4）公司增发 250 万股的股票，股票的价格应为多少？筹资后资产负债表会变为怎样？

（5）假设公司的管理层决定采用发行债券而非增发股票的方式来筹资，公司发行 250 万元的债券，利率为 6% 筹集的资金暂时存入银行账户，这时以市场价值计算的资产负债表又会变为怎样？

（6）在利用债务融资后，股东期望的息后年现金流是多少？股东的期望收益率是多少？

即 测 即 评

第十章

决定债务水平的因素

第一节 债务增加的收益

财务杠杆效应、税盾效应和詹森的自由现金流量理论都揭示了负债对提高股东权益的贡献。特别是在经济处于上升阶段和通货膨胀比较严重的时期,举债经营的利益显而易见。

一、债务增加的税收效应

根据 MM 理论,由于负债的节税利益,有负债公司的价值及其股东权益高于无负债公司,因为债务的利息是在税前支付的,企业由此减少了所得税的支付,获得节税利益。现进一步举例说明举债对公司价值的影响。

【例 10.1】

某公司目前无负债,其全部资本为普通股权益,预期每年有稳定的 $EBIT$ 1 000 万元,公司将全部盈利用于发放股利,股东必要报酬率为 12%,公司税率为 40%。如果公司决定举债,利率为 8%,且不受举债规模的影响。为了分析的可比性,公司举债不增加或减少公司总资产规模,举债资金用于等额回购公司股票。

$$无负债公司的价值\ V_U = EBIT(1-T)/K_U$$
$$= 1\ 000 \times (1-40\%) \div 12\%$$
$$= 5\ 000(万元)$$

如果该公司举债 2 000 万元,以 2 000 万元债务等额回购股票,这时公司股东权益价值为:

$$S_U = 5\ 000 - 2\ 000 = 3\ 000(万元)$$

举债后的公司价值 $V_L = V_U + DT = 5\ 000 + 40\% \times 2\ 000 = 5\ 800(万元)$

举债后公司股东权益资本价值 $S_L = V_L - D = 5\ 800 - 2\ 000 = 3\ 800(万元)$

可见,有负债公司的股东权益比无负债公司的股东权益上涨了约 27%,负债给股东带来了利益。

但是负债的节税利益不是永恒的、无条件的。在以下情形下负债的节税利益大打折扣:① 公司税率会发生变化;② $EBIT$ 的波动,特别是当 $EBIT$ 为负值或小到不足以抵税时,节税利益就消失了;③ 节税利益还可以从其他途径获得,如将直线折旧改为加速折旧,享受企业税收优惠等。

同时,随着负债的增加,财务风险也会增加,表现为股东权益资本要求报酬率和有负债公司加权平均资本成本的提高。

接上例。

举债后的权益成本 $K_{S_L} = K_U + (K_U - K_D)(1-T)D/S$

$$= 12\% + \frac{(12\% - 8\%) \times (1-40\%) \times 2\,000}{3\,800}$$

$$= 13.26\%$$

举债后加权平均资本成本 $K_A = D/V_L \times K_D \times (1-T) + S_L/V_L \times K_S$

$$= \frac{2\,000 \times 8\% \times (1-40\%)}{5\,800} + \frac{3\,800 \times 13.26\%}{5\,800}$$

$$= 10.34\%$$

二、债务增加的经营激励效应

1976 年,詹森(Jensen)和麦克林(Meckling)在合著的论文中对代理学作了系统的阐述。作为代理理论的重要内容,詹森的自由现金流量理论(free-cash flow)认为,当公司不负债或负债很少时,公司选择投资于净现值大于 0 的项目,公司的破产可能性较小,经理人手中掌握有充足的现金,资金的有效利用率下降,同时经理人还可能浪费或滥用资金;当公司增加债务时,公司的破产可能性增加,对债权人还本付息的现金流压力会使经理人手中的"自由现金"得到控制,现金流出的压力使经理人提高了经营效率,以免受公司破产的惩罚——经理人名誉、地位和收益的损失,这就是债务增加的经营激励效应。

在现代企业制度的发展中,职业经理阶层的成长强化了经营激励,使经理人在追求公司价值最大化目标下最大限度地代表了股东利益。负债给经理人提供了规模经营和市场扩展的发展机会,但是负债的还本付息也给经理人带来了风险压力,这种压力客观上促使经理人提高资金的使用效率。

三、债务增加的杠杆效应

在公司资本结构一定的条件下,从 EBIT 中支付的债务利息和优先股股利是固定的。当 EBIT 增长时,每 1 元利润负担的固定资本成本就会减小,从而使普通股的每股收益(EPS)以更快的速度增长;当 EBIT 减少时,每 1 元利润负担的固定资本成本就会增加,从而使普通股的 EPS 以更快的速度下降。这种由负债引起的普通股每股收益的波动幅度大于 EBIT 波动幅度的现象被称为财务杠杆。财务杠杆的使用有有利的一面,即杠杆收益的放大效应;也有不利的一面,即杠杆损失的放大效应。这里着重阐述债务增加的杠杆收益的放大效应。

公司使用负债筹资方式主要出于提高净资产收益率(ROE)的需要,债务及其财务杠杆的作用使得公司 EPS 的增长快于 EBIT 的增长,EBIT 与 EPS 的关系如图 10-1 所示。

公司利用负债一方面增加了股东收益,另一方面财务风险相应提高。公司资本结构的管理目的就是要在收益和风险之间作出权衡。下面举例分析负债与 EBIT、ROE、EPS 和 DFL 间的关系。

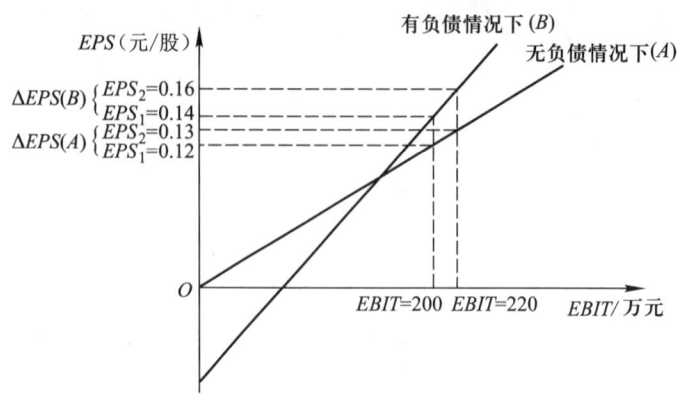

图 10-1　*EBIT-EPS* 关系图

📈【例 10.2】

有 A、B、C 三个公司,资本总额全部为 1 000 万元。A 公司无负债,全部为普通股股本;B 公司负债比率为 25%,负债利率为 8%,其余为普通股股本;C 公司负债比率为 60%,负债利率为 8%,其余为普通股股本。假设三家公司的预期息税前利润均为 200 万元,公司所得税税率为 40%。财务杠杆效应和主要财务指标见表 10-1。

表 10-1　A、B、C 三家公司财务杠杆使用的对比分析

单位:万元

项目	A 公司	B 公司	C 公司
负债率(D/V)	0	25%	60%
总资产	1 000	1 000	1 000
其中:债务	0	250	600
权益资本	1 000	750	400
(1)当预期 *EBIT*=200 万元时,		ROA=20%	
EBIT	200	200	200
利息	0	20	48
应纳税所得额	200	180	152
应纳所得税(T=40%)	80	72	61
税后利润	120	108	91
ROE	12%	14.4%	22.8%
EPS	0.12 元/股	0.14 元/股	0.23 元/股
DFL	1	1.11	1.32

续表

项目	A 公司	B 公司	C 公司
（2）当预期 $EBIT$ 增加 10% 时，		$ROA = 22\%$	
$EBIT$	220	220	220
利息	0	20	48
应纳税所得额	220	200	172
应纳所得税（$T=40\%$）	88	80	69
税后利润	132	120	103
ROE	13.2%	16%	25.8%
EPS	0.13 元/股	0.16 元/股	0.26 元/股
DFL	1	1.1	1.28
（3）当预期 $EBIT$ 下降 10% 时，		$ROA = 18\%$	
$EBIT$	180	180	180
利息	0	20	48
应纳税所得额	180	160	132
应纳所得税（$T=40\%$）	72	64	53
税后利润	108	96	79
ROE	10.8%	12.8%	19.8%
EPS	0.11 元/股	0.13 元/股	0.2 元/股
DFL	1	1.13	1.36
（4）当预期 $EBIT$ 下降 50% 时，		$ROA = 10\%$	
$EBIT$	100	100	100
利息	0	20	48
应纳税所得额	100	80	52
应纳所得税（$T=40\%$）	40	32	21
税后利润	60	48	31
ROE	6%	6.4%	7.8%
EPS	0.06 元/股	0.064 元/股	0.078 元/股
DFL	1	1.25	1.92

分析：

（1）当公司预期盈利 200 万元时，负债率由 0 分别增加到 25% 和 50%，总资产报酬率保持不变为 20%，ROE 由 12% 分别上升到 14.4% 和 22.8%，财务杠杆系数分别为 1、1.11 和 1.32，说明负债比率越高，财务杠杆系数越大，财务杠杆利益的影响也越大。

（2）当公司预期盈利增长 10%，达到 220 万元时，ROA 由前面的 20% 增长到了 22%，ROE 也在原有水平上分别增长了 10%、11% 和 13%，预期盈余决定了总资产和权益资本的获利水平。

（3）当公司预期盈余分别下降 10% 和 50% 时，ROA 也由前面的 20% 下降到了 18% 和 10%，ROE 也在原有水平上分别下降了 10% 和 50%、11% 和 56%、13% 和 66%，下降速率明显加快，说明风险程度大幅度提高。股东收益随着预期盈余的波动而波动，且幅度加大，股东收益风险加大。

负债的杠杆效应一方面体现在随着负债的增加，在 ROE 不变的条件下，ROA 和 EPS 逐步增大，这就是财务杠杆的收益效应；另一方面随着负债的增加，财务杠杆比率增大，意味着风险在增强，债权人和股东都将要求较高的报酬率，公司过度使用财务杠杆会付出较高的资本成本，这一高成本反过来会抵消利用财务杠杆的收益，如图 10-2 所示。

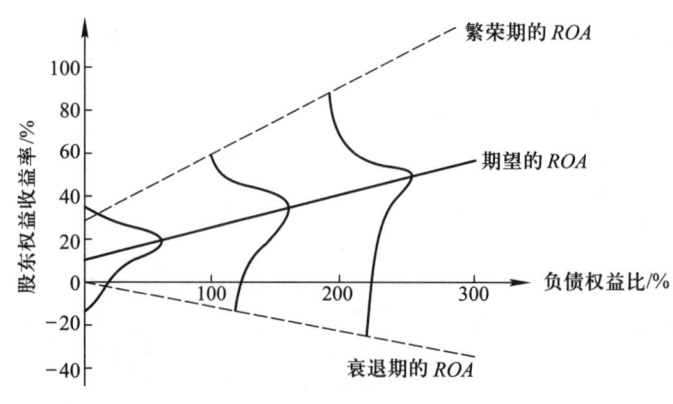

图 10-2   财务杠杆的收益—风险效应

第二节   债务带来的成本

如前所述，在取得财务杠杆收益的同时财务风险随之产生，财务杠杆的收益效应与风险效应并存，但两者并非线性关系。财务杠杆的收益效应随着杠杆系数的增大而增大，但受规模效应递减规律的影响，财务杠杆的收益效应减弱。与此同时，财务杠杆的风险效应随着债务水平的提高而提高，且趋于加速。所以在理论上最佳的财务杠杆规模是收益曲线与风险曲线相交的那一点，即财务杠杆的边际收益等于财务杠杆的边际风险报酬率时的负债水平。负债风险是由财务危机和代理成本等因素引发的。

一、破产成本

当公司举债经营时,需要按约定时间和期限还本付息,如果公司经营连续亏损不能按时还本付息,就发生了财务危机,严重的就会破产。

公司的破产成本包括破产的各种法律诉讼费用、管理费用和公司清算时的资产清算价值低于资产经济价值的损失,以及公司面临破产时低效率经营的损失等,破产成本可分为直接成本和间接成本。

(一) 直接成本

破产的直接成本一般是指公司为进行破产清算而发生的各种费用。包括:① 支付给律师、注册会计师和拍卖商等机构的费用;② 公司资产清算时的资产清算价值小于资产实际经济价值的差额;③ 因财务危机直接导致的可计值的经济损失,公司破产难以在短期内了结,在此期间发生的公司资产贬值损失,如公司设备不能得到充分使用、存货商品积压不能及时处理等。

公司破产是一种法律程序。它是当公司资不抵债且债权债务关系不能正常维持时,债权人"接管"公司的过程。

我国企业破产的一般程序如下:

1. 提出破产申请

企业债权人和企业法人都可以提出破产申请。债权人向法院提出企业破产有四大要件:第一,债权人享有的债权是合法的民事债权,且债权人的债权已到清偿期;第二,债权人的债权应是财产上的请求权,因为破产程序是对破产财产的清理分配,无财产请求权就失去了申请破产的意义;第三,债务人确有到期不清偿债务的事实;第四,债权人享有的债权是没有超过诉讼时效的债权。

企业法人向法院提出申请企业破产的情况是:第一,企业确已无力清偿到期债务,且财务状况继续恶化;第二,企业已无外部融资可能,且股东也不愿继续支撑;第三,债务人应有产可破。经董事会讨论,交股东会决议通过,可主动申请公司破产。

2. 受理破产申请

法院在确定受理破产申请后,应及时通知已知债权人,并进行公告,以便债权人申报债权,召集债权人会议。这时企业成为控制中债务人,它仍拥有破产申请前的资产,可以继续营业,但它必须重新设立一套账簿。法院在受理了破产申请后,即刻通知申请破产企业的开户行停止办理清偿债务的结算业务,债权人不能进行收回债款的活动,企业针对个人或部分人的偿债活动无效。企业继续经营时,对维持正常经营所必需的费用支付和作出重大决策(如出售资产和重新筹集资金等),需经法院批准。

3. 债权申报登记

债权申报登记是破产企业的债权人在规定期限内依法向法院申报债权,并由法院登记债权的法律程序。

4. 召开债权人会议

债权人会议是企业债权人依法组成的能够在破产程序中代债权人表达意见,对有关破产的重大事项进行表决的临时性组织。

只有具备债权人会议组成人员主体资格的债权人才能参加债权人会议。有财产担保的债权人未放弃优先受偿权利的,只有参加会议的权利,没有表决的权利。对于有表决权的债权人,一人一票表决权。

债务人的法定代表人必须列席债权人会议,在会议上法人代表作破产企业破产前基本情况的报告,即法人报告,介绍生产、经营、财产、负债和破产原因等基本情况,并回答债权人的询问。破产清算组应列席债权人会议。破产清算组报告的内容包括:介绍破产清算组的成立和接管情况;破产企业概况;资产的清理、评估、处理变现情况和对破产企业的债权催收情况;负债审核清理的基本情况;提出破产费用支出范围、原则、预算及理由;提出破产财产处理分配方式及理由。破产清算组接受债权人会议的监督,回答债权人的询问。

5. 和解整顿

和解整顿是法院受理债权人申请破产后,债务人和债权人会议根据债务人或其上级主管部门的申请,就企业延期破产、企业整顿方案、清偿债务的财产来源办法、期限以及减免债务等问题达成协议,经法院认可,公告终止破产还债程序,使债务人依法进入整顿期,重新继续经营的破产程序制度。

企业重整的好处是:① 提出破产申请就自动终止了债权人的请偿活动;② 破产程序给债务人提供了某种"保护"——通过法院协商解决争端;③ 无担保债权停止计息;④ 与申请破产企业相关的民事诉讼程序和民事执行程序终止;⑤ 破产整顿期间对债权人未依法申报、逾期申报和债权人主动放弃债权的相应数额作收益处理;⑥ 整顿期间企业的上级主管部门常常给予技术和资金的支持。

企业重组的弊端包括:① 重组中债务人的活动必须满足重组报告的要求;② 除了普通的日常经营之外的所有交易都需通过法院批准;③ 重组中的债务人必须支付债权人会议和法律、财务顾问、会计中介等所需的费用,使破产中的重组成本比破产程序之外的重组成本高很多;④ 企业原有管理层一般会失去对企业的控制;⑤ 企业重组后,虽然正常营业了,但是通常不能真正"正常"营业,因为原有供货商和顾客不愿与一家申请破产的公司做生意;⑥ 企业会失去原有的商业信用,使流动资金越发短缺。

6. 破产宣告和清算

法院受理破产案件后,如果认为该企业已符合破产条件,同时又未能达到重组计划目标,或已实现重组计划但仍无法使企业复苏,经债权人申请,法院可宣告其破产。

企业宣告破产后,破产企业停止一切生产经营活动,并在破产宣告后 15 日内由破产清算组接管企业,破产清算组负责对企业财产进行保管、清理、估价、处理和分配。

企业债权人通过破产程序可得到的受偿债权包括:破产宣告前已经审核成立的无财产担保的债权和放弃优先受偿权利的有担保债权。若有担保债权的担保品变卖所得款项不足以支付债务,未偿还部分列入破产债权。破产清偿顺序是:破产财产优先支付破产费用——破产企业所欠职工工资和劳动保险费用——破产企业所欠税款——破产债权。前一顺序清偿项目未得清偿,后一项目不得清偿;破产财产不足以清偿同一顺序债权时,按同一比例清偿。

(二) 间接成本

财务危机不一定必然导致企业破产,只要公司能够坚持支付债务利息和到期债务就可以了。但是,发生了财务危机的公司大多会步入破产境地。原因主要是:股东及其代理人"合谋"短期利益;顾客、供货商和资金提供者的避险行为选择;公司所有者和债权人间的利益矛盾等。以下阐释前两者。

1. 股东及其代理人"合谋"短期利益

当公司资不抵债时,公司破产成本实际上是由债权人支付的。在发生财务危机后,债权人利益与股东利益往往是极端冲突的,股东和管理层为了谋求自身利益往往有短期行为选择倾向,如不愿进行必要的技术改造和企业设备修理维护,或走极端而投资于高风险项目等。股东和管理人往往通过美化财务报表等办法隐瞒真实的公司财务状况,尽可能拖延以转移出尽可能多的公司财富,如将全部未分配利润用于股利分配、分发现金股利。股东及其代理人的这些行为实际上是在加剧公司的破产进程,侵蚀债权人的利益,间接地构成了破产成本。

2. 顾客、供货商和资金提供者的避险行为选择

这种选择客观上使处于财务困境中的公司更加难以运作。如果公司已提出破产申请或已知公司陷入了财务危机,顾客一般不愿再购买其产品,担心产品的售后服务和质量不能保证;供货商不再愿意给公司提供商业信用;因为风险太大,没有人愿意为公司进一步提供融资。所有这些都加剧了公司的财务危机,构成了破产的间接成本。

(三) 破产的可能性

根据马克维兹(Markvitz,1965)所确定的通过收益率变动的标准差来测量风险水平的方法,有:

$$\sigma_{ER} = (1+D/E)\sigma_A$$

式中:σ_{ER}——股权收益变动的标准差,表示股权收益的风险;

σ_A——资产收益变动的标准差,表示资产收益的风险;

D/E——负债与权益的比值。在资产收益风险一定的条件下,D/E 的高低决定了股权收益风险 σ_{ER} 的大小。

公司负债导致股东承担除经营风险以外的额外风险。当公司无负债时,公司风险仅仅是经营风险 σ_A;当公司负债为 D 时,其风险为 σ_{ER}。两者之差即财务风险。

$$财务风险\ \sigma_F = \sigma_{ER} - \sigma_A = (1+D/E)\sigma_A - \sigma_A = (D/E)\sigma_A$$

特定公司的经营风险是固定的,因此,财务风险取决于债务比率,财务风险是经营风险的 D/E 倍。

破产是公司财务风险的集中体现,破产的概率决定了预期破产成本,预期破产成本的折现值就是由于存在破产成本的可能性而减少的公司价值。公司预期破产成本的现值可表示为:

$$\widehat{CB} = \sum_{i=1}^{n} P_i \times CB_i$$

式中:$\widehat{CB}$——破产成本现值;

P_i——公司在不可预测的经济环境中第 i 种经济状况发生的概率;

CB_i——第 i 种经济状况出现后的预期破产成本现值;

n——所有可能的经济状况结果。

研究发现,不同行业间的资本结构差异较大。高风险的公司在多变的、不可预测的经济环境下,负债水平成为决定公司风险程度或破产概率的主要因素。负债水平越高,破产概率越大;反之,负债水平越低,破产概率越小。

比如甲、乙两家公司分处不同行业,甲公司属高度竞争性行业,经济环境条件的变化对企业收益流影响较大。乙公司属非充分竞争性行业,经济环境条件的变化对企业的收益流影响较小,即收益流波动较为平稳。

在甲、乙两公司预期破产成本相等的情况下,其概率分布会明显不同。甲公司破产成本的离散程度高,乙公司破产成本的离散程度低,说明两个公司的预期破产成本相同,但风险程度不同。离散程度一般用均方差衡量。

$$\sigma = \sqrt{\sum_{i=1}^{n} (CB_i - \hat{CB})^2 \times P_i}$$

利用上述公式计算甲、乙两个公司破产成本的均方差,就可以用数量化的手段对不同公司的风险水平加以描述。一般地,经营风险大的公司应少负债,因为经营业绩受经济条件变化的影响越大,负债水平越高,发生财务风险的概率越大,财务成本的期望现值就越大,公司价值越低。此外,固定资产份额大的公司,可负债务比重较大,因为固定资产变现价值可观,破产成本相对较低;无形资产份额大的公司,可负债务比重较小,因为像商誉和发展机会等是附着在企业实体上的,公司破产了,这些无形资产也消亡了。再比如,技术人员本来是一笔巨大财富,随着公司破产,这笔财富也消失了,这样的公司破产成本极高。

二、代理成本

前面谈到了现代公司制度下普遍存在的代理关系,其中股东和债权人之间也存在着实质性的代理关系。相对于债权人,股东是公司"圈内人",在自身利益驱动下会借助经理人损害债权人的利益。表现在:① 在公司原有负债的基础上公司进一步发行大量债券,风险加大,新债权人要求的报酬率增加,公司的资本成本 K_A 增大,公司价值降低,公司老债权人承担了公司的债务风险。② 特别是当公司负债比例很高时,股东更倾向投资于高风险项目。成功了,债权人的利益是既定的,股东获得几乎全部利益;失败了,股东的损失最多以他们各自的出资额为限,债权人的损失最大。所以,股东和经理人往往"合谋"隐瞒债务资源的使用方向。由于存在股东利用各种途径侵蚀债权人利益的可能性,必须设立债权保护的若干条款,这些带有约束性的保护债权人的条款在一定程度上约束了公司经营的自由度,可能使公司丧失投资机会和融资机会,导致机会损失和降低公司运营效率。同时,需要对公司进行监督以保障公司遵守这些条款,如此构成的监督费用落在了股东头上。效率降低和监督成本的存在提高了负债成本,从而降低了负债利益,这就是代理成本。

长期负债一般都有保护性条款。保护性条款一般涵盖如下内容:① 有关营运资本的保护性条款。该条款通常直接规定公司在一定时期内应保持的最低营运资本额。确定该最低营运资本额要考虑到诸如季节性波动的影响等因素。规定该条款的目的是保证公司的资产流动状况和还贷能力。如果公司发生较大亏损和在购置固定资产、支付股利、赎回长期债务等方面花费过多,营运资本会受到较大的侵蚀,公司有可能违反有关营运资本的保护性条款。② 有关股利和股票回购方面的限制性条款。该条款通常将现金股利和股票回购的数额限制在某特定基准日累计净利的一定百分比之内,这一基准日累计净利通常是签订定期贷款或发行债券的前一个会计年度末的累计数。也有的将股利发放和股票回购确定一个固定的限制数额。规定该条款的目的是限制现金流出公司,保证公司资产的流动性。③ 有关资本支出的限制性条款。限制性条款一般规定限制折旧额的一定提取比例,通过限制资本支出,债权人可以确信其不必依靠固定资产清算来回收债权。④ 有关限制其他债务的规定。限制性条款中一般规定限制公司举借任何其他长期债务,该条款保护公司现有债权人不会因发行新债务而失去原有的清偿地位。⑤ 其他条款。如限制担保条款、或有负债限制条款、并购限制条款、高层管理人工薪的限制条款等。此外,还有对公司高级管理人在贷款期内必须就职于该公司的限制性规定,以及对公司高级管理人进行人身保险的规定等。

下面具体阐述基于股东与债权人的不同利益而可能发生的几种代理成本。

(一) 不理性投资决策

不理性投资有两种表现:过度投资和投资不足。微观经济分析中常用边际分析方法决定最佳投资预算,即边际资金成本等于边际投资收益时所对应的投资规模。公司借助这种方法进行投资项目选择并据此确定公司投资预算。由于公司决策者对公司市场拓展过于乐观或激进决策,就可能使投资预算大大超过最佳的投资规模。根据凯恩斯理论,资本边际效率是递减的,随着投资规模的扩大,资本边际收益呈现递减趋势,其结果是投资规模缩减,所以股东更倾向于"适度"或"保守"的规模投资预算。如果"过度"投资额中股权投资比例大,股权投资者承担较大的风险;如果"过度"投资额中债权投资比例大,公司就暴露在破产风险的危机中,"过度"投资的可能利益由股权投资者享有,债权投资人的利益有限而风险无限。

某一净现值为正的项目一般应被公司接受,但是如果这个项目对债权人比对股东更有利,股东往往会拒绝这类项目的投资,从而产生投资不足的问题。

比如,当一个公司陷入财务危机之中,资产的市场价值急剧降低,这时公司找到一个净现值为正的项目,公司会投资吗? 陷入财务危机中的公司不可能获得债务资本,只能依靠发行新股筹资。经预测,这个项目上马后使公司资产的市场价值上涨 150 万元,由于公司融入了新增加的权益资本,公司总资产的风险性大大降低了,减少了违约风险,债权人的利益得到了极大维护,即使发生了违约,债权人的收入也会比不投资前得到更大的保证,因此债权的市场价值增加了。债权人增加的价值就是股东的损失,股东要求获得的是新增股权投资的全部增值价值,现在由于债权人的分割而缩水了,股东是不同意的。

再比如,当企业面临危机时,股东不仅不愿意进一步投资,还千方百计地利用诸如发放现金股利的办法抽逃企业资本,企业价值下降,负债的风险也加大了,债权价值同比例下降。

(二) 不适度股利政策

留存收益和股利构成了对税后利润的分割。在利润分配中,股利和留存收益此消彼长,是一对矛盾。如果公司主张较低的股利发放率,而将更多的留存收益用于再投资,在投资净现值为正的情况下,公司价值增加。但是主张高股利的政策理论认为,"双鸟在林,不如一鸟在手",资本收益的风险要大于股利收入的风险,股利是股权投资者有把握的收益。高股利政策还会给公众传递一个信息:公司获利水平高,未来会创造更多的利益,这种股票会吸引更多人购买,引发股价上涨。

但是高股利政策往往给债权人带来不利影响,表现在:① 高股利政策可能侵害公司资本的完整性。公司的法定资本是由股东投资形成的,如果实行高股利政策而将资本作为股利发放给股东,债权人的利益就会受到损害。② 公司净利润是公司支付股利的前提,特别是发放现金股利不仅要求稳定的净利润还要求充足的现金流,所以净利润和现金流不稳定的公司实行高股利政策,会导致公司资本完整性的损害和公司资产流动性的减弱,从而发生财务危机。③ 高股利政策会以损失公司投资机会为代价。公司投资机会需要大量现金,高股利政策又会形成高额的现金流出。留存收益是公司进一步举债的额度保证,高股利政策损害了公司留存收益的储备贷款能力。④ 高股利政策引致公司平均资本成本提高。公司的筹资渠道不外乎留存收益、股权融资和债权融资三大渠道。与发行新股相比,留存收益的筹资成本较小,因为它不需要支付发行费。负债融资要受到公司目标财务结构的制约,负债融资超过一定限度后,实际的融资成本很高。

(三) 不适度融资政策

企业的偿债能力不仅取决于企业净利润的规模,还取决于现金流量水平,还本付息需要现金。"过度"负债会导致企业出现流动性障碍,引致偿债危机。

常用的衡量偿债能力强弱的指标有速动比率和利息保障倍数等,这是从静态角度分析某一时点上企业的偿债能力。从动态角度描述财务风险是借助于一定时期内的现金流量水平进行的。唐纳森(Donaldson)认为,公司的固定支付(如利息、股利和偿债基金等)的保障程度取决于公司在最坏境况下的当期和未来时期的现金流量水平。用如下模型表示:

$$CF_b = CF_0 + FCF_b$$

式中:CF_b——公司境况最坏时期的净现金流;

CF_0——公司境况最坏时期的净现金余额;

FCF_b——公司境况最坏时期内预期取得的自由现金流量(free cash-flow)。

自由现金流量,是指从总现金流中扣除用以支付债务偿还及利息、优先股红利、优先股赎回和长期资产投资后所剩的现金余额。

下面举例说明现金流量与偿债规模和现金支付风险间的关系。

📈 **【例 10.3】**

某公司在某年期初的净现金余额为 150 万元。假定该公司在境况不佳之年的预期自由现金流量为 250 万元,目前资本结构中的债务率为 30%,如果公司决定提高债务比率,将引发总计 300 万元的利息及偿债基金支付,确定本年现金流净额支付的风险水平。

根据上述公式有:

本年内净现金余额 $CF_b = 150 + 250 - 300 = 100$(万元)

假定预期自由现金流量服从正态分布,中值为 250,且 $\sigma_{FCF} = 125$,那么预期自由现金流量为 0 的标准差个数 $Z = (0 - 100) \div 125 = -0.8$,查表可知 $Z = -0.8$ 对应的概率值为 21.19%,即本年度用尽所有现金的概率为 21.19%。

如果经理人或债权投资人要求(目标)用尽所有现金的概率不得超过 5%,那么本年内允许的最大利息和偿债基金支付额应为多少?

查表可知,概率为 5% 的偏离均值的标准差个数 Z 为 -1.65,有:

$$Z = -1.65 = (0 - CF_b) \div 150$$

$$CF_b = 248(万元)$$

248 万元为本年度可增加的最大利息和偿债基金支付规模,计划中 300 万元的利息和偿债基金支付数额高于 248 万元的最高支付极限,所以调整该债务比率属过度负债,即超过目标财务风险控制的超额负债。用这种方法可以衡量现金支付风险暴露的程度和极限,并用于企业的流动性风险控制。

（四）监督成本

为了确保债权人保护性条款的有效实施,就必须以一定的方式(如注册会计师审计等)对企业实施监督,发生直接监督成本。如果没有保护性条款,债权人就会要求非常高的利率,该利率会使股东负担的成本高于合理保护性条款下的代理成本;增加保护性条款,债权人的债务安全性增加,债权人要求的利率会降低;限制性条款越多越严格,监督成本就越高,超过一定点后,利息率的减少完全被增加的由股东负担的监督成本抵消。所以,公司利用债务融资时需要在监督成本与债务利率间寻找平衡点。

同破产成本一样,监督成本拉低了公司最佳融资结构中的债务额度。负债比率过高时,监督成本进一步降低了公司价值。

三、丧失未来融资的灵活性

融资的灵活性,是指借助保守的财务结构以期当投资机会来临时足额、及时筹集必要资金的能力。融资的灵活性是靠公司保留负债容量获得的。负债容量是指公司为达到最佳资本结构可进一步增加的负债额。在公司目标资本结构前提下,如果公司用尽了债务融资额度,当公司面临有利的投资机会时只有两种选择:一是突破目标资本结构,企业面临财务风险暴露;二是发行新股,但发行新股成本高,包括发行费、发行的时间成本以及不能在市场中以合理的价格或有利于企业的价格发行股票。这样只好放弃有利的投资机会,往往这种放弃代价高昂。

负债容量也被称为储备负债能力。公司的储备负债能力的价值体现在两个方面:

（1）储备负债的节税利益。根据 MM 理论,储备负债的节税利益的现值进一步增加了投资项目的净现值,从而增加了公司价值。

（2）增强了公司的社会信用度。在储备负债能力下稳健的公司资本结构使企业具备了随时举债融资的能力,且可能获得优惠的贷款,降低企业平均资本成本,实现企业价值增值。

第三节　对资本结构理论和实践的总结

到目前为止,理论界还没有提出一个公认的或统一的确定最佳资本结构的模型。在现实中,几乎所有的企业都不同程度地决定着自己的"最佳"资本结构,它们试图在对诸多因素的权衡中确定企业的最佳资本结构。这些因素大致包括:税收、行业特点、资产类型、预期资产收益的波动程度和经理人的风险态度等。因此,资本结构理论研究不断地向现实世界推进,使理论研究更加具有现实的指导意义。

一、资本结构理论的扩展

（一）权衡理论

如果 MM 税收模型是成立的,随着负债的增加,公司价值会趋于最大化,公司价值的持续增长来源于负债的节税利益。但是如果将财务危机成本和代理成本两因素加入 MM 税收模型中,情况就大不一样了。当负债超过某一点时,代理成本和财务危机会增大,公司价值因此降低。财务危机不一定必然发生,我们所关心的是它的期望值的现值,尽管代理成本和财务危机成本期望值很难准确地计算出来,但它们的确客观存在。这时企业价值与负债杠杆间的关系如下：

$$V_L = V_U + TD - PV(FCC) - PV(AC)$$

式中：$PV(FCC)$——财务危机成本期望值的现值；

$PV(AC)$——代理成本现值。

图 10-3 中，A 点之前，负债的节税利益起支配作用。超过 A 点后，财务危机成本和代理成本的作用显著增强，抵消节税利益。超过 B 点后，财务危机成本和代理成本对公司价值的侵蚀作用超过了公司负债的节税利益，公司价值下降。从图上看，B 点为最佳负债规模。

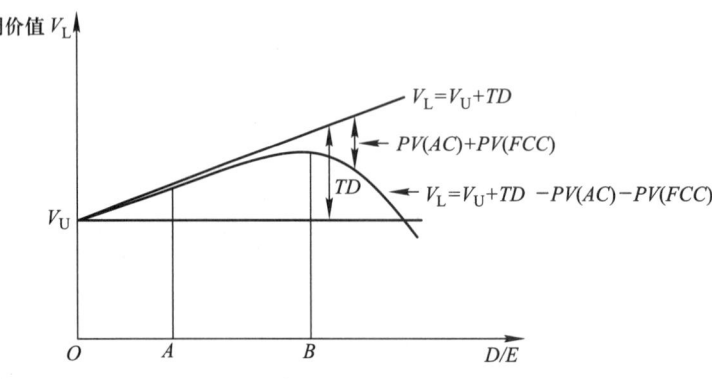

图 10-3　负债杠杆对公司价值的净效应

权衡理论的含义和政策主张为：① 当节税利益与财务危机成本和代理成本相互平衡时，所对应的负债量为最佳负债规模；② 在其他条件不变的情况下，资产收益波动大的公司与资产收益波动小的公司相比负债规模小；③ 有形资产比重大的公司，如拥有不动产和标准生产机械的公司，比拥有无形资产的公司容纳更多的负债，因为财务危机成本不仅取决于财务危机发生的概率，还取决于财务危机发生后的资产状况；④ 高税负水平公司比低税负水平公司能容纳更多的负债，因为高税负水平公司的节税利益大。

（二）不对称信息理论

梅耶斯（Stewart Myers）的不对称信息理论认为，经理人有更多的关于公司经营和发展的信息，而且所有参与者具有相同信息的假设是不成立的，这些研究成果对公司经理人决策公司财务结构产生着巨大影响。当公司未来发展前景十分看好时，公司发行普通股后市场股价上涨，新股东坐享其成，老股东被挖走一大块既得利益。当公司不发行新股而靠举债融资时，老股东独享企业价值增值的全部利益。所以当公司发展前景看好时，公司管理层将倾向于更多负债而尽量避免发行新股，甚至不管公司负债水平是否突破目标财务结构。这种做法对公司原有债权人利益是巨大的损害。

下面通过一个例子来考察在信息不对称条件下公司股东和经理人的负债倾向。

【例 10.4】

假设某公司发行在外的普通股为 100 000 股，现价为 19 元/股。现在公司有一个预计净现值为 50 000 元的项目，由于信息不对称，投资者对这个项目的收益预期低于经理人的预期 21 元/股。现假设通过发行普通股筹集该项目所需的 1 000 000 元投资，新老股东利益会有以下几种情况：

（1）在对称信息条件下，所有的参与者都预计股价为 21 元/股，这时公司应发行 47 619（1 000 000÷21）股新股为项目筹资，该项目投资会使公司股价上涨。

$$新股价 = \frac{原市场价值 + 新增资金 + 新增净收益}{原有股数 + 新增股数}$$

$$= (2\,100\,000 + 1\,000\,000 + 50\,000) \div (100\,000 + 47\,619)$$

$$= 21.34（元/股）$$

新老股东共同受益 0.34 元/股。

（2）在信息不对称条件下，公司经理人对股票的估值高于投资人，在这种情况下，公司就得发行 52 632（1 000 000÷19）股新股来筹集 1 000 000 元新项目所需投资，这时公司发行新股后的股价为：

$$新股价 = \frac{原市场价值 + 新增资金 + 新增净收益}{原有股数 + 新增股数}$$

$$= (2\,100\,000 + 1\,000\,000 + 50\,000) \div (100\,000 + 52\,632)$$

$$= 20.64（元/股）$$

按 19 元/股出售新股使新股东受益 1.64（20.64−19）元/股，老股东损失 0.36（21−19−1.64）元/股。在这种情况下，现有股东不会同意发行新股。

（3）在信息不对称条件下，如果项目预期更有利，假设净现值为 200 000 元，公司同样发行 52 632（1 000 000÷19）股新股来筹集 1 000 000 元新项目所需投资，这时公司发行新股后的股价为：

$$新股价 = \frac{原市场价值 + 新增资金 + 新增净收益}{原有股数 + 新增股数}$$

$$= (2\,100\,000 + 1\,000\,000 + 200\,000) \div (100\,000 + 52\,632)$$

$$= 21.62（元/股）$$

按 19 元/股出售新股使新股东受益 2.62（21.62−19）元/股，老股东受益 0.62（21−19−2.62）元/股。在这种情况下，如果现有股东同意发行新股，大部分利益会流入新股东手中，公司在可能的情况下会更多地依赖负债融资。

（4）在信息不对称条件下，如果公司前景不乐观，公司经理人预计到了这种情况，且预计股票的实际市场价为 17 元/股，但投资者仍旧认为公司股票价值为 19 元/股，公司经理人决定以 19 元/股的价格发行新股 100 000 股，共计筹资 1 900 000 元，并用这些钱还本付息和支撑本年度的资本预算，这时公司发行新股后的股价为：

$$新股价 = \frac{原股本的实际市场价值 + 新增资金}{原有股数 + 新增股数}$$

$$= (1\,700\,000 + 1\,900\,000) \div (100\,000 + 100\,000)$$

$$= 18（元/股）$$

公司前景不妙，资产回报率将会大幅下降，按 19 元/股出售新股，股价显然被高估了，这使新股东损失 1（19−18）元/股，老股东损失 3（21−18）元/股，新股东替老股东分担了 1 元/股的价值损失。假设此时选择负债融资，公司经营风险将全部由股东承担，所以公司股东和经理人愿意发行新股筹集资金。

（5）在信息不对称条件下,如果公司举债融资 1 000 000 元新项目所需投资,这时公司发行新股后的股价为:

$$新股价 = \frac{原市场价值 + 新增净收益}{股数}$$

$$= (2\ 100\ 000 + 50\ 000) \div 100\ 000$$

$$= 21.5(元/股)$$

该投资项目的收益全部为股东所获取(0.5 元/股),所以当公司发展前景看好时,股东更愿意举债融资。

不对称信息理论的含义和政策主张为:① 经营境况和前景看好的企业倾向于负债融资,企业股东可尽享企业价值增值的利益;② 经营境况和前景不好的企业倾向于股权融资,使新老股东分摊可能的损失;③ 投资者获知企业将发行新股时,投资者会把这个信息看成坏消息而抛售股票,引起股价下跌,使企业融资成本增大;④ 唐纳森观察到的"先内后外,先债后股"的融资顺序是有道理的,因此需要企业将相当数额的留存收益用作公积金累积,降低负债率以保持企业的"储备负债能力"。在这个意义上讲,不对称信息理论对于资本结构的影响也被称为优序融资理论。

二、资本结构决定的其他因素

（一）行业效应

大量研究表明,同一国家不同行业间的资本结构差异较大。未来投资机会大的高成长性行业,如制药、电子及计算机行业的负债水平较低;有形资产比重大的行业,如房地产、建筑和标准机械行业的负债水平较高。这里影响因素较多,但是权衡理论和不对称信息理论给出了较好的解释:未来投资机会好、成长性高的行业通过保守负债以储备负债能力,当面临投资获利机会时能够及时把握;财务危机的成本不仅在于破产概率,还在于财务危机发生后的资产状况,如破产公司的清算价值。

表 10-2 是美国一些非金融行业的资本结构比率。前 5 个行业是高财务杠杆行业,其中航空运输的负债率达到 57.9%;后 5 个行业是低财务杠杆行业,其中计算机业负债率仅为 1.6%。

表 10-2　美国部分非金融行业资本结构比率(中位数)(5 年平均)

项目	债务占资产市场价值的比例(%)
航空运输	57.9
电视广播	54.0
旅馆和住房	44.2
天然气分销	41.8
房屋建筑	40.4
教育服务	7.8
医药	6.8

续表

项目	债务占资产市场价值的比例(%)
生物制品	5.9
电子业	3.3
计算机	1.6

注:债务是短期债务和长期债务的加总。

资料来源:斯蒂芬·A.罗斯.公司理财.北京:机械工业出版社,2012:365.

(二) 公司经营环境和经济周期状况

当公司经营环境较好,宏观经济处于上升周期时,面临发展机会的公司会采纳更激进的融资政策,较多地使用负债。经济成长性好,公司预期收益稳定增长的概率大,公司发生财务危机的可能性小。此外,不对称信息理论也揭示了在预期经济成长性高的情境下公司经理人和股东的融资倾向。当公司经营环境不好和经济处于衰退周期时,公司应较少负债。

(三) 公司控制权的考虑

公司发行新股,公司的股权结构就会发生变化。为了保持公司原有的权利结构,当公司需要外部资本时,公司管理人一般首先选择债务融资。只有当公司经营出现潜在危机时,公司管理人考虑到不能进一步举债使公司雪上加霜,不得已选择发行新股。然而,公司管理人还会考虑到公司未来重组时他们的地位。一般来说,公司负债比例小,管理层被接管的可能更大。这就需要权衡和判断。

(四) 管理者的风险观

管理者对待风险的态度不外乎三类:激进型、保守型和中庸型。不同类型的管理者对待收益—风险关系的价值判断存在差异。一般情况下,管理者更关心潜在危机,如果采取激进型的融资政策,公司预期收益的现值风险较大,情况严重的就会危及公司管理人的收益、地位和信誉,所以公司管理层的外在目标是公司股价最大化,但在实际操作时常常是趋于保守型的融资选择。

三、资本结构理论的财务决策价值

资本结构理论是现代公司财务管理理论的核心内容,它为公司的管理决策提供了有益的启示。

(1) 资本结构的变化影响公司价值。虽然 MM 理论认为公司价值与资本结构无关,但加入税负因子的 MM 模型的确得出了"有关"的判断,权衡理论和不对称信息理论揭示了资本结构变动在更广泛的因素作用下与公司价值的关系,其模型描述更接近于现实,因此为公司管理者决策提供了有关资本结构选择的理论依据。

(2) 负债筹资有若干好处,如节税利益、相对于股权融资的低成本、有助于将资产报酬保留给权益人、满足管理层和老股东公司控制权的要求等,但是财务杠杆的收益—风险效应告诉我们,随着财务杠杆系数增大,财务风险增强。根据权衡理论,理论上的最佳资本结构就是负债的节税利益等于财务危机成本和代理成本时的负债水平。

(3) 当公司希望改变财务结构时,公司在经营境况不佳时的净现金余额模型给出了一个负债的数量参照。公司自由现金流量和管理层对未来资金流风险度的价值取向决定了公司追加负债的规模。

（4）影响资本结构决策的因素还有行业效应、公司经营环境和经济周期状况，以及公司控制权和管理者的风险态度等，所以最佳资本结构的决定是多种因素综合权衡的结果。

（5）在建立目标资本结构的实际工作中，经验和理论判断比计量分析更重要。

资本结构理论对公司财务决策的作用可用流程图加以描述，如图 10-4 所示。

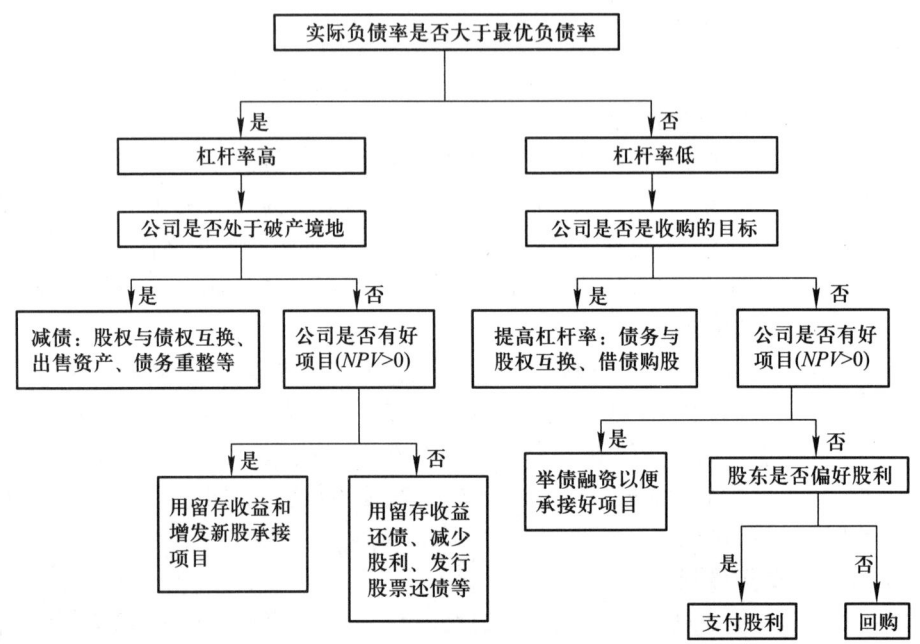

图 10-4　资本结构管理框图①

本 章 小 结

1. 税盾效应是客观存在的，它使得公司债务融资的"适度"边界向外推移。债务融资中出现的财务危机成本和代理成本，使得最优资本结构产生于 0 负债与 100% 负债间的某一点上。

2. 破产成本包括直接成本和间接成本。

3. 代理成本由不理性投融资决策和不适度股利政策所诱发的成本，以及实施债权人保护的监督成本所构成。

4. 权衡理论的实质性内涵有二：第一，最优资本结构是存在的，它赋予公司财务决策以实际应用价值；第二，适度负债规模是负债的节税利益与负债财务成本和代理成本间相互权衡的结果。

5. 权衡理论的政策含义是：资产风险大的企业少负债；无形资产数额大的公司少负债；有形资产数额大的公司可容纳较大的负债份额；税率高的企业可多负债。

① 资料来源：王斌. 企业财务学. 2 版. 北京：经济科学出版社，2002：154.

6. 不对称信息理论的政策含义是:公司应储备举债能力以把握投资机会。

7. 同一国家不同行业间的资本结构差异较大,这是由行业特点和行业进化规律所决定的。

8. 最佳资本结构的决定是多种因素综合权衡的结果,在确立目标资本结构的实际工作中,经验和理论判断比计量分析更重要。

思考与练习

一、名词解释

破产成本　代理成本　权衡理论

二、问答题

1. 资本结构的权衡理论及优序融资理论的内容是什么? 你如何看待这一理论?

2. 如何在实务中进行资本结构决策?

3. 长期借款的保护性条款有哪些?

4. 为什么一个既有股本也有负债且公众持股的大公司的代理成本要高于无负债且为业主管理的小公司?

5. 股东和债权人之间的利益冲突如何影响公司的投资决策?

6. 债权人在破产清算和重整之间进行抉择时应该考虑哪些因素?

三、计算分析题

1. 表 10-3 是 A 公司对不同负债比率下股权投资的必要报酬率和贷款利率的估计,请协助其进行资本结构决策。

表 10-3　A 公司不同负债比率下股权投资的必要报酬率和贷款利率表

负债/资本总额	贷款利率(%)	必要的股权投资报酬率	
		无破产成本和代理成本	有破产成本和代理成本
0	—	10	10
0.1	8	10	10
0.2	8	11	11
0.3	8	11	12
0.4	9	12	13
0.5	10	13	14
0.6	11	14	16
0.7	12	16	18
0.8	15	18	21

（1）当公司所得税率为 25% 时，不考虑破产成本和代理成本，求不同债务水平下的加权平均资本成本。

（2）考虑破产成本和代理成本下的最佳资本结构。

2. A、B、C 三家公司的预期股本收益率（ROE）分布情况如表 10-4 所示。

表 10-4　A、B、C 公司的预期股本收益率分布情况

	概率分布				
	0.1	0.2	0.4	0.2	0.1
A 公司：ROE_A（%）	0	5.5	10	15	20
B 公司：ROE_B（%）	(2)	5	12	19	26
C 公司：ROE_C（%）	(5)	5	15	25	35

（1）计算 C 公司 ROE 的期望值和标准差。

（2）假设本概率分布在整个时期保持不变，讨论三家公司收益情况的相对风险。

（3）假设三家公司资产收益能力（ROA）的标准差相同，即 $\sigma_A = \sigma_B = \sigma_C = 6.3\%$，请评述三家公司的财务风险。

3. 假设 A 公司财务状况如表 10-5 所示。

表 10-5　A 公司财务状况

单位：元

项目	数值
息税前收益	4 000 000
债务价值（D）	2 000 000
股本成本率（K_S）	15%
债务成本率（K_D）	10%
发行股票数（N）	600 000
税率（T）	34%

公司经营和市场稳定，公司增长率为 0，将全部收益支付股利，债务为永久债务。

（1）该公司股票的市场价值是多少？

（2）该公司的加权平均成本是多少？

（3）公司再增加 800 万元新债务，用新债务回购股票。这时公司全部债务的利息率将为 12%，公司的股本成本率将提高到 17%，息税前收益不变，公司是否应当改变其资本结构？

即 测 即 评

第四篇

股利的基本知识

第一节 股利的基本概念

股利是股息和红利的总称,是公司定期向股东分配的利润。股息是指公司根据股东出资比例或持有的股份,按照事先确定的固定比例向股东分配的公司盈余;红利是指公司除股息之外根据公司盈利的多少向股东分配的公司盈余。显然,股息率是固定的,而红利率是不固定的,由股东大会根据股息以外的盈利数量而作出决议。在公司股利发放实践中,通常不严格区分股息和红利,而是一并宣告一起发放,因此通常把公司分配给股东的利润统称为股利。

一、股利/收益比例的概念

公司发放股利常会用到一些财务指标。这些财务指标一方面反映了投资人投资于公司股票的收益情况,另一方面反映了公司经营状况。这些财务指标主要有:

(一) 每股股利

每股股利(Dividend per Share)是指公司支付给普通股股东的每股股票的股利金额。每股股利计算公式如下:

$$每股股利 = \frac{分配股利总额}{发行在外普通股股票数}$$

如甲公司发行在外的普通股共计 1 000 万股,经公司董事会决定支付股利 500 万元,则每股股利为 500÷1 000=0.5(元)。

(二) 股利支付率

股利支付率(Dividend Payment Ratio)是指普通股股利占公司净收入的比例。股利支付率主要反映公司的股利分配政策和股利支付能力。股利支付率的计算公式如下:

$$股利支付率 = \frac{普通股每股股利}{普通股每股净收益} \times 100\%$$

或

$$股利支付率 = \frac{普通股股利}{普通股净收益} \times 100\%$$

公司究竟应确定何种水平的股利支付率,国外很多学者对此进行了长期深入、细致的研究。虽然研究的出发点、方法各有侧重,但总的来讲不外乎考虑以下主要因素:公司的筹资成本与投资机会、投资报酬率、公司经营的财务杠杆和经营杠杆的使用情况、公司可预计的增长速度、公司所处的增长阶段,以及公司未来现金流入量、经营风险等。此外,公司的盈余水平在一定程度上决定公司的股利分配数额。公司盈利多,存在多分配股利的资金基础。但公司股利政策的变动通常滞后于公司盈余水平的变动。因为股利政策具有黏性。股利政策黏性,是指一些公司不愿意每期变动股利政策的现象。出现这种现象的一个特别重要的原因是公司对市场前景的不确定性及公司未来盈余的不确定性。

(三) 股息率

股息率(Dividend Yield or Dividend Rate)反映股利和股价之间的关系。股息率计算公式如下:

$$股息率 = \frac{普通股每股股利}{普通股每股市价} \times 100\%$$

股东获取收益主要有两条渠道:一是股价上涨;二是公司分配的股利。

股东持有股票的预期收益 = 股价增值 + 股利收益

因此,当公司股价上涨时,股东可以接受较低的股利收益。但当股价无法准确预测能否上涨时,股息率就成为评价是否进行股票投资的主要指标。

二、股利发放程序

股份公司对外发放股利,应遵循相关规定,按照一定的程序进行。在股利支付过程中,主要涉及以下几个重要概念。

(一) 分红预案公布日

股份公司分红时,首先应由董事会制定分红预案,具体确定本次分红的数量、分红方式。安排召开股东大会或临时股东大会的时间、地点及表决方式,并由董事会向社会公开发布以上内容。

(二) 分红方案获准即宣告日

分红预案必须经过公司董事会或股东临时大会的讨论。如果分红预案获得批准,公司应向社会公布分红方案及实施时间。如分红预案未获得批准,则需要重新修改。按规定,公司召开股东大会讨论分红预案,公司股票应停止交易一天;公司公布分红方案,公司股票应停止交易半天。

(三) 股权登记日

股权登记日是由公司董事会在分红时确定的一个具体日期。只有在股权登记日前在企业股东名册上有名字记录的股东,才有权分享股利。

(四) 除息日(或除权日)

股份公司的股票,在分红之前,其股价中包含着股利因素,因此叫作含息股票或含权股票。在公司分红时,应采取一定的技术处理将股票中的股利因素排除掉。这种技术处理叫作除权或除息。当公司分派现金红利时,要进行除息处理,送红股时要进行除权处理。股票一般是在股权登记日的下一个交易日进行除权或除息处理。股票进行除权或除息的这一天就叫做除权日或除息日。

分红派息的程序

（五）送股交易日

沪、深两市的 A 股所送红股在登记日的第二日即可上市交易。

（六）股利发放日

股利发放日指股利正式发放给股东的日期。在此日期，证券交易所会将公司分派的完税后的现金红利记入股东账户。

第二节　股利发放的不同形式及特点

一、现金股利

现金股利（Cash Dividend）是指上市公司分红时向股东分派现金红利，是最基本的股利形式。这种分红形式可以使股东获得直接的现金收益。现金股利的最大优点是操作简单。但公司确定股利分配政策时，通常要考虑许多影响因素。大比例分派现金股利会减少公司资产负债表上的现金数量和留存收益的数量，导致公司资产规模萎缩和负债率上升。公司现金流出量过多会影响公司在扩大生产过程中资金的使用，甚至会影响公司未来的发展。如果公司分派现金股利过少，虽然公司可以有更多的资金投入扩大再生产中去，但是股东的近期利益可能受影响，从而会影响公司股票的市场价格。

此外，公司发放现金股利的政策还受到公司税收政策以及个人税收政策的影响。比如在美国，公司资本利得税税率会低于个人股利所得税税率。而且资本利得税可以延迟到股票出售时再缴纳，考虑到货币时间价值，资本利得税更低。在此情况下公司少支派现金股利，将发放现金股利的资金用于再投资，可以进一步增加资本回报。但也应看到，当个人税率低于公司税率时，公司将考虑增加现金股利的发放比例。由于不同投资者对股利的偏好程度不同，也在一定程度上影响公司的现金股利的分配。

我国税法规定，从 2013 年 1 月 1 日起，个人从公开发行和转让市场上取得的上市公司股票，股息红利所得按持股时间长短实行差别化个人所得税政策。2015 年 9 月财政部、国家税务总局和中国证监会联合发布《关于上市公司股息红利差别化个人所得税政策有关问题的通知》规定，个人从公开发行和转让市场取得的上市公司股票，持股期限在 1 个月以内（含 1 个月）的，其股息红利所得全额计入应纳税所得额；持股期限在 1 个月以上至 1 年（含 1 年）的，暂减按 50% 计入应纳税所得额；上述所得统一适用 20% 的税率计征个人所得税。

公司对外投资、参股分得的股息、红利是否纳税，取决于公司性质和持股时间。2008 年 1 月 1 日开始施行的《中华人民共和国企业所得税法》规定，符合条件的居民企业①之间的股息、红利等权益性投资收益，为免税收入。所称符合条件的居民企业之间的股息、红利等权益性投资收益，是指居民企业直接投资于其他居民企业取得的投资收益，不包括连续持有居民企业公开发行并上市流通的股票不足 12 个月取得的投资收益。因此，居民企业来自所有非上市企业，以及持有股份 12 个月以上取得的股息红利收入适用免税政策。鉴于股息红

---

① 居民企业是指依法在中国境内成立，或者依照外国（地区）法律成立但实际管理机构在中国境内的企业。对应地，非居民企业是指依照外国（地区）法律成立且实际管理机构不在中国境内，但在中国境内设立机构、场所的，或者在中国境内未设立机构、场所，但有来源于中国境内所得的企业。

利是税后利润分配形成的,对居民企业之间的股息红利收入免征企业所得税,避免了双重
征税。

二、股票股利

股票股利(Stock Dividend)是上市公司以本公司的股票代替现金向股东分红的一种方
式。股票股利通常由资本公积转增资本或红利转增资本,属于无偿增资发行股票。由于所
送红股是按股东所持股票的比例分派的,因此每位股东在公司拥有的权益比例不会发生变
化。同时,这种分红方式只是使公司账上的留存收益转化为股本,公司的资产及负债并未受
到影响。股票股利分配方式的优点在于不会因为分派股利增加公司的现金流出量,而且在
一些国家股票股利还可以获得免税的优惠。

股票股利虽然不影响公司现金流出量,不改变所有者权益总额,但由于增加了股本数
量,会引起所有者权益构成项目的变化,对公司股票的每股收益情况及公司股价都会带来一
定的影响。

现举例说明某公司在发放股票股利前后公司所有者权益变化情况。表 11-1 为该公司
发放股票股利前的所有者权益的构成情况。

表 11-1　发放股票股利前所有者权益构成

单位:元

普通股(面额 1 元,已发行 5 000 000 股)	5 000 000
资本公积	4 00 000
盈余公积	200 000
未分配利润	15 000 000
股东权益	20 600 000

假设该公司宣布发放股票股利,每 10 股送 1 股,公司股票市价为 22 元。公司将发放
500 000 股普通股股票股利,每股 1 元,共计 500 000 元,资本公积因股票溢价将增加 10 500 000
元,该公司所有者权益变化情况如表 11-2 所示。

表 11-2　所有者权益变化情况

单位:元

普通股(面额 1 元,发放后 5 500 000 股)	5 500 000
资本公积	10 900 000
盈余公积	200 000
未分配利润	4 000 000
股东权益总额	20 600 000

发放股利以后,总股本增加。在盈余总额不变的情况下,每股收益和每股市价都将发生
变化。但股东持股总价值不会发生变化。假设该公司本年利润总额为 6 000 000 元,某股东
拥有该公司 20 000 股股票,发放股票股利带来的变化如表 11-3 所示。

表 11-3　发放股利的变化

单位:元

项目	股票股利发放前	股票股利发放后
每股收益	6 000 000÷5 000 000=1.2	6 000 000÷5 500 000=1.1
每股市价	22	22÷(1+10%)=20
持股比例	20 000÷5 000 000=4‰	22 000÷5 500 000=4‰
持股总价值	20 000×22=440 000	22 000×20=440 000

注:发放股利后每股收益=发放股利前每股收益÷(1+股票股利发放率)

发放股利后每股市价=股利分配日的每股市价÷(1+股票股利发放率)

三、股票回购

股票回购(Repurchase of Stock)是指股份公司按照一定的程序购回发行或流通在外的本公司普通股股票的行为。在成熟资本市场中,股票回购已经成为一项非常重要的金融活动。金融业务比较发达的国家对股票回购业务都有比较具体的规定。各国政府的规定中,美国对股票回购业务规定相对宽松,英国、德国,以及我国台湾地区对股票回购的规定相对较严。从世界各国股票回购业务发展总体情况看,美国股票回购业务开展较好。近来,美国政府又进一步放宽股票回购的有关规定,以便促进股票回购业务的发展。

我国股票回购业务发展相对滞后,股票回购制度要求严苛。早期的《公司法》规定公司不得收购本公司股份。但是,有下列情形之一的除外:① 减少公司注册资本;② 与持有本公司股份的其他公司合并;③ 将股份奖励给本公司职工;④ 股东因对股东大会作出的公司合并、分立决议持异议,要求公司收购其股份的。近年来,随着资本市场快速发展,人们日益认识到股份回购是资本市场的一项基础性制度安排,具有优化资本结构、提升公司投资价值、建立健全投资者回报机制等方面的功能作用。上市公司股份回购活跃度持续提升,回购家数、规模呈现增长态势,人们也越来越深刻地感受到部分股份回购的条件设置过于严格。现行的《公司法》在原来允许回购的四种情形下增加了两种情形:① 将股份用于转换上市公司发行的可转换为股票的公司债券;② 上市公司为维护公司价值及股东权益所必需。中国证监会也相应地修订了《上市公司股份回购规则》(证监会公告〔2022〕4号),将"上市公司为维护公司价值及股东权益所必需",细化为满足以下四种情况之一即为《公司法》规定的"必需":① 公司股票收盘价格低于最近一期每股净资产;② 连续20个交易日内公司股票收盘价格跌幅累计达到20%;③ 公司股票收盘价格低于最近一年股票最高收盘价格的50%;④ 中国证监会规定的其他条件。修订之后的股份回购制度尽可能提高回购便利度,也进一步健全回购约束机制,鼓励上市公司在章程或其他治理文件中完善股份回购机制,明确股份回购的触发条件、回购流程等具体安排,规定上市公司不得同时实施股份回购和股份发行行为,严防"忽悠式回购"。

此外,2023年修订的《公司法》第八十九条规定,非上市公司有下列情形之一的,对股东会该项决议投反对票的股东可以请求公司按照合理的价格收购其股权:① 公司连续五年不向股东分配利润,而公司该五年连续盈利,并且符合本法规定的分配利润条件;② 公司合并、分立、转让主要财产;③ 公司章程规定的营业期限届满或者章程规定的其他解散事由出现,股东会通过决议修改章程使公司存续。公司的控股股东滥用股东权利,严重损害公司或者其他股东利益的,其他股东有权请求公司按照合理的价格收购其股权。

（一）公司股票回购的方式

公司股票回购方式主要有以下几种:

1. 公开市场回购

公开市场回购是指公司在股票市场以等同于任何潜在投资者的地位,按照公司股票当前市场价格回购。股份公司通常采用此种股票回购方式在股票市场表现欠佳时,小规模回购特殊用途所需股票。这种股票回购方式由于要支付佣金及手续费等,成本较高。在美国股票回购多数采用此种方式。

2. 要约回购

要约回购也叫招标收购股权,具体又分为固定价格要约回购和荷兰式拍卖回购。固定价格要约回购指公司在特定时间发出以某一高出股票当前市场价格的价格水平,回购既定数量的股票。荷兰式拍卖回购比固定价格要约回购在回购价格和回购数量方面具有更大的灵活性。采用荷兰式拍卖回购时,首先由公司指定回购价格的范围和计划回购的股票数量,然后由股东进行投标,说明愿意以某一价格出售股票的数量,公司汇总后再次确认股票回购的价格,进行股票回购。

3. 协议回购

协议回购是指公司以协议价格直接向一个或几个主要股东购回股票。协议回购的价格通常低于市场价格。由于回购不是面向全体股东,价格如果定得不合理可能损害一部分未出售股票股东的利益。

（二）股票回购的目的

公司通过股票回购,主要可以达到以下目的:

1. 股票回购通常可以增加每股收益

公司进行股票回购以后,流通在外的普通股股票数量减少,可能带来每股收益上升。之所以说可能带来每股收益上升,是因为当公司用自有资金进行股票回购时,会带来每股收益增加;用借入资金进行股票回购时,借款费用的增加可能抵消股票数量减少带来的每股收益增加的数量。

2. 股票回购可以调整公司的资本结构,发挥财务杠杆的作用

股票回购直接减少股权资本的数量,改变公司股权结构。例如,我国上市公司股权结构中国有股占绝大部分比例,如果允许上市公司开展股票回购业务,上市公司可以通过股票回购达到调整资本结构的目的。另外,当公司的投资报酬率高于债务成本而公司的负债比率又不是很高时,公司存有很大的融资空间。如果此时公司回购股票,无论采用现金回购还是采用负债回购,最终都会导致股权资本比重下降,公司如果能够适度举债,提高资产负债率,充分利用负债的税盾作用,将提高公司净资产收益率,更好地发挥财务杠杆效应。

3. 股票回购可以在方便股东选择股利支付方式的同时为股东提供避税的优惠

公司通过股票回购进行股利分配,股东具有选择权。需要现金的股东,可以选择参加股票回购,而不需要现金的股东可以选择继续持有股票。例如,在美国,个人现金股利收入应按普通收入全额纳税,而公司资本利得收入只需按收入超过成本的部分纳税,且税率相对较低,并可以延迟缴纳。如果公司派发的股利适用于较高的税率,股东则会选择股票回购的股利政策。我国规定股利收入应按 5%~20% 的税率缴纳个人所得税,而股票转让收入的个人所得税还未开始征收。因此,开展股票回购业务,对于那些对税款考虑较多的股东来说,是一种比较有诱惑力的股利分配形式。

4. 股票回购通常可以提升公司股票价值

公司如果持有多余的现金又没有更好的投资渠道,那么在进行分配时,公司很有可能采用股票回购的股利分配政策。公司宣布回购股票常常会被理解为公司在向市场传递其认为自己的股票被市场低估的信号,市场会因此作出积极反应,股价也会随之上升。《上市公司监管指引第 3 号——上市公司现金分红(2023 年修订)》支持上市公司在其股价低于每股净资产的情形下回购股份。

5. 股票回购为上市公司资本运营提供一条新渠道

公司股票在不同的、被分割的市场中进行交易,如果不同的市场存在较大的价差,公司进行股票回购可以实现在不同市场中的套利。如青岛啤酒在 2001 年 2 月 5 日至 20 日在中国境内向社会公众公开发行人民币普通股 1 亿股股票,每股发行价格为 7.87 元,募集资金净额为 7.59 亿元。增发新股的同时,青岛啤酒授权公司董事会回购不超过公司发行在外的境外上市的外资股的 10%,即 3 468.5 万股 H 股。如果按每股净资产 2.36 元计算,将用去 8 185.66 万元。青岛啤酒在实施增发后实施股票回购,根本原因在于中国香港特区和内地股市之间存在巨大的套利空间,内地股市的市盈率高于香港股市的市盈率。经过这样的资本运作,募集的资金却增加了近 7 亿元,远远高于股本扩张的比例。

四、我国上市公司股利分配应遵循的规定

上市公司在股利发放过程中,遵循的法律法规主要有《中华人民共和国公司法》(简称《公司法》)、《中华人民共和国证券法》(简称《证券法》)、《上市公司信息披露管理办法》《上市公司证券发行注册管理办法》等规定。

《公司法》规定,股份有限公司章程应当载明公司利润分配办法。公司分配当年税后利润时,应当提取利润的 10% 列入公司法定公积金。公司法定公积金累计额为公司注册资本的 50% 以上的,可以不再提取。公司的法定公积金不足以弥补以前年度亏损的,在依照前款规定提取法定公积金之前,应当先用当年利润弥补亏损。公司从税后利润中提取法定公积金后,经股东会决议,还可以从税后利润中提取任意公积金。公司弥补亏损和提取公积金后所余税后利润,有限责任公司按照股东实缴的出资比例分配利润,全体股东约定不按照出资比例分配利润的除外;股份有限公司按照股东所持有的股份比例分配利润,公司章程另有规定的除外。公司持有的本公司股份不得分配利润。董事会制定公司的利润分配方案和弥补亏损方案,股东会审议批准公司的利润分配方案和弥补亏损方案。股东会作出分配利润的决议的,董事会应当在股东会决议作出之日起六个月内进行分配。

《证券法》第九十一条规定,上市公司应当在章程中明确分配现金股利的具体安排和决策程序,依法保障股东的资产收益权。上市公司当年税后利润,在弥补亏损及提取法定公积金后有盈余的,应当按照公司章程的规定分配现金股利。2023 年修订的《上市公司证券发行注册管理办法》第四条规定,上市公司发行证券的,应当符合《证券法》和本办法规定的发行条件和相关信息披露要求,依法经上海证券交易所或深圳证券交易所发行上市审核并报

中国证券监督管理委员会注册,但因依法实行股权激励、公积金转为增加公司资本、分配股票股利的除外。

《上市公司监管指引第 3 号——上市公司现金分红(2023 年修订)》规定,上市公司应当牢固树立回报股东的意识,严格依照《公司法》《证券法》和公司章程的规定,健全现金分红制度,保持现金分红政策的一致性、合理性和稳定性,保证现金分红信息披露的真实性。

上市公司应当在公司章程中载明:① 公司董事会、股东大会对利润分配尤其是现金分红事项的决策程序和机制,对既定利润分配政策尤其是现金分红政策作出调整的具体条件、决策程序和机制,以及为充分听取中小股东意见所采取的措施;② 公司的利润分配政策尤其是现金分红政策的具体内容,利润分配的形式,利润分配尤其是现金分红的具体条件,发放股票股利的条件,年度、中期现金分红最低金额或者比例(如有)等。鼓励上市公司在符合利润分配的条件下增加现金分红频次,稳定投资者分红预期。

上市公司应当在章程中明确现金分红相对于股票股利在利润分配方式中的优先顺序。具备现金分红条件的,应当采用现金分红进行利润分配。采用股票股利进行利润分配的,应当具有公司成长性、每股净资产的摊薄等真实合理因素。

上市公司董事会应当综合考虑所处行业特点、发展阶段、自身经营模式、盈利水平、债务偿还能力、是否有重大资金支出安排和投资者回报等因素,区分下列情形,并按照公司章程规定的程序,提出差异化的现金分红政策:① 公司发展阶段属成熟期且无重大资金支出安排的,进行利润分配时,现金分红在本次利润分配中所占比例最低应当达到百分之八十。② 公司发展阶段属成熟期且有重大资金支出安排的,进行利润分配时,现金分红在本次利润分配中所占比例最低应当达到百分之四十。③ 公司发展阶段属成长期且有重大资金支出安排的,进行利润分配时,现金分红在本次利润分配中所占比例最低应当达到百分之二十;公司发展阶段不易区分但有重大资金支出安排的,可以按照前款第三项规定处理。现金分红在本次利润分配中所占比例为现金股利除以现金股利与股票股利之和。

上市公司在制定现金分红具体方案时,董事会应当认真研究和论证公司现金分红的时机、条件和最低比例、调整的条件及其决策程序要求等事宜。独立董事认为现金分红具体方案可能损害上市公司或者中小股东权益的,有权发表独立意见。董事会对独立董事的意见未采纳或者未完全采纳的,应当在董事会决议中记载独立董事的意见及未采纳的具体理由,并披露。股东大会对现金分红具体方案进行审议前,上市公司应当通过多种渠道主动与股东特别是中小股东进行沟通和交流,充分听取中小股东的意见和诉求,及时答复中小股东关心的问题。

上市公司召开年度股东大会审议年度利润分配方案时,可审议批准下一年中期现金分红的条件、比例上限、金额上限等。年度股东大会审议的下一年中期分红上限不应超过相应期间归属于上市公司股东的净利润。董事会根据股东大会决议在符合利润分配的条件下制定具体的中期分红方案。上市公司应当严格执行公司章程确定的现金分红政策以及股东大会审议批准的现金分红方案。确有必要对公司章程确定的现金分红政策进行调整或者变更的,应当满足公司章程规定的条件,经过详细论证后,履行相应的决策程序,并经出席股东大会的股东所持表决权的三分之二以上通过。

此外,《上市公司监管指引第 3 号——上市公司现金分红(2023 年修订)》第八条规定,上市公司应当在年度报告中详细披露现金分红政策的制定及执行情况,并对下列事项进行专项说明:① 是否符合公司章程的规定或者股东大会决议的要求;② 分红标准和比例是否明确和清晰;③ 相关的决策程序和机制是否完备;④ 公司未进行现金分红的,应当披露具体原因,以及下一步为增强投资者回报水平拟采取的举措等;⑤ 中小股东是否有充分表达意见和诉求的机会,中小股东的合法权益是否得到了充分保护等。对现金分红政策进行调整或者变更的,还应当对调整或者变更的条件及程序是否合规和透明等进行详细说明。

第九条还规定,拟发行证券的上市公司应当制定对股东回报的合理规划,对经营利润用于自身发展和回报股东要合理平衡,要重视提高现金分红水平,提升对股东的回报。上市公司应当在募集说明书或者发行预案中增加披露利润分配政策尤其是现金分红政策的制定及执行情况、最近三年现金分红金额及比例、未分配利润使用安排情况,并作"重大事项提示",提醒投资者关注上述情况。保荐机构应当在保荐工作报告中对上市公司利润分配政策的决策机制是否合规,是否建立了对投资者持续、稳定、科学的回报机制,现金分红的承诺是否已履行,本指引相关要求是否已经落实发表明确意见。对于最近三年现金分红水平较低的上市公司,发行人及保荐机构应当结合不同行业和不同类型公司的特点和经营模式、公司所处发展阶段、盈利水平、资金需求等因素说明公司现金分红水平较低的原因,并对公司是否充分考虑了股东要求和意愿、是否给予了投资者合理回报以及公司的现金分红政策是否符合上市公司股东利益最大化原则发表明确意见。

本 章 小 结

1. 股利是股息和红利的总称,是公司定期向股东分配的利润。股息是指公司根据股东出资比例或持有的股份,按照事先确定的固定比例向股东分配的公司盈余;红利是指公司除股息之外根据公司盈利的多少向股东分配的公司盈余。

2. 公司在股利发放的多少,盈利水平如何,可以通过一系列财务指标进行衡量。这些指标包括每股收益、股利收益率和股利支付率。

3. 公司支付股利给股东应遵循规定的程序。股利是公司税后收入在股权投资人之间的分配,无论采取何种分配形式,都应遵循有关法律、法规规定的既定程序进行。

4. 公司股利发放的不同形式,如现金股利、股票股利或进行股票回购都具有不同的特点,采用不同的股利发放形式对公司的财务状况会产生不同的影响。

5. 我国股票股利在发放形式、发放种类、发放数量上存在鲜明的特点。这些特点的形成与我国股票市场的发展处于初级阶段是分不开的,现存的一些问题还有待解决。

思 考 与 练 习

一、名词解释

每股股利　股利支付率　现金股利　股票股利　股票回购

二、问答题

1. 如何理解公司股利支付率及股息率两个指标所反映的经济含义?

2. 举例说明如何理解股权登记日、除权日、除息日。

3. 试分别说明现金股利、股票股利及股票回购的优缺点,以及不同股利发放方式对公司主要财务指标的影响。

4. 联系实际说明我国上市公司在股利分配方面有哪些特点。

三、计算分析题

1. A 上市公司 2024 年 4 月 30 日宣布于 2024 年 6 月 6 日向全体股东按每 10 股发放 0.5 元的现金股利,股权登记日为 2024 年 5 月 30 日,除权除息日为 2024 年 5 月 31 日。如果 2024 年 5 月 30 日该公司的股价为每股 8.67 元,假设按 10% 的税率对股利征收个人所得税,理论上,该公司于除权除息日即 2024 年 5 月 31 日的股价应该为多少?

2. 某公司年终利润分配前的有关资料见表 11-4:

表 11-4　某公司年终利润分配前的有关资料

项目	金额
上年未分配利润	2 000 万元
盈余公积	800 万元
资本公积	200 万元
股本(1 000 万股,每股 1 元)	1 000 万元
本年税后利润	4 000 万元
所有者权益合计	8 000 万元
每股市价	40 元
总市值	4 亿元

该公司决定:本年按规定比例 15% 提取盈余公积,发放股票股利 10%(股东每持 10 股可得 1 股),并且按发放股票股利后的股数派发现金股利每股 0.1 元。

计算利润分配后的未分配利润、盈余公积、资本公积、流通股数和所有者权益。如果股票每股价格与每股账面价值呈正比例关系,该公司进行上述的利润分配后,预计每股价格为多少?

即 测 即 评

第十一章

决定股利政策的因素

第一节　MM 股利政策无效理论

一、假设条件

股利政策是股份公司三大财务政策之一,是公司的管理人员需要投入大量精力、时间考虑的问题,也是许多专家、学者长期以来关注和研究的问题。为什么有些股份公司分派大量股利给股东,而有些股份公司包括存有大量留存收益的公司分配很少甚至不分配股利给股东?如何解释这一现象?公司在决定采用何种股利政策时都需要考虑哪些因素?这些问题都是股利政策理论所要解决的问题。

1961 年莫迪利安尼(Franco Modigliani)和米勒(Merton Miller)两位教授发表了《股利政策、增长和股利估价》一文,首次提出了 MM 股利政策无效理论,奠定了股利政策研究的理论基础。MM 股利政策无效理论(也称股利政策无关论)的核心内容是认为无论公司采用何种股利政策都不会影响公司的市场价值,公司的市场价值是由公司的盈利能力决定的。这一理论是建立在信息对称、无摩擦的完美资本市场基础上的,认为投资人对公司未来的发展有完全的把握,所有的投资者都是理性的。这一理论是在一系列假设前提下展开研究的。这些假设主要包括以下几个方面的内容:

(1)不存在税收。即市场中不存在个人所得税和公司所得税,股利和资本利得之间不存在税收差异。

(2)不存在交易成本。即没有佣金、证券交易和转让费用。

(3)信息是对称的。即所有参加交易的人和公司都可平等且无成本地获得相同的信息。

(4)公司的股利决策不影响公司的投资决策。公司的投资决策事先已经确定,不会随着股利政策的改变而改变。

(5)所有投资者对于未来投资、利润和股利具有相同的信念。

以上假设保证无论公司支付股利与否,无论股利支付多与少,都不会影响公司的市场价值。公司的市场价值仅取决于公司的盈利状况,只要公司接受投资回报率为正的投资项目,而且公司可以无成本地获取市场的支持,那么公司就可以支付任何水平的股利给股东,也可以不支付股利给股东。

在完全资本市场中,公司支付股利主要有三种情况。第一种情况是公司拥有足够的留存收益,现金流量足以支付股东的股利,公司可以将留存收益的一部分,也可以将全部留存收益以股利形式支付给股东。公司将留存收益以股利形式支付给股东以后,在公司需要资金时,由于不存在交易成本,公司可以通过发行新股或债券筹得资金。第二种情况是公司没有足够的现金流支付股利,必须发行部分新股或债券筹集资金来支付股利。第三种情况是公司决定不发放股利,投资者需要现金时,需将自己拥有的一部分股份让渡给新的投资者。由于前面所作的假设,市场不存在交易成本,新老股东之间不存在收益,也不存在损失,只是股票的持有人发生了变化,这种情况也称为"自制股利"。下面举例说明三种不同的股利分配方式对公司市场价值的影响。

假设 A 公司发行在外的普通股数量为 10 000 股,投资项目可行与否取决于公司对外投资报酬率是否为正值。又假设公司投资决策在股利政策决定前已经确定,与股利政策无关,公司在未来两年中每年所产生的现金流入量为 10 000 元。现决定,在某一日期将未来现金流入量全额对股东发放股利,每股可分配股利为 1 元。再假设必要的投资回报率为 10%,则:

$$公司每股收益 = \frac{1}{1.1} + \frac{1}{1.1^2} = 1.735\ 4(元)$$

$$公司总价值 = 10\ 000 \times 1.735\ 4 = 17\ 354(元)$$

现在,假设 A 公司欲发放每股 1.2 元的股利,共需资金 12 000 元,因为未来现金流量只有 10 000 元,公司决定对外发行新股 2 000 股,每股 1 元,筹得资金 2 000 元,对股东发放股利 12 000 元。新股东希望他的投资项目可获得 10%的投资报酬率,则:

$$公司每股收益现值 = \frac{1.2}{1.1} + \frac{0.78}{1.1^2} = 1.735\ 4(元)$$

$$公司总价值 = 1.735\ 4 \times 10\ 000 = 17\ 354(元)$$

注:公司未来现金流量为 10 000 元,股东希望的投资回报率为 10%,到期时应支付新股东 2 200 元的资金,因此,第二年留给老股东的资金只有 7 800 元,每股的面值只有 0.78 元。

假设公司现决定不发放股利,如果投资者希望获得 100 元的股利,公司将如何处理呢?由于交易是没有成本的,所以投资者可以通过卖掉 100 元的股票,获得 100 元的现金,对于公司来说,总的市场价值是不变的,只是股票的持有人发生了变化。又假设公司决定在一期发放现金股利每股 1.2 元股利,二期发放 0.78 元股利,如果投资者在两期都想获得 1 元的股利,那么,投资者可以利用一期多获得的股利 0.2 元进行再投资,获取 10%的收益,在二期获得 0.22 元的回报,总共获得的收益正好是 1 元(0.78 元+0.22 元)。再假如公司决定在两期均发放 1 元的股利,而投资者偏好一期获得 1.2 元股利而二期获得 0.78 元的股利。投资者为达到目的,在一期可以卖掉 0.2 元的股票,则投资者手中的现金流量增加到 1.2 元,投资者在二期获得 0.78 元的股利。

二、结论

由上述案例可以看出,无论公司发放股利与否,也不论公司发放的股利是多少,公司的总价值是不会变化的。当公司现金流入量不足以发放股利时,利用发行新股筹集资金会使公司发行在外的普通股数量增加,股票的市值会下降,但不会影响公司的总价值。投资者通过自制股利获得自己渴望的回报时,只是投资者将一部分股票转换为现金,股票在不同投资者之间实现转移。由于没有转移费用,因此,公司的总价值仍然是不会改变的。所以说,公司的股利政策与公司的市场价值无关,公司的市场价值是由公司的盈利能力决定的,而不是改变资本结构或股利政策等行为决定的。当然,这一结论的重要前提是:公司的投资政策是事先确定的,它不会随股利政策的变动而变动。

三、评价

MM股利政策无效理论是建立在完美的资本市场条件下的,没有税收差异,没有交易成本,所有的投资者与公司在信息的获得上都是对称的。但在现实世界中,这些假设条件几乎是不存在的。现实世界中,股票交易是需要花费成本的,股票的持有者欲转让股票需支付给券商佣金,还要缴纳印花税,可以说,交易成本是非常昂贵的。从税收的角度看,资本利得税的税率通常会低于股利所得税的税率,在很多国家税收差别是现实存在的;从信息对称性角度来看,投资者与公司在信息获得上是不对称的,公司会逼投资者拥有更多的关于公司发展、公司经营状况的信息,而且所有投资者对公司经营状况和未来发展状况的判断也是不确定的。MM股利政策无效理论的中心思想是股利政策不会影响公司的市场价值,公司的投资政策是事先确定的,不会受股利政策的影响。但实际上,公司的投资决策不可能全部事先确定,同样不可能不受股利政策的影响。如果公司有好的投资决策,即投资报酬率为正的投资项目,而公司又没有更好的筹资渠道,这时公司很有可能不发放或少发放股利,节约下来资金进行投资。因此,自MM股利政策无效理论诞生之日起,经济界对这一理论就存在着许多的争议。但无论如何应当承认,MM股利政策无效理论开创了股利政策研究的新局面,为以后股利政策的研究奠定了理论基础,此后许多股利政策研究都是在此基础上进行的。

第二节　股利政策的信息效应

在完美资本市场中,我们说MM股利政策无效理论一个很重要的前提条件是市场上投资者和管理者在信息的拥有上是对称的。但在实际生活中,信息不对称的现象却大量存在。

当市场中存在信息不对称现象时,管理者通常会比投资者拥有更多的关于公司发展的信息,比如,管理者拥有公司发展方向、投资能力、盈利能力、未来现金流入与现金流出情况的信息。而投资者对上述信息的了解远不及管理者及时、全面。因此,管理者所采取的所有行动都会被投资者理解为具有一定的经济含义。公司公布不同的股利政策,往往被市场认为是公司在向公众、向社会传递公司经营状况、未来盈利能力的信息。这就是人们通常所说的股利政策的信息效应。股利政策的信息效应(Information Content Effect),通常是指股利政策可以传递公司未来经营情况的信息,从而影响公司股票的市场价值的情况。

股利政策存在信息传递效应,最早是由林特勒(John Lintner)在研究股利政策时提出的。他指出公司的股利政策实际上构成公司未来的一项固定费用,因此公司管理者在确定公司股利政策时一定要谨慎。后来莫迪利安尼和米勒对这一观点进行补充研究,法玛等学者对此问题还进行了大量的实证研究,进一步探讨、发展了股利政策的信息效应理论。股利政策的信息效应发展到今天,产生很多实证模型,主要有米勒—罗克模型、约翰—朗模型及约翰—威廉斯模型等。对股利政策的信息效应的实证研究在国外取得了巨大的成绩。在我国,对股利政策的信息效应的实证研究还处于起步阶段。

　　信息理论的研究起源于产品市场。在产品市场中,由于存在信息不对称,因此存在道德风险和逆向选择的问题。为解决这一问题,主要通过两个方面的努力:一方面,买主通过签订合同,进行信息筛选,保护自己的利益;另一方面,优质卖主主动向市场发出其他卖主无法或很难模仿的信息,避免逆向选择的风险。在金融市场上同样存在着道德风险和逆向选择的问题。股份公司为取得投资者的信任,为证明自己在未来经营过程中具有良好的投资项目,具有良好的投资回报,具有保证公司正常经营、发展的现金流量,会采取一些保证公司利益不被侵害、其他竞争者不易模仿的保护自身利益的措施。

　　通过股利政策的应用,在一定的时期,可以达到避免道德风险和逆向选择的目的。股份公司决定向公司投资者即公司的股东派发较高的现金股利,这样的信息发布以后,竞争对手如欲进行模仿,必须付出高昂的成本,这一成本就是公司需要承担的所派发的高额股利。前面介绍过公司的股利政策具有黏性,公司一旦决定采用高股利分派政策,需要有较强的实力维持这一政策的稳定实施。因此,市场会认为当公司公布良好的股利派发政策时,公司是在传递公司未来经营状况良好的信息,公众投资者会对公司的前景充满信心,公司的股票会因此得到市场的追捧,股价也会因此升高;相反,如果公司公布低股利政策,市场往往会认为公司在未来的经营中可能遇到资金困难,可能没有好的、适宜的投资项目取得良好的投资回报支持高额股利开支,公众会对公司的经营状况产生怀疑,失去对公司股票的兴趣,从而导致公司股价下跌。

　　从上面的分析,很容易得出派发高股利政策似乎对公司有利的结论,但公司应该看到高股利政策传递的并不都是正面的信息效果,高股利政策也可能给公司带来负面影响。比如从不派发股利,或派发股利很少的公司,突然宣布实施高股利政策,会给投资者造成公司未来经营缺乏好的投资项目,从而剩余大量现金可以进行分配的印象,带来的后果不是股价上涨,很有可能是股价下跌。另一方面,公司实行高股利政策也是需要付出成本的,这些成本主要包括税收负担和因派发股利造成资金短缺丧失有利的投资项目的机会成本。

　　总之,股利政策的信息效应理论虽然在研究股利政策方面取得了突破性的进展,但这种理论也不是完美无缺的,也存在一些问题。比如该理论很难解释跨行业、跨国家不同所有权结构公司股利政策的差别。如上一章所述,美国、英国的股利支付率高于日本、意大利,但这并不能说明美国、英国公司的盈利水平比日本、意大利公司的盈利水平高。它也解释不了为什么一些高速发展、前景良好的公司在股利分配时倾向于采用较低的股利政策,如微软公司几乎从不分派现金股利,以及在信息技术高速发展的今天,公司为什么不采用其他比股利政策更好的信息传递方式传达公司信息等问题。因此,对究竟是什么因素影响公司股利政策,有必要从其他角度进行进一步分析。

第三节　股东构成理论

　　面对公司公布的股利政策,投资人的态度是有很大区别的,有人欢迎高股利政策,有人欢迎低股利政策,一些不分配股利的公司也能获得一些投资者的青睐。通常把这种现象称为股利的追随者效应或股利的群落效应、顾客效应(Clientele Effect)。也就是说,不同的股利政策会吸引不同的投资者进行投资。公司在制定股利政策时不可能满足所有投资者的需求,而只能针对那些特定的投资者群体。

之所以会产生股利的群落效应,主要是由于两个方面的原因:一方面是税负不同,另一方面是股东构成不同。例如,在美国,税法构成特别复杂,股利收入和资本利得收入通常被看做两种不同的收入。资本利得税率一般低于股利所得应纳税率。在美国1986年税法改革之前,股利边际税率最高可达70%,而资本利得税率远远低于此比例,通常只相当于股利所得税率的40%。虽然1986年美国通过《税收改革法案》(Tax Reform Act),简化了纳税方法,对资本利得和股利收入征收相同税率的税款,但这种情况并没维持太久,在以后的税收征收法案变动中,资本利得税低于股利所得税的现象一直没有消失。在我国,同样存在资本利得和股利所得在税收上的差别。目前我国对股利所得征收5%~20%的所得税,而资本利得到目前为止还没有进行征税。

在存在税收差别的情况下,投资者的资本利得收入高于股利收益收入,尤其是那些实行高额累进税率的国家,股东可能更倾向于从股票升值产生的资本利得中获得投资收益。例如,某公司发行在外的股份数为100万股,资产额为1 000万元,在会计年末可以产生100万元的净利润。假设公司的投资报酬率为10%,个人所得税率为20%。公司可以将这100万元净利润全部用于分配股利,也可将其用于再投资。如果用于分配股利,假设需要缴纳20%的所得税,股东将会得到80万元而非100万元的股利收益;如果公司将100万元净利润留存公司用于投资,每股股票价值增加1元的同时,公司还将会产生10万元的现金流入。如果股东将资本利得变现,可以得到100万元的资本利得收益。即使对资本利得征税,假设资本利得税率也为20%,股东资本利得收入在一定程度上也会高于股利收入。因为资本利得只有在股东将其变现时才需纳税,如果股东不将资本利得立即变现,计算货币时间价值后,资本利得收入会更高,也就是说税收价值更低。同时,股东还可以采取一些其他的措施合理避税,如股东在身故后将股票传给继承人的话,继承人不需要缴纳资本利得税。因此说在存在税收差别的情况下,个人投资者可能更倾向于资本利得收入,欢迎公司的低股利政策。

📇 资料卡

美国基金投资税收的一般情况

投资共同基金收入的纳税与投资其他证券收入的纳税方法一样。共同基金拥有股票和债券,并将获得的红利和利息转给共同基金的持有者,持有者根据收到的红利和利息进行报税。共同基金的资本利得也以同样的方式转给它的持有者,由持有者按资本利得规定来报税。共同基金本身并不需要根据它收到的红利、利息以及实现的资本利得来缴税。共同基金、封闭式基金及单位信托基金投资在地方政府债券的收入不需要缴税,因此这些基金的持有者的收入也不需要缴税。

如果基金投资者卖掉其持有的所有基金股份,从卖掉所有基金股份的资本利得或资本损失中减去成本就得到需缴税的金额。投资者只卖掉部分所持有的基金股份则比较难计算缴税的金额,因为很难判断哪一部分的基金股份被卖掉了。美国联邦税务局因此规定最先买进的股份最先卖掉,即通常所说的先进先出法则。如果投资者的基金股份价格上涨了,则先进先出法则会产生最大的资本利得和最大的应缴税额。

基金投资者还可以通过计算所持有基金股份的平均成本来计算资本利得或损失。平均成本方法可导致较大的资本利得和较高的税负比率。

还有一种更加复杂的方法是具体指出哪些基金股份被卖掉了,这样投资者就可以卖掉最高成本的股份,从而导致最小的资本利得和最低的税率。

下面再从投资者构成不同的角度来看这一问题。投资者中,有个人投资者、公司投资者和免税投资者。不同的投资者对于股利政策的态度是会有很大的区别的。对于个人投资者,通常存在两种情况:个人投资者中那些适用于较高税率的投资者,考虑到税收损失,往往偏爱低股利政策,而那些适用于较低税率的投资者如那些以固定收入为生的人,如领取退休金的人、孤儿等低收入人群往往希望尽快得到分配的现金股利,偏好高股利政策。此外,一些人欢迎高股利政策是因为未来的收益是不确定的,人们不喜欢不确定的事情,分析各种股利政策,仍然觉得当前的现金股利政策最佳。与个人投资者相比,公司投资者情况会有所不同,由于公司投资于其他公司的股票,如在美国其股利所得的70%可以减免所得税,而资本利得却不能享受此待遇,因此这些公司欢迎高股利政策,愿意持有高股利、低资本利得公司的股票。对于另外一类机构投资者,又存在不同的情况。一些基金机构如养老基金、信托基金等,它们通常欢迎高股利政策。原因主要是一方面这些机构投资者的投资收益可以免税;另一方面法律通常规定不允许动用基金本金,这些基金管理者通常乐于投资于那些派发高股利的公司的股票以获取可用资金。所以,这些基金机构通常投资于那些采取高股利政策的公司股票。

综上所述,由于税收原因及投资者偏好不同,那些收入颇丰的投资者受较高的边际税率的影响可能追求低股利政策,收入较低的投资者如妇女、老人和儿童以及一些特殊的群体如前面提到的基金,通常会比较欢迎公司的高股利政策。无论公司采用何种股利政策都不可能满足所有股东的需求,只能迎合一部分股东的偏好。

第四节　影响股利政策的因素

一、投资机会

如果公司有足够的现金流量,那么公司究竟能够给股东发放多少股利?其中很重要的一个影响因素就是公司所面对的投资机会的多少,以及投资项目即将获得的投资回报率的高低。当公司的投资回报率大于最低可接受的投资回报率时,公司会尽量地筹集资金进行投资。公司筹集资金主要通过外部筹资和内部筹资两种途径实现。公司的外部筹资主要采用股权筹资和债务筹资两种方式。通过外部股权筹资的方式会稀释公司的股权,影响原有股东的利益。为了保护原有股东的利益,公司一般会考虑充分利用内部筹资的渠道。在公司拥有足够现金流入量的情况下,通常会先满足公司投资所需要的现金,如果还有剩余,公司才会考虑分派股利。这就是所谓的剩余股利政策(Residual Dividend Approach)。应用剩余股利政策的公司,通常假设它有一个固定的资本结构。

采用剩余股利政策的公司,在发布此项政策之前,首先要对公司的投资项目进行评估,确定该项目的投资收益是否超过公司最低可接受投资回报率。然后,确定该项目投资所需的权益资金量。公司在筹资过程中会尽量使用留存收益,在满足投资需要后的剩余现金,对外派发股利。如果该公司拥有100万元的净收入,公司的权益资本和债务资本各占50%。

现有一投资项目,该投资项目的净现值大于零,其回报率高于最低可接受的投资回报率,项目的总投资为 100 万元。在采用剩余股利政策的情况下,为保证公司的资产负债率不变,公司除了利用留存收益 50 万元用于投资,还必须通过借债对外筹资 50 万元,满足投资的需要。在投资以后,公司仍然有留存收益 50 万元,它可以用来分配股利。

剩余股利政策的优点是能够保持理想的公司资本结构,有利于降低筹资成本,提升企业价值。但剩余股利政策也存在一些缺点。这主要是因为投资机会较多的公司分派股利较少,投资机会较少的公司分派股利也较多。公司的股利政策可能随着投资机会的多少而出现变动,影响股利政策的稳定性。

二、收入的稳定性

公司的股利通常会随收入的变化而变化。但大多数公司并不愿意经常改变公司的股利政策。这种情况称为股利政策具有黏性。公司保持股利政策稳定的前提条件是具有稳定的公司收入。公司收入是否能保持稳定除受行业发展、宏观经济状况影响外,公司采用的财务政策,如公司财务杠杆和经营杠杆的应用在一定程度上也会影响公司的收益情况。公司运用财务杠杆情况会直接影响到公司股利的分配。财务杠杆比例越高,公司分配股利会越少。同时由于财务杠杆的运用,为保护债权人的利益,在分配股利时还会受到一定的限制,如不得分配超过一定比例的现金股利。

公司发展的周期性在一定程度上也会影响公司股利政策的运用。在公司发展的初期,由于需要大量的资金投入,通常支派较低的股利;在公司发展的鼎盛时期,由于一切步入良性运转时期,经营平稳,回报率稳定,回报率相对于公司发展初期较高,因此通常采用高股利政策。但由于股利政策具有黏性,公司一旦采用高股利政策,在以后一个相当长的时期内,维持股利政策的平稳需要有持续稳定的现金流入量,需要公司具有持续发展的实力。所以一般情况下,行业发展存在周期性的公司及收益变动大的公司,如高科技 IT 行业,在派发股利上倾向于采用较低的股利政策,而收益变动小、发展比较平稳的公司(如公用事业公司)通常倾向于采用高股利政策。股利政策与公司生命周期的关系参见图 12-1。

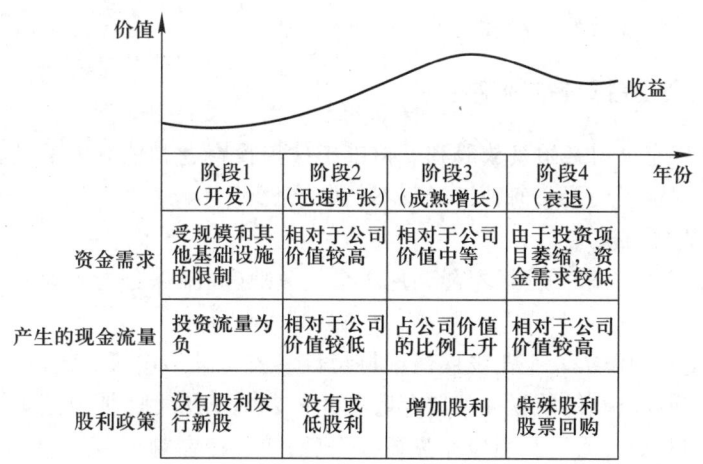

图 12-1　公司生命周期与股利政策

三、公司融资能力的大小

公司的融资能力直接关系到公司所采取的股利政策。公司通常通过以下三种渠道筹得经营所需资金：内部筹资、债务筹资和权益筹资。

公司如果想要通过内部筹资，前提条件是公司拥有大量的留存收益，而且内部留存收益大量用于再生产需获得股东的同意。因为内部筹资方法的大量采用会减少股利的分配，直接影响股东现时收益量。在经济迅猛发展的今天，只通过内部筹资满足公司扩大再生产的需要已经变得不是非常现实。实际生活中，多数公司将不同的筹资方式与公司股利政策结合起来进行全盘考虑，决定公司的筹资和股利政策。

公司通过市场进行直接融资或间接融资已经成为越来越多公司的主要筹资渠道。公司对外筹资主要有债务筹资和股权筹资两种。

公司对外筹资能力大小受许多因素的影响，但总的来讲，一方面取决于公司财务状况及经营情况的好坏，另一方面取决于金融市场的发达程度。公司财务状况可以用一系列指标进行衡量，如利润率、股权收益率、资产回报率等；金融市场的发达程度可以从货币化程度、金融工具的多少、金融服务覆盖程度及服务质量的好坏等方面进行衡量。

无论是利用债务筹资还是股权筹资，公司都是需要付出成本的。这些成本包括利息费用、佣金支出、税款支出等。当公司筹资成本较高，筹资渠道不是很畅通的时候，公司如果过高派发股利，势必会影响公司资金的运用情况。如果公司在此时需要大量的资金进行投资，需要资金保证企业的运转，那么多数情况下公司会采取改变公司的高股利政策措施，节省出资金以满足经营需要。

公司在进行融资决策时除考虑融资成本外，还应重点考虑财务风险问题。如果公司在经营中大量利用财务杠杆，则会增加公司的财务费用，如利息费用。虽然利息费用的增加可以起到抵税的作用，但财务费用的增加无疑增加了公司无力偿还债务的可能性。在既定的经营风险条件下，财务杠杆的应用会加剧每股收益的波动，加大公司的财务风险。财务风险的增加促使公司在进行股利决策时需要权衡股权筹资、债权筹资与内部筹资的比例关系，不能简单地全部依赖对外筹资来筹措资金，将公司的所得全部用于股利分配，或者全部依赖内部筹资而放弃对外筹资的某些优越条件。

四、法律法规及合同等的限制

法律通常不规定公司必须发放股利。但出于保护投资者和债权人的利益考虑，许多国家的法律都明确规定了公司在何种情况下不能发放股利。

（一）法律法规的规定

首先，资本保全的要求。公司不能动用本金发放股利，确保公司有完整的产权，保护债权人的利益。

其次，企业发展的需求。企业发展强调持续性。公司必须按照一定的比例提取留存收益。只有公司当期利润及以前提取的留存收益才可以用于发放股利，当公司当年无利润时，原则上不发放股利，如果派发股利应在弥补亏损后，如果存在剩余，经股东会批准后才可以发放股利。

最后，出于保护债权人利益的考虑，当公司不能偿还债务，出现财务危机时，不得分派股利。因为股利的分派会加速公司财务危机的发展,危害债权人求偿权的实施。

（二）合同契约的规定

公司采用高股利政策可能影响公司营运资金,增加公司的经营风险。债权人为保护自身的利益,在公司的借款合同、债券认购协议等契约上加入限制股利发放的条款。如规定公司盈利在未达到某一水平前不得发放现金股利,目的是保证公司有更多的税后盈余用于公司扩大再生产,增强盈利能力,为公司按时还本付息提供保障。

五、信息效应

如前所述,公司采用的股利政策会被投资者理解为公司在向市场传递公司经营状况好坏的信息。高股利政策通常会被理解为公司经营状况良好,有稳定的资金流入量,可以承担以后支付的高额股利,股票会受到追捧。反之,低股利政策会被投资者理解为公司经营遇到一些困难,无法承受高的股利政策;或公司没有更好的投资项目,所以结余大量资金可以用于股利分配。这种负面影响通常会对公司股价产生不利影响。公司究竟采用何种股利政策,在一定程度上受信息效应的影响。如果股利政策没有达到公司预想的效应,考虑到股利分配的成本因素,在信息传递渠道如此之多的今天,公司可能采用其他的信息传递方式向市场传递信息。

六、股东偏好

公司股东的偏好会在很大程度上影响公司采用的股利政策。股东偏好具体体现在很多方面。比如税收偏好、投资偏好、现金偏好等。如果公司的大部分股东为较高收入的个人股东,由于个人在股利收入方面税收的劣势,所以这些个人投资者可能更倾向于低股利政策。而公司的股东中如果机构投资者占绝大多数比例,由于大部分机构投资者的股利收入具有税收的优势,尤其一些特殊投资者如基金单位由于法律的规定在理财时不许动用基金的本金,所以这些机构投资者可能更加欢迎较高的股利政策。同时,投资者的投资机会也是影响公司采取不同股利政策的一个重要因素。当公司对外投资回报率低于股东个人对外投资回报率时,股东往往偏好高股利政策。但也应看到,公司通常很难评价全部股东对外投资回报率的实际情况,只能分析一些主要客户的投资情况。公司如果大量考虑这些股东的利益,有可能采用高股利政策。

七、结论

公司的股利政策理论发展到今天虽然历史并不长,但在研究成果上却取得了骄人的成绩。纵观股利政策的发展历史,有关股利政策的理论主要有以下几种。在股利政策理论产生的初期,人们的讨论主要集中于股票价格与股利政策是否有关的问题上。这一阶段的理论主要有以戈登为代表的"一鸟在手"理论、以莫迪利安尼和米勒为代表的 MM 股利政策无效理论以及税差理论。"一鸟在手"理论赞同高额现金股利政策,而税差理论赞同低股利政策,同时 MM 股利政策无效理论认为,公司的股利政策不会影响公司的市场价值,无论公司采用高股利政策还是低股利政策对公司的市场价值都是没有影响的。这些理论在一定程度上解释了公司采用不同股利政策的出发点及不同的股利政策的影响后果。在经过激烈的讨论后,MM 股利政策无效理论在其严格的假设条件下,被理论界及实务界接受。此后对股利政策理论的研究一直没有间断,许多学者、专家对股利政策进行了大量的实证研究,期望对股利政策作出完美的解释。随着经济理论的发展、创新,股利政策理论在研究时也借鉴了大量的相关学科的理论,出现了追随者效应理论、信息效应理论及代理成本理论和行为公司金融学理论等,这些理论从崭新的角度对股利政策与公司股价是否相关、为什么相关及如何相关作出解释。

股利政策理论发展到今天,虽然取得了可喜的成绩,但对现实世界存在的许多问题仍然不能作出令人满意的解释。人们对股利政策的经济意义及影响的了解还太少。例如,人们接受股利政策可以向市场传递公司经营状况的信息这一事实,同意这些信息的传递可以影响到公司股票价格的变化这种解释,但股票价格变化中究竟包含何种信息,这些信息的变化与公司价值具有怎样的相关度,迄今为止还不能给出令人满意的答案。这就是布莱克所说的"股利政策之谜"。股利政策理论还有待于进一步发展、完善。

公司在确定股利政策时,既要考虑公司的发展,也要考虑股东的切身利益。公司的股利政策实际上就是要解决公司与股东当前利益与长远利益、增长与分配之间的矛盾。如何解决好这一矛盾关系到公司的发展,关系到股东投资的积极性。公司要发展,就需要大量的资金投入,投入的资金一方面靠资本市场融资,另一方面靠公司自身的积累。分配过高的股利,会影响公司资本积累,在融资渠道不畅,或企业财务状况不理想的情况下,会影响公司对那些有良好投资回报率的项目的投资,进而影响公司的发展;股东收益主要来自公司的分红和市场上股价的上涨,分红的股利是股东的一条特别主要的收益渠道,不分配股利会极大地损害股东的利益;股利政策需要持续、平稳,否则不但会影响公司的形象,还会造成公司股价的频繁波动,这对公司的发展也是极其不利的。

公司可用股利政策主要有剩余股利政策、固定股利支付率政策、稳定增长股利支付政策及低正常股利加额外股利政策。剩余股利政策前面已经作了介绍,在此主要介绍其他几种股利政策。

固定股利支付率政策是一种变动股利政策,执行这种股利政策的公司每年都需按固定的支付率支付给股东股利,公司净利润多,支付的股利金额就多,公司的盈利能力下降,支付的股利金额也会相应下降。这种股利政策的优点是公司的财务压力较小。缺点是由于股利会随公司盈利情况变动,容易给股东留下公司经营不稳定的印象,不利于树立公司形象。

稳定增长股利支付政策要求公司在较长的时期内支付固定的股利金额给股东,只有当企业对未来利润持续增长有确实的把握时,才增加每股股利金额。这种股利政策的优点是股利稳定。缺点是公司在资金紧张、利润下降时的财务压力较大。

低正常股利加额外股利政策介于稳定增长股利支付政策和变动股利政策之间。采用此政策的公司每期都支付稳定的、较低的股利金额给股东,当企业经营情况良好、盈利较多时,再根据实际情况发放额外的股利给股东。这种股利政策具有较大的灵活性,公司可以根据自身的经营情况随时调整公司的股利政策,避免产生巨大的财务压力,因此受到越来越多的公司欢迎。

各种股利政策在执行过程中各有利弊,公司应结合自身的实际情况采取切合实际的股利政策。

公司在制定股利政策时,应将股利政策稳定性放在首位,在既保证公司发展所需资金又保护股东利益的前提下,选择正确的股利政策。

本 章 小 结

1. MM 股利政策无效理论是股利理论发展的基石。MM 股利政策无效理论是建立在一系列假设的基础上的,是建立在完美市场下的理论。这一理论主要观点为:公司的市场价值是由公司的未来盈利能力决定的,公司采取的股利政策不会影响公司的市场价值。

2. 在非完美市场条件下,信息不对称现象大量存在。在信息不对称的市场中,公司采取的股利政策可以向市场传递有关公司经营状况的信息。股利政策传达的信息有正面信息,也有负面信息。

3. 公司股东构成成分复杂,有个人投资者和机构投资者。不同的投资者在税收方面、现金的偏好方面存在很大的区别。公司的股利政策不可能满足所有的投资者的不同需求,只能满足一部分投资者的偏好,这就是股利政策的股东构成理论。

4. 公司在制定股利政策时,应从各方面进行考虑。既要满足公司发展的需求,也要考虑适当保护股东的利益。在不损害股东利益的前提下,充分考虑公司的投资机会的多少、投资回报率的高低、公司未来盈利状况、市场信息传递状况及股东偏好和法律限制等条件,尽量制定出稳定、连续的符合公司发展状况的股利政策。

思考与练习

一、名词解释

信息效应　群落效应　剩余股利政策

二、问答题

1. MM 股利政策无效理论是建立在怎样的前提下? 这些假设前提如何影响其应用?

2. 从股利政策的信息效应理论出发,如何理解公司采用不同的股利政策可以向市场传递公司经营信息这一现象?

3. 公司通常是由哪些类型的投资者构成的? 公司如何针对不同类型的投资者制定适当的股利政策?

4. 影响公司股利政策的因素都有哪些? 试描述这些因素是如何影响公司制定股利政策的。

三、计算分析题

1. 某投资者持有某上市公司的 10 万股股票,一年之后将收到 0.2 元/股的股利,两年后将收到 0.41 元/股的股利。若不考虑税收的影响,如果该投资者偏好在两年里收到相同数量的股利,他怎样通过自制股利达到目的(适用的必要报酬率为 10%)?

2. 某公司目前发行在外的普通股股数为 1 000 万股,该公司的产品销路稳定,拟投资 1 200 万元,扩大生产能力 50%。该公司想要维持目前 50% 的资产负债比率,并想继续执行 10% 的固定股利支付政策。该公司在 2023 年的税后利润为 500 万元。该公司 2024 年为扩充上述生产能力必须从外部筹措多少权益资本?

3. 某公司 2023 年实现的税后净利为 1 000 万元,法定盈余公积和盈余公积的提取比率为 15%。

(1) 若公司采用剩余股利政策,则 2023 年年末可发放多少股利?

(2) 若公司发行在外的股数为 1 000 万股,计算每股利润及每股股利。

(3) 若 2024 年公司决定将公司的股利政策改为逐年稳定增长的股利政策,设股利的逐年增长率为 2%,投资者要求的必要报酬率为 12%,计算该股票的价值。

4. 某股份公司上年度每股收益 EPS 为 1.8 元,权益收益率 ROE 为 10%。公司董事会正在拟订该公司的股利政策,有董事提出公司进入成熟期应该考虑将以后的收益全部分配回馈股东,有董事提出公司将来还有发展需要,可以将每年收益的 60% 用于分红。

(1) 假设公司未来经营和过去一样稳定,投资者要求的回报率为 10%,计算两种股利政策下公司股票的内在价值。

(2) 分析什么情况下公司应该提高现金分红比例,什么情况下应该减少分红比例。

5. 某公司发行在外的普通股为 50 万股,当前每股价格为 60 元,公司本年度实现的净收益为 200 万元,计划发放每股 2 元的现金红利。不考虑各种税费。

(1) 计算公司当前的每股收益和股票市盈率。

(2) 假设公司用其拟发放的现金红利回购股票,回购价格为 62 元/股,则回购后的每股收益是多少?

(3) 假设回购完成后公司股票的市盈率稳定在回购前的水平,计算回购完成后公司的市值并讨论发放现金红利和回购股票对股东的影响。

即 测 即 评

第五篇

第十三章　财务计划

财务计划

第一节　财务计划概述

　　财务计划是公司一个特定期间的财务规划和财务预算，是以货币形式协调计划期内的投资、筹资及财务成果。企业为了实现经营目标，对未来可能的情况作出预判，合理安排筹资来源，保证企业有充足的财务资源支持其经营活动，都需要编制财务计划。财务计划涉及的时间较长，多数计划超过 1 年时间，计划制定过程中不可避免地要对未来做出假设，因此，财务计划往往带有概算的特点。企业必须根据外部和内部经营环境的变化，适时调整财务计划。

一、财务计划的作用

　　公司的战略规划确立了企业的总体目标，以及未来一个时期完成目标的行动步骤。战略规划为建立具体财务计划提供了所需的业务框架。总体上看，企业的战略目标是实现股东财富或企业价值的最大化，但这一目标在企业的具体经营活动中会转化为一些具体目标，如销售收入目标、成本控制目标、增长目标、财务杠杆目标等。这些具体目标之间存在着各种内在联系，可能存在相互促进的作用，也可能存在相互牵制的作用。财务计划要把这些目标之间的联系勾画出来，通过财务资源测算和配置发现目标间可能的冲突，并且对某些相互冲突的目标进行修改和调整，排定各自的优先次序，使它们变得协调一致，成为切实可行的行动方案。

　　试想一家公司的董事会正在讨论公司未来发展的几个重要事项：销售部门提出了销售收入增长 20% 的目标，生产部门提交了对现有两条生产线进行智能化技术更新改造的计划，财务部门提请适时赎回公司发行在外的票面利率较高的可赎回债券。这些由各个业务部门提出的目标或要求相互兼容吗？能够同时实现吗？显然需董事会全面考察、通盘考虑。销售收入的增长往往意味着短期资金需求的增加，生产线技术改造通常也需要大量的长期资本支持，长短期资金需求的增加往往意味着负债增加，但负债增加与提前赎回可转换债券存在方向性矛盾。因此，财务计划的制定者必须认真考察销售收入的增长是否需要增加相应的资金供给，生产线技术改造需要多少资金支持，这些资金需求的增加是否可以在减少负债的同时来实现；如果存在资金缺口，如何弥补这些缺口。如果做不到，这些目标就是相互矛盾的，董事会必须对它们做出必要的调整。长期财务计划是平衡企业各项目标和任务的重要工具。

二、财务计划与其他预算

财务计划通常通过财务预算的方式来实现。从程序看,经营预算和专门决策预算是财务计划的基础。经营预算以日常经营活动为焦点,反映企业在计划期间日常发生的各种实质性的基本活动。经营预算主要包括销售预算、生产预算、直接材料采购预算、直接人工预算、制造费用预算、生产成本预算、销售及管理费用预算等。在以销定产的现代经营理念下,销售预算是所有预算的基础和起点,销售预算直接为生产预算提供销量或销售额的预测数据,生产预算使得各类成本、费用预算成为可能。专门决策预算是指企业为不经常发生的长期投资项目或一次性专门业务而编制的预算。它与针对计划期间日常经营活动而编制的经营预算明显不同。专门决策预算大体上可分为两类:资本支出预算和一次性专门业务预算。企业为保证经营业务、资本性支出对资金的需求,应经常保持一定的现金数量,以支付各项费用和偿还到期债务。但如果企业现金持有数过多,大大超过正常支付需要的金额,就会造成资金的闲置,降低资金的营运效率。因此,财务部门在资金筹措、归还贷款、发放股利和缴纳税金等问题上要进行专门决策。财务预算是企业在计划期间内反映有关现金收支、经营成果和财务状况的预算。财务预算包括:现金预算、预计损益表和预计资产负债表等。其中现金预算是核心。现金预算是企业的综合预算,它涉及了企业经营的所有方面。编制企业财务计划必须根据企业目标从销售预算开始,先编制经营预算,再编制专门决策预算,最后形成财务预算。这些预算项目之间的关系如图 13-1 所示。

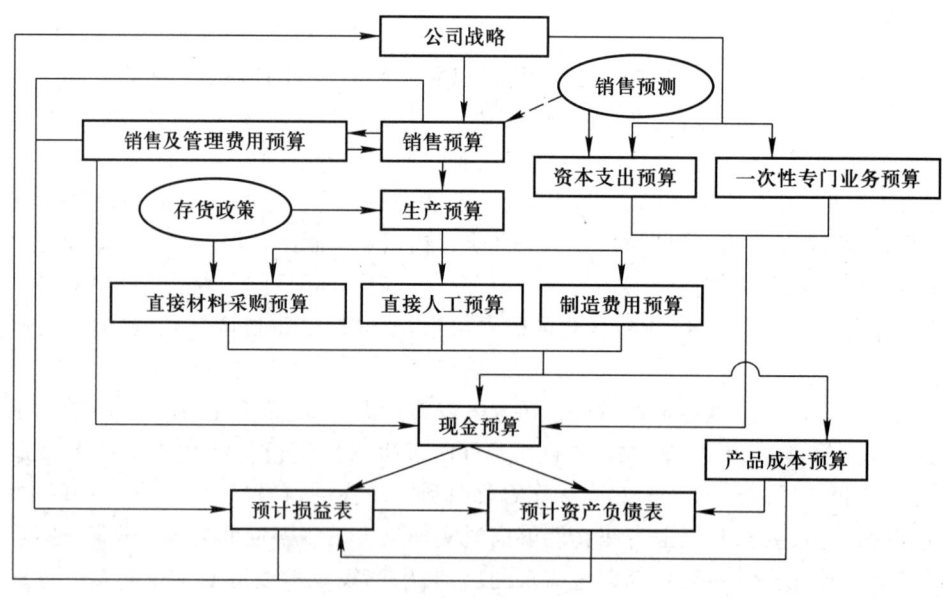

图 13-1　财务计划与其他预算关系图

三、财务计划的内容

多数情况下,财务计划都要形成一个关于公司财务状况比较明确的预计结果,并对结果做出相应的安排。如果公司现金有盈余,那么,管理层必须决定是否将现金用于未来投资、支付债务、向股东派发股息或通过股票回购来提高股价；如果现金预算处于赤字态势，那么管理层必须决定如何去为赤字进行融资或降低成本。公司的财务计划通常包括：

（1）预计财务报表。预计财务报表包括预计资产负债表、预计损益表、预计现金流量表。这些预计报表显示了公司各种战略决策的财务结果，设定了公司今后所谋求的财务目标。这些财务报表的准确性依赖于销售预测及公司对环境假设的准确性。

（2）投资计划与企业竞争战略。财务计划会描述未来计划的投资项目，这些项目通常被分门别类地归为设备扩充或更新改造项目、生产新产品的设备投资项目等。此外，长期财务计划还表述企业拟采取的竞争战略，如扩大生产规模以获得规模经济；投资于研究与发展计划以开发新技术；向上游延伸以有效控制原材料供应等。事实上，公司正是基于企业竞争战略，准备投资计划，并评估竞争者的反应后，才能做出较合理的长期销售预测。在制定企业竞争战略及投资计划时，应吸收各部门经理参加，这样才能保证每个部门正确理解和执行计划，并主动去推动计划的开展。

（3）筹资计划。企业扩展投资需要资金支持，长期财务计划应对如何取得这些资金列出计划，这就是公司的筹资计划。筹资计划应回答公司准备何时从哪些渠道以何种形式筹集多少资金、应采取什么样的股利政策等问题。在回答这些问题时，公司应综合考虑筹资的成本、合理的资本结构、对公司股票价格影响等因素。

筹资计划的复杂性与重要性因公司不同而有很大区别。对于一个投资机会有限、有足够现金流入的公司，它会有高额流动资产或许多未使用的借贷容量。这类公司的公司理财压力小，公司的筹资计划也简单得多。但对于一家积极扩张的公司，它需要大量的资本投入，公司需仔细权衡筹资具有的一连串问题，而最终作出的筹资计划就会重要和复杂得多。

第二节　财务计划模型——销售百分比法

销售百分比法也称销售收入比例法，是编制财务计划的一个常用的方法。销售百分比法建立在资产负债表、利润表与销售收入相关性的基础上。一家企业对资金需求量影响最大的变量是销售额，因而销售预测是资金需求量预测的可靠出发点。销售预测已有许多专著作了介绍，读者可以参考这类专著，本章不再赘述。

一、销售百分比法的假设

销售百分比法需要确定资产负债表和损益表中与销售额相关的各个项目。通常假定：① 在资产负债表中，从资产类项目看，周转中的货币资金、正常的应收账款和存货等流动资产项目，一般都假定随销售额的增加而增加。固定资产是否需要增加，则需视基期的生产能力是否已被充分利用。如增加产销量，企业的生产能力仍然允许，则固定资产（含折旧）并不随销售额的增加而增加；如现有固定资产已充分利用，则增加销售就需要增加固定资产，但由于固定资产不可拆分性，固定资产增加并不与销售增加成正比，需要资本性支出预算提供。至于长期投资、无形资产、递延资产等项目，一般假定不随销售额的增加而增加。从负债类项目看，应付账款、应付票据等经营性流动负债项目，通常也假定随销售额的增加而自动增加。企业过往借款主动形成的长短期债务,假定到期自动偿还但不随销售自然增长。权益类项目,除了留存收益,暂不考虑其他股权融资的影响。② 在损益表中,假定营业成本、销售与管理费用与销售成比例,利息支出则与销售额无直接关系。③ 企业所得税率等外部环境保持不变。

二、销售百分比法测算融资需求

在上述假设基础上,可以按如下步骤编制财务计划(预计财务报表):

第一步,预测销售额变化;

第二步,分析确认资产负债表和损益表中的各项目与销售变动的关系,确定其在新的销售额下的数值;

第三步,确定销售引起公司总资产变动、总负债变动和权益变动,利用会计恒等式(资产=负债+所有者权益),即可确定外部资金需求数额;

第四步,根据有关财务指标的约束要求,确定外部资金筹措计划;

第五步,经过调整,完成预计资产负债表、利润表和现金流量表的编制。

下面以一个假设的例子说明利用销售百分比法进行资金需求量预测的具体过程。

【例 13.1】

大华公司 2024 年资产负债表和利润表如表 13-1、表 13-2 所示。公司计划 2025 年销售收入增长 10%,为此需要新购建固定资产 100 万元,旧资产计提折旧 50 万元,有 100 万元长期债务到期需要偿还,长期债务年利率为 10%,公司所得税税率为 25%。根据公司股利政策,2025 年需要分红 52.5 万元。测算公司 2025 年外部融资需求,编制公司预计资产负债表、利润表和现金流量表。

表 13-1　大华公司资产负债表

2024 年 12 月 31 日　　　　　　　　　　　　　　　　单位:万元

资产		负债与所有者权益	
现金	100	应付账款	50
应收账款	300	应付短期票据	150
存货	200	长期债务	200
固定资产	700	负债合计	400
累计折旧	(300)		
固定资产净值	400	股本	600
无形资产	100	留存收益	100
资产合计	1 100	负债与所有者权益合计	1 100

表 13-2　大华公司利润表

2024 年 1—12 月　　　　　　　　单位:万元

销售收入	2 000
营业成本	(1 500)
销售及管理费用	(200)
折旧	(100)
利息费用	(38)
税前利润	162
所得税	(40.5)
净利润	121.5
股利分配	(21.5)
留存收益	100

根据大华公司的财务数据和销售百分比法假设,编制工作底稿(见表 13-3),计算大华公司 2025 年的外部融资需求。

表 13-3　销售百分比法测算大华公司 2025 年融资需求工作底稿

项目	2024 年实际数	占销售额百分比	2025 年	
			计划数	测算过程说明
现金	100	5%	110	(100÷2 000)×2 200
应收账款	300	15%	330	(300÷2 000)×2 200
存货	200	10%	220	(200÷2 000)×2 200
固定资产	700		800	700+新购 100
累计折旧	(300)		(350)	300+当年提取折旧 50
固定资产净值	400		450	800−350
无形资产	100		100	假设不变
资产合计	1 100		1 210	110+330+220+450+100
应付账款	50	2.5%	55	(50÷2 000)×2 200
应付短期票据	150	7.5%	165	(150÷2 000)×2 200
长期债务	200		100	200−当年偿还 100
负债合计	400		320	55+165+100
股本	600		600	假设不变
留存收益	100		250	100+本年留存 150,本年留存,见末行
负债与所有者权益合计	1 100		1 170	320+600+250

续表

项目	2024 年实际数	占销售额百分比	2025 年	
			计划数	测算过程说明
销售收入	2 000	增长 10%	2 200	2 000×(1+10%)
营业成本	(1 500)	75%	(1 650)	(1 500÷2 000)×2 200
销售及管理费用	(200)	10%	(220)	(200÷2 000)×2 200
折旧	(100)		(50)	当年提取折旧
利息费用	(38)		(10)	剩余长期债务 100×利率 10%
税前利润	162		270	2 200-1 650-220-50-10
所得税	(40.5)		(67.5)	270×税率 25%
净利润	121.5		202.5	270-67.5
股利分配	(21.5)		(52.5)	2025 年分红
留存收益	100		150	216-52.5
融资需求	—	—	40	资产 1 210-负债权益合计 1 170

由测算工作底稿可知,大华公司 2025 年如要实现销售增长 10%,需要总资产 1 210 万元支持,总资产比上年增加了 110 万元,与此同时由于偿还到期债务负债合计减少了 80 万元,通过留存收益增加权益 150 万元。资产增加导致现金流出 110 万元,负债减少导致现金减少 80 万元,权益增加导致现金流入 150 万元,流出流入抵减后还剩 40 万元资金缺口,需要通过外部融资弥补,否则公司无法实现 2025 年销售增长 10% 的目标。公司可以根据自身的财务状况、目标资本结构等决定使用负债或权益方式进行融资。

大华公司 2025 年预计资产负债表、利润表和现金流量表见表 13-4、表 13-5 和表 13-6。

表 13-4　大华公司 2025 年预计资产负债表

单位:万元

资产		负债与所有者权益	
现金	110	应付账款	55
应收账款	330	应付短期票据	165
存货	220	长期债务	100
固定资产	800	股本	600
累计折旧	(350)	留存收益	250
固定资产净值	450	新增融资	40
无形资产	100		
资产合计	1 210	负债与所有者权益合计	1 210

表 13-5　大华公司 2025 年预计利润表

单位:万元

销售收入	2 200
营业成本	(1 650)
销售及管理费用	(220)
折旧	(50)
利息费用	(10)
税前利润	270
所得税	(67.5)
净利润	202.5
股利分配	(52.5)
留存收益	150

表 13-6　大华公司 2025 年预计现金流量表

单位:万元

期初现金		100
经营活动的现金流量		
净利润	202.5	
调整:		
折旧(+)	50	
应收账款增加(−)	(30)	
存货增加(−)	(20)	
应付账款增加(+)	5	
应付票据增加(+)	15	
经营活动的净现金流量		222.5
投资活动的现金流量		
购买固定资产	(100)	
投资活动的净现金流量		(100)
融资活动的现金流量		
清偿债务	(100)	
支付股利	(52.5)	
新增融资	40	
融资活动的净现金流量		(112.5)
期末现金		110

三、一个简化计算融资需求的模型

有时候只需要测算公司外部融资需求量(*EFN*),而不必编制预计财务报表时,可以通过以下公式直接计算:

$$EFN = \frac{资产}{销售额} \times \Delta\,销售额 - \frac{自发性负债}{销售额} \times \Delta\,销售额 - m \times 预计销售额 \times (1-d) \quad (13-1)$$

式中:*m* 和 *d* 分别表示销售利润率和股利支付率。

该模型的逻辑是:外部融资需求量=资金需求总量-自然负债增加量-留存收益增加量。但需要注意的是,该模型隐含假设企业所有资产与销售成正比,销售净利率保持不变,股利支付比率保持不变。显然,这些隐含假设与现实情况有较多差异,用简化模型计算的结果与通过分析每类账户与销售的关系编制的预计财务报表计算结果可能有较大的差异。但是,简化模型对于理解和揭示影响企业外部融资需求的因素仍有重要的启示作用。借助模型不难发现,销售收入增长率、资产利用率、资本密集度、销售利润率和公司股利政策五个因素对企业外部融资需要量起着重要的影响。增加销售收入往往需要增加资产,如果销售收入增长率很低,销售增长缓慢,则依靠自然负债和企业留存收益的增加即可满足销售增长对资金(资产)增长的要求,不需从外部筹措资金。但如果销售收入增长率较高,销售收入增长对资金(资产)增长的要求超出了企业留存收益和自然负债的资金供应能力,就需从外部筹措资金。显然,销售收入增长率越高,对外部融资的需求越大。如果公司现有资产尚未饱和使用,则销售增加对新增资产的要求就少,对外部融资的需求相应也小;反之,如果公司现有资产已经饱和使用,则销售增加对新增资产的要求就多,对外部融资的需求相应也大。资本密集度即实现单位销售需要的资产数量,资本密集度越高,增加相同数量的销售需要增加的资产数量就越多,对外部融资的需求也越大;反之,资本密集度越低,增加相同数量的销售需要增加的资产数量就越少,对外部融资的需求也越小。销售利润率越高,同样销售额产生的利润越大,企业内部积累的能力越强,对外部融资的需求就越小。公司多发放现金股利,用于内部积累的资金就会减少,对外部融资的需求就会增大,因此,公司股利政策实质上是公司融资政策的一部分。

第三节　融资与增长

融资缺口的弥补理论上可以通过多种手段实现,例如短期银行信贷、商业信用、长期银行信贷、公司债券,以及减少分红和发行新股等。融资成本和融资风险的均衡是企业融资决策的重要内容。除此之外,融资的种种约束(尤其是债务融资的约束)将对融资决策产生重要影响。

一、融资约束

(一) 公司外部约束

公司外部约束是指公司作为债权人受债券契约的约束。债权人为了保护自身的利益,往往在债务契约中以普通条款、常规条款和特殊条款三类条款的形式约束债务人。

普通条款对债务人的流动性、短期债务保障程度和长期债务保障程度进行限制。比如,要求债务人的流动比率和速动比率不能低于 2 和 1,同时,资产负债率不得超过 50%。目的是保障债务人在债务期内保持一定的流动性和支付能力,确保债权人的投资安全。

常规条款对企业的资产处置进行了限制,债权人常常要求债务人在债务期内不能进行票据贴现、不得变卖固定资产等,目的是保全债务人的资产,减少债务人破产带来的更大损失。

特殊条款的内容没有定论,通常由债务人和债权人商定。有些特殊条款对债务人非常不利,比如,债务人在债务期内的股利发放率不得超过 30%,也就是说,债权人有权约束债务人的股利政策,这种条款已经变相地赋予了债权人参与债务人经营管理的部分权限。

从以上三类条款的内涵可以看出,企业融资除了权衡融资成本和风险之外,还得考虑融资的可得性,在没有债务契约相关条款的约束下,有些融资方式不失为合理的方式,但是企业在一系列条款的约束下变得不可行。

(二) 公司内部约束

预计财务报表的编制是财务计划的内容,同时也是评价公司未来优势和劣势的基础。企业在进行长期外源资金融通时,证券管理机构、投资者以及相关利益方都要求融资方提供预计财务报表,借此评价融资者未来的财务能力。因此,从企业自身而言,在编制预计财务报表时,应将企业预计财务指标设定在一定的范围之内,也就是说,企业自身规定了约束条件。这些约束通常集中在债务保障程度比率方面。以资产负债率为例,它的高低实际上反映了企业财务杠杆的高低。该比率越高,企业的风险越大,企业的杠杆效应越大;反之,企业的风险越小,企业的杠杆效应越小。由于资产负债率是衡量企业长期债务保障程度的重要指标,因此,为了求得资本市场的好感,企业在资产负债率方面需要自律,以维持足够的财务弹性。同样,资本市场的压力也可能使得企业不得不提供稳定股利政策,降低了企业利用留存收益弥补融资缺口的灵活性,缩小了其操作空间。

二、融资政策与增长

外部融资和内部融资是企业的两大融资渠道。在资金缺口确定以后,如何选择融资方式? 秉承什么样的融资理念? 这是企业最大的融资政策决策,同时也决定了企业不同的增长速度。

(一) 内在增长率

内在增长率是企业不借助任何外部融资,完全依赖企业留存收益时所能达到的最大的增长水平。假设企业的销售净利率、资产与销售比、股利支付率、负债与权益比都为常数。为便于分析,假设 A/S 表示企业目标资产与销售比,P 表示企业目标销售净利率,d 表示企业目标股利支付率,S_0 表示企业基期销售额,g 表示企业销售增长率。

根据内在增长率的定义,得:

$$\frac{A}{S}S_0 g = S_0(1+g)P(1-d) \tag{13-2}$$

式(13-2)左边为销售增长导致的资产增加(资金占用),右边为增加销售后公司留存收益(资金来源)。不依靠其他外部融资时,两者必须相等。

求出 g,得:

$$g = \frac{P(1-d)}{\dfrac{A}{S} - P(1-d)} = \frac{\dfrac{S}{A}P(1-d)}{1 - \dfrac{S}{A}P(1-d)} = \frac{ROA(1-d)}{1 - ROA(1-d)}$$

从公式可以看出,内在增长率(不使用外部资金的最大增长可能)与资产收益率(ROA)正相关,与股利支付率负相关。

(二) 可持续增长率

可持续增长率是公司在不进行外部股权融资且保持负债率水平不变(实质上是依靠内部留存收益和适当比率的外部负债融资,不发行新股)时,所能达到的最大增长水平。

可持续增长率假设公司目前的资本结构是最佳的,即公司无须外部股权融资,也就是说权益只能通过保留盈余的增加而增加。事实上,如果公司销售增长对资金的需求完全来源于内部,那么,经过一段时间之后,股东权益所占比例将增加,财务杠杆将下降。如果公司希望保持原有的资本结构,就必须借入新债。可持续增长率是指在公司财务杠杆不变时,运用内部资金和外部资金所能获得的最大增长比率。设 D/E 表示负债与股东权益之比的目标值。若该比值保持不变,则:

$$\frac{A}{S}S_0 g = PS_0(1+g)(1-d) + PS_0(1+g)(1-d)\frac{D}{E} \tag{13-3}$$

式(13-3)左边为销售增长导致的资产增加(资金占用),右边第一项为增加销售后公司留存收益(资金来源),第二项为相应比例(配套)的外部债务融资。

求出 g,得:

$$g = \frac{P(1-d)\left(1 + \dfrac{D}{E}\right)}{\dfrac{A}{S} - P(1-d)\left(1 + \dfrac{D}{E}\right)} = \frac{P(1-d)\dfrac{A}{E}}{\dfrac{A}{S} - P(1-d)\dfrac{A}{E}} = \frac{ROE(1-d)}{1 - ROE(1-d)}$$

从上式可以看出,内在增长率(不使用外部资金的最大增长可能)与净资产收益率(ROE)正相关,与股利支付率负相关。对于多数企业来说,$ROE>ROA$,因此可持续增长率大于内在增长率。由此不难看出,放松融资限制后企业最大增长可能更大。

(三) 可变增长率

可变增长率是企业在不受任何融资约束条件下,能够实现的最大销售增长,企业可以任意使用内部融资或外部融资,股权融资或债务融资。假设 E_{q0} 为基期股东权益,E_{qn} 为新募集权益资本,DIV 为全年股利支付额。则有:

$$\frac{A}{S}S_0(1+g) = \left[E_{q0} + E_{qn} + S_0(1+g)P - DIV\right] \times \left(1 + \frac{D}{E}\right) \tag{13-4}$$

式(13-4)左边为公司期末总资产,右边中括号里面为期末权益资本数量,乘以权益乘数后得到公司负债权益合计数。根据会计恒等式"资产=负债+所有者权益"求得上式。

求出 g,得:

$$g = \frac{(E_{q0} + E_{qn} - DIV)\left(1 + \dfrac{D}{E}\right)\left(\dfrac{S}{A}\right)}{1 - P\left(1 + \dfrac{D}{E}\right)\left(\dfrac{S}{A}\right)} \times \frac{1}{S_0} - 1$$

从这个结果可以看出,企业融资约束越少,最大增长可能空间越大。

本 章 小 结

1. 财务计划也称财务预算,是指用货币形式表示的财务方面的经营计划。财务计划涉及的时间较长,因此带有概算的特点,企业必须根据外部和内部经营环境的变化而进行适时的调整。

2. 企业财务计划是企业经营过程各个方面的资金变动的综合反映,其编制须以经营预算(包括销售预算、生产预算、直接材料采购预算、直接人工预算、制造费用预算、生产成本预算、销售及管理费用预算等)和专门决策预算(资本支出预算和一次性专门业务预算)为基础。

3. 筹资预测是财务预测的重要组成部分,也是企业合理筹集资金所必需的一个基础环节。筹资预测通常使用的方法是销售百分比法。其主要思路是,在销售预算以及现有资产负债表的基础上,通过研究企业销售收入与资产负债表项目之间的关系,确定企业最终资金缺口。

4. 销售百分比法建立在资产负债表、利润表与销售收入相关性的基础上。一个企业对资金需要量影响最大的变量是销售额,因而销售预测是资金需要量预测的可靠出发点。资产负债表与销售收入相关性实际上是一个假设。销售百分比法就是通过资产负债表中各项目占全年销售额的百分比来预测各种资金需要量的方法。

5. 企业的融资政策对企业的增长速度有重要的影响。对企业融资的约束越少,企业最大增长可能越大。

思考与练习

一、名词解释

财务计划　经营预算　专门决策预算　现金预算　外部约束　内部约束　内在增长率　可持续增长率　可变增长率

二、问答题

1. 企业为什么要编制财务计划?

2. 如果增长目标与企业价值最大化目标相悖,应该如何面对和解决?

3. 销售百分比法的基础是什么?

4. 如果公司发展完全依靠内部融资,公司可以通过哪些手段提高内在增长率?

5. 外部融资增长模型推导出的增长率被称为可持续增长率,它与内在增长率有什么区别?

三、计算分析题

1. 假设 ABC 公司准备购买一台机器,这台机器预计可以使得公司销售额增长 10%(公司原来的销售额为 2 000 万元),公司认为其资产和负债都将随销售额同步变动。又假设公司的销售利润率为 10%,股利支付率为 50%。公司当期的资产负债表(已经反映新机器的购买)如表 13-7 所示。

表 13-7　资产负债表

单位:元

项目	金额	百分比(%)
流动资产	6 000 000	30
固定资产	24 000 000	120
资产总额	30 000 000	150
短期负债	10 000 000	50
长期负债	6 000 000	30
普通股	4 000 000	常数
留存收益	1 000 000	净利润
负债和股东权益总额	30 000 000	

(1) 根据以上条件,计算该公司所需融资的数量。

(2) 计算该公司的增长率。

2. 某企业本年营业收入为 3 000 万元,经营资产为 2 000 万元,经营资产销售百分比为 66.67%,经营负债为 185 万元,经营负债销售百分比为 6.17%,净利润为 135 万元。假设经营资产销售百分比和经营负债销售百分比保持不变,企业目前可动用的金融资产为 0,营业净利润率保持 4.5% 不变,预计股利支付率为 30%。

(1) 在现有环境设定下,该企业明年的销售增长率是多少?

(2) 从财务(金融)方面如何才能帮助企业实现更高的销售增长率?

3. 某公司董事会正在做下一年度的财务规划以适应企业事业发展,已知公司今年的利润为 66 万元,总资产为 500 万元(其中权益资本为 250 万元),公司未来经营环境、资产使用效率、销售净利率等保持相对稳定,过去公司一直采用固定比率股利政策,将利润的 1/3 用于分红。财务总监向董事会提出了两种财务规划方案,请结合上述资料测算和分析:

(1) 公司仅靠留存收益融资不进行任何外部融资,可实现的最大销售增长率。

(2) 公司根据需要进行外部融资,但维持当前负债、权益各 50% 的资本结构不变,可实现的最大销售增长率。

(3) 如果企业希望明年销售增长超过 25%,财务总监可能提出的财务规划建议。

即 测 即 评

营运资本管理

第一节 营运资本和流动性概述

一、营运资本

（一）营运资本概念

营运资本（Working Capital）是指企业生产经营活动中占用在流动资产上的资金，或者是企业投资在流动资产上的资金。关于营运资本，有两个概念：总营运资本和净营运资本。总营运资本，又被称为广义上的营运资本，是指企业所有流动资产的总额，即企业在流动资产上的总投资。这些总投资的资金来源，不仅有长期资金，而且有短期资金或流动负债。净营运资本是指一年内可以变现的流动资产和一年内将到期的流动负债的差额，即企业在短期内可以运用的流动性资源的净额。

$$净营运资本 = 流动资产 - 流动负债$$

流动资产主要包括现金及现金等价物、应收账款、存货和预付账款等；流动负债包括应付票据、应付账款、应付税金、短期借款和应计负债等。

（二）营运资本的影响

在数字上，净营运资本也等于长期负债加股东权益减长期资产后的余额，它实质上反映的是企业以长期资金形成的流动资产的数量。由于流动资产盈利能力通常弱于固定资产等长期资产（短期投资的收益性低于长期投资），而长期资金筹措成本往往又高于短期资金（短期资金成本低于长期资金成本），因此，如果一家企业净营运资本多，也意味着这家企业将以更高的成本募集的长期资金，更多地应用于盈利能力较低的流动资产上，也即将更贵的资源配置到更低收益的资产上，从而使企业整体的盈利水平相应地降低。相反，如果一家企业净营运资本不足甚至为负，这家企业很可能陷于无力偿付到期债务的境地。企业的净营运资本越多，即流动资产与流动负债之间的差额越大，企业无力偿付到期债务的风险越小；反之，企业的净营运资本越少，即流动资产与流动负债之间的差额越小，企业无力偿付到期债务的风险越大。净营运资本通常被用于衡量企业避免发生流动性问题的程度。公司需要对流动资产、流动负债以及两者之间的变动所引起的盈利与风险的消长关系进行全面的估量，恰当地进行资产组合与筹资组合的管理。

二、流动性

（一）流动性概念

流动性（Liquidity）分为资产的流动性和企业（法人组织）的流动性。资产的流动性描述的是资产的变现能力，现金被认为是流动性最强的资产。资产的流动性是指在不需要作出大幅度价格让步的情况下，将非现金资产转换为现金的能力。简单地说，流动性就是资产变现的快慢与成本的高低：变现越快，流动性越强；反之，则越弱。企业的流动性描述的是企业应对短期支付和偿还短期债务的能力。这种偿债能力既包括变现现有资产偿还短期债务的能力，也包括使用新的融资渠道募集资金偿还短期债务的能力。

企业在其日常运作中，必须保持足够的流动性满足付款和紧急情况。企业持有流动性是有成本的，资产的流动性往往与收益性负相关，过多的流动性会给企业盈利能力带来负面的影响。流动性过低或过高都是不恰当的。流动性过低，无法维持企业的正常经营活动，而且在急需资金的时候会提高融资成本，甚至会出现流动性不足的问题，导致企业破产。流动性过高，必然会形成资金闲置和资源浪费。

（二）流动性管理的目标

流动性管理的目标是保持一定的资金头寸，使企业可以应付日常支出，并且不会因持有过剩资金而增加机会成本。其中，确保企业具有足够的流动性，以便企业能应付日常经营活动，是流动性管理的首要目标。为了达到这个目标，需要对流动资产和流动负债进行有效管理，并需要考虑流动性管理所涉及的机会成本，不能因为持有过剩的流动性而增加流动性管理的机会成本。因此，流动性管理还要适当地兼顾收益性，这是流动性管理的次要目标。

为了实现上述目标，流动性管理主要应解决以下几个问题：

第一，确保在需要现金的时候能够及时并低成本地获得现金；

第二，设计并运用恰当的收款和付款体系；

第三，确保短期借款和短期投资能以一种及时而低成本的方式进行；

第四，确保现金营运是安全的并且与监管要求相一致。

当企业的流动性不足时，能够利用各种手段和渠道获取流动性。企业的流动性来源不外乎三个方面：第一，经营过程产生的现金流；第二，现金以及可交易的短期有价证券；第三，可以利用的短期借款额度。相反，当企业的流动性过于充足，能够寻找到恰当的投资渠道，例如购买货币市场基金，在保证企业拥有足够的流动性的前提下，尽量提高企业资金的运用效率。实际上，多余的流动性可以用于投资，以获得利息收入，或者偿付债务以减少相应的利息支出。

三、营运资本管理与流动性管理的关系

营运资本管理是指对营运资本总额或净额以及流动资产和流动负债各个账户进行管理，在不损害企业盈利能力的条件下，尽可能地保证企业具有足够的短期债务清偿能力，具体包括流动资产管理（如现金管理、应收款管理、存货管理、短期投资管理等）、流动负债管理（如应付款管理、短期融资管理等）、流动资产与流动负债的匹配管理。其中，流动资产与流动负债的匹配管理在企业营运资本管理中具有十分重要的地位。营运资本管理的关键在于确定现金、有价证券、应收款和存货等流动资产的合适水平及其结构以及短期借款、应付款等各种短期筹资方式的恰当水平及其结构。为此，营运资本管理需要处理好以下几种基

本业务关系:第一,考虑销售政策方面的影响。企业必须选定其应收款和存货的水平。放宽信用标准和保持较高的存货水平可能有助于销售激增和迅速供应订货,但是这些行为也可能增加成本。第二,注意对流动性的把握和控制。考虑到需要保持的流动性和要求的补偿性余额,企业必须选定它的现金和有价证券水平。第三,确定好短期筹资比例。短期筹资组合与确定短期筹资和长期筹资的比例一样,企业在考虑了获利能力和风险目标后,必须选定各种短期筹资的比例。

流动性管理是指通过构建恰当的系统、程序和制度对流动资产与流动负债各个项目进行有效管理,从而尽可能地以低成本的方式确保企业具有充足的流动性。实际上,流动性管理是一个通过短期投资和短期借贷活动来维持最优流动性头寸的过程。流动性管理要求对流动资产和流动负债进行仔细衡量和持续监测。这样,才可能保证企业有足够的财力支付当前到期和即将到期的债务,同时,当企业存在过多的资金盈余时,可以很便利地用于投资和结清债务。

不难看出,营运资本管理与流动性管理之间的关系非常紧密,以至于在很多教材里面甚至直接混用这两个概念。从管理的对象上说,营运资本管理和流动性管理大体是一致的,两者都需要对流动资产和流动负债进行管理。从管理目标上说,营运资本管理和流动性管理也大同小异,流动性管理的目标是确保企业具有足够的流动性,同时兼顾收益;营运资本管理的目标是确保企业具有足够的短期债务清偿能力,同时不损害盈利能力。从管理效果上讲,两者具有很高的一致性,当企业具有充足的流动性时,相应地,也会具有足够的短期债务清偿能力;当企业缺乏足够的流动性时,往往清偿短期债务的能力也会大打折扣。

第二节　营运资本投资与融资

一、流动资产和流动负债变化对营运资本融资的影响

如前一章销售百分比法展示的,企业在生产经营过程中,许多流动资产和流动负债都会发生变化,这些变化直接反映在其对应的账户中。多数流动性账户(如应收款项、存货、应付款项、预收款项等)变化属于自发性的,它们随着企业的活动规模(销售额)的变化而自动变化。这些自发性变化的幅度,显著地影响营运资本外部融资金额。

(一) 流动资产变化

一般来说,随着销量的增加,赊销也会增加,这将会导致更多的应收账款。增加的销量可能需要增加原材料及零部件库存以支持产品的生产,从而带来了库存和应付账款增加。应收账款和存货的增加可能减少现金或增加短期借款。如果销售水平上升是永久性的,则会导致现金和有价证券投资增多,以便为业务提供充足的流动性支持。非现金的流动资产增加必须由减少现金、增加债务及其他负债来提供支持;反之,销量下降会相应减少资产,但库存也有可能在短期内增加,而生产计划会进行调整,以反映较低的销售水平。

按照占用资金的时间长短不同,流动资产可以划分为临时性流动资产和长期性流动资产。临时性流动资产是指很快就要变现,且在年内不予重置的那部分流动资产。如随季节性需求而增加的那部分流动资产。这些随季节性需求而变化的流动资产实际上就是临时性营运资本。长期性流动资产是指企业预计持有期在一年以上的那部分流动资产。虽然具体

到某项流动资产,如一批存货,一个生产经营周期内(或一年内)就能变现,但同时,企业又有了新的存货,即每时每刻企业都有存货,它都占用着一部分资金。即这部分流动资产占用的资金是长久的,这一点与固定资产类似,因此被称为长期性流动资产。这些用于满足企业长期最低需求的那部分流动资产实际上就是所谓的永久性营运资本。

(二) 流动负债变化

应付账款减少会导致现金减少或债务增加,因为流动负债减少必须由资产减少或其他负债增加来抵消。例如,更大的销量通常需要购买更多的原材料。如果这些原材料是赊购的,那么应付账款会增加。同样地,因产量增加而导致的额外劳动力费用将提高应计工资。应税收入水平提高而增加的税收也会提高应交税金。相反,销量减少则会减少上述相应账户的余额。

流动负债在企业日常交易中自然发生,且随着业务规模的扩大近似地成比例扩大,形成了自发性融资。例如,应付费用、预收账款、应付账款等就属于自发性融资方式。与此相对的是自主性融资,它又被称为协议性融资,需要签订正式的融资协议并有一定的融资成本,如发行短期债券、向银行申请短期贷款等。按照融入资金实际可使用的期限长短不同,自主性融资又可以划分为短期融资和长期融资。短期融资的实际使用期限小于一年,而长期融资的实际使用期限大于一年。

(三) 营运资本融资需求

净营运资本是流动资产和流动负债递减后的净额。净营运资本实际上代表了企业营运资本所需的融资总额。其中一部分可以由留存收益自然抵补。但如果企业的营运资本需求超过了利润增加额,则其差额必须由融资解决。

如果流动资产减少,资金从应收账款及/或存货投资中释放出来,则用于支持流动资产的短期负债总需求下降。但是,若自发性融资下降超过相应水平,则需要额外的自主性融资来支持流动资产。

二、流动资产投资策略

流动资产投资也即企业为维持其生产经营活动,愿意持有的流动资产规模。显然,企业持有的流动资产多,流动资产的置存成本上升,缺货成本下降;相反,持有的流动资产少,则置存成本下降,缺货成本上升。置存成本主要包括持有流动资产的机会成本、管理成本和过时变质成本。而缺货成本是在流动资产投资水平较低的情况下,由于缺货而造成的成本和订货成本。置存成本、缺货成本与企业流动资产持有数量变动关系如图 14-1 所示。

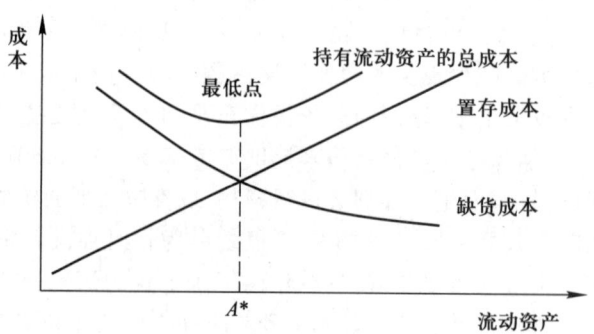

图 14-1　置存成本、缺货成本与流动资产的关系

　　显然,理论上企业最优的流动资产投资水平,应该使得置存成本和缺货成本的总和最低,即图 14-1 中的总成本曲线的最低点(A^*)。但是,由于公司在销售水平、成本、生产时间、存货补给的前置时间、客户服务水平,以及收付款期间等方面存在不确定性,现实中企业流动资产投资决策并不简单,实践中,公司经营的不确定性与公司的风险承受能力,整体上决定了公司流动资产的水平。流动资产账户往往随销售变化而自发性变化,而风险则与销售的稳定性和可预见性有关。销售的稳定性和可预见性越低,流动资产投资额则越高,以确保公司的库存可满足不同的客户需求变化。销售的稳定性和可预见性相互作用也很重要,如果销售不稳定但可预见(这种情况通常是由于存在较强的、可靠的和重复的季节性因素引起的,例如空调、加湿器等产品季节性生产和销售),则可能不存在显著的风险因素。但是,如果销售既不稳定又难以预料(例如油气勘探和许多建筑企业),则存在重大风险,需要较高水平的流动资产投资应对。如果销售既稳定又可预见,则只需要最低水平的流动资产投资。

　　公司必须选择一个与业务需要、风险承受能力和管理风格相适应的流动资产投资策略。通常用流动资产与销售额的比率来定义不同的流动资产投资策略。流动资产与销售额的比率,其正常范围因行业、国家及公司规模等的不同而不同。如果公司的管理是保守型的,那么它会选择一个高水平的流动资产与销售额比率,这将导致更高的流动性(安全性)、更低的盈利能力。如果管理层倾向于为获得更高利润承担风险,那么将使用低水平的流动资产与销售额比率。

(一)　限制性流动资产投资策略

　　限制性流动资产投资策略,即公司保持相对于销售额来说较低水平的流动资产。公司采用适时生产制(JIT),将原材料方面的投资降至最低程度。此外,现金余额和逾期未付的应收账款保持在较低水平,反映了限制性的信用政策。

　　限制性流动资产投资策略可能面临伴随更严格信用和库存管理政策而来的更高风险,导致缺乏用以支付应付账款的足够现金。尤其是,限制性的信用政策可能对销售产生负面影响。同样,一个限制性的存货政策可能对满足消费者需求的可供选择库存商品产生不利影响。如果降低流动性没有引起严重问题,限制性流动资产投资策略通常能取得最大收益。

(二)　宽松的流动资产投资策略

　　宽松的流动资产投资策略,即公司保持相对于销售额来说较高水平的流动资产。通常,这些流动资产包括高水平的现金和应收账款。高水平的应收账款(通常是宽松信用政策的结果)和高水平存货之所以存在,可能是出于补充原材料方面的考虑或者公司不愿由于产成品库存不足而失去销售业务。大量流动资产投资很可能降低投资回报,但由于公司的流动资产余额更高,经营风险降低了。

(三)　流动资产投资策略选择

　　公司的流动资产投资策略选择,取决于其风险收益权衡。选择时,公司债权人的意见很重要。由于流动资金水平是决定授信及贷款利率的一个重要影响因素,银行和其他放贷方非常重视公司的流动资金水平。同时他们还考虑应收账款和存货的质量,尤其是当应收账款和存货作为贷款抵押时更需要重点关注。许多公司,特别是规模较小的公司,往往由于有限的短期信贷机会或有限的总市值,而被迫采取限制性流动资产投资策略。

　　公司的流动资产投资策略,可能还受到行业惯例的影响。在高销售毛利率的行业,宽松的信用政策可带来大量收益,尤其是当潜在增量利润远远大于潜在成本时。当然这一观察结论的前提条件是,增量销售所获得的利润大于增量应收账款成本和任何增量坏账成本。

流动资产投资策略的另一个决定因素为公司政策的决策者。财务经理关于流动资产管理的观点,往往与运营经理或销售经理不同。运营经理通常更喜欢大量原材料或半成品库存以满足生产配额。同样,销售经理偏好大量产成品库存,以满足消费者的需求,以及宽松的信用政策以刺激销售。而财务经理则倾向于将库存和应收账款降至最低程度,以最大限度减少这些资产的融资成本。

三、营运资本融资策略

"营运资本"一词起源于大多数行业与农业有密切联系的时期。农产品加工企业通常在收割季节整批购进原材料,然后陆续加工制成产品出售。例如食用油厂,它必须在油菜籽收割季节一次性进足货源,然后榨油。如果油菜籽用完,必须等到下一年收割季节再进货。在陆续加工期间原料逐步降到最低点,而销售和回款逐渐增加。这样,短期借款或其他债务可用来购进原料、支付加工成本,产品出售以后回款可以陆续归还借款本息。固定资产和需要长期持有的流动资产,通常是随企业生产规模逐步扩大而增加的,一旦形成,短期内减少的可能性较低,这类资产通常与长期负债与资本筹资相对应。因此,如何区分长期性和临时性流动资产,决定了一个企业的营运资本融资策略。实践中,可以通过调查企业每个流动资产账户和销售额之间的历史关系,来区分长期性和临时性流动资产。根据流动资产的属性来选择恰当的长期或者短期的资金来源。短期负债(如信用额度)的初始期限短,这使得企业可以根据流动资产的波动方便地调整融资金额,不会过多地融资并为此支付额外的、不必要的利息。长期债务(如5年期贷款)由于期限较长,无法根据流动资产的波动方便地调整融资金额,但保证了这几年不间断的融资需要。融资决策主要取决于管理层的风险偏好,但也受短、中、长期债务的差别利率影响。

根据流动资产的类型和融资资金期限,流动资产融资策略可以分为三种:到期日匹配、保守型和激进型。

(一)到期日匹配融资策略

在到期日匹配融资策略中,长期性流动资产和固定资产以长期融资方式(长期债务或权益)来融资,临时性流动资产通过短期债务来融资,资产的期限与融资工具的期限保持大致一致。通过对资产和负债的到期日的搭配规避风险,同时尽可能降低总的融资成本。在给定的时间里,企业的固定资产和长期性流动资产保持相对不变,对这些资产的融资也是长期稳定的;而临时性流动资产的数量会不断变化,但短期融资(例如信用额度)提供了匹配流动资产变化的灵活性。当临时性流动资产增加时,信用额度也应增加,以支持企业的扩张。当资产收缩时,它们的投资将会释放资金,而这些资金将用于偿付信用额度。

(二)保守型融资策略

在保守型融资策略中,长期融资支撑全部固定资产、长期性流动资产和部分临时性流动资产。只有部分临时性流动资产使用短期融资。由于短期融资所得仅被用于一部分短期流动资产,这种策略使用的短期融资通常最少,从而产生更高的融资成本。因为,这种策略在不需要长期债务时仍然持有长期债务。由于对短期融资的依赖相对较低,这产生了较高的流动比率,但是,总的利息费用更高,这种策略也会导致公司的利润变低。

（三） 激进型融资策略

在激进型融资策略中，公司以长期债务和权益为所有的固定资产融资，仅对一部分长期性流动资产使用长期融资方式融资。短期融资支撑其余的长期性流动资产和所有的临时性流动资产。这种策略比其他策略使用更多的短期融资。

短期融资通常比长期融资方式具有更低的成本。因此，这种策略常常是最有利可图的，因为它的成本最低。然而，较多地使用短期融资，将导致较低的流动比率和较高的流动性风险。

短期融资每年到期后都必须重新安排，如果过分选择短期债务进行融资，那么公司大概率会遇到诸如销售下跌时，存货将不能足够快地转化为现金、利润快速下滑、银行不愿意以过往的条件更新融资合约的情况。当然，实际融资安排中也有许多变通做法可以缓解这种风险。例如，有些多年期的循环贷款协议，允许企业以短期为基础进行借款。

（四） 融资策略总结

三种融资策略具有显著的特征（见图 14-2）。到期日匹配融资策略的主要特征是，根据资产的存续期限选定相应的融资来源，在融资成本和融资风险上处于适中的位置。与到期日匹配融资策略相比，保守型融资策略使用了更高比例的长期融资来源和更低比例的短期融资，其整体融资成本更高（通常情况下，长期融资比短期融资贵），但融资结构更为稳定（部分资产到期退出，相应的融资还没到期不用返还），融资风险更小。与保守型融资策略相反，激进型融资策略使用了更高比例的短期融资和更低比例的长期融资，其整体融资成本更低，但融资结构不稳定（部分融资到期需要返还，但资产却无法退出），融资风险更大。

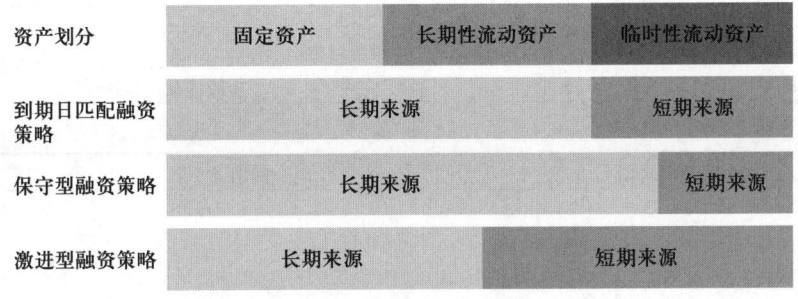

图 14-2　流动资产融资策略

如果将限制性流动资产投资策略与激进型融资策略相结合，那么公司将获得可观的盈利能力，但也会冒很大的风险。相反，如果将宽松的流动资产投资策略与保守型融资策略相结合，那么公司将具有过剩的流动性，但盈利能力相对较弱。限制性流动资产投资策略可能因保守型融资策略而得到缓解，宽松的流动资产投资策略或多或少被激进型融资策略抵消。企业最终采取何种投融资策略，需对下列因素进行权衡：管理层的风险容忍度、销售的稳定性和可预见性、贷款人的考虑、利率环境、资金的可获取性、供货商的可靠性以及其他因素。需要指出的是，受收益率曲线形状、利率波动、预估利率走向，特别是管理层的风险承受能力的影响，三种融资策略其中任何一种策略都有可能在某个时期成为最佳选择，但不是永久性的占优策略。

第三节　经营周期与现金周期

一、经营周期和现金周期关系

多数产品的生产经营活动都是从取得原材料存货开始,到售出产成品存货并收回现金为止。我们将取得存货到完成销售收回现金的这一段时间称为一个经营周期。经营周期具有明显的行业特征。传统上,农、林、牧、畜、渔等行业企业的经营周期,通常显著长于工业企业和商业企业的经营周期。由于存货周转期是从企业购入原材料存货开始,到企业产品售出为止所经历的时间,应收账款周转期是从企业售出产品开始,到货款收回为止所经历的时间,两者之和就是从取得存货开始到完成销售、收回现金的整个期间。因此,企业的经营周期就是存货周转期与应收账款周转期之和。

现金周期描述的是企业为采购原材料(存货)付款,到实现销售回款的过程。简单地说,现金周期描述的是钱离开企业到再回到企业的时间间隔。在没有信用销售的情况下,企业的经营周期实质上与现金周期相同,因为企业采购存货和为采购付款是同时发生的,销售商品和收回货款也是同时发生的。但是在企业广泛采用信用销售的今天,多数企业在取得存货时可以不支付现金,而是以应付账款的方式取得存货。同样,在销售商品时并不取得现金,而取得收款的权利(应收账款)。从而,实践中企业的经营周期与现金周期显著不同。现金周期与存货周转期、应收账款周转期和应付账款周转期的关系如图 14-3 所示。

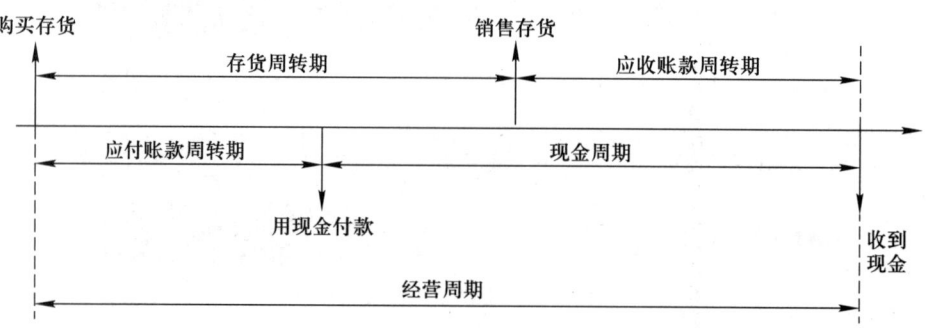

图 14-3　经营周期与现金周期

现金周期较好地描述了企业生产经营过程中营运资本账户的现金流情况。我们使用现金周期来探讨企业存货、应收账款和应付账款有关的策略如何相互作用,从而影响公司的现金流和财务状况。

二、现金周期计算

$$现金周期 = 存货周转天数 + 应收账款周转天数 - 应付账款周转天数$$

现金周期表示从取得现金支付采购款至销售回款期间的平均天数。因此,现金周期是一种用来计算公司在取得现金流入前必须为现金流出提供资金的平均时间长度的度量。

（一）存货周转天数

$$存货周转天数 = \frac{365}{存货周转率}$$

$$存货周转率 = \frac{年销售成本}{平均存货}$$

存货周转天数,也称存货周转期,是从购入(或取得)原材料至出售产成品的平均天数。存货周转天数是以下各项平均天数的总和:原材料库存时间,原材料转换成产成品(在产品库存)时间,产成品库存时间。凡是影响原材料、在产品或产成品库存时间的决策,均对存货周转期产生影响。对于零售企业而言,存货周转天数为产成品在出售前的平均库存时间。对于服务企业来说,存货周转期是物料被用于提供服务前的平均库存时间。库存管理技术可显著降低库存水平,如适时生产制(JIT)。

（二）应收账款周转天数

$$应收账款周转天数 = \frac{365}{应收账款周转率}$$

$$应收账款周转率 = \frac{年销售收入}{平均应收账款}$$

应收账款周转天数是赊销至收回账款的平均天数。应收账款政策(如信用标准、信用条款或收款方式)的变化,会影响应收账款周转天数。企业所处行业市场竞争情况或一般经营状况的任何变化,也可能影响应收账款周转天数。当行业市场竞争增加时或经营情况恶化时,应收账款周转天数往往会呈现上升的趋势。企业通常会采取现金折扣等方式加以应对。

（三）应付账款周转天数

$$应付账款周转天数 = \frac{365}{应付账款周转率}$$

$$应付账款周转率 = \frac{年销售成本}{平均应付账款}$$

应付账款周转天数是指从购入/取得物料或供应品至支付款项期间的平均天数。应付账款周转天数代表商业信用的期间。延期支付可使公司推迟现金流出,任何推迟付款的策略都会延长应付账款周转天数并且缩短现金周期。公司将付款推迟至接近于信用期限,可以使得公司有更多现金进行短期投资或购买其他资产。公司在延长约定的信用期限时需要非常谨慎,因为此举虽然可以改善现金流状况,但可能对卖方和供应商的关系产生负面影响。

（四）现金周期计算举例

假设大华公司 2024 年年收入为 15 000 万元,年销售成本为 9 200 万元,从公司 2024 年资产负债表中获知以下数据,如表 14-1 所示。

表 14-1 大华公司 2024 年存货、应收账款及应付账款

分类	期末数（万元）	期初数（万元）
存货	2 600	2 400
应收账款	1 700	1 300
应付账款	1 600	1 400

$$存货周转率 = \frac{年销售成本}{平均存货} = 9\,200 \div [\,(\,2\,600 + 2\,400\,) \div 2\,] = 3.68$$

$$存货周转天数 = \frac{365}{存货周转率} = 365 \div 3.68 = 99.18(天)$$

$$应收账款周转率 = \frac{年销售收入}{平均应收账款} = 15\,000 \div [\,(\,1\,700 + 1\,300\,) \div 2\,] = 10$$

$$应收账款周转天数 = \frac{365}{应收账款周转率} = 365 \div 10 = 36.5(天)$$

$$应付账款周转率 = \frac{年销售成本}{平均应付账款} = 9\,200 \div [\,(\,1\,600 + 1\,400\,) \div 2\,] = 6.13$$

$$应付账款周转天数 = \frac{365}{应付账款周转率} = 365 \div 6.13 = 59.54$$

现金周期 = 存货周转天数 + 应收账款周转天数 − 应付账款周转天数

$$= 99.18 + 36.5 - 59.54$$

$$= 76.14(天)$$

2024 年度,大华公司从公司支付现金到从销售中回收现金的间隔时间平均为 76.14 天。

三、现金周期的解析

(一) 现金周期越长,营运资金压力越大

现金周期越长,意味着企业资金被占用的时间越长,一方面会增加企业的外部融资需求,另一方面会产生较大的机会成本;相反,较短的现金周期则会减少企业资金的占用,从而减少外部融资、降低资金的机会成本。如果公司能够实施更周密的采购计划、生产调度以及产成品库存管理,将缩短存货周转天数;通过鼓励付款速度慢的客户在付款期限内及时付款,缩短公司应收账款周转天数;在不破坏客户关系和购销往来的前提下,按信用期限支付相关账款甚至略微延迟,都可以缩短公司的现金周期。

但是,在采取相关运营政策时,需要非常谨慎。存货和应收账款等流动资产投资的卡紧以及应付账款的延付,可能导致诸多问题。例如,因信用和收款标准过严而限制了销售业务,由于缺乏原材料或零部件存货而导致生产停工,应付账款的支付时间超出到期日而无法享受优惠的贸易折扣等。若出现上述情形,现金状况的改善将只是短期现象,不利影响将可能是长期的。公司现金周期非预期的改变(主要是延长),通常被视作预警信号。

现实经济中,多数公司的现金周期都是正值,意味着需要为存货和应收账款来融资。但近年来,也有企业通过业务模式和经营模式创新,实现了现金周期为负。企业不但没有营运资本融资压力,还有额外的资金进行投资获取收益。例如淘宝、京东、美团等互联网平台商业企业,通过向客户预收货款和向商家延付货款方式,实现了大量的现金阶段性结余并投资货币市场基金等短期金融产品,越来越展现出金融企业的属性。

(二) 现金周期具有显著的行业特征

现金周期具有鲜明的行业特征。不同的行业企业的现金周期具有完全不同的特征,其数值可能相差很大。衡量营运资本管理水平时,必须充分考虑到其所属行业的现金周期的一般特征。表 14-2 是我国 2018—2021 年主要行业平均现金周期。

表 14-2 2018—2021 年我国主要行业的现金周期

行业名称	现金周期（天）	行业名称	现金周期（天）
房地产开发与经营业	1 342.71	自来水的生产和供应业	68.35
农业	235.16	汽车制造业	70.64
饮料制造业	197.26	日用电子器具制造业	58.22
生物制品业	194.37	石油加工及炼焦业	85.34
医药制造业	107.44	通信服务业	39.27
纺织业	93.76	电力生产业	12.04
食品加工业	67.92	旅游业	96.26
造纸及纸制品业	84.67	旅馆业	-4.28
橡胶制造业	75.39	零售业	-8.47
土木工程建筑业	73.22	煤炭采选业	-18.00
塑料制造业	71.34	航空运输业	-20.82

资料来源：编者计算整理。

从表 14-2 不难看出，房地产开发与经营业现金周期最长，属于典型的资金密集型行业，但就行业而言资金压力最大；通信服务业、电力生产业和旅游业的现金周期较短，资金压力较小；旅馆业、零售业、煤炭采选业和航空运输业的现金周期甚至为负数，说明企业生产销售和回款过程不仅没有占用资金，而且为其他经营活动提供了一定的资金来源。

第四节 现金周期与应收账款管理

现金周期取决于存货周转期、应收账款周转期和应付账款周转期。不同的行业，对现金周期起主导作用的各不相同。对于房地产开发与经营业和农林牧副渔等自然加工或生产过程较长的行业，现金周期主要由存货周转期主导；零售业直接面对消费者，大部分采取现金销售，应收账款少，由于掌握终端市场对生产商有较大的议价能力，应付账款是其现金周期最主要的影响因素。但是，对于绝大多数企业来说，面对的是买方市场，在激烈的市场竞争环境下，不得不广泛地采用信用销售模式，销售商品或劳务后的回款问题，成为企业（尤其是在供应链上处于配套地位的中小企业）最头疼的问题，应收账款是多数企业现金周期的决定性因素。

此外，由于存货周转期很大一部分是由产品生产效率决定的（当然也不排除诸如开发商捂盘惜售拉长了房产存货周期），公司理财很难对由生产效率决定的存货周转期施加实质性影响。应付账款是企业对外支付义务，管理和调整的空间极小。因此，本节主要阐述影响现金周期的因素——应收账款管理。

📇 资料卡

清理拖欠企业账款专项行动

2023 年 9 月 20 日,国务院总理李强主持召开国务院常务会议,审议通过《清理拖欠企业账款专项行动方案》。

国务院常务会议指出,解决好企业账款拖欠问题,事关企业生产经营和投资预期,事关经济持续回升向好,必须高度重视。省级政府要对本地区清欠工作负总责,抓紧解决政府拖欠企业账款问题,解开企业之间相互拖欠的"连环套",央企、国企要带头偿还。要突出实质性清偿,加强政策支持、统筹调度和监督考核,努力做到应清尽清,着力构建长效机制。

2023 年 7 月,中共中央、国务院发布《关于促进民营经济发展壮大的意见》,要求机关、事业单位和大型企业不得拒绝或延迟支付中小企业和个体工商户款项,严格执行《保障中小企业款项支付条例》,健全防范化解拖欠中小企业账款长效机制,依法依规加大对责任人的问责处罚力度。机关、事业单位和大型企业不得以内部人员变更,履行内部付款流程,或在合同未作约定情况下以等待竣工验收批复、决算审计等为由,拒绝或延迟支付中小企业和个体工商户款项。将机关、事业单位的违约毁约、拖欠账款、拒不履行司法裁判等失信信息纳入全国信用信息共享平台。

资料来源:中国政府网。

一、商业信用标准

应收账款是一个公司的短期资产,是对客户的商业信用,是一种允许客户先拥有一项商品、产品或服务,之后付款的合约安排。在该合约中公司将收到客户在未来付款的承诺,客户应当按照约定在信用期限内付清账款。

对公司来说,提供商业信用的主要原因在于促进销售。在当下普遍买方市场的商业环境中,公司需要以提供商业信用的方式来争取客户,从竞争对手那里吸引客户和促进现有客户购买意愿。宽松的信用条件可以促进销售,但是也增加了账户服务成本、收款成本和坏账费用。

应收账款管理的第一步是建立适当的商业信用标准,需要考虑两个关键因素:如果公司采取过于严格的信用标准,可能降低对符合可接受信用风险要求的客户的赊销额,从而限制公司的销售机会;如果公司执行过于宽松的信用标准,可能对不符合可接受信用风险要求的客户提供赊销,从而会增加推迟还款的风险和坏账费用。公司通常对客户进行信用分析,来确定是否授予信用,以及授予信用的额度。

5C 信用原则是常用的信用分析维度。

品质(Character),指个人申请人或公司申请人的管理者的诚实和正直表现。品质反映了还款意图和愿望,这体现在个人或公司的付款历史上。

能力(Capacity),指公司或个人在其债务到期时,可以用于清偿债务的当前和未来财务资源。这个因素可以使用财务流动性比率和现金流预测来评估。

资本(Capital),包括个人或公司客户的短期和长期财务资源,如果当前的现金流不足以清偿债务,那么这些资源是可以获得的。

抵押（Collateral），指在付款条件不能被满足的情形下，存在可以获得的资产或担保物用作债务的担保。

环境（Condition），指影响客户付款能力和公司授信意愿的当前一般经济环境。

二、现金折扣设置

监管和催收逾期账款的成本，影响公司的收益，不能回收的应收账款都会被确认为坏账损失。催收逾期账款的成本可能是很高的。公司可以通过购买各种保险补偿应收账款损失，来降低坏账的影响。在实践中更常见的做法是，公司通过设置授予合理的现金折扣，鼓励客户提前偿还应收款项。在提供现金折扣时，公司必须评价提前收到款项而产生的成本和收益，以及该项折扣是否会对付款客户有足够的吸引力。不合理的折扣要么对付款方没有任何吸引力，难以激励其积极付款，要么对收款方来说成本代价过高，不如不设置。

（一）放弃现金折扣时买方的成本

现金折扣是销售公司为了鼓励采购方尽快付款而制定的信用条件。信用条件常常用"2/10, 0/30"的形式表示，意思是总信用期是30天，但是如果在10天内付款，买方则可享受2%的折扣率，如果买方在第11天到第30天的任何一个时间付款，那么应付全部发票金额，不享受任何现金折扣。

📈【例14.1】

现金折扣成本计算

如果一个公司的短期资金的机会成本是8%（假设这是它短期借款率），那么该公司是否应该享受折扣提前付款？

首先需要确定放弃现金折扣和到期付款情况下的有效成本。假如发票金额为100元，买方若能在10天之内付款，可享受2%即2元的折扣，也就是说，买方的"真实"发票金额将是98元，买方在余下的20天内（从第11天到第30天）支付该支票金额还可以节省2元的成本。

再考虑买方选择在第30天付款的情况，此时它将以额外2元的成本在另外的20天内支付支票金额。那么，放弃现金折扣和到期付款时的每年的成本为：

$$折扣成本 = \frac{D}{100\% - D} \times \frac{365}{N - T}$$

式中：D——折扣百分比；

N——信用期；

T——折扣期。

根据例14.1中的信息，折扣百分比是2%，信用期是30天，折扣期是10天，计算现金折扣成本如下：

$$折扣成本 = \frac{2\%}{100\% - 2\%} \times \frac{365}{30 - 10}$$

$$= \frac{2}{98} \times \frac{365}{20}$$

$$= 0.020\ 4 \times 18.25$$

$$= 0.372\ 3（37.23\%）$$

公式中的第一项 $D/(100\%-D)$ 指的是在 10 天折扣期内的利率,第二项 $\dfrac{365}{N-T}$ 指的是年化后的利率。付款可以推迟 20 天但不享有折扣。一年中有 18.25 个 20 天的时段,因此,折扣期的利率乘以 18.25 就可计算出年利率。

放弃现金折扣的成本,可以与该公司借短期资金的 8% 的机会成本进行比较。由于借款的成本低于放弃现金折扣的成本,所以公司应该享受折扣,即使以 8% 成本借入资金也划算。

供应商可以准确地估算公司短期投资的收益率和短期资金成本,设置一个对采购方来说有吸引力的折扣政策,鼓励采购方尽快付款。

(二) 卖方提供现金折扣时的净收益

卖方提供现金折扣是为了鼓励客户尽快付款或增强竞争力。然而,卖方也必须计算净收益。因为是在使用降低价格来鼓励买方更早付款,所以会增加成本。

【例 14.2】

卖方提供现金折扣时的净收益

假设卖方有 15% 的机会成本,买方的平均信用额度是 100 000 元,信用条件是 2/10,0/30。折扣期满时收到的付款的现值计算如下:

$$\text{现值}_{\text{第10天收到资金}} = \frac{\text{全部付款}\times(1-\text{折扣率})}{1+(\text{折扣期天数}\times\text{年度机会成本}\div365)}$$

$$= \frac{[100\,000\times(1-0.02)]}{\left[1+\left(10\times\dfrac{0.15}{365}\right)\right]} = \frac{98\,000}{[1+(0.004\,109\,6)]}$$

$$= \frac{98\,000}{1.004\,109\,6} = 97\,598.91(\text{元})$$

如果在信用期满时收到的全部付款的现值为:

$$\text{现值}_{\text{第30天收到资金}} = \frac{\text{全部付款}}{1+(\text{信用期天数}\times\text{年度机会成本}\div365)}$$

$$= \frac{100\,000}{\left[1+\left(30\times\dfrac{0.15}{365}\right)\right]} = \frac{100\,000}{[1+(0.012\,328\,8)]}$$

$$= \frac{100\,000}{1.012\,328\,8}$$

$$= 98\,782.13(\text{元})$$

基于以上数据,可以计算公司采用此项政策的净现值(NPV):

净现值 = 现值第 10 天收到资金 - 现值第 30 天收到资金 = 97 598.91 - 98 782.13 = -1 183.22(元)

从上面的结果看,如果买方选择享受折扣在第 10 天付款而不是在第 30 天付款,那么卖方会认为其净损失是 1 183.22 元。换言之,如果买方在第 10 天付款,卖方将会损失 1 183.22 元的净现值。在这种情况下,卖方很有可能重新考虑给予现金折扣的条件。

如果保留 10 天的折扣期、30 天的信用期,那么设定稍低于 1% 的折扣率将会使第 10 天和第 30 天付款时的净值相同(例如,将赊销条件改为 1/20,0/30)。

三、应收账款融资

应收账款可以通过多种方式融资。例如,如果其现金流满足非担保贷款额度的要求,那么,提供商业信用的公司可以从金融机构获得非担保资金,以支撑因赊销而产生的应收账款。如果公司不能通过非担保贷款融通应收账款,那么公司可以通过抵押应收账款获得保证贷款。这种融资方法被称为资产支持贷款,它是以应收账款的质量为基础的。贷款人要评估应收账款,以确定那些可以作为贷款抵押品的应收账款,这项贷款将随着公司收回应收账款而被偿还。

大公司,尤其是那些拥有经营诸如按揭、汽车信贷和信用卡业务的金融子公司的大公司,可以以应收账款为基础发行证券。这种融资方法被称为资产证券化,它采用消费者的分期付款来支付证券化金融工具的本金和利息,从而释放公司的资本,提高公司信誉。有些公司建立了被称为专属融资公司的全资子公司,运作信贷业务,并且为了销售产品而获得应收账款融资。因为应收账款占很大比例的流动资产,经营一个专属融资公司将增强母公司的流动性,并且提供了一个以低成本获得资本的渠道。

应收账款保理融资,即将应收账款直接销售给保理机构。保理机构是专门从事应收账款融资和管理的公司。在大多数保理协议中,应收账款的购买方对销售商无追索权。"无追索权"或"没有追索权"意味着,保理机构必须承担因客户不能付款而引起的损失。然而,在某些情况下,保理协议规定保理机构具有追索权。在这种情况下,销售商对保理机构无法收回的任何坏账承担责任。大多数保理是基于通知的形式开展的,这意味着,由于货款要直接汇给保理机构,因此,销售商必须通知客户,应收账款已经销售了。保理的主要优点是当保理安排结束时卖家可以立即收到资金。主要缺点是应收账款在出售时通常会大打折扣。对于经常性使用保理的卖家,这种折扣成本通常被纳入商品售价。

本 章 小 结

1. 一个企业的日常经营活动通过营运资本账户提供了大量的现金流。营运资本管理和流动性管理之间的关系非常紧密。

2. 净营运资本可以被定义为企业在短期内可以运用的流动性资源的净额,即流动资产与流动负债的差额。流动资产主要包括现金等价物应收账款、存货和预付账款等。流动负债包括应付账款、应付票据和应计负债等。

3. 相对于固定资产而言,流动资产通常来说具有低的回报率;流动负债通常具有高于流动资产回报率的利率。过剩的流动性拖累公司整体财务绩效。

4. 流动资产有宽松的流动资产投资策略和限制性流动资产投资策略。宽松的流动资产投资策略降低了企业的缺货成本,但增加了置存成本;限制性流动资产投资策略降低了置存成本,增加了缺货成本。

5. 根据流动资产的类型和融资资金期限,流动资产融资策略可以分为三种:到期日匹配融资策略、激进型融资策略和保守型融资策略。三种融资策略的风险和成本各不相同,没有绝对占优的策略。

6. 现金周期等于存货周转期+应收账款周期-应付账款周期,描述了钱离开企业再回来的时间间隔。多数企业的现金周期为正,表示存在融资压力;部分企业或行业现金周期为负,表示经营过程中占用了上下游企业的金融资源。现金周期具有典型的行业特征。

思考与练习

一、名词解释

营运资本   现金周期   商业信用   现金折扣   保理融资

二、问答题

1. 短期融资的基本形式有哪些?
2. 在权衡营运资本融资策略时,应该考虑哪些因素?
3. 商业信用与银行信用有什么区别?公司在选择时应考虑什么因素?
4. 简述三种营运资本融资策略的主要特点。

三、计算分析题

1. 假定截至 4 月 30 日,ABC 公司的现金余额(最低现金储备)为 2 万元,预期和实际销售额见表 14-3。

表 14-3   预期和实际销售额

单位:元

月份	实际销售额	月份	预期销售额
1 月	50 000	5 月	70 000
2 月	50 000	6 月	80 000
3 月	60 000	7 月	100 000
4 月	60 000	8 月	100 000

其他资料如下。

(1) 应收账款的收款习惯为:每月销售收入中,本月收到现金 50%,接下来的两个月各收回现金 25%(假设不考虑坏账)。

(2) 制造费用的支付习惯:占销售收入的 70%,其中 90% 的款项在下月支付。

(3) 销售和管理费用的支付习惯:每月 1 万元加上销售收入的 10%。所有费用在发生当月支付。

(4) 利息支付:发行在外的 15 万元债券的半年利息在 7 月份支付(按照票面 12% 支付)。每年 5 万元的偿债基金也在当时支付。

(5) 股利支付:7 月份宣告发放 1 万元的股利并按实支付。

（6）资本性支出：6 月份将投资 4 万元购买厂房和设备。

（7）税金支出：7 月份将支付 1 000 元的所得税。

要求：

（1）编制该公司 4 月、5 月、6 月现金预算表。

（2）该公司这个时期内是否需要借款？如果需要，请确定借款的时间和数量。

2. 某建筑机械企业采用赊销的方式来拓展市场份额，平均每个月会产生大约 7 000 万元的应收账款，为尽快收回应收账款减少相应的融资成本，该企业拟推出含有"2/10，N/30"现金折扣条款的收账政策。已知该企业的年融资成本为 15%，下游客户的年融资成本为 10%。

（1）通过计算分析该企业拟推出的现金折扣条款是否合适？如果不合适，应该如何修正？

（2）除现金折扣外，企业通常还用哪些方式缓解应收账款占款压力？

3. 已知某企业 20×5 年的财务数据如下：

年营业收入	15 000 万元
年销售成本	9 200 万元
期末存货	3 600 万元
期末应收账款	1 700 万元
期末应付账款	1 600 万元

（1）请计算该企业的现金周期。

（2）通过上述计算，分析如何改善该企业的流动性状况。

即 测 即 评

第六篇

第十五章

兼并收购理论

第一节　兼并收购的概念

中国企业兼并活动产生于 20 世纪 80 年代中期。随着中国经济体量迅速增长,企业并购呈现快速发展和日益活跃的状态。企业间的并购活动与企业的其他投资活动在本质上是一致的,都面临着不确定性以及风险和收益之间的权衡。企业间的并购行为是一项资本预算决策,基本的净现值法则同样适用,即只有当目标企业能为兼并企业的股东创造正的净现值时才能被收购。

一、兼并收购的一般含义

在深入研究与企业兼并收购活动有关的理论问题之前,有必要明确一些概念。企业的兼并收购,通常简写为并购,其英文是 Merger & Acquisition①,简写为 M&A,是企业控制权交易中最主要的形式。一些人对企业兼并和收购不加区分,混为一谈。虽然兼并和收购两个词经常一块出现,实际上,两者存在重要区别。

收购(Acquisition)是接管(Takeover)的一种主要形式,而接管则是一个笼统且不精确的术语,一般指一家企业的控制权从一个股东集团转移到另一个股东集团,控制权可被定义为在董事会中拥有多数投票表决权。欲获取控制权的企业被称为投标企业(Bidder),有时也被称为兼并企业,而欲出让控制权的企业被称为目标企业(Target),有时也被称为被兼并企业。

收购的形式主要有三种:① 兼并(合并)即吸收合并(Merger)或新设合并(Consolidation);② 购买股票(Acquisition of Stocks);③ 收购资产(Acquisition of Assets)。

(1) 吸收合并,是指目标(被兼并)企业被投标(兼并)企业吸收,目标企业的股东原来的股票被置换成投标企业的股票。兼并企业原来的名称和法律地位不变,继续存在,而被兼并企业则解散,其法律地位消失,不再作为一个独立经营实体而存在。新设合并则是指参与合并的双方经过解散,其法律地位均消失,重新登记设立一家全新的公司的一种兼并形式。新设合并除了会产生一家全新的企业,其他方面都与吸收合并相同。在新设合并中,投标企业通常获得新企业的控制权,在这种情况下投标企业和目标企业的区分并不重要。吸收合

---

① 本书此处遵循了我国的习惯译法。严格来说,Merger 应该被翻译成"吸收合并",而合并是吸收合并和新设合并的统称,详见下文的分析。在本书中,兼并与合并的含义是相同的,可互换使用。

并与新设合并的最终结果都会导致双方企业资产和负债的联合。因为从公司财务学的角度看吸收合并与新设合并之间的差别并不重要,因此两者的差别不是本书讨论的重点,所以在本书以下内容中将两者统称为兼并。

(2)购买股票,是指投标企业用现金、股票或其他证券(或三种方式的某种组合)购买目标企业的具有表决权的股票。在购买股票时,投标企业的管理层可以与目标企业的管理层就收购股票有关事宜进行协商,也可以直接向目标企业的股东发出购买股票的要约,该要约常常通过报纸广告等方式进行公告。后者被称为发盘收购(Tender Offer)。通常,投标企业与目标企业的管理层协商失败之后才采取发盘收购的方式。

(3)收购资产,是指通过购买目标企业的资产实现对目标企业的收购。收购资产中投标企业向目标企业进行支付,而不是直接向其股东进行支付。收购资产可以避免在购买股票方式下由少数股东带来的潜在问题,也可以逃避目标企业的一些债务(实际债务以及或有债务)。其缺点是要求进行资产过户,而这一法定程序成本高昂。

除了收购以外,接管还可以采取另外两种形式:委托投票权竞争(Proxy Contest)和转为非上市企业(Going Private)。委托投票权竞争,是指一个股东集团希望通过股东投票选举新的董事会而在董事会中获得大多数席位,从而达到控制企业的目的。股票按照是否拥有投票表决权可分为两种:一种是拥有投票表决权的股票,另一种是不拥有投票表决权的股票。拥有投票表决权的股东可以直接出席股东会行使表决权,也可以委托代理人出席股东会代自己行使表决权。因此,希望获得公司控制权的股东集团必须获得足够数量的其他股东的委托投票权才能达到自己的目的。转为非上市企业,是指在股票交易所挂牌交易的公开上市企业的所有股权都被少数投资者买去,该企业的股票就不能在公开市场上交易了,变成了一家私人所有公司。少数投资者既可以是外部投资者,也可以是本公司现有的管理层成员。如果投资者运用高比例的债务融资购买企业的股票,就是杠杆收购(Leveraged Buyout,LBO);如果是公司管理层通过杠杆收购的方式取得了公司的所有股票,就是管理层收购(Management Buyout,MBO)。

综上所述,接管的范围最广泛,收购只是其形式之一,而兼并又是收购的一种形式。三者的关系可以由图15-1清晰地表现出来。

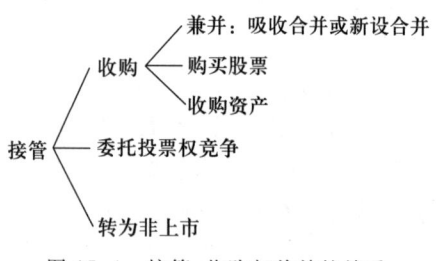

图15-1 接管、收购与兼并的关系

二、兼并的分类

按照投标企业和目标企业从事业务的关联程度,兼并可以分为横向兼并(Horizontal Merger)、纵向兼并(Vertical Merger)和混合兼并(Conglomerate Merger)三种类型。

(一)横向兼并

横向兼并又称水平兼并,是指处于同一行业内并生产相同类型的产品,在产品市场上相互竞争的投标企业和目标企业之间的兼并。横向兼并能够通过企业间的资源整合,扩大市场份额,降低产品市场上的竞争程度;通过规模经济效应降低单位产品成本,提高企业的竞争力。国外企业兼并的历史经验表明,横向兼并是早期企业兼并最主要的形式,至今仍然在世界各国企业兼并中占有相当的比例。

（二）纵向兼并

纵向兼并也称垂直兼并，是指生产过程或经营环节相互衔接、密切相关的企业之间，或者具有纵向协作关系的专业化企业之间的兼并。兼并企业和被兼并企业常常处于同一行业产品生产过程中的不同阶段，其关系是生产资料的供应者和使用者之间的关系。纵向兼并按照兼并的方向不同，又可以分为前向兼并和后向兼并。前者是指兼并企业生产处于产品生产过程中的上游产品，而被兼并企业则生产下游产品，如钢铁企业兼并采煤企业就属于前向兼并。后者是指兼并企业对生产下游产品的企业的兼并。生产企业兼并销售自己产品的商业企业就属于后向兼并。纵向兼并将处于产品生产不同阶段的企业整合在一起，加强了各生产环节的协调配合，节省了企业生产的中间环节费用，保证了原材料的及时供应。

（三）混合兼并

混合兼并是指兼并企业和被兼并企业的业务互不相干，通常处于不同行业并生产不同的产品，企业生产的产品不具有竞争性。汽车生产企业兼并生产冰激凌的企业就属于混合兼并。混合兼并在 20 世纪六七十年代的西方企业兼并浪潮中非常盛行，现在这种形式的兼并在西方国家已经很少见了。

三、我国企业兼并收购的有关法律规定

企业并购的完成要求有完善的法律环境作为保障。与西方国家相比，我国企业并购的法律还相对落后，有待完善。我国目前没有正式的企业并购法，有关企业并购的规定散见在《中华人民共和国民法典》《公司法》《证券法》等法律法规中。

（一）《公司法》对公司合并的规定

《公司法》在第十一章以"公司合并、分立、增资、减资"为题，对公司并购作出了有关规定。《公司法》规定，公司合并可以采取吸收合并或者新设合并。一个公司吸收其他公司为吸收合并，被吸收的公司解散。两个以上公司合并设立一个新的公司为新设合并，合并各方解散。公司合并，应当由合并各方签订合并协议，并编制资产负债表及财产清单。公司应当自作出合并决议之日起十日内通知债权人，并于三十日内在报纸上或者国家企业信用信息公示系统公告。债权人自接到通知之日起三十日内，未接到通知的自公告之日起四十五日内，可以要求公司清偿债务或者提供相应的担保。公司合并时，合并各方的债权、债务，应当由合并后存续的公司或者新设的公司承继。

此外，《公司法》还规定，股东会会议作出公司合并的决议，应当经代表三分之二以上表决权的股东通过。对公司合并决议投反对票的股东可以请求公司按照合理的价格收购其股权。股份有限公司在与持有本公司股份的其他公司合并时可以收购本公司股份，但股份应当在六个月内转让或者注销。

根据《公司法》的有关规定，公司合并要经过以下四个步骤：

（1）由具有合并意向的各公司的董事会拟订合并方案，并形成合并决议。

（2）由各公司的股东会对提出的合并方案作出决议；股东会对董事会提交的合并方案进行审议，并投票表决，须经过出席会议的股东所持表决权的三分之二以上通过。

（3）合并的各方之间签订合并协议。

（4）通告债权人。

（二）《证券法》对公司并购的规定

《证券法》对上市公司收购的方式、信息披露、收购双方权责关系等方面作出了一系列规定。

投资者可以采取要约收购、协议收购及其他合法方式收购上市公司。通过证券交易所的证券交易，投资者持有或者通过协议、其他安排与他人共同持有一个上市公司已发行的股份达到百分之五时，应当在该事实发生之日起三日内，向国务院证券监督管理机构、证券交易所作出书面报告，通知该上市公司，并予公告；在上述期限内，不得再行买卖该上市公司的股票。

投资者持有或者通过协议、其他安排与他人共同持有一个上市公司已发行的股份达到百分之五后，其所持该上市公司已发行的股份比例每增加或者减少百分之五，应当依照前款规定进行报告和公告。在该事实发生之日起至公告后三日内，不得再行买卖该上市公司的股票。投资者持有或者通过协议、其他安排与他人共同持有一个上市公司已发行的有表决权股份达到百分之五后，其所持该上市公司已发行的有表决权股份比例每增加或者减少百分之一，应当在该事实发生的次日通知该上市公司，并予公告。

通过证券交易所的证券交易，投资者持有或者通过协议、其他安排与他人共同持有一个上市公司已发行的股份达到百分之三十时，继续进行收购的，应当依法向该上市公司所有股东发出收购上市公司全部或者部分股份的要约。收购上市公司部分股份的收购要约应当约定，被收购公司股东承诺出售的股份数额超过预定收购的股份数额的，收购人按比例进行收购。收购要约约定的收购期限不得少于三十日，并不得超过六十日。在收购要约确定的承诺期限内，收购人不得撤销其收购要约。收购人需要变更收购要约的，应当及时公告，载明具体变更事项，变更要约不得降低收购价格、减少预定收购股份数额、缩短收购期限。收购要约提出的各项收购条件，适用于被收购公司的所有股东。采取要约收购方式的，收购人在收购期限内，不得卖出被收购公司的股票，也不得采取要约规定以外的形式和超出要约的条件买入被收购公司的股票。

采取协议收购方式的，收购人可以依照法律、行政法规的规定同被收购公司的股东以协议方式进行股份转让。以协议方式收购上市公司时，达成协议后，收购人必须在三日内将该收购协议向国务院证券监督管理机构及证券交易所作出书面报告，并予公告。在公告前不得履行收购协议。采取协议收购方式的，协议双方可以临时委托证券登记结算机构保管协议转让的股票，并将资金存放于指定的银行。采取协议收购方式的，收购人收购或者通过协议、其他安排与他人共同收购一个上市公司已发行的股份达到百分之三十时，继续进行收购的，应当向该上市公司所有股东发出收购上市公司全部或者部分股份的要约（经国务院证券监督管理机构免除发出要约的除外）。

收购期限届满，被收购公司股权分布不符合证券交易所规定的上市交易要求的，该上市公司的股票应当由证券交易所依法终止上市交易；其余仍持有被收购公司股票的股东，有权向收购人以收购要约的同等条件出售其股票，收购人应当收购。收购行为完成后，被收购公司不再具备股份有限公司条件的，应当依法变更企业形式。

在上市公司收购中，收购人持有的被收购的上市公司的股票，在收购行为完成后的十八个月内不得转让。收购行为完成后，收购人与被收购公司合并，并将该公司解散的，被解散公司的原有股票由收购人依法更换。收购人应当在十五日内将收购情况报告国务院证券监督管理机构和证券交易所,并予公告。收购上市公司中由国家授权投资的机构持有的股份,应当按照国务院的规定,经有关主管部门批准。

📇 **资料卡**

为什么一家美国公司收购一家英国公司,需要中国批准?
——并购中的反垄断

2020 年 9 月 13 日,Nvidia Corporation(以下称"英伟达"或"NVIDIA")发布公告称,其与软银就收购愿景基金持有的 Arm Limited(以下称"ARM")公司全部股权达成一致,交易额为 400 亿美元(约合人民币 2 700 亿元),预计在 18 个月内完成该笔并购。如该交易达成,将成为史上最大的半导体并购案。根据英伟达披露的交易信息,该笔并购除了需要在内部获得英伟达、软银、ARM 董事会的批准外,在外部还需取得英国、中国、美国和欧盟 4 个主要司法辖区反垄断监管机构的许可。2022 年 2 月 7 日,英伟达宣布,基于该笔并购受到的反垄断审查压力,其最终决定终止收购 ARM 公司股权。交易公告显示本次交易失败的"分手费"为 12.5 亿美元。

《中华人民共和国反垄断法》规定,经营者集中达到国务院规定的申报标准的,经营者应当事先向国务院反垄断执法机构申报,未申报的不得实施集中。经营者集中是指:① 经营者合并;② 经营者通过取得股权或者资产的方式取得对其他经营者的控制权;③ 经营者通过合同等方式取得对其他经营者的控制权或者能够对其他经营者施加决定性影响。

《国务院关于经营者集中申报标准的规定》第三条规定,"经营者集中达到下列标准之一的,经营者应当事先向国务院反垄断执法机构申报,未申报的不得实施集中:(一)参与集中的所有经营者上一会计年度在全球范围内的营业额合计超过 120 亿元人民币,并且其中至少两个经营者上一会计年度在中国境内的营业额均超过 8 亿元人民币;(二)参与集中的所有经营者上一会计年度在中国境内的营业额合计超过 40 亿元人民币,并且其中至少两个经营者上一会计年度在中国境内的营业额均超过 8 亿元人民币。"

2018 年 7 月 25 日,全球最大的芯片公司美国高通要收购也是全球十大芯片公司之一的荷兰恩智浦(NXP Semiconductors),作价 440 亿美元。由于两家公司的销售是面向全球的,因此如果要合并的话,必须得到包括美国、欧盟、中国、韩国、日本和俄罗斯等 9 个关联国家或地区的监管部门一致同意,才能够顺利完成。高通本来以为最难通过的是欧盟的反垄断调查,所以在公布收购交易前连番向欧盟让步,例如承诺收购成事之后,在 8 年内会继续提供恩智浦 MIFARE 技术。洽谈历时 19 个月高通最后取得了 8 个关联国家或地区的监管部门的同意,只差中国。基于国际经济环境和芯片行业竞争格局,中国未批准该收购案。

第二节 我国的企业并购

我国真正意义上的企业并购活动产生于 20 世纪 80 年代中期。随着我国经济体制改革深入和市场经济的发展,企业逐步成为相对独立的经营主体并具有独立的利益,从而为企业间并购活动创造了前提条件。

我国企业并购活动的发展,至目前大致可以划分为三个阶段:第一阶段为 20 世纪 80 年代中期至 1992 年——政府主导的企业并购阶段；第二阶段为 1992 年以后——市场经济体制确立后的以公司形态为特征的企业并购阶段；第三阶段为逐步市场化、全球化的企业并购阶段。

一、政府主导的企业并购阶段

从 20 世纪 80 年代中期到 1992 年期间是我国企业并购的初步发展阶段。1984 年，河北省保定市政府采取自上而下为企业兼并牵线搭桥的方式，将 4 户亏损企业并入或卖给了优势企业，从而拉开了中国企业兼并活动的序幕。1985—1987 年，保定市政府又促成了 9 户优势企业兼并了 10 户连年亏损或长期停产的企业。这种由政府自上而下为企业兼并牵线搭桥的方式被国内理论界称为"保定模式"。

继保定之后，武汉市政府为了解决亏损企业问题，也进行了企业兼并活动的初步探索，并形成了"武汉模式"。其特点是自下而上由企业自主决定兼并对象，政府则给予一定的政策扶持。在政府扶持下，从 1984 年到 1988 年，武汉市共有 36 家亏损企业被兼并。

1986 年以后，在北京、重庆、沈阳等城市企业并购活动开始陆续出现。我国初期企业并购活动的特点是：并购发生在同一地区的同一行业内；并购的规模很小；企业并购都是在政府的主导下完成的，并购的目的在于挽救亏损企业，卸掉财政包袱。

自 1987 年开始，在政府部门的推动下形成了一股企业并购浪潮。企业并购在全国范围内迅猛发展，并出现了一些不同于以往的新特点：第一，兼并从最初的一个优势企业兼并一个劣势企业为主，发展到一个优势企业兼并多个企业。第二，兼并范围由局限于本地区、本行业向跨行业、跨地区甚至跨国界的方向发展。第三，企业兼并不仅仅是为了解决劣势企业的亏损问题，一些企业出于实现快速发展或提高企业竞争力的目的，积极地进行企业并购活动。第四，企业并购逐步发展成企业间的自主行为，政府的干预逐渐减少。第五，为了解决企业并购活动中的信息不对称问题，一些专门从事企业产权交易和并购活动的中介机构，如资产评估机构应运而生，提高了企业并购的效率。第六，为了促进和规范企业并购活动，政府部门还制定了专门政策法规对并购行为进行管理。1988 年 3 月召开的七届人大一次会议明确提出把实行企业产权有条件转让作为深化企业改革的四项重要举措之一，这个政策的出台为企业并购提供了政策依据。1989 年 2 月 19 日，国家体改委、国家计委、财政部等部委联合颁布了我国第一部有关企业并购的行政法规《关于企业兼并的暂行办法》。该办法对企业兼并的概念、原则，被兼并企业和兼并企业的确定，企业兼并的形式、程序，被兼并企业的资产评估作价，企业兼并的资金来源和兼并后的产权归属，被兼并企业产权转让的收入归属以及企业职工安置、兼并后企业的财政税收管理等十个方面作出了明确规定，从而为企业并购提供了制度基础。

综上所述，这个阶段的企业并购只是政府干预下的企业整合。但是，企业并购作为一种经济现象在我国第一次出现，对我国未来企业并购的规范性发展必将产生深远的影响。

二、市场经济体制确立后的以公司形态为特征的企业并购阶段

1992 年以后，我国确立了建立社会主义市场经济体制的改革方向，企业并购作为企业改革的重要组成部分，无论在规模、数量上，还是在形式、内容上都有了质的飞跃。这个阶段的企业并购呈现以下几个特点：第一，政府在企业并购活动中不再起主导作用，开始建立

"产权交易中心""产权交易所"等各类产权交易场所为企业并购提供服务并进行监督。第二,大企业的强强联合在企业并购中占据主导地位。1997年仅征化纤、扬子石化、南化集团和金陵石化四家特大型国有企业的合并,是这方面的典型案例。第三,跨国并购的比重大幅度上升。一方面,一些外国的跨国集团为了提高在中国市场的份额和竞争力,大举并购中国国内企业。例如,生产日用产品的宝洁公司、生产碳酸饮料的可口可乐公司、生产奶制品和饮料的雀巢公司等国际知名企业,主要是通过并购国内相关企业,使其在中国的生产规模迅速扩张,市场份额大幅度提高。另一方面,国内一些国家级大企业也走出国门进行跨国并购。例如,中国化工进出口总公司收购了美国海岸太平洋炼油公司50%的股份,首钢收购美国麦斯塔工程设计公司70%的股份,都是当时重要的财经新闻。许多中国境内公司通过并购中国香港企业"买壳上市"进入香港股票市场。第四,20世纪90年代以后,随着公司制企业的发展与证券市场的建立和发展,上市公司通过股权交易进行的企业并购所占比重呈上升趋势。1993年深圳宝安集团通过证券市场购买了上海延中实业股份有限公司19.8%的股权,是我国企业首例通过证券市场进行的股票收购。1994年4月,中国光大国际信托投资公司以公开出价的方式购买了广西玉林柴油机股份有限公司在STAQ系统上市的法人股。此后,上市公司间的并购日益增多。另外,上市公司收购非上市公司以达到参股、控股目的的事件也屡见不鲜,如宁波中百收购宁波五家国有零售企业等。非上市公司通过控股上市公司以实现"买壳上市"的案例不断涌现,如科利华收购阿城钢铁等。

　　总的来看,我国企业并购是随着市场经济体制逐步确立、企业产权制度改革不断深化而逐步发展起来的,企业并购的历史虽然不长,但成效非常显著,企业并购对于促进企业转换经营机制、优化资源配置以及调整产业结构都发挥了十分重要的作用。

三、逐步市场化、全球化的企业并购阶段

　　我国加入世界贸易组织(WTO)以后,经济逐步融入全球化的发展潮流,企业并购活动迈入新阶段。自2001年以来,我国政府针对上市公司重组中出现的"暗箱操作"和信息披露不透明等问题,加强了对并购市场的监管,颁布了一系列操作规则,严厉打击内幕交易等不规范的操作行为。我国的并购市场更加规范化,开始与国际市场接轨,出现了许多"战略性并购""强强联合"等成功的企业并购案例,掀起了中国企业并购的第三次浪潮。

　　这一阶段我国企业并购的特点主要有:第一,实质性资产组合成为主流,以产业整合为目的的战略性并购走向前台。根据产业整合的模式和驱动因素不同,既有产业横向整合,如2002年一汽与天汽合并;也有产业纵向整合,如2013年汇源果汁收购其上游生产浓缩果汁原料的第一大厂商。第二,中国大企业集团运用国际资本市场的能力明显增强,行业垄断初见端倪。例如,2004年上海汽车收购韩国双龙与英国罗孚,从而成为中国汽车企业跨国并购的先行者。第三,产权转让出现多样化,上市公司股权收购占据主要地位。随着我国资本市场的完善,我国并购市场中股权收购的比例逐步上升,相关并购案例不胜枚举。第四,外资并购与并购外资(或称海外并购)并举。随着中国经济逐步显现出强大的增长活力,一些世界企业巨头将目光转向了中国市场,雀巢公司就是这样一家企业。自1999年,雀巢收购太太乐鸡精80%的股权后,其在华的并购脚步就没有停止,收购云南大山矿泉水、银鹭、徐福记……雀巢公司成功地运用并购扩大了在华的市场份额,取得了快速发展。而与此同时,中国知名企业如海尔也开始借助并购方式,吸收先进技术,扩大在海外市场的影响力。第

五,并购实施方式逐步呈现多样化。原来在市场上占据绝对主导地位的协议收购,将被更具效率的要约收购取代,同时定向发行、股份回购、吸收合并等国际通行的并购手段均可运用。我国首个要约收购案例是 2003 年 6 月南钢联合有限公司收购南钢股份,开启中国上市公司要约收购之先河。

综上,企业并购是市场经济发展到一定程度的产物,企业并购的规模和范围需要一个渐进发展的过程。中国企业并购从 20 世纪 80 年代中期开始到现在,已经取得了长足的进步,尽管还存在诸多不足,但伴随着中国经济快速发展、加入 WTO 后中国市场逐步开放以及并购相关法律法规逐步完善,国内企业通过并购方式实现增长的方式还将进一步发展。

第三节　并购协同效应的来源

金融学家提出了许多理论来解释公司为什么要并购,即并购的动机。从兼并企业的角度看,企业间的并购行为是一项资本预算决策,是一项不确定条件下的投资活动,投资的基本法则同样适用,即:只有当目标企业能为兼并企业创造正的净现值时,收购才能为股东创造价值,并购才是可行的。

从经济运行整体来看,只要企业并购后的整体价值大于各个企业独立价值之和,即协同效应(Synergy)为正,并购就会提高效率。假设 A 企业准备兼并 B 企业,A 企业的价值是 a,B 企业的价值是 b,兼并后产生的 C 企业的价值 c 与 A、B 两个企业单个价值之和的差额就是并购产生的协同效应:

$$协同效应 = c - (a+b)$$

在实际操作中,兼并企业通常必须向被兼并企业支付溢价(支付价格超过被兼并企业实际价值的部分)。成功的并购不仅需要产生正的协同效应,还要考虑协同效应如何在兼并企业和被兼并企业之间分配,即支付多大数额的溢价。实践中,企业并购的协同效应和溢价支付的情况十分复杂,但经常出现的主要有以下三种情况:第一种情况是企业并购协同效应为正,该协同效应按照协商结果在兼并企业和被兼并企业之间分配,这是双赢的结果。从兼并企业和被兼并企业角度看,这都是一次成功的企业并购。第二种情况是协同效应为零或为正,但是由于兼并企业的经理层(或控股股东)过高地估计了目标企业的价值以及投标企业之间激烈的竞争,或者是由于信息不对称而发生了判断失误,兼并企业支付了过高的溢价[1],因此,兼并企业的股东财富减少了,而目标企业的股东获得了正的价值。第三种情况是由于企业所有权和控制权的分离而产生了委托—代理问题,经理层并不是追求股东财富最大化的目标,而是谋求自己利益最大化,如提高自己的报酬、通过并购企业显示自己的才能、扩大公司规模以增加自己的权力等。经理层这种行为对股东造成的损失被称为代理成本,代表了股东财富的损失。管理者为了追求自己的利益有可能进行协同效应为负的并购,这必然减少兼并企业股东的财富,而目标企业的股东则由于

---

[1]　解释这种并购现象的理论在金融学理论中被称为赢者的诅咒(Winner's Curse)以及自负(Hubris)假说。赢者的诅咒是拍卖理论中的重要概念,指投标者由于激烈竞争而支付了超过标的物本身价格的投标价,中标者遭受了损失。而金融学家 Roll 于 1986 年提出了自负假说,他认为金融市场是有效的,目标企业目前的市场价格反映了与该企业有关的所有信息和该企业的合理价值,投标企业支付超过目标企业实际价值的价格,重要的原因是投标企业的股东或经理层过于自负,相信自己的判断胜过市场。自负是导致赢者的诅咒现象发生的重要原因之一。

获得了溢价而受益。

当然,许多并购从理论上来看具有潜在的正协同效应,但是由于实践操作中兼并企业的经理层无法对两个独立的企业进行整合而使并购失败。对于具有不同生产过程、管理方法以及企业文化的两个企业,整合的任务十分艰巨,而许多企业的价值依赖于企业的人力资本——管理队伍、技术人员、营销人员和工程师等,如果这些体现核心竞争力的人员对于兼并后的企业没有认同感,就会离开,导致并购失败。这方面的例子不胜枚举,葡萄牙银行(BCP)并购一家投资管理公司的案例是这方面被人津津乐道的典型案例。由于这家投资管理公司的业务骨干对葡萄牙银行并不接受,他们纷纷离开并另起炉灶成立了一家名称相似的投资管理公司,带走了原来公司大部分业务,使得这次并购以失败而告终。

通过上面的论述可知,并购之所以能提高效率、增加股东的财富,是因为并购可以产生协同效应。而正的协同效应又是并购成功的必要条件。那么,企业并购为什么能产生协同效应呢? 协同效应的来源是什么? 理论分析表明,企业并购协同效应主要有以下几种来源。

一、经营协同效应

(一) 增加收入

企业并购之所以能产生协同效应,一个重要原因就在于联合企业可能比两个独立的企业产生更多的收入。收入增加的来源主要有三方面:营销利得、战略好处和市场垄断程度提高。

1. 营销利得

通过营销利得增加的收入主要是广告、销售网络和产品提供改进的结果。例如,花旗银行和旅行者公司于 1998 年合并后,由于可以相互利用对方的营销网络,特别是向各自原来的零售客户销售对方的产品,双方的销售额都大幅度提升,花旗银行通过交叉销售增加的收益达到 600 万美元;1970 年莫里斯(Philip Morris)公司收购了米勒(Miller)啤酒公司,前者利用自己的营销网络和广告优势将后者在美国啤酒业中的排名从第 7 位提高到第 2 位。

2. 战略好处

一些企业并购可以使公司获得战略好处。这种战略好处体现为公司面对将来竞争环境的改变时能应对自如。在基因技术取得了长足进步的情况下,制药公司可以通过收购一家研究基因技术的公司确保自己在可能出现的基因技术产品市场上占有一席之地。目前一些美国大的制药公司收购一些研究基因技术的公司正是出于这样的考虑。

3. 市场垄断程度提高

通过收购竞争对手兼并企业可以提高市场份额、减少竞争并能提高售价。另外,企业市场垄断程度的提高还可以提高企业与供应商讨价还价的能力,降低成本。当然,旨在提高垄断程度的并购会降低经济运行的效率,有可能受到政府反垄断部门的制裁。

(二) 降低成本

通过降低成本而提高效率是并购发生最主要的原因。这方面最典型的例子就是最近发生的美国银行业并购。由于一些限制商业银行竞争的法律被废除以及计算机和通信技术的发展,最近的一段时间美国出现了银行并购风潮,大量小规模的地方银行被规模较大的银行并购。银行并购从以下几个方面大幅度降低了银行经营成本:大量的多余分支机构被关闭;

大量的富余人员被裁减；整合并精简了服务系统和后勤部门，将向更广泛的客户提供产品和服务。企业并购之所以能降低成本，主要原因在于以下几个方面：

1. 规模经济

规模经济是指当产量增加时，单位平均成本随之降低。产生规模经济的原因很多，但最主要原因是随着产量增加，数额确定的固定成本，如公司办公楼、研发费用、管理人员工资等，可以在更多的产品中分摊，从而降低了单位产品分摊的固定成本。企业并购获得规模经济收益的前提是：在并购之前，企业生产经营水平低于最优规模的要求。

2. 纵向合并效应

纵向合并能将各生产流程纳入同一个企业中，降低了各生产环节协调和管理的成本。另外，生产过程的一体化能减少原材料供应的波动性、降低存货成本或能有效地控制销售网络，这都有助于降低生产成本。纵向合并效应能有效地解释啤酒生产企业并购制瓶厂、轮胎生产企业收购橡胶园、生产日用品的企业拥有多家超市。

3. 资源互补

一些销售季节性很强或收入波动性很大的企业常常通过并购其他企业实现对现有资源的充分利用。例如，1989 年美国犹他电力公司与太平洋公司的合并，就是这方面的典型案例。前者向消费者提供冷气，销售旺季是夏季；后者向客户供热，销售高峰出现在冬季。无论冬季还是夏季，合并后公司的生产设备都能得到充分利用。另外，一些企业并购其他企业可能是为了获得成功所必需而自己又不具备的要素。例如，一家计算机生产企业具有发达的销售网络，但是软件开发力量薄弱，而一家软件公司拥有雄厚的科研力量，但是没有销售渠道，这两家公司合并就可以实现优势互补，因为对方优势资源正是自己所急需的。

4. 裁员或撤换低效率管理者

企业并购后经常进行大规模裁员以降低成本。裁员的好处可表现在两个方面：裁减冗员和撤换低效率管理者。一种情况是两个企业合并后，原来各自独立设置的机构、人员和设备可能重复，减少这部分重复的机构和人员可以降低成本。而且，企业通过自身改革实现重组和机构精简将面临极大的阻力，而兼并企业对被兼并企业进行上述改革就会容易得多。另一种情况是，目标企业的管理者能力不高，他们的低水平管理使公司潜在价值无法实现，另一家管理水平较高的公司就可以并购这家企业，撤换低效率管理者，公司的管理就会改进，价值相应提高。实践中，并购是高水平管理者替换低水平管理者的一种有效机制。20 世纪 70 年代末期美国石油行业的并购是绝佳的例子。生产能力过剩、行业结构性变化、宏观经济因素导致油价下跌、利率上涨，每桶油的勘探、开采和加工成本超过其销售价格，因此，生产越多，亏损就越大。石油行业需要缩减生产规模，但是大部分石油企业的管理层不愿意采取削减规模的措施，导致了股东财富减少。一些具有战略眼光的管理者意识到这个问题，开始积极地并购其他石油企业，并购的目的在于缩小石油企业投资规模。通过这种并购削减生产能力，相关企业股东获得了巨额利润。

二、财务协同效应

财务方面的因素也能产生协同效应。财务协同效应的一个来源就是内部融资成本低于外部融资成本。例如，一个公司能产生大量的现金流但缺乏投资机会，而另一个公司有很多投资增长机会但内部资金很少,需要大量外部融资。如果这两家公司合并,就会降低整体的融资成本,提高公司的价值。另外,如果一家公司拥有好的投资机会但没有足够的内部资金,那么只好求助于外部融资。由于股东比管理者拥有更少关于投资项目的信息,该公司只能以低于其实际价值的价格发行股票,管理者有可能拒绝这些有利可图的投资项目。如果上述两家公司合并,企业会由于拥有充足的资金而对该项目进行投资,股东的财富因此增加。

财务协同效应的另一个来源是规模经济。由于在证券发行中存在规模经济效应,即大量发行证券比少量发行证券的单位发行成本要小,并购后企业的资本成本会降低,也增加了企业的价值。

三、税收节约效应

税收节约效应也是财务协同效应的一个方面。企业并购可以产生几种税收节约效应。

第一,如果一家企业有税收减免额度,但由于该企业处于亏损状态无法获得这个好处,而另一家企业由于盈利而必须支付大量的所得税,如果这样的两家企业合并,就能利用税收减免额度减少纳税而令企业受益。例如,一家亏损企业在将来没有扭亏的希望[①],就可以与一家盈利企业合并,当前的亏损额就可以在今后的若干年内从合并企业的税前利润扣除,亏损企业的税收减免额度就能被盈利企业利用。

第二,在一些并购中,目标企业会按照当前的市场价值重新计算其资产价值,一般会增加这些资产的未来折旧额,从而减少应税所得,增加企业收入和价值。

第三,经营损失(Operating Losses)可以在应税所得中扣除。单个企业无法利用这种税收扣除,因为企业亏损时没有应税所得,而两个企业合并后就可能利用对方的经营损失而减少纳税额。请看下面的例子,A 和 B 两个企业在状态 1 和状态 2 下的应税所得和所得税如表 15-1 所示。

表 15-1　A、B 企业应税所得和所得税情况

单位:万元

项目	公司 A		公司 B	
	状态 1	状态 2	状态 1	状态 2
应税收入	1 000	(500)	(500)	1 000
税款(税率 25%)	(250)	0	0	(250)
净收入	750	(500)	(500)	750

在任何一种状态下,两个企业支付的税收总额都为 250 万元。对于单个企业而言,经营损失都无法减少纳税。下面考虑 A、B 企业合并后的情况(见表 15-2)。

[①]　如果目前亏损的公司将来能实现盈利,我国目前税法规定其亏损额可以向后 5 年延续弥补,未来 5 年内的税前利润可以在弥补以前年度亏损额后缴纳所得税。

表 15-2　A、B 企业合并后的情况

单位:万元

项目	A、B 企业	
	状态 1	状态 2
应税收入	500	500
税款(税率 25%)	(125)	(125)
净收入	375	375

在任何状态下,A、B 企业纳税额都是 125 万元,只是原来的 50%。由此可见,合并后的企业纳税额少于单独两个企业的纳税,这也增加了公司的价值。

但是,以避税为目的的并购不会提高经济运行效率,只是将财富从政府转移到股东手中。所以,许多国家政府都限制这种类型的并购。另外,美国企业并购的经验研究表明,企业并购获得的税收节约效应很明显。但是,也有证据表明,税收节约并不是企业并购的主要原因,在考虑是否进行企业并购时税收节约应该只是次要因素。

第四,基本的资本结构理论指出,公司决定最优债务权益比率时应该遵循以下原则:债务增加的边际税减(Tax Shield)收益正好等于债务增加导致的边际财务困境成本。如果并购企业双方的现金流量的相关性不大,并购后企业的现金流量比合并前双方各自的现金流量更具稳定性。因此,并购产生了多元化效应,降低了并购后企业的收益的波动性,也就降低了财务困境发生的概率。这种多元化效应在上面的例子中也能得到证实,并购后企业净收益更稳定了,兼并前 A、B 企业在两种状态下分别是 750 万元和-500 万元。而兼并后企业的净收益在两种状态下都是 375 万元。发生财务困境的概率降低意味着其可以承受更高的债务权益比率,这可以为企业产生更多的税减好处。

第五,一些企业在经营过程中能产生大量的自由现金流。自由现金流是指企业税后现金流,完成了所有的净现值为正的投资项目后剩余的现金流。企业可以通过发放股利或回购股票的方式将这些自由现金流分配给股东。然而,股东通过上述两种方式获得收入都要缴纳所得税。[①] 企业的第三种选择是利用自由现金流并购其他企业。美国税法规定,被兼并企业向兼并企业支付的股利是免税的。这可以使股东获得税收节约效应。

第四节　并购、代理成本和企业控制市场

一、企业控制理论解释收购动机

从本章第三节的论述可以看出,企业并购的一个重要动机是产生协同效应。金融学家还提出另外一种重要理论解释并购的动机:企业控制市场(Market for Corporate Control)和代理成本(Agency Cost)理论。

---

① 股东通过股票回购方式获得的收入在股票回购价格超过股票购买价格的情况下要缴纳资本利得税。

"企业控制市场"这个术语是由金融学家 M. C. Jensen 和 R. S. Ruback 提出的。[1] 在企业控制市场上,各管理团队相互竞争以获得管理和控制企业的权力。企业控制市场是一个比较笼统和宽泛的概念,不仅包括大部分企业接管活动,也包括企业分拆和资产剥离等。

所有权和控制(管理)权的分离是现代公司的重要特征。在两权分离的情况下,股东和管理者的关系被看作委托人和代理人的关系。管理者并不总是追求股东财富最大化的目标,管理者和股东存在着利益冲突。管理者追求自身利益最大化的行为给股东造成的财富损失被称为代理成本。股东可以利用一系列的机制降低代理成本。在公司内部,可以通过设计合理的公司治理结构和报酬机制来约束和激励管理者;产品与要素市场、管理者市场和企业控制市场则构成了解决代理问题、降低代理成本的外部机制。

在企业控制市场上的企业并购是解决代理问题、降低代理成本的重要机制。不同的管理团队为争夺企业控制权而进行激烈的竞争,这将从以下两个方面降低代理成本。第一,如果某个企业的管理层以牺牲股东利益为代价满足自己的私欲,该企业的价值就会低于其潜在价值而成为其他企业并购对象,并购的结果是原来管理层被撤换;第二,正是由于上述并购的惩戒作用,管理者为了保住自己的位置,会更尽心尽力地为股东利益服务,降低了代理成本。

在利用企业控制市场和代理成本解释并购动机时,哈佛大学教授 Jensen 创建了自由现金流假说。Jensen 认为,如果管理者以股东财富最大化为目标,那么,拥有自由现金流的企业应该将其派发给股东。管理者在为新的投资项目融资时只能寻求外部资金,这会在更大程度上受制于资本市场的监督和约束。然而,管理者总是倾向于扩大企业规模,往往令企业规模超过了其最优规模。因为企业规模越大,经理控制的资源越多,其权力也越大。而且,管理者的报酬也常常与企业规模正相关。所以,管理者常常不将自由现金流发放给股东,而是投资于净现值为负的项目。这种情况在一些没有增长机会的成熟企业非常普遍。并购可以有效地降低因上述自由现金流发放问题而产生的代理成本。企业控制市场上的并购交易是资源退出具有过剩生产能力行业的一种直接而有效的方式,如 20 世纪 70 年代末期美国的石油行业发生的大规模并购。

二、杠杆收购和管理层收购

20 世纪 80 年代,西方发达国家出现了杠杆收购的浪潮。杠杆收购是以收购对象的资产作为抵押,利用债务融资(从金融机构借款或发行债券)进行的企业收购。权益投资者用经营或出售资产所得的现金偿付巨额本金和利息。杠杆收购一般由少数投资者发起,主要是企业的管理层[2],从股东手中收购大部分股票,将企业变为非上市。杠杆收购极大地促进了企业并购的发展,因为通过杠杆收购,收购者只需较少的投资就可以收购一些较大规模的企业,使小企业并购大企业成为可能。

围绕杠杆收购发生的争论非常激烈,人们对杠杆收购褒贬不一。一个关键的问题是:杠

---

[1]　Jensen M C, Ruback R S. The Market for Corporate Control: The Scientific Evidence. Journal of Financial Economics, 1984, 11.

[2]　收购主体不仅仅包括目标公司的经理层,还包括公司员工时,就称为员工持股计划(employee stock ownership plan, ESOP)。

杆收购能创造价值吗？发生在两个企业之间的收购通过协同效应可以创造价值，但杠杆收购只有一个企业，不可能产生协同效应。通过撤换低效率管理者也能提高企业价值，但是大部分杠杆收购是管理层收购，并没有管理层的替换，这也无法解释杠杆收购的合理性。通常有两个理由可以解释杠杆收购方式具有创造价值的能力。第一，杠杆收购会大幅度提高企业负债权益比，这会减少企业税负、增加企业价值。实践中，大部分杠杆收购目标企业都是具有稳定收益、负债率很低的企业，杠杆收购的结果是提高企业负债率使之达到最优水平。第二，自由现金流假说：高负债率有助于减少股东和管理者在自由现金流发放问题上的利益冲突而产生的代理成本。一方面，与支付股利相比，债务的还本付息对管理者约束力更强，大大降低了管理者留存自由现金流的可能性；另一方面，如果通过杠杆收购，特别是管理层收购将股东权益集中于管理者，股东和管理者在自由现金流支出上的利益就是一致的，也为管理者提供了最大限度的激励，企业价值也实现了最大化。

典型的杠杆收购一般包括以下几个阶段：

第一阶段，筹措收购资金并设计管理层激励方案。通常的做法是，首先由实施杠杆收购的投资人提供 10% 左右的收购所需资金，这部分资金构成了新公司股权的核心部分。外部投资者提供剩余的股权资金。杠杆收购中管理层激励方案可以采取两种方式：赋予管理层期权或让管理层拥有高比例的股权资本（通常超过 30%）。管理者再以公司资产作为抵押，向银行借入 50%~60% 的收购所需资金，这种借款经常是多家商业银行提供的银团贷款。这部分借款也可能由其他金融机构提供，如保险公司或风险投资机构。剩余的收购所需资金则通过发行债券来筹集。债券发行可以采用私募、公募两种方式，前者的发行对象是保险公司、投资基金或风险投资机构等机构投资者，后者是在债券市场上向广大投资者发行垃圾债券。①

第二阶段，实施收购计划。杠杆收购的发起人购买目标公司所有发行在外的股票或其全部资产，并将该公司转为非上市企业。购买完成后，新股东可以将被收购公司的部分资产卖掉以偿还第一阶段的部分债务。

第三阶段，在管理层取得了目标公司的控制权之后，管理人员应当通过削减经营成本、改变市场战略增加利润和现金流量。采取的主要措施是裁减冗员、精简机构、调整产品结构、改进生产设施以及改进销售渠道、重塑与供应商的关系。

第四阶段，如果通过上述改革提高了公司价值并实现了预期的杠杆收购目标，投资者就可以考虑进行逆向杠杆操作。即通过公开上市、增发股票筹集资金，将非上市企业重新转变为上市企业。企业重新上市的目的有三个：第一，为杠杆收购的最初投资者实现投资回报提供条件；第二，通过公开上市发行股票降低公司的负债权益比率；第三，为公司发展筹集资金。美国统计资料表明，大多数杠杆收购在成功后都进行了逆向杠杆操作。

我国杠杆收购的一般程序包括以下几个方面：

（1）聘请财务顾问。通常在进行杠杆收购前收购方要聘请投资银行作为财务顾问，这有利于处理日后可能发生的诸多财务、融资、法律等问题。目前，这一角色在我国主要由已开展投资银行业务的证券公司担任。

（2）先期收购。在杠杆收购尚未真正实施之前，应该首先收购目标公司一定份额的股

---

① 垃圾债券也被称为高收益债券，指信用评级在投资级以下的债券。

份,这对下一步整体报价收购十分有利。这部分先期收购也可以通过第三者去谨慎收购,并尽量减少对目标公司股票价格的影响。在进行收购时,任何参与收购的机构和个人都应注意保守机密,使泄密的可能性降到最低。

(3)确定报价时间。获得一定份额的股权有利于收购方在目标公司董事会获得相应的席位,有利于为下一步收购获得更多更全面的信息,如目标公司各大股东持股比例等,并为今后全面报价收购选择良好的时机。

(4)资产评估。对目标公司进行财务分析的关键在于确定其是否拥有足够的可抵押资产来支持对其收购所需的资金,这就是对目标公司进行资产评估,所运用的指标包括资产的账面价值、资产的重置成本、清算价格等。

(5)商定收购价格。目标公司董事会一般会把清盘价格作为收购价格底线,最终的成交价超出底线的多少取决于交易各方在谈判中的相对位置。确定价格的具体方法是:① 收购方与目标公司董事会进行非正式接触和秘密商讨。商讨的主要内容是收购方对目标公司董事人员未来的安排及承诺,这是因为收购出价倘若能得到目标公司董事会的事先支持则成功的机会就会大为增加。② 目标公司董事会收到出价后应进行全面、细致的研究,并要及时将情况通知给股东。③ 收购双方确定公告给社会公众的事项,并发出有关通告。需要指出的是,如果目标公司的股票在出价宣告前出现异常波动,则表明存在泄密情况,甚至会有非法内幕交易。一旦出现这种情况,董事会应立即公布出价并向证监会提出停盘以便调查。

(6)确定自投资本。通常融资方在贷出收购资金后,会迫使企业管理人员参与持股,以激发他们的忠诚与干劲,使之尽力维护目标公司的财务健康,从而保护融资方的利益。

(7)组织杠杆收购融资。① 由投资银行出面组织融资活动。如果交易金额不大,则一家商业银行就可独立完成全部贷款;如果交易金额较大,一般由多家银行集体参与,组织银团来共同承担贷款风险;如果商业银行不能提供足够的贷款或贷款方认为收购后企业负债率过大,则投资银行可策划发行新股融资。② 进行现金流量分析。在债务与股东权益的数量和比例初步确认后,需要分析被收购部门产品未来的现金流量,以确定债务本息能否按期偿还,而且应在不同假设基础上进行利率敏感性分析。③ 达成融资协议。在经过上述两步后可以比较有把握地认为未来的现金流量能够偿还债务本息,那么就可以达成融资协议。融资的完成也就标志着杠杆收购的完成。

只有当企业在收购后的前几年能够获得足够的现金流偿还债务,并且到期时有人按照合适的价格购买该公司,杠杆收购才能成功。下面通过一个简化的例子进行说明。

📈【例 15.1】

长江公司是一家以生产电器为主的集团公司,希望公司是其分公司,主要生产家用照明器材。长江公司的决策层研究了家电产品的市场形势,决定改变经营战略,今后主要集中生产视听产品,欲将希望公司出售。希望公司的经理拟通过杠杆收购形式购买希望公司。双方经过协商,希望公司经理支付 200 万元购买希望公司。

此次收购所需 200 万元资金主要有以下几个来源:希望公司的经理出资 10 万元;由于希望公司资产质量良好,而且几乎没有负债,该经理以希望公司资产为抵押品向银行申请贷款 120 万元,该贷款年利率为 13%,分五年等额(分期)偿还;该经理向一家投资基金借款 60 万元,因偿还顺序在银行贷款之后,所有投资基金要求利率为 16%,分五年等额偿还;一家风险投资公司出资 10 万元作为股权资本,该经理要求风险投资公司在五年后收回其投资,并承诺五年内实现的年回报率为 40%。表 15-3 和表 15-4 说明了希望公司负债的偿还情况。表 15-5 说明了希望公司被收购后 5 年内的现金流量。

表 15-3 银行贷款偿还表

单位:元

年度	利息	本金	余额
1	156 000	185 177	1 014 823
2	131 927	209 250	805 573
3	104 724	236 453	569 120
4	73 986	267 191	301 929
5	39 248	301 929	—

表 15-4 投资基金借款偿还表

单位:元

年度	利息	本金	余额
1	96 000	87 245	512 755
2	82 041	101 204	411 551
3	65 848	117 397	294 154
4	47 065	136 180	157 974
5	25 271	157 974	—

表 15-5 希望公司被收购后 5 年内的现金流量

单位:元

项目	第 0 年	第 1 年	第 2 年	第 3 年	第 4 年	第 5 年
EBIT	650 000.00	650 000.00	650 000.00	650 000.00	650 000.00	650 000.00
减:利息		252 000.00	213 968.00	170 572.00	121 051.00	64 519.00
税前利润		398 000.00	436 032.00	479 428.00	528 949.00	585 481.00
减:所得税		99 500.00	109 008.00	119 857.00	132 237.25	146 370.25
净收益		298 500.00	327 024.00	359 571.00	396 711.75	439 110.75
加:折旧		120 000.00	120 000.00	120 000.00	120 000.00	120 000.00
CFBDR		418 500.00	447 024.00	479 571.00	516 711.75	559 110.75
减:债务偿还		272 422.00	310 454.00	353 850.00	403 371.00	459 903.00

续表

项目	第 0 年	第 1 年	第 2 年	第 3 年	第 4 年	第 5 年
现金流量		146 078.00	136 570.00	125 721.00	113 340.75	99 207.75
权益	200 000.00	498 500.00	825 524.00	1 185 095.00	1 581 806.75	2 020 917.50
负债	1 800 000.00	1 527 578.00	1 217 124.00	863 274.00	459 903.00	—
总资产	2 000 000.00	2 026 078.00	2 042 648.00	2 048 369.00	2 041 709.75	2 020 917.50
负债率	90%	75%	60%	42%	23%	

注：CFBDR 表示债务偿还前的现金流。

本案例基于非常保守的假设计算希望公司被收购后未来五年内现金流时，假设如下：希望公司的增长率为零；折旧按照直线法计算，折旧期为 16.67 年（年折旧率为 6%）；企业所得税税率为 25%；五年后企业的负债全部还清；假设五年后该经理按照其账面价值将希望公司卖掉。根据上述假设，可以计算希望公司五年内的股权收益率：

$$ROE = \left(\frac{2\ 020\ 917.5}{200\ 000} \right)^{\frac{1}{5}} - 1 = 59\%$$

因为希望公司事先要求风险投资公司在五年后收回其 10 万元投资，并按年收益率 25% 计算，所以，5 年后，当风险投资公司收回其最初的股权投资时，希望公司需支付 537 824[100 000×(1+40%)^5] 元。那么，希望公司经理的最终收入为 1 920 917.5（2 020 917.5−537 824）元。其最初投资为 10 万元，投资的平均年回报率为 81%。进行杠杆收购绝对是明智的决策。

三、企业控制市场的实证研究

上述理论分析表明，企业控制市场是解决企业代理问题、提高企业效率的一种重要外部机制。实证研究的结果在一定程度上也支持了这个论点。美国学者的研究得出以下三点结论：

（1）在美国有一半以上的企业曾经成为并购的目标企业或采取过措施以防止被其他企业并购。当然，在这样的环境下，其他企业的管理层对此也不会无动于衷，也会努力工作以免成为其他管理集团并购的目标。

（2）在企业控制市场上最典型的目标企业具有如下特征：该公司的收益率低于其他整个市场平均的收益率；利润率低于同行业的平均利润率。

（3）在公司并购发生以后，大部分公司都有资产剥离或资产充足的发生，绝大部分企业发生管理层的明显变动，甚至是管理层的整体更换。

本 章 小 结

1. 本章介绍了兼并收购的基本概念，并对兼并收购进行了分类。

2. 我国真正意义上的企业并购活动产生于 20 世纪 80 年代中期，并随着我国经济体制改革深入和市场经济发展而逐步发展。

3. 金融学家提出了许多理论解释公司并购的动机。比较典型的有协同效应理论、企业控制市场理论。其中,协同效应又可以进一步划分为经营协同效应和财务协同效应,而税收节约效应是一种重要的财务协同效应。而企业控制市场理论则指出,企业并购是降低代理成本的重要机制。

思考与练习

一、名词解释

接管 收购 兼并 吸收合并 新设合并 横向兼并 纵向兼并 混合兼并 协同效应 自由现金流假说 杠杆收购 管理层收购

二、问答题

1. 请论述接管、收购和兼并三者之间的关系。
2. 企业控制市场上的企业并购是如何降低代理成本的?
3. 杠杆收购有可能增加企业的价值吗?为什么?
4. 企业并购导致收入增加的来源是什么?
5. 企业并购为什么有可能降低成本?
6. 我国国有企业改革的一个重要内容就是建立现代企业制度,完善的公司治理结构则是现代企业制度的核心内容。你认为规范的公司并购活动对我国企业改善治理结构能发挥积极作用吗?
7. 在我国,很多企业希望通过上市在资本市场上进行筹资,这些企业往往只看到上市的种种潜在好处,如扩大筹资渠道、提高股票的流动性以及股票价格的市场化等。但是在美国,一些上市企业则通过杠杆收购,特别是管理层收购转为非上市企业。你能为上市企业转为非上市企业提供合理的解释吗?

三、简述题

请结合企业并购相关理论论述企业境外投资对自身经营和国家相关战略及管理政策可能带来的影响。

即 测 即 评

第十六章

兼并收购实践

第一节　制定兼并收购战略

　　前面的分析指出,只有能增加股东财富的企业并购才是可行的,这是一个基本原则。但是在并购[①]实践中,并购是否可行,首先要看该并购是否符合企业的战略目标。并购战略是企业发展战略的重要组成部分。企业的战略目标包括多种类型:企业的发展、在目前的产品市场上增强竞争优势、市场份额的提高或者风险的降低等。为了实现企业的战略目标,必须进行战略规划,即制定相应的计划和采取一定的措施。企业并购是企业实现其战略目标的一种重要方法。企业战略目标和战略规划决定了企业并购的类型,企业并购的类型也决定了并购的逻辑、评价目标企业的框架、目标企业的确定以及并购后的整合。

　　为了确保企业并购成功,必须进行全面的并购战略分析,制定详细的并购战略。并购战略是为了达到并购既定的业务和公司战略目标而并购另一家企业的计划。在目标企业被确定以后,企业在并购的过程中还要采用适当的战术,才能确保并购成功。并购战术是为完成一项特定的对目标企业的并购而制定的谋略规划,并购战术必须按照有关法规进行。并购战略和并购战术并不是一成不变的,还要保持一定的灵活性,应根据目标企业的反应和实际情况的变化不断进行调整。最后,对于目标企业的管理层而言,通常会抵制本企业被并购,并采用防御策略,了解这些防御策略也是必要的。

一、分析并购战略的一般框架

(一) 产品的生命周期理论

　　产品的生命周期的概念为在产品生命周期各个阶段制定有效的并购战略提供了有用的分析工具。产品生命周期的四个阶段是:引入阶段、成长阶段、成熟阶段和衰退阶段。

　　1. 引入阶段

　　当新产品首次推向市场向消费者销售时,引入阶段就开始了。这个阶段产品市场规模小,营销费用较高,因此利润低,甚至亏损。生产商必须为产品打开销路和提高产品生产能力花费高额费用。如果企业的目标市场是处在引入阶段的产品,而企业在该市场上又不具备有效竞争所必需的资源和能力,比较有效的策略就是收购一家有发展潜力的企业而进入该市场。

---

　　① 为行文方便,后文将兼并收购统称为并购。

2. 成长阶段

成长阶段的特点是销售额迅速上升,但越来越多的企业开始参与竞争。销售额迅速增长,利润开始增长。公司在成长阶段的主要任务是提高市场占有率。在这个阶段,企业为扩大市场份额,可以考虑并购一些销售机构和同类企业,达到迅速提高生产和销售能力的目的。

3. 成熟阶段

成熟阶段的特点是增长速度开始下降,行业生产能力出现过剩,竞争非常激烈,利润率趋于平均化,保持在一个相对较低的水平,但利润额却保持在高水平。此阶段的企业应该缩减在该产品上的投资规模,将自由现金流向其他行业或产品投资,可以并购一些投资机会多又缺少发展资金的企业。如果处于这个阶段的企业不缩减投资规模,则有可能成为别的企业的并购目标。

4. 衰退阶段

最后一个阶段是衰退阶段,整个产品市场的销售量下降,利润大幅度下降,大量企业退出该商品的生产领域。在这个阶段,明智的决策就是将生产该产品的企业(或企业资产)销售出去。

(二) 战略选择理论

企业可以通过以下三种战略来谋求发展。首先是在公司现有业务中寻找更进一步发展的机会,这被称为密集式发展战略;其次是寻找某些机会,研究将公司目前业务与生产过程中密切相关的其他业务整合的可能性,以及这种整合是否能增加股东财富,这是一体化发展战略;最后是多元化发展战略,即企业向本行业外的其他领域发展,扩大业务范围的一种战略。

密集式发展战略又包括三种战略:市场渗透战略,是指管理层想方设法要在其现有市场上提高现有产品的市场占有率;市场开发战略,是指管理层寻找用现有产品能满足其需求的新市场;产品开发战略,是指管理层考虑新产品开发的可能性。

一家企业确定战略选择可以决定其收购的类型和目标企业的特征。如一家企业实施市场渗透战略,并购的目标企业就很可能是生产同类产品的企业,并购的类型是横向兼并。实施市场开发战略的企业则很可能进行跨地区的并购,如青岛啤酒股份有限公司收购深圳的一家啤酒厂。实施产品开发战略的企业并购的目标企业应该集中在科研开发力量强、科研成果与自己的产品关联程度高的企业,如计算机生产企业收购软件公司等。制定了一体化发展战略的企业则应该通过纵向并购实现自己的目标,而实施多元化发展战略的企业管理层则主要进行混合并购。

二、并购战略

并购战略是企业战略的组成部分,主要包括以下几个组成部分:

1. 确定并购标准

确立并购战略的目标要以促进企业实现战略目标为根本宗旨。并购战略目标一经确立,企业就可以制定目标企业必须满足的收购标准,然后根据并购标准寻找目标企业,这样就可以极大地减少需要详细研究的目标企业数量。

📄 **资料卡**

辉瑞押宝 ADC，天价收购 Seagen

2023 年 3 月 13 日，辉瑞(Pfizer)宣布以每股 229 美元的价格，现金收购 ADC(抗体偶联药物)龙头企业 Seagen(SGEN)，该收购总耗资约 430 亿美元，成为 2023 年上半年全球并购金额最大的交易，也一举打破 ADC 领域并购金额纪录。

两家公司预计将在 2024 年完成交易——前提是满足惯例成交条件，包括获得 Seagen 股东的批准和收到所需的监管批准。辉瑞高管表示，他们预计联邦反垄断机构将同意该交易，因为该公司和 Seagen 是互补关系，而非竞争关系。

Seagen 是一家美国生物技术公司，成立于 1997 年，2002 年在纳斯达克上市。Seagen 开创了一种被称为抗体偶联药物(ADC，Antibody-drug Conjugate)的癌症治疗方法，这种药物的作用就像一枚制导导弹，用有毒物质攻击肿瘤。这些疗法已经被批准用于治疗霍奇金淋巴瘤和其他淋巴瘤等癌症，最近又显示出与免疫疗法结合治疗其他类型肿瘤(包括一种乳腺癌)的前景。目前 Seagen 在售四种癌症药物——Adcetris、Padcev、Tukysa 和 Tivdak，在 ADC 药物领域具有领先地位。这四款药物在 2022 年共计收入 17 亿美元，同比增长 23%，占 Seagen 全年营收的 85%。其中 Padcev 和 Adcetris 的增幅最快：Padcev 的 2022 年净产品销售额较 2021 年增长 32%；Adcetris 的销售额也增长了 35%，而且 Adcetris 是 Seagen 收入的主要来源，被 FDA 批准用于六种癌症适应症，这种药物在乳腺癌治疗方面的潜力尤其吸引辉瑞，辉瑞公司有一种最畅销的治疗乳腺癌的药物 Ibrance。

并购一直是辉瑞维持可持续增长的重要手段。辉瑞在 2022 年总收入为 1 003 亿美元，是全球首个进入千亿美元营收的药企，其中利润为 313.72 亿美元。但这 1 003 亿美元收入中，新冠疫苗和新冠口服药占了 567 亿美元，在新冠疫情进入常态化管理之后，在新冠疫苗、口服药收入日渐萎缩的情况下，新冠相关药物销售额大幅下降是预料之中。而辉瑞的其他药物，除了 Prevnar 疫苗和 TTR 药物 Tafamidis 等少数几个还在保持 20% 增长以外，绝大部分产品线处于全线下滑之中，未来三年的营收增长并不乐观。辉瑞押注未来，布局 ADC。肿瘤学一直以来都是全球医药行业最大的增长驱动力，辉瑞此次收购将提升在该领域的地位。如果达成交易，将有助于辉瑞在其癌症治疗阵容中加入一类药物，这些药物已显示出与所谓的免疫疗法一起对抗一些最常见肿瘤的前景。辉瑞设定了一个目标，即在 2030 年之前通过包括收购在内的业务发展举措增加 250 亿美元的收入。Seagen 2022 年的总收入约为 20 亿美元，如果达成交易，在其专利失效前可以帮助辉瑞"增加"170 亿美元的销售额。

资料来源：溢价 33%！辉瑞拟 430 亿美元购 ADC 龙头药企，去年营收 20 亿美元. 澎湃新闻.

2. 并购前期准备工作

聘请财务顾问(主要是投资银行)为整个并购过程提供咨询和服务。本公司抽调有关人员与外聘财务顾问共同组成并购工作小组。并购工作小组的主要职能是组织、实施企业并购，如确认并购机会、评估目标企业、确定并购战术、确定并购价格以及其他并购过程中涉及的法律和行政管理事务。

3. 并购机会的确定

并购工作小组的一个重要任务就是寻找潜在的目标企业,并根据并购标准提供一份目标企业的候选名单。财务顾问(主要是投资银行)在提供目标企业方面应发挥重要作用,可以向目标企业进行并购的试探性询问。并购工作小组应该对目标企业所属行业和目标企业本身进行详细的研究。在确认目标企业以后,并购工作小组要深入分析目标企业的优势和缺陷,主要包括以下几方面:根据目标企业战略计划的完成情况和业绩(包括财务状况和股价表现)判断目标企业的管理水平;目标公司在行业中的地位、行业竞争水平及公司的竞争实力;目标企业对提高本企业未来技术水平和竞争力的潜在作用。

4. 并购前购买目标企业部分股票

经验表明,在并购某个企业之前,先并购其少量的股份对于下一步整体并购是十分有利的,不但可以阻止潜在的并购竞争对手、降低并购溢价,而且即使在并购竞争中失败,事先并购的股票也会获得一定利润。当并购量达到或超过某企业资产的一定份额时,并购计划就可能泄露。因为各国证券法都对在证券市场上公开买入的股份数量有一定限制。达到法律规定的数量,就必须公开披露。

三、并购战术

并购战术的目的如下:获得目标企业的控制权;将并购溢价降到最低;减少交易成本;促进并购后进行成功的整合。在敌意并购和友好并购中所采取的战术是存在很大差异的。在友好并购中,并购企业得到了目标企业管理层的合作,他们会将并购要约推荐给目标企业的股东,劝股东接受。友好并购难度相对较小、费用较低、风险较小,持续时间也短。而在敌意并购中,目标企业管理层会强烈地反对并阻碍并购的进行,因此,难度更大,需要更巧妙的收购战术。敌意并购战术需要针对目标企业和并购竞争对手各种反应采取不同的对策,特别是对并购要约发出的时间、收购价格的确定、要约条件的修改以及事先购买股票的时间和数量都要进行周密的安排,并根据情况的变化而及时调整。

四、防御策略

在敌意并购中,目标企业管理层总是采取各种防御策略抵制并购的进行。这种防御策略对目标企业股东来说有正反两方面的效应:如果反并购的防御策略能够诱发投标企业或其他竞标企业出更高的溢价,那么就会增加目标企业股东的财富;如果目标企业管理层仅仅是为了保住自己的饭碗而抵制并购,股东的财富就会受到损害。下面就介绍一些目标企业管理层为防止被其他企业并购而经常采取的防御策略。

(一)公司章程

公司章程是关于公司组织及其活动的基本规章。公司章程一般都对公司被并购的条件作出了具体规定。例如,通常都规定只有超过 2/3 有投票权股东同意,并购才能被批准。为了提高其他企业并购该企业的难度可以修改公司章程,将上述比例提高到 80%。这被称为"绝大多数修订条款"。另外,有些公司章程规定每年改选的董事会成员不能超过一定的比例,这也增加了并购企业获得目标企业控制权的难度。公司章程之所以规定一些反并购条款,主要原因有两个:一是企业管理层为防止被并购会花费大量的精力,反并购条款可以使经理层把全部精力都投入在企业管理上,为股东创造更多的财富;二是反并购条款的存在会增加投标企业并购的难度,有利于目标企业股东获得更高的并购价格。

(二) 回购目标企业股票

企业管理层在受到并购威胁时常常会回购自己的股票以阻止并购。回购可分为两种:排他回购和定向回购。排他回购是指从非投标者股东手中回购股票,令投标者无法获得足以实施并购的股票份额,或者通过向非投标者股东支付溢价将财富从投标者转移给其他股东,挫败投标者的并购企图。定向回购是指企业从潜在的投标者手中回购股票。定向回购通常要支付溢价,这些溢价可被看作为阻止敌意并购而付出的代价,被称为"绿色勒索"①(Greenmail)。有时投标者并不是真正想并购目标企业,只是利用并购佯攻,逼迫目标企业高价回购股票以牟取暴利。另外,目标企业从投标者手中溢价回购本企业股票时,为防止本企业近期再遭袭击,往往与投标者签订"停滞投资协议"(Standstill Agreements),约定投标者在未来一个时期内不能购买目标企业股票。这种协议通常能消除对目标企业的收购企图。

(三) 其他方式

随着并购风潮愈演愈烈,各种反并购的策略也是层出不穷。企业收购和兼并活动常常是能产生巨大轰动效应的题材,因此,人们给反收购策略起一些令人印象深刻的名称是不足为奇的。例如:

1. 白衣骑士

目标企业选择一家关系良好、实力雄厚的企业——白衣骑士,以更高的价格对目标企业发出并购要约。在这种情况下,投标企业要么出更高的价格,要么无法承受高价格而放弃。

2. 金色降落伞

如果企业被并购导致管理层失去工作,目标企业承诺向管理层提供巨额补偿。这会促使管理层在考虑收购投标时,更多地关心股东的利益。同时,这种补偿对于股东而言也是并购的巨大成本,阻碍了并购的进行。

3. 皇冠宝石

当面临并购威胁时,企业可以通过出售其重要资产——"皇冠宝石",如最盈利的业务,这样可以降低对投标企业的吸引力而自保。这也被称为"焦土战略"。

4. 毒丸计划

通过安排毒丸计划,降低目标企业的吸引力。通常的做法是:赋予股东在被并购时以事先确定的价格购买股票的权利。这样就会大大稀释股权,财富也就从投标企业向目标企业转移。

第二节　甄选目标企业

在公司的并购战略中,目标企业所属的行业等基本要求已经确定了,并购标准也确立了,下一步任务就是在符合并购标准的企业中进一步筛选以最终确定目标企业。在确定目标企业的过程中,首先必须明确通过并购目标企业能给本企业股东带来什么好处,或者说必须明确并购的动机是什么。只有明确并购动机才能正确地确定目标企业候选名单,然后在

---

① "Greenmail"来源于两个英文单词"Greenback"(绿背钞票,即美元)和"Blackmail"(勒索)的合写。国内一些人将之译为"绿色邮件",不很准确。

目标企业候选名单中选定最终的目标企业。

一、确定目标企业候选名单

如果企业并购的目标是并购价值被低估的企业,就应该寻找那些市场价值低于其基本价值的企业。确定价值被低估的企业主要取决于采用哪种企业价值评估方法。如果采用相对估价法,目标企业就应该是在同行业中市场价值比率(如市价和账面价值比率、市盈率等)相对较低的企业。例如,如果一个家电企业的市盈率为12,而基本情况(如权益收益率、增长率和风险程度等)与之类似的其他家电企业的平均市盈率为28,那么这个家电企业的市场价值有可能被低估。如果采用现金流贴现法,目标企业就应该锁定在那些市场价值低于按照现金流贴现模型计算出来的价值的企业。

如果并购的目标是产生经营协同效应,目标企业的类型则取决于经营协同效应的种类。为了获得规模经济效应,应该并购与投标企业提供同类产品或服务的目标企业。例如,戴姆勒和克莱斯勒两家汽车公司的合并一个重要的目的就是获得规模经济效应。如果并购的目标是资源互补,那么目标企业就应该具有投标企业缺乏的关键资源,可能是关键的技术,也可能是新的市场等。如果是为了提高垄断程度,则目标企业和投标企业合并后应该具有影响市场价格的能力。为了实现纵向一体化,目标企业只能是产品生产过程中的关联企业。

如果并购的目标是获得财务协同效应,那么,一个能产生大量的现金流但缺乏投资机会的公司,目标企业就应该是有很多投资增长机会但内部资金很少的公司,反之也成立。

如果收购的目标是获得节税效应,则目标企业应该是那些具有可以向后结转亏损额度或者损益状态与投标企业正好相反的企业。如果并购的动机是获得多元化效应,降低企业收益的波动性以增强企业的举债能力,就应该寻找那些与收购企业现金流相关性低的企业作为目标企业。例如,收益具有很强的顺经济周期特征的企业,如房地产公司,为获得多元化效应,目标企业应该是收益具有逆经济周期特征或与经济周期不相关的企业,如生产生活必需品的企业;生产空调的企业并购的目标企业应该是热力公司。

如果并购的目标在于获得企业的控制权,目标企业应该具有以下特征:由于管理水平低导致企业价值低于其潜在价值;股权比较分散,这能降低敌意并购的难度;目前的股价偏低,该股价没有反映高水平管理层替换目前低水平管理层后的企业价值。

表16-1概括了不同的并购目标下目标企业的特征。

表16-1 不同并购目标下目标企业的特征

目标		目标企业
并购价值被低估的企业		企业价值低于潜在价值
经营协同效应	增加收入	并购后能提高市场垄断程度; 具有战略协作关系,能扩大市场或增加销售
	减少成本	生产同一产品,规模经济效应; 同一产品的不同生产阶段,纵向一体化效应; 与投标企业具有资源互补性
财务协同效应		投资机会少、现金流大或投资机会多、现金流少,且与投标企业正相反

目标	目标企业
节税效应	具有净经营亏损,有税收减免额度; 现金流与投标企业相关性低,收购可提高债务承受能力
企业控制价值	管理水平低,导致企业价值被低估

二、确定最终的目标企业

在确定了目标企业候选名单之后,就可以通过一定的筛选方法确定最终的目标企业。首先要考察目标企业目前的产权结构和治理结构。如果是上市企业,应重点了解以下几方面:股权分散程度如何? 谁是该企业的大股东,持股比例是多少? 目标企业是否已经采取了反并购策略(如毒丸计划等)或可能采取何种反并购策略? 以前是否有其他企业试图并购该目标企业? 如果有过,当时的情况如何? 如果是非上市企业,就要估计股东出售其股权的可能性。通过上述分析,一些候选的目标企业将被排除,如股权比较集中、采取了反并购策略或曾经成功地挫败过并购企图的企业,将首先被排除。经过这样的筛选,剩下的目标企业已经很少了。下一步的分析将是对企业的价值进行评估(详见第三节),此处的关键是不要考虑并购后目标企业的价值影响,仍然将目标企业作为独立的企业进行评估,如果评估的价值超过了其市场价值,该企业值得并购。然后再评估并购的协同效应和企业控制价值,如果为正,就将该企业作为目标企业。如果有两家或两家以上的目标企业,则进行排序。排序原则与其他投资决策是一样的。

第三节　目标企业的价值评估

确定了目标企业以后,就要对目标企业的价值进行评估。目标企业的价值评估非常重要,不仅决定着目标企业是否值得收购,也决定着投标企业所能支付的最高价格。估计目标企业价值的方法与其他企业估价方法并没有本质上的不同,复杂之处在于要估计收购产生的企业控制价值和协同效应价值。实践中,估计目标企业的价值经常采用分步估价法:首先估计目标企业独立的价值(此时不考虑收购对目标企业的影响),然后估计企业控制价值和协同效应价值。本书将上述三者之和称为并购后目标企业价值,该价值就是投标企业为并购目标企业所能支付的最高价格。下面通过一个虚构的企业收购例子说明如何衡量收购后目标企业价值。

2024 年,根据公司的发展战略和收购战略,长江啤酒集团公司(长江公司)拟收购龙泉啤酒公司(龙泉公司)。长江啤酒集团公司是著名啤酒生产企业,在我国南方地区啤酒市场上居于主导地位。而龙泉啤酒公司的销售市场主要集中在华北地区。之所以将龙泉公司作为目标企业,首先是因为长江公司的管理层认为龙泉公司的管理水平低下,如果将其收购并撤换其管理层,会提高龙泉公司的企业价值,而长江公司则会获得企业控制价值。其次,长江公司拟收购龙泉公司的目的是降低成本(通过规模经济效应)和提高销售额(通过进军华北地区)。最后,长江公司先进的啤酒制造工艺和龙泉公司高质量的原料供应将提高啤酒的质量,增加公司的竞争优势。

一、保持现状的价值

首先估计龙泉公司保持现状的企业价值,即假定投资、融资决策和股利政策都保持现状的前提下龙泉公司的价值。这个价值为下一步估计收购的协同效应价值和企业控制价值奠定了基础。估计龙泉公司保持现状价值与估价其他的企业价值没有什么区别,我们采用最常用也是本书前面介绍过的企业价值评估方法——折现现金流量法。[①] 为了估计龙泉公司的价值,对其财务指标作出如下假定:

(1)龙泉公司 2024 年的 $EBIT$ 为 560 万元,总销售收入为 14 000 万元,因此,销售净利润率为 4%,企业所得税率为 33%。2024 年的折旧额为 460 万元,资本支出为 480 万元,营运资本占总销售收入比率为 20%,负债比率为 30%,资产净收益率为 8.12%。

(2)龙泉公司的 β 系数为 1.2,税后债务资本成本为 5%,同期的无风险利率为 3%,而金融市场上的风险溢价为 5.5%,因此,权益资本成本为 9.60%(0.03 + 1.2 × 0.055),而 $WACC$ 则为 8.22%(0.7 × 9.60% + 0.3 × 5%)。

(3)在未来五年内,龙泉公司的 $EBIT$、净资本支出和总销售收入预计能保持 7% 的年增长速度。而五年以后,预计龙泉公司能步入稳定增长阶段,息前税前利润和总销售收入的年增长速度保持在 6% 的水平,直到永远。资本支出与折旧的比率为 110%,负债比率仍然保持在 30% 的水平。税后债务资本成本降到 4%,而权益的 β 系数降为 1。

(4)企业自由现金流($FCFF$)可按以下公式计算[②],其中 t 为 2019 年后的年数。如 2020 年 t 就为 1,2021 年 t 就为 2,以此类推。

$$FCFF_t = [EBIT × (1-税率) - 资本支出 + 折旧] × (1+增长率)^t - $$
$$总销售收入 × 营运资本占总销售收入比率 × 增长率$$

计算 $FCFF$ 的现值时,采用的贴现率就是今后五年的加权平均资本成本 8.22%。

(5)龙泉公司的终值,即第二阶段公司自由现金流的现值,用 2025 年的 $FCFF$ 和 2025 年以后的新加权平均资本成本进行计算。

$$新的权益资本成本 = 3\% + 1 × 5.5\% = 8.5\%$$
$$2025 年以后的新加权平均资本成本 = 0.7 × 8.5\% + 0.3 × 4\% = 7.15\%$$
$$终值 = 253.79 ÷ (0.071\ 5 - 0.06) = 22\ 068.70$$

根据上述假设,采用两阶段贴现 $FCFF$ 模型,可以计算龙泉公司的保持现状价值为 15 699.26万元(见表 16-2)。

表 16-2 保持现状价值

单位:万元

年份	$FCFF$	终值	PV
2020	184.06		170.08
2021	196.95		168.17

① 另外两种常用的企业价值评估方法是相对估价法和期权定价法,详细内容参阅有关书籍。
② 企业自由现金流($FCFF$)是一种付清税款和满足净投资额需求以后的,为公司所有投资者所有的现金流量。
$FCFF = EBIT × (1-税率) - 资本支出 + 折旧和非付现费用 - 营运资本增加。$

续表

年份	*FCFF*	终值	*PV*
2022	210.73		166.27
2023	225.49		164.40
2024	241.27	22 068.70	15 030.34
2025	253.79		
企业价值			15 699.26

二、企业控制价值

高水平管理层替换目前低水平管理层后,会改变企业的管理策略,这有助于提高企业的价值。收购后企业价值与原来企业价值的差额就是企业控制价值。企业控制价值产生于对目标企业现有低效率管理策略的改革。改革主要涉及以下几个方面:新购一些新的生产设备、变卖一些效率不高的资产;改变企业的资本结构以实现最优;调整股利政策,如将自由现金流分发给股东。通过上述企业管理策略的改变能提高企业价值,甚至可以实现企业价值最大化。企业控制价值可以用公式表示为:

企业控制价值=改善管理后企业价值-目前管理下的企业价值

如果目标企业的经营管理水平很高,已经使企业价值达到或接近最大化,企业控制价值就会很小,因为收购后改变管理策略也不会增加企业价值;如果目标企业的管理水平很低,企业价值远远低于最大化的企业价值,企业控制价值就很大,收购目标企业并提高其经营管理水平,就会提高企业价值。

长江啤酒公司之所以将龙泉公司作为目标企业,一个重要原因是长江公司的管理层认为龙泉公司的管理水平低下,如果将其收购并改变管理策略,会产生企业控制价值。假设长江公司收购了龙泉公司以后,对其管理策略进行了如下改变,然后可以根据这些假设估计企业控制价值。

(1)将龙泉公司的负债比率提高到40%,β系数也由于负债权益比提高到2/3而相应地提高到1.35,加权平均资本成本则提高到8.36%。

$$\beta_{新} = \beta_{非杠杆} \times [1+(1-税率) \times 负债 \div 权益]$$
$$= 0.932\ 4 \times [1+(1-33\%) \times 2 \div 3]$$
$$= 1.35$$

权益成本 $= 3\% + 1.35 \times 5.5\% = 10.43\%$

新的税后债务成本 $= 5.25\%$

注:债务成本之所以提高,是因为公司负债比率提高,导致公司债务违约风险提高。

加权平均资本成本 $= 10.43\% \times 0.6 + 5.25\% \times 0.4 = 8.36\%$

(2)新管理层计划淘汰一些不受市场欢迎的产品和推出新的产品,并对龙泉公司人事制度、工资制度进行改革,为生产过程建立一套科学化的严格管理程序。通过上述改革,预计龙泉公司未来五年内的增长率将从原来的7%提高到10%。

(3)龙泉公司的销售净利润率从原来的啤酒行业平均水平4%提高到5%,资产净收益率提高到 10.31%。

（4）5 年以后，β 系数仍然降到 1，而税后债务成本降到 4%。

根据上述假设，可以重新计算龙泉公司的新价值，其结果如表 16-3 所示。

表 16-3　计 算 价 值

单位：万元

年份	FCFF	终值	PV
2025	213.90		197.41
2026	235.29		200.40
2027	258.82		203.45
2028	284.70		206.53
2029	313.17	64 507.83	43 398.12
2030	451.55		
企业价值			44 205.91

如果长江公司收购龙泉公司以后的改革是成功的，并将未来五年的增长率提高到 10%，那么龙泉公司的价值将提高到 44 205.91 万元，企业控制价值将是 28 506.65 万元。计算过程如下：

企业价值（改善管理）= 44 205.91（万元）

企业价值（目前管理）= 15 699.26（万元）

企业控制价值 = 28 506.65（万元）

三、协同效应价值

上一章的理论分析表明，公司收购确实能产生协同效应。但是，实践中，如何准确衡量协同效应价值却不是件容易之事。要想准确地估计协同效应价值，就需要准确地估计并购后企业的未来现金流和适当贴现率。在估计协同效应价值之前，必须先明确两个问题：第一，协同效应产生的来源。一般而言，协同效应可以通过以下几种途径增加企业价值：通过规模经济效应降低单位成本途径来增加目前资产产生的现金流；通过垄断程度提高和增加竞争优势来提高增长率和延长增长时期；降低平均资本成本（未来现金流适当的贴现率），这主要是因为并购后企业债务承受能力提高。[①] 第二，协同效应影响企业价值的时间。协同效应虽然能增加企业价值，但不能立竿见影，需要一段时日。而并购企业应该关心的是协同效应的现值，因此，协同效应显现的时间越早，其价值也就越大。

对上述两个问题有了明确答案之后，就可以利用贴现现金流模型估计协同效应价值。第一，要估计投标企业的独立价值，即并购以前的价值。第二，估计不包括协同效应价值的并购后联合企业价值。必须注意，此处的联合企业价值包括企业控制价值，即两个企业独立

[①]　如果其他因素都不变，两个企业的合并并不会创造新价值。只要两个企业现金流不完全相关，两个企业合并后的现金流就会比两个独立的企业的现金流具有更高的稳定性，第十五章的理论分析表明，这能提高企业债务承受能力，合并后的企业就可以发行更多的债务，提高负债率有可能降低加权平均资本成本。

价值之和再加上企业控制价值。第三,估计包括协同效应价值在内的联合企业价值。第三步估计的联合企业价值与第二步估计的联合企业价值的差额就是协同效应价值。

如上所述,为了估计协同效应价值,首先要估计长江公司的独立价值。为了估计长江公司的独立价值,仍然使用贴现现金流量模型,并且作出如下假定:

(1) 长江公司 2024 年的总销售收入为 15 000 万元,$EBIT$ 为 1 600 万元,销售净利润率为 10.67%,公司所得税税率为 33%。

(2) 2024 年,资本支出为 690 万元,折旧额为 510 万元,因此公司的净资本支出为 180 万元,营运资本占总销售收入的比例为 15%,负债比率为 30%。

(3) 长江公司 β 系数为 1.3,税后债务资本成本为 5%,同期的无风险利率为 3%,而金融市场上的风险溢价为 5.5%,因此,权益资本成本为 10.15%(0.03+1.3×0.055),而 $WACC$ 则为 8.61%(0.7×10.15%+0.3×5%)。

(4) 在未来五年内,长江公司的 $EBIT$、净资本支出和总销售收入预计能保持 10% 的年增长速度。而五年以后,预计长江公司能步入稳定增长阶段,$EBIT$ 和总销售收入的年增长速度保持在 6% 的水平,直到永远。资本支出与折旧的比率为 110%,负债比率提高到 40% 的水平。税后债务资本成本降到 4%,而权益的 β 系数降到 1。

基于上述假设,运用贴现现金流模型,长江公司的价值估计如表 16-4 所示。

表 16-4 长江公司价值估计

单位:万元

年份	$FCFF$	终值	PV
2025	756.20		696.28
2026	831.82		705.23
2027	915.00		714.29
2028	1 006.50		723.46
2029	1 107.15	217 938.81	144 972.68
2030	1 525.57		
企业价值			147 811.94

长江公司的独立价值为 63 735 万元。不包括协同效应价值的联合企业价值(长江公司价值+龙泉公司价值)是两个企业独立价值之和,其中龙泉公司价值还要包括企业控制价值:

龙泉公司价值(改善管理)= 44 205.91(万元)

长江公司价值 = 147 811.94(万元)

联合公司价值(不包括协同效应价值)= 192 017.85(万元)

因此,不包括协同效应价值的联合公司价值是 192 017.85 万元。为了估计协同效应价值,最后需要计算的是长江公司和龙泉公司合并后的联合公司价值,为此作出如下假设:

(1) 两个企业合并产生了规模经济效应,每年节约的成本大约为 200 万元。这将提高销售净利润率,目前两个(独立)企业的销售净利润率为 7.45%,而联合企业的销售净利润率为 8.14%。计算过程如下:

$$目前的销售总利润率 = (EBIT_{长江} + EBIT_{龙泉}) \div (销售额_{长江} + 销售额_{龙泉})$$
$$= (560 + 1\ 600) \div (15\ 000 + 14\ 000)$$
$$= 7.45\%$$
$$联合企业的销售总利润率 = (200 + 560 + 1\ 600) \div (15\ 000 + 14\ 000)$$
$$= 8.14\%$$

由于并购后联合企业更具竞争优势,所以在未来五年内,增长率将提高到11%。

(2)为了求联合企业的 β 系数,首先需要求出长江公司和龙泉公司各自的 $\beta_{非杠杆}$。①

$$长江公司\ \beta_{非杠杆} = 1.3 \div (1 + 0.67 \times 3 \div 7) = 1.01$$
$$龙泉公司\ \beta_{非杠杆} = 1.35 \div (1 + 0.67 \times 2 \div 3) = 0.93$$

求上面两个公司的 $\beta_{非杠杆}$ 的加权平均数,权数分别为各自公司的市场价值占两个公司市场价值之和的比重,就可以求出联合企业的 $\beta_{非杠杆}$:

$$联合企业的\ \beta_{非杠杆} = 1.01 \times 63\ 735 \div 107\ 941 + 0.93 \times 44\ 206 \div 107\ 941 = 0.977$$

为了计算联合企业的 $\beta_{杠杆}$,还需先求出联合企业的负债权益比率,计算过程如下:

$$联合企业的负债比率 = (44\ 206 \times 0.4 + 147\ 812 \times 0.3) \div 192\ 018 = 32.3\%$$
$$联合企业的债务权益比率 = 0.323 \div 0.677 = 47.7\%$$

由此,可以计算联合企业的 $\beta_{杠杆}$:

$$联合企业的\ \beta_{杠杆} = 0.977 \times (1 + 0.67 \times 47.7\%) = 1.29$$
$$联合企业的权益资本成本 = 0.03 + 1.29 \times 0.055 = 10.1\%$$
$$联合企业的加权平均资本成本 = 0.677 \times 10.1\% + 0.323 \times 5\%$$
$$= 8.45\%$$

(3)五年以后,联合公司能步入稳定增长阶段,EBIT 和总销售收入的年增长速度保持在6%的水平。资本支出与折旧的比率为110%,负债比率提高到40%的水平。税后债务资本成本降到4%,而权益的 β 系数降到1。

根据上述假设,我们可以对联合公司的未来现金流和企业价值进行估计,估计的结果如表16-5所示。

表16-5　企业价值估计

单位:万元

年份	FCFF	终值	PV
2025	1 054.63		972.47
2026	1 170.64		995.34
2027	1 299.41		1 018.75
2028	1 442.35		1 042.71
2029	1 601.01	315 888.70	211 638.95
2030	2 211.22		
企业价值			215 668.22

① 此处采用的是改善管理后龙泉公司的数据。

由于包括协同效应价值的联合企业价值为 215 668.22 万元,而不包括协同效应价值的联合企业价值为 192 017.85 万元,两者的差额就是协同效应价值。具体计算过程如下:

联合公司价值(包括协同效应价值)= 215 668.22(万元)

联合公司价值(不包括协同效应价值)= 192 017.85(万元)

协同效应价值 = 23 650.37(万元)

第四节　企业并购的实施

确定了目标企业并完成了目标企业的价值评估以后,下一步就是并购的实施阶段。在并购的实施阶段,主要包括以下几个紧密联系的重要步骤:首先,并购双方经过协商确定最终的并购价格,即并购目标企业需要支付的金额;其次,要决定以何种方式支付,是采用现金支付的方式还是股票交换的方式,是否还需要进行外部融资,如果需要外部融资,是发行股票还是举债。最后,要考虑并购涉及的一些重要问题,如并购的会计处理方法和相关的法律问题。

一、并购价格的确定

第三节计算结果表明,龙泉公司目前的价值为 15 699.26 万元,收购后企业控制价值为 28 506.65 万元,协同效应价值为 23 650.37 万元。上述三者之和就是并购后目标企业价值,该价值就是投标企业为并购目标企业所能支付的最高价格。

并购后目标企业价值 = 目标企业目前价值+企业控制价值+协同效应价值

= 15 699.26+28 506.65+23 650.37

= 67 856.28(万元)

一般来说,投标企业在并购目标企业时,支付的并购价格都会高于目标企业的市场价值,并购价格超过市场价值的部分被称为收购溢价。如果并购价格低于或等于目标企业的市场价值,目标企业股东不可能卖出自己的股票。[①] 所以说,并购价格应该在目标企业市场价值和并购后目标企业价值之间,最终并购价格实际上决定了并购创造的价值在并购企业和目标企业之间分配。最终并购价格的高低还受以下三个因素的影响:第一,目标企业的资源对投标企业的重要程度或可替代性将影响最终并购价格。通常,如果目标企业拥有的资源对并购企业非常重要,而且其他企业很难提供这种资源,那么最终并购价格就会偏高,目标企业股东将获得大部分并购创造的新价值。第二,投标企业之间的竞争也在很大程度上影响最终并购价格,竞争越激烈,并购价格也相应越高。第三,最终并购价格是由并购双方协商、谈判确定的,因此并购战略与战术的优劣、谈判的技巧的高低也会影响最终并购价格。

二、并购的支付方式和融资方式

在确定并购价格之后,就要决定以何种方式进行支付。并购企业并购目标企业时,通常采用的是现金支付和股票支付,前者指用现金购买目标企业股票,后者指并购企业用自己的

---

① 对于非上市企业,如果目标企业的售价低于其企业价值的估计值,即使收购不产生协同效应价值和企业控制价值,收购也是可行的,因为这是价值被低估的企业。

股票按照一定比例兑换目标企业的股票。随着新型金融工具大量出现,混合证券并购的方式也开始出现,也就是在并购目标企业时,并购企业支付的不仅仅是一种资产,而是包括现金、股票、债券甚至还有认股权证和可转换债券多种金融工具的混合。确定支付方式之后,还要决定是否需要外部融资,如何在外部融资的两种方法——发行股票和举债之间进行选择。下面重点分析支付方式和融资方式的选择问题。

(一) 发行股票和举债的选择

并购企业可以通过发行股票和举债两种方式(或两种方式的混合)为并购进行融资。融资方式的选择主要取决于并购前各个企业的负债比率和并购后联合企业债务承受能力的提高。一方面,如果目标企业的负债比率低于其最优的负债比率,那么就可以通过举债并购该目标企业。因此,目标企业的负债比率越低(与其最优负债比率相比),并购资金中借债的比例就应该越高。如果并购企业在并购前的负债比率低于最优负债比率水平,那么该企业也可以通过举债去并购另一家企业以达到最优负债比率。另一方面,如果两个企业现金流量相关性不高,合并后企业的现金流会更稳定,这会提高联合企业的债务承受能力,在这种情况下也可以举债为并购融资,直至达到新的最优负债比率。

(二) 现金支付和股票支付的选择[①]

并购时用现金支付还是股票支付,是一项重要的选择。这种选择主要基于以下几个因素:

1. 分担风险

在现金支付中,目标企业股东交出股票换回现金,与并购后的企业没有任何关系了。如果并购后的联合企业业绩大幅度提高,目标企业股东无法获得任何收益,只有联合企业的股东才能分享企业创造的新价值。当然,如果并购后企业表现糟糕,目标企业股东也不会承担损失。如果是股票支付,目标企业股东仍然是并购后联合企业的股东,既能分享联合企业成功产生的收益,也必须承担联合企业失败造成的损失。20世纪90年代美国的微软公司和思科公司收购的许多企业都是采用股票支付的方式,并购后这两家公司的股价大幅度上涨,被这两家公司并购的目标企业股东也获得了大量的财富。而美国克莱斯勒汽车公司的股东则没有这么幸运,戴姆勒·奔驰公司采用股票支付的方式并购克莱斯勒公司之后,其股价跌了60%。因此,对于并购企业而言,如果预计并购后的新企业表现优异,则应该采用现金支付方式;如果由于种种原因无法获得并购所需的资金,则只能采用股票支付方式了。

2. 股价被高估

如果并购企业的管理层认为本企业的股票价格被高估,就像20世纪90年代末期的一些网络股那样,那么采用股票支付方式并购目标企业将比现金支付方式负担较少的成本。然而,正是因为信息不对称,目标企业股东和投资者很有可能将股票支付方式看作并购企业股票被高估的一种信号,进而导致股价下跌或目标企业股东要求更高的股票转换比率,令股票支付方式也无利可图。

3. 税负

在现金支付方式中,目标企业股东要为股价的升值部分缴纳资本利得税。而股票支付则是免税的,至少在目标企业股东将获得的新企业股票卖掉之前不要交税。在现金支付和股票支付两种支付方式的选择中,税收是重要的影响因素。特别是对一些非上市企业和股

---

① 实践中,用收购企业的债券兑换目标企业股票的支付方式也经常被采用。

权比较集中的上市企业,税收因素就更加重要。

如果并购采用股票支付方式,那么一个重要的问题就是如何确定两个企业股票的转换比率,即每股目标企业股票能转换为多少股并购企业股票。下面通过一个例子说明如何确定股票交换方式中的转换比率。

假设 A 和 B 两个企业各自独立价值分别为 600 万元和 200 万元,它们都是全权益企业。A 企业发行股票 100 万股,每股价格为 6 元;B 企业发行股票 50 万股,每股价格为 4 元。A 企业欲并购 B 企业。经评估,A 企业并购 B 企业后产生的协同效应价值为 100 万元,企业控制价值为 80 万元。根据第三节介绍的价值评估方法可知,A 企业并购 B 企业后产生的联合企业 AB 的价值为 980 万元。计算过程如下:

$$AB 企业价值 = A 企业独立价值 + B 企业独立价值 + 企业控制价值 + 协同效应价值$$
$$= 600 + 200 + 100 + 80 = 980(万元)$$

经过双方协商,最终并购价格确定为 290 万元,并采用股票支付方式。如何确定转换比率才能使 B 企业股东获得的 A 企业股票的价值正好等于 290 万元的并购价格呢?我们首先假设 λ 为 B 企业股东拥有 AB 企业的股权比例。由于 AB 企业的价值为 980 万元,那么并购后 B 企业股东拥有的股票价值为 980λ。又因为 $980\lambda = 290$,所以求出 $\lambda = 29.6\%$。B 企业股东获得 AB 企业 29.6% 的股权,其价值正好等于并购价格。

接下来可以确定 B 企业股东得到的 A 企业股票数量。λ 还可以表示为:

λ = A 企业增发的股票数量 ÷ (A 企业原来发行的股票数量 + A 企业增发的股票数量)
　　= A 企业增发的股票数量 ÷ (100 + A 企业增发的股票数量)

代入 $\lambda = 29.6\%$,就可以得到如下方程:

$$0.296 = A 企业增发的股票数量 ÷ (100 + A 企业增发的股票数量)$$

解上述方程,可得:

$$A 企业增发的股票数量 = 42(万股)$$

由于 A 企业增发的 42 万股股票是用来交换 B 企业 50 万股股票的,加上原来发行的 100 万股,并购对外发行的股票数量就为 142 万股。转换比率为 0.84 : 1。计算过程如下:

$$转换比率 = 42 ÷ 50 = 0.84$$

表 16-6 列出了股票支付方式下联合企业市场价值、对外发行股票数量以及股价的变化情况。

表 16-6　股票交换方式的股票数量和股价的变化

项目	收购前		收购后:AB 企业
	A 企业	B 企业	转换比率 = 0.84 : 1
市场价值(万元)	600	200	980
发行股票数量(万股)	100	50	142
每股价格(元)	6	4	6.9

三、并购的会计处理方法

在确定了并购的支付方式和融资方式之后,还有一个重要的问题需要解决:应该采取何种会计方法处理交易？按照财政部现行《企业会计准则第 20 号——企业合并》与《企业会计准则第 33 号——合并财务报表》的规定,企业合并主要分为两种:同一控制下的企业合并和非同一控制下的企业合并。这两种合并的会计处理方法差距较大。

（一）同一控制下的企业合并

同一控制下的企业合并是指参与合并的企业在合并前后均受同一方或者相同多方控制且该控制并非暂时性的。

对于同一控制下的企业合并,由于从最终控制方的角度来看,该类企业合并一定程度上并不会造成构成企业集团整体的经济利益流入和流出,最终控制方在合并前后实际控制的经济资源并没有发生变化,所以会计处理上,将其看作两个或多个参与合并企业权益的重新整合,有关交易事项并不按照出售或购买来处理。

合并方在企业合并中取得的资产和负债,应当按照合并日当日被合并方的账面价值计量。合并方取得的净资产账面价值与支付的合并对价账面价值(或发行股份面值总额)的差额,应当调整资本公积;资本公积不足以冲减的,调整留存收益。也就是说,在合并的过程中,既不产生新的资产和负债,也不产生新的商誉。同时,在编制合并报表时,长期股权投资还应该与子公司所有者权益进行抵消。

（二）非同一控制下的企业合并

非同一控制下的企业合并是指参与合并的各方在合并前后不受同一方或相同的多方最终控制的交易合并。

非同一控制下的企业合并处理原则是购买法,购买方应当以确定的企业合并成本作为长期股权投资的初始投资成本,包括购买方付出的资产、发生或承担的负债、发行的权益性证券的公允价值以及为企业合并发生的各项直接相关费用之和。取得的资产、负债应当按照公允价值计量,合并成本大于可辨认净资产公允价值的差额确认为商誉,合并成本小于可辨认净资产公允价值的差额作为合并当期损益计入利润表。

下面,我们通过一个例子来说明同一控制下的企业合并和非同一控制下的企业合并的会计处理差异。

2024 年 12 月 31 日,A 公司向 B 公司的股东定向增发 1 000 万股普通股(每股面值为 1 元,市价为 4 元)对 B 公司进行吸收合并,取得 B 公司 70% 的股权(为了简化案例,我们假设 A、B 公司的盈余公积和未分配利润均为 0 元),假定 A、B 公司采用的会计政策相同。合并日,A 公司和 B 公司的资产负债情况见表 16-7。

表 16-7　A、B 公司在合并日的资产负债情况

单位:万元

项目	A 公司	B 公司	
	账面价值	账面价值	公允价值
资产:			
货币资金	4 000.00	500.00	500.00
存货	3 000.00	200.00	500.00
应收账款	0.00	0.00	0.00

续表

项目	A 公司	B 公司	
	账面价值	账面价值	公允价值
长期股权投资	0.00	0.00	0.00
固定资产	8 000.00	1 800.00	2 500.00
无形资产	2 000.00	500.00	1 500.00
商誉	0.00	0.00	0.00
资产总计	17 000.00	3 000.00	5 000.00
负债和所有者权益：			
短期借款	2 000.00	400.00	400.00
应付账款	4 000.00	300.00	300.00
其他负债	1 000.00	300.00	300.00
负债合计	7 000.00	1 000.00	1 000.00
实收资本（股本）	5 000.00	1 000.00	
资本公积	5 000.00	1 000.00	
盈余公积	0.00	0.00	
未分配利润	0.00	0.00	
少数股东权益	0.00	0.00	
所有者权益合计	10 000.00	2 000.00	4 000.00
负债和所有者权益合计	17 000.00	3 000.00	5 000.00

1. A、B 公司为同一控制下的企业

当 A、B 公司为同一控制下的企业时，A 公司取得的 B 公司的资产和负债应按照合并日 B 企业的账面价值计量，则合并资产负债表的资产总额为 20 000（17 000+3 000）万元，负债总额为 8 000（7 000+1 000）万元。合并方 A 公司发行 1 000 万股新股取得 B 公司 70% 股权，则实收资本（股本）增加 1 000 万元，合并资产负债表的实收资本（股本）为 6 000（5 000+1 000）万元。B 公司的净资产账面价值为 2 000 万元，A 公司拥有其 70% 的股权，合并方取得的净资产账面价值与发行股份面值总额相差 400（2 000×70%−1 000）万元，应调整资本公积，可知合并资产负债表的资本公积为 5 400（5 000+400）万元。同时，由于 A 公司只获得 B 公司 70% 的股权，所以需要在合并资产负债表上列示少数股东权益 600（2 000×30%）万元。

2. A、B 公司为非同一控制下的企业

当 A、B 公司为非同一控制下的企业时，A 公司取得的 B 公司的资产和负债应当按照公允价值计量，则合并资产负债表的资产总额为 23 200（17 000+5 000+1 200）万元，负债总额为 8 000（7 000+1 000）万元。合并成本大于可辨认净资产公允价值的差额应确认为商誉，作为一项资产计入合并资产负债表。

合并商誉=企业合并成本−合并中取得被购买方可辨认净资产公允价值份额

A 公司取得 B 公司 70% 股权的成本为所发行的权益性证券的公允价值 4 000 万元,收购日被购买方 B 公司的可辨认净资产公允价值为 4 000 万元,则有:

合并商誉 = 4 000 - 4 000 × 70% = 1 200(万元)

同时,由于 A 公司发行 1 000 万股普通股,每股市价 4 元,则合并资产负债表应计实收资本(股本)6 000(5 000 + 1 000)万元,资本公积 8 000(5 000 + 4 000 - 1 000)万元。

两种情况下企业的合并资产负债表见表 16-8。

表 16-8 两种情况下的合并资产负债表

单位:万元

项目	A公司	B公司		合并金额	合并金额
	账面价值	账面价值	公允价值	同一控制	非同一控制
资产:					
货币资金	4 000.00	500.00	500.00	4 500.00	4 500.00
存货	3 000.00	200.00	500.00	3 200.00	3 500.00
应收账款	0.00	0.00	0.00	0.00	0.00
长期股权投资	0.00	0.00	0.00	0.00	0.00
固定资产	8 000.00	1 800.00	2 500.00	9 800.00	10 500.00
无形资产	2 000.00	500.00	1 500.00	2 500.00	3 500.00
商誉	0.00	0.00	0.00	0.00	1 200.00
资产总计	17 000.00	3 000.00	5 000.00	20 000.00	23 200.00
负债和所有者权益:					
短期借款	2 000.00	400.00	400.00	2 400.00	2 400.00
应付账款	4 000.00	300.00	300.00	4 300.00	4 300.00
其他负债	1 000.00	300.00	300.00	1 300.00	1 300.00
负债合计	7 000.00	1 000.00	1 000.00	8 000.00	8 000.00
实收资本(股本)	5 000.00	1 000.00		6 000.00	6 000.00
资本公积	5 000.00	1 000.00		5 400.00	8 000.00
盈余公积	0.00	0.00		0.00	0.00
未分配利润	0.00	0.00		0.00	0.00
少数股东权益	0.00	0.00		600.00	1 200.00
所有者权益合计	10 000.00	2 000.00	4 000.00	12 000.00	15 200.00
负债和所有者权益合计	17 000.00	3 000.00	5 000.00	20 000.00	23 200.00

通过以上分析可以看出,根据现行的会计准则,同一控制下的企业合并和非同一控制下的企业合并两类控股合并在会计处理的方法及处理的结果方面,都存在着差异。

四、法律问题

企业兼并和收购活动对于国民经济运行具有重要意义,涉及社会生活的各个领域,因此各国政府都制定一系列的法律、规章对企业的兼并和收购活动进行监管。各国政府通过立法监管企业收购活动的一个重要目标就是反垄断。如果一项收购交易有可能阻碍竞争、产生垄断,则该项交易就可能被视为不合法而不被批准。企业收购活动是在一定的法律框架内进行的,为了确保企业收购成功,就必须了解与企业收购有关的法律。

第十五章介绍了我国企业兼并收购方面的有关法律,《公司法》和《证券法》是我国企业收购与兼并活动的基本法律依据,此处不再赘述。

第五节　并购后整合

并购后整合阶段是企业并购的最后一个阶段,也是非常重要的阶段。企业的管理层往往重视并购的财务分析和实施过程,对并购后的企业整合则不太关注,这种观念是错误的。毕竟,实际的企业控制价值和协同效应价值是并购后新成立的联合企业创造出来的。企业整合的成功与否对于企业并购能否取得成功具有决定性的作用。管理学家德鲁克在其《管理的前沿》一书中这样评价整合在企业并购中的地位:"企业并购不仅仅是一种财务活动,只有在整合上获得成功,才是一个成功的并购,否则只是在财务上的操纵,这将导致业务和财务的双重失败。"

对西方国家企业并购的实证研究表明,相当多的企业在并购后的表现并没有实现预期的目标,相当多的企业在并购后的新价值甚至低于并购前两个企业的独立价值之和,即并购不但没有创造新价值,反而减少了价值。资料表明,在美国,大约有一半的企业在并购后经过一段时间又分开了,例如前文提到过的戴姆勒·奔驰与克莱斯勒。企业并购失败的原因很多,如制定了错误的并购战略,选错了目标企业,没有正确估计目标企业价值而支付了过高的并购价格等,还有一个重要原因就是并购后企业整合的失败。

> 📇 **资料卡**
>
> #### 收购为股东创造价值了吗?
>
> 兼并和收购活动是否为股东创造了价值?历史上的兼并和收购活动表现是否可圈可点?这不仅是股东和管理层关注的首要问题,也极大地激发了金融学家的研究热情。这方面的研究文献可谓汗牛充栋,详细地介绍这方面的研究成果既冗长又乏味,下面只介绍主要的结论。
>
> 对以往的兼并和收购后的企业表现研究表明:总的来看,即使是最乐观的结论也不能确定企业并购活动是否创造了正价值,而悲观的结论则是并购活动减少了股东的价值。即使并购活动创造了正的价值,该价值也会通过收购溢价的形式由目标企业股东独享,而收购企业股东则一无所获。
>
> 上述结论有点令人沮丧。这说明,并购前为股东创造财富的美好愿望很容易在并购后的残酷现实面前灰飞烟灭。成功的并购实践并不像纸面上理论分析那么容易。因此,对于并购一定要详细分析并周密安排,才有可能成功,任何草率的并购计划都有可能造成灾难性的后果。

但有一些收购活动获得了巨大的成功。如 GE 公司和 Cisco 公司成功并购的案例就是人们津津乐道的典范。这些成功的并购能提供一些有价值的经验吗? 答案是肯定的。以下几条理论研究得出的结论可能对企业并购活动有所帮助:

(1) 企业在并购之前仔细评估协同效应价值并制定了详细计划以实现这些价值,并购成功的可能性更大。

(2) 通过裁员、精简机构实现成本节约协同效应的并购更容易成功,而通过新产品开发等获得增长协同效应的企业并购成功的可能性则不大。

(3) 与保留目标企业管理层的并购相比,并购后撤换了目标企业管理层的并购,并购成功的可能性更大。

(4) 并购企业的规模远远超过目标企业的规模会提高并购活动成功的可能性,而并购与自己规模相当的企业则鲜有成功的先例。

(5) 敌意并购比友好并购成功的概率更大。

理论分析和实证研究的结果表明,导致企业整合失败的因素有多种,主要包括:

(1) 缺乏一个联合企业如何创造协同效应价值和企业控制价值的详细计划。

(2) 并购双方的企业文化存在较大差异,无法融合。

(3) 并购双方管理风格截然不同,并购后管理层内部出现权力斗争。

(4) 由于内外部条件限制,管理层无法对联合企业进行改革。

因此,成功的企业整合至少包括以下几方面内容:

第一,在并购完成之前就要制定一个详细的企业整合计划,对企业整合进行有计划、系统性的安排。这种计划对联合企业的战略计划、组织机构设置、资产重组、人力资源调整以及如何协调企业文化冲突都要作出明确、详细的安排。负责制定企业整合计划的机构应该是联合企业最高管理层(可能包括目标企业的管理层成员),其成员在新企业的位置和职责应该事先明确,这有利于保证计划的科学性和客观性,也有利于将来计划的实施。要估计企业整合过程产生的成本并作出预算。特别需要注意的是,企业整合计划中组织机构设置、人力资源调整方面的信息要迅速、准确地通知给目标企业的有关人员。目标企业员工常常因为并购后的不确定性而人心惶惶,极大地影响企业生产。及时、准确的信息传递会消除人心浮动造成的不利影响。特别是对于并购企业欲挽留的目标企业中的员工,要明确规定他们在新企业中的职位、报酬和福利待遇等,并及时通知他们,以增强这些人对企业的忠诚度。

第二,必须妥善解决因企业文化不同而造成的冲突。企业文化差异导致并购失败的例子屡见不鲜,特别是在跨国收购中。由于文化差异很抽象、很难衡量,在并购前常常被人们忽视。忽视企业文化差异经常导致并购失败,因此,在并购前就要仔细考虑企业文化因素给公司并购造成的不利影响。如果两个企业的企业文化差异较大,在并购后应该使两个企业保持相对独立运行。让两个企业在各自原来的企业文化中运行,在业务往来逐渐密切的条件下,双方企业人员交往日益深入,并且逐渐了解、适应对方的企业文化。待时机成熟将两个企业合二为一。尽管这可能导致协同效应价值不能尽快显现,但是从长期来看这是明智之举。

第三,为了减少新企业中管理层的权力斗争和冲突,在整合计划中要明确新企业中管理层的人员安排。无论是收购企业管理人员还是目标企业管理人员,对于自己在新企业中的位置和职责要清楚。另外,管理层人员的薪酬安排要合理、公平。戴姆勒和克莱斯勒的合并就是这方面一个典型的失败案例。美国的管理人员从原来的公司获得了高额股票期权报酬,又在合并后获得了新企业的股票,而德国的管理人员则什么都没有。这种不平衡导致了新企业管理层的矛盾激化,最终影响了企业的价值。

第四,新企业的管理层可能发现收购前制定的企业重组计划无法实施,如裁减冗员就可能遭到目标企业员工的激烈反对而无法进行。在我国,裁员更是因牵涉方方面面而困难重重,甚至会受到来自政府的压力。解决这个问题的方法就是在收购前详细了解收购后重组所面临的各种外部和内部约束条件,并提出相应的对策,甚至之前就要与所涉及的有关部门和人员进行沟通,获得明确答复之后才着手开展企业收购。

本 章 小 结

一般而言,企业收购主要包括以下四个密切联系的阶段:

第一阶段,要根据公司整体发展战略和目标,制定公司的收购策略。

第二阶段,甄选收购的目标企业,确定目标企业的价值,还要计算收购的协同效应和企业控制价值以确定支付溢价。

第三阶段是实施收购的阶段。在这个阶段主要进行以下决策:收购目标企业所需支付的总金额;采取何种方式为收购目标企业融资;收购支付是采用现金购买还是用股票交换方式;对收购采用哪种会计处理方法,不同的会计处理方法对股东财富影响是不一样的。

第四阶段是收购完成以后的企业整合阶段。这个阶段对于收购成功与否具有非常重要的作用,但常常被人们忽略。

思 考 与 练 习

一、名词解释

白衣骑士　金色降落伞　毒丸计划　焦土战略　企业控制价值　商誉

二、问答题

1. 企业收购战略包括哪几部分?

2. 收购战术的目的是什么?

3. 目标企业管理层为防止企业被收购通常采取哪些防御策略?

4. 如何根据不同的收购目标确定目标企业?

5. 企业收购中可以用现金支付也可以交换股票,选择的依据是什么?

6. 同一控制下的公司合并和非同一控制下的公司合并在会计处理上主要有什么区别?

三、计算分析题

1. 长城公司欲收购黄河公司,表 16-9 提供了两家企业 2024 年的有关信息。

表 16-9　两家企业 2024 年的有关信息

单位:元

项目	长城	黄河
销售收入	10 000	5 000
销售成本	7 500	3 000
EBIT	2 500	2 000
所得税税率(%)	25	25
预期增长率(%)	4	6
WACC(%)	9	10

两家公司都处于稳定增长阶段,并且资本性支出正好等于折旧,净营运资本保持不变。两家公司合并以后,由于产生规模经济效应,使销售成本与销售收入之比从原来的 70% 降为 60%。

要求:

(1)估计长城公司收购前的企业价值。

(2)估计黄河公司收购前的企业价值。

(3)假设没有产生协同效应,计算合并企业的价值。

(4)在产生协同效应的前提下,估计合并企业的价值。

(5)计算协同效应的价值。

2. 仍以上题为例,假设收购完成后的合并企业在行业内取得了垄断地位,并且长城公司利用黄河公司的营销网络大幅度提高了销售额,在上述两种因素作用下,合并后的企业销售收入的未来增长率将上升到 7%。

要求:

(1)在产生上述协同效应的前提下,估计合并企业的价值。

(2)计算协同效应的价值。

3. XYZ 公司收购了 ABC 公司。收购时规定以 5 股 XYZ 公司的股票交换 3 股 ABC 公司股票。收购前两公司的资产负债表如表 16-10 所示。经评估,ABC 公司的固定资产市场公允价值比其账面价值高出 60 万元。假设 XYZ 公司收购 ABC 公司是非同一控制下的企业合并,编制收购后公司的资产负债表。

表 16-10　资产负债表

单位:百万元

项目	ABC	XYZ
流动资产	8	18
固定资产	12	22
总资产	20	40
流动负债	5	8

续表

项目	ABC	XYZ
长期负债	8	12
所有者权益	7	20
负债和所有者权益	20	40
普通股股票数	0.3	1.5
每股市价	30	22

即 测 即 评

参考文献

[1] 阿瑟·J.基翁,约翰·D.马丁,J.威廉·佩蒂.公司金融[M].10 版.北京:中国人民大学出版社,2022.

[2] 保罗·阿斯奎思,劳伦斯·A.韦斯.公司金融:金融工具、财务政策和估值方法的案例实践[M].贾红强,译.2 版.北京:机械工业出版社,2021.

[3] 理查德 A.布雷利,斯图尔特 C.迈尔斯,弗兰克·艾伦.公司金融[M].赵冬青,译.北京:机械工业出版社,2017.

[4] 刘力,唐国正.公司财务[M].2 版.北京:北京大学出版社,2014.

[5] 刘曼红,刘小兵.公司理财[M].5 版.北京:中国人民大学出版社,2021.

[6] 刘淑莲.公司理财[M].3 版.北京:北京大学出版社,2020.

[7] 蒋屏,赵秀芝.公司理财[M].4 版.北京:中信出版集团,2022.

[8] 斯蒂芬·A.罗斯,伦道夫·W.威斯特菲尔德,杰弗利·杰富,布拉德福德·D.乔丹.公司理财[M].吴世农,沈艺峰,王志强,等译.13 版.北京:机械工业出版社,2024.

[9] 孙进军,陈辉,程华强.公司理财[M].2 版.北京:中国金融出版社,2023.

[10] 王宪祥,刘志强,高世强.公司理财[M].北京:清华大学出版社,2022.

[11] 张勋阁.公司理财实务[M].5 版.大连:东北财经大学出版社,2023.

[12] 朱叶.公司金融[M].5 版.上海:复旦大学出版社,2021.

[13] 中国证券业协会.金融市场基础知识[M].北京:中国财政经济出版社,2023.

[14] 滋维·博迪,亚历克斯·凯恩,艾伦 J.马库斯.投资学[M].汪昌云,张永骥,等译.10 版.北京:机械工业出版社,2021.

读者意见反馈

为收集对教材的意见建议，进一步完善教材编写并做好服务工作，读者可将对本教材的意见建议通过如下渠道反馈至我社。

咨询电话　400-810-0598

反馈邮箱　fuyn@hep.com.cn

通信地址　北京市朝阳区惠新东街 4 号富盛大厦 1 座
　　　　　高等教育出版社总编辑办公室

邮政编码　100029

防伪查询说明

用户购书后刮开封底防伪涂层，使用手机微信等软件扫描二维码，会跳转至防伪查询网页，获得所购图书详细信息。

防伪客服电话　（010）58582300